# RÉPERTOIRE

DE

# JURISPRUDENCE

ET

## QUESTIONS DE DROIT.

MELUN. — IMPRIMERIE DE DESRUES.

# RÉPERTOIRE

## DE

# JURISPRUDENCE

## ET

## QUESTIONS DE DROIT

A l'usage

DE MM. LES NOTAIRES, AVOUÉS, GREFFIERS ET HUISSIERS

RÉDIGÉ

## PAR M. G. BALMELLE

Avocat à la Cour royale de Paris

Et par une Société de Jurisconsultes, de Notaires et d'Avoués

SOUS LES AUSPICES

## DE M. F. BÉCHARD

Avocat à la Cour de Cassation et aux Conseils du roi, Membre de la Chambre des Députés

—

## TOME PREMIER

—

## BUREAUX,

### A Paris, rue de la Sorbonne, 1.

—

## 1843

# RÉPERTOIRE

DE

# JURISPRUDENCE

ET

## QUESTIONS DE DROIT.

### ART. 1.

**SURENCHÈRE. — ERREUR DE CALCUL. — RECTIFICATION. — DÉPENS.**

*1° L'énonciation erronée, contenue dans des affiches annonçant la vente par surenchère d'un immeuble, ne peut modifier l'engagement pris par le surenchérisseur dans une soumission régulière.*

*2° Le surenchérisseur qui obtient la rectification de son erreur, peut être condamné aux frais des nouvelles affiches et à tous les dépens qui ont été la suite de cette erreur.*

Arrêt la Cour de Paris du 21 janvier 1843.

Le sieur Malbrancq, par jugement du tribunal civil de la Seine, du 27 novembre 1841, se rendit adjudicataire d'une maison, sise à Paris, moyennant le prix de 67,200 fr., en sus des charges. Un créancier inscrit, le sieur Appert, forma une surenchère du dixième, en ces termes : « s'oblige le requérant à porter et à faire porter le prix à un dixième en sus de celui porté au susdit jugement et des frais et charges énoncés en icelui jugement qui déclare la surenchère bonne et valable, et ordonne la revente de l'immeuble à la requête du surenchérisseur. » Le sieur Appert procéda, en conséquence, aux formalités préalables à l'adjudication.

Dans les affiches, il fut déclaré que les enchères seraient reçues sur la mise à prix de 83,000 fr. en sus des charges. — Cette énonciation était erronée, en ce que l'augmentation du dixième portait tout à la fois sur le prix principal de l'adjudication et sur une somme de 8,067 f. 91 c., montant des frais et loyers payés d'avance ; le jour même de l'adjudication, le sieur Appert rectifia son erreur. — Son dire fut contesté par le sieur Malbrancq.

En cet état, les parties se présentèrent devant le tribunal de la Seine, qui rendit, le 8 décembre 1842, le jugement suivant (audience des criées) :

Attendu qu'il résulte de la réquisition de surenchère notifiée par Appert, et confirmée par jugement rendu en cette chambre, le 8 septembre dernier, que ledit Appert a déclaré porter ou faire porter le prix de l'adjudication des immeubles situés à Paris, avenue de La Mothe-Piquet, nos 15, 15 bis et 17, à la somme de 85,000 francs, en sus des charges, frais et loyaux coûts de la première adjudication.

Attendu que toutes les formalités ont été remplies par Appert sur cette base; que, dès-lors, il ne lui est plus permis de modifier aujourd'hui les termes de la surenchère, et que le bénéfice de cette surenchère est désormais acquis à toutes les parties intéressées dans lesdits immeubles ;

Ordonne qu'il sera procédé à l'adjudication des immeubles dont il s'agit, sur la mise à prix de 85,000 fr. en sus des charges montant de la surenchère portée par Appert.

Appel ; — Le sieur Appert soutient que son erreur ne peut constituer un droit acquis au profit de personne, et qu'en conséquence il y a lieu d'accueillir sa rectification.

Le sieur Malbrancq prétend de son côté qu'admettre la rectification, ce serait porter atteinte à la chose jugée par le jugement qui valide la surenchère.

### ARRÊT.

Considérant que Appert s'est conformé aux prescriptions de l'art. 2185 du Code civil, en s'obligeant par l'acte de réquisition de surenchère, à porter et faire porter le prix des immeubles dont il s'agit, à un dixième en sus de celui porté au jugement d'adjudication et des frais et charges liquidés énoncés audit jugement ;

Que le jugement du 8 septembre 1842, qui a prononcé sur la validité de cette surenchère, s'est borné à la valider et ordonner qu'aux poursuite et diligence d'Appert, il serait procédé à la vente sur surenchère, conformément aux dispositions de la loi ;

Considérant que si, dans les affiches, il a été dit que les enchères seraient reçues sur la mise à prix de 85,000 fr. en sus des charges, clauses et conditions contenues au cahier d'enchères et au jugement d'adjudication, cette énonciation erronée ne peut modifier l'engagement résultant de la soumission même, et qui remplit le vœu de la loi ;

Considérant que la somme de 85,000 fr. comprenait le prix principal et les charges et frais liquidés, et ne peut détruire la régularité de la surenchère ;

Considérant, toutefois, que les frais des nouvelles affiches qui devront être apposées pour l'adjudication, sont le résultat de l'erreur qui a été commise par Appert;

Infirme, maintient le dire explicatif fait par Appert sur le cahier d'enchères ; ordonne, en conséquence, qu'il sera passé outre à l'adjudication sur la mise à prix de 74,952 fr. 19 c., indépendemment des frais et charges; dit que les frais des nouvelles affiches resteront à la charge d'Appert ; ordonne la restitution de l'amende ; et attendu que tous les dépens ont été la suite de l'erreur commise par l'appelant, le condamne en tous les dépens.

## OBSERVATIONS.

1° L'erreur dont il s'agissait dans l'espèce, constituait une simple erreur de calcul qui devait être réparée aux termes des art. 2058 du. Code civil et 541 du Code de procédure civile.

2° La décision de la Cour de Paris est également équitable en ce qui touche les dépens. Déjà la Cour de Caen avait décidé que celui qui n'oppose en appel qu'un moyen péremptoire en sa faveur peut être condamné au paiement d'une partie des dépens (3 mai 1826. — S.. 30, 2, 214. — L. 87, 566); et que celui qui, sans motif, fait défaut, peut être condamné aux dépens, bien que, sur son opposition, il obtienne gain de cause (14 juillet 1836. — S., 27, 2, 150. — D. P. 25, 2, 47).

## ART. 2.

**MINISTÈRE PUBLIC. — COUR ROYALE. — DÉLIBÉRATION. — ANNONCES. — VENTES JUDICIAIRES D'IMMEUBLES.**

*Le ministère public doit, à peine de nullité, assister aux délibérations des Cours royales, pour la désignation annuelle des journaux dans lesquels devront être insérées les annonces des ventes judiciaires d'immeubles.*

(Intérêt de la loi). — Arrêt de la Cour de cassation, chambre des requêtes, du 18 août 1842.

Attendu, 1° que s'il n'est pas permis au ministère public d'assister aux délibérations des juges lorsqu'ils se retirent à la chambre du conseil pour les jugements, le ministère public doit, au contraire, être appelé à toutes les délibérations concernant l'ordre et le service intérieur (Art. 88 du décret de 1808);

2° Que le ministère public doit aussi être appelé et doit assister à l'assemblée des chambres réunies, pour s'occuper d'affaires d'ordre public dans le cercle des attributions des Cours royales (Art. 62 du décret de 1810);

3° Que la désignation des journaux où doivent être insérées les annonces judiciaires, est une mesure d'ordre public, restant, d'après la disposition formelle de la loi, dans le cercle des Cours royales (Art. 696 de la loi du 2 juin 1841);

4° Enfin que, notamment dans ces affaires d'ordre public, la même loi, comptant toujours sur le ministère public, exige des réquisitions écrites, tandis qu'elle s'en rapporte à ses lumières pour ces réquisitions dans les objets d'ordre et de réglement intérieur (Art. 88 du décret de 1808, et 696 de la loi de 1841);

Attendu que la lettre de ces dispositions est conforme à leur esprit. En effet, à l'égard des jugements qui décident, par voie contentieuse de l'État et des biens des citoyens, l'administration d'une bonne justice s'oppose à ce que le ministère public, soit requérant, soit concluant, assiste aux délibérations des juges, sur lesquelles il pourrait avoir une influence préjudiciable aux droits des plaideurs, et où il paraîtrait figurer comme juge et partie, mais qu'il n'en est pas de même à l'égard des délibérations sur des affaires d'ordre public à expédier par voie non contentieuse ; c'est l'intérêt général de la société qui y domine, et l'assistance du ministère public peut y être souvent d'un grand avantage ;

Et attendu, en fait, que le 20 décembre 1841, le premier président de la Cour royale d'Orléans, a réuni toutes les Chambres pour procéder, en conformité de l'art. 696 de la loi du 2 juin 1841, à la désignation des journaux qui, dans le ressort de la Cour, doivent recevoir l'insertion des annonces judiciaires pour l'année 1842 ; que le procureur général près la même Cour a requis qu'il lui plût l'admettre à assister à la délibération, conformément à la loi ; mais que la Cour, par délibération du même jour, a déclaré que les membres du parquet s'abstiendraient d'assister au vote auquel elle allait procéder ;

Attendu que ce refus d'assistance, au mépris de l'art. 88 du décret du 30 mars 1808, des art. 62 et 66 du décret du 6 juillet 1810, et de l'art. 696 de la loi du 2 juin 1841, constitue un excès de pouvoir ;

Faisant droit sur le réquisitoire de M. le procureur-général, et procédant en exécution de l'art. 80 de la loi du 27 ventôse an VIII, annule, par excès de pouvoir, la délibération de la Cour royale d'Orléans, du 20 décembre 1841, etc.

## OBSERVATIONS.

L'art. 696 du Code de procédure civile, ne reconnaît au ministère public que le droit de prendre des réquisitoires écrits : ce qui nous paraît l'exclure des délibérations des chambres réunies. — Les plaintes que l'application de cet article ont soulevées, et sur le mérite desquelles nous n'avons pas à nous expliquer ici, exigent, nous le croyons, que le rôle du ministère public, soit rigoureusement restreint dans les termes de la loi.

Nous rappelons que, par arrêt du 14 juin 1836 (S., 37, 1, 622), la Cour de cassation a décidé que le procureur général a le droit d'assister à la délibération de la Cour royale sur une réduction projetée dans le nombre des huissiers. — Au moment de mettre sous presse nous apprenons que la Cour de cassation, après un long délibéré en la chambre du conseil, a cassé un nouvel arrêt du 19 novembre 1842, par lequel la Cour d'Orléans, persistant dans sa jurisprudence, déclarait que M. le procureur général *s'abstiendrait* d'assister à la délibération et au vote pour la désignation des journaux dans lesquels seraient faites les insertions d'annonces judiciaires.

## ART. 3.

1° TÉMOINS. — REPROCHES. — COMMUNE. — HABITANTS. — INTÉRÊTS.
2° ACTION POSSESSOIRE. — SÉQUESTRE. — RÉCRÉANCE. — NON-ABROGATION.

*1° Les habitants d'une commune sont reprochables comme témoins dans une affaire de la commune, lorsque chacun d'eux a dans le procès un intérêt direct et personnel.*

*Les tribunaux sont appréciateurs souverains du point de savoir si un témoin doit être écarté comme suspect, à raison de sa conduite dans le procès.*

2. *Lorsque sur une action en complainte, portée devant le juge de paix, aucune des parties ne peut prouver sa possession annale, le juge peut mettre en séquestre l'objet litigieux, jusqu'au moment de la justification de la propriété, en réservant tous les droits des parties.*

*Peu importe que le défendeur n'ait pas demandé formellement à faire preuve de sa possession, si d'ailleurs il a procédé à une contre-enquête.*

*Les tribunaux sont juges souverains du résultat des enquêtes.*

Arrêt de la Cour de cassation, chambre des requêtes, 16 mars 1842.

Les sieurs Lefebvre, Buffot et Legendre forment contre la commune de Gouberge une action en complainte pour trouble à la possession qu'ils prétendent avoir d'une mare située dans la commune, et dans laquelle les habitants puisaient de l'eau et abreuvaient leurs bestiaux; ils articulent devant le juge de paix qu'ils sont en possession paisible, annale, et non précaire, de la mare en litige, et ils demandent à en fournir la preuve. La commune se borne à contester la possession des demandeurs, sans demander, par des conclusions formelles, à être maintenue en possession et sans offrir aucune preuve contraire. —

Le juge de paix admet les demandeurs à la preuve de la possession articulée, en réservant la preuve contraire à la commune. — Il est procédé à l'enquête et à la contre-enquête. — La plupart des témoins produits par la commune sont pris parmi ses habitants. — Ils sont reprochés par Lefebvre et consorts, attendu l'intérêt qu'ils ont au procès. Les demandeurs reprochent en outre le sieur Filleul, qui n'est pas habitant de la commune: leur reproche est fondé sur ce que Filleul a été le conseil de la commune et a rédigé une pétition dans l'intérêt de celle-ci, sur l'objet de la contestation.

Le juge de paix rejette ces reproches, parce que, d'une part, les habitants ne lui paraissent pas avoir un intérêt direct au litige; parce que, d'autre part, les faits à l'égard du sieur Filleul ne sont ni constatés ni suffisants. — Au fond, le juge de paix déclare les demandeurs mal fondés dans leur action, faute d'avoir prouvé leur possession.

Appel; 28 décembre 1841, jugement du tribunal d'Évreux qui admet les reproches contre les habitants de la commune, à raison de leur intérêt direct à la contestation, et celui contre le sieur Filleul, *à raison de ses instances dans le procès;* et, statuant au fond, attendu qu'aucune partie n'a fait preuve d'une possession suffisante, renvoie les parties au pétitoire, met en séquestre l'objet litigieux et nomme pour séquestres les demandeurs, en autorisant toutefois les habitants à user comme par le passé de l'eau de la mare.

Pourvoi par la commune de Gouberge.—Premier moyen.—Violation de l'art. 283 du Code de procédure civile, en ce que le jugement a admis les reproches contre les habitants et contre le sieur Filleul, bien que ces reproches ne fussent pas autorisés par la loi. — Deuxième moyen. — Violation de l'art. 23 du Code de procédure civile, en ce que le jugement a ordonné la mise en séquestre de l'objet litigieux, tandis que la commune n'ayant pas demandé reconventionnellement à faire preuve de la possession, et les demandeurs n'ayant pas prouvé la possession qu'ils articulent, ceux-ci devaient être déclarés non-recevables, quelque fût d'ailleurs le résultat de la contre enquête.

**ARRÊT.**

La Cour ; — Attendu, sur le premier moyen, que s'il peut être permis d'entendre, comme témoins, les habitants d'une commune, dans une affaire de la commune, c'est seulement lorsque chacun, individuellement pris, n'a pas un intérêt direct et personnel à la contestation, ne devant profiter ou perdre qu'au marc le franc, de même que tous les autres habitants; il en est autrement lorsque chacun a un intérêt direct, un intérêt personnel, comme dans la cause actuelle, où il s'agissait, soit d'un droit de puisage, soit de tout autre usage. Est toujours récusable celui qui a un intérêt direct à la chose qu'il s'agit de vérifier (L. 10, f.f. *de testibus*, L. 1, *Cod. de testibus*), et ce principe d'éternelle justice n'a pu être et n'a été ni changé ni modifié par la législation nouvelle ;

Attendu que la question d'intérêt est une question de fait soumise à l'appréciation exclusive des tribunaux.

Attendu que c'est aussi par une appréciation de fait que le sieur Filleul, l'un des témoins, a été écarté comme suspect, à raison de sa conduite dans le procès ;

Attendu, sur le deuxième moyen, que la possession vaut titre jusqu'à ce que le droit du propriétaire non possesseur soit justifié; il se pourrait qu'on donnât cet avantage à un possesseur qui n'aurait possédé que quelques mois, et, dans l'ancienne jurisprudence, le juge ne reconnaissant la possession annale à aucune des parties, s'abstenait de prononcer sur le possessoire, soit en accordant la récréance à l'une des parties, soit en donnant le séquestre, toute présomption sur la propriété restait suspendue; c'était une mesure essentiellement conservatrice ;

Attendu que cette faculté non abrogée par les lois nouvelles est conforme à leur esprit et se trouve même actuellement consacrée par l'art. 1961 du Code civil, qui permet d'ordonner le séquestre d'un immeuble dont la possession est litigieuse ;

Attendu, dès-lors, que le tribunal a fait une juste application des principes de la matière, et sagement use de la faculté d'ordonner, soit la récréance, soit le séquestre, en n'ordonnant pas un séquestre absolu, exclusif, et en permettant aux habitants de la commune de continuer à jouir du droit de puiser de l'eau et d'abreuver les bestiaux ;

Attendu que l'objection que la commune n'avait offert aucune preuve, est sans influence; soit parce que la commune admise à la preuve contraire a fait une contre-enquête, soit parce que ce serait une appréciation des faits résultant des deux enquêtes, qui ne pourrait pas être soumise à la censure de la Cour de cassation ; — REJETTE, etc...

## OBSERVATIONS.

1° La jurisprudence repousse le témoignage des habitants de la commune dans les procès où ils peuvent avoir un intérêt plus ou moins direct. — Il est évident, d'ailleurs, que c'est là une question de fait qui appartient souverainement aux tribunaux. — C. de cassation du 2 décembre 1835. (S., 36, 1, 413 ; D. P., 36, 1, 23) ; du 30 mars 1836 ; (S., 36, 1, 285 ; D. P., 38, 1, 59) ; du 29 juin 1831 (S., 31, 1, 308 ; D. P., 31, 1, 246).

2 La récréance diffère du séquestre en ce que la récréance est une jouissance provisoire accordée à l'une des parties, qui, par conséquent fait les fruits siens, tandis que le séquestre est l'établissement d'un gardien qui jouit pour autrui et qui doit rendre compte de sa jouissance. La Cour de cassation avait déjà jugé dans le même sens : quant à la récréance, par arrêt du 14 novembre 1832 (S., 32, 1, 816 ; D. P., 33, 1, 5) ; quant au séquestre, par arrêt du 31 juillet 1838 (S., 38, 1, 676).

Cette jurisprudence est conforme à l'opinion de Duparc-Poullain, t. 10, p. 695 ; de Jousse, sur l'art. 3, tit. 18, ord. 1667 ; de Pothier, tr. de *la possession*, ch. 6, sèct. 2, n 105 ; de Poncet, *actions*, n° 59 ; de Demiau, p. 34 ; de Troplong, *prescrip.* n° 329 et 330. — Elle est combattue par Garnier, n° 71 et Curasson, t. II, p. 288.

## ART. 4.

### SUBSTITUTION PROHIBÉE. — CONDITION. — MAJORITÉ.

*La disposition par laquelle un testateur lègue une partie de ses biens à un mineur, en déclarant que dans le cas ou le légataire décéderait avant sa majorité, ce legs sera partagé entre les héritiers du testateur, contient une substitution fidéicommissaire, prohibée par la loi.*

Arrêt de la Cour de cassat., chambre des requêtes, 22 novembre 1842.

Par testament du 25 août 1837, le sieur Gellas lègue (art. 11), tous les biens dont il n'a pas disposé dans les articles précédents à Justin Balandra. — Le testateur ajoute (art. 12), que dans le cas de décès du Justin Balandra, avant sa majorité, les sommes à lui léguées en argent seront partagées entre trois de ses neveux, le linge entre deux neveux ou nièces et la dame Balandra, mère de l'institué.

Les héritiers naturels soutiennent que cette double disposition contient une disposition fidéicommissaire et ils en demandent l'annulation.

**19 janvier 1841**, arrêt de la Cour de Toulouse qui accueille leurs prétentions, en ces termes :

Attendu que pour reconnaître une substitution, il faut rechercher si la disposition renferme deux libéralités simultanées, avec ordre successif, dans les deux gratifiés ; de telle sorte que le second gratifié survivant recueille ce que le premier n'a pu aliéner ou donner à son préjudice ;

Que le sieur Gellas, dans l'art. 11 de son testament, lègue tous les biens dont il n'a pas disposé dans les articles précédents à Justin Balandra ;

Que cette institution est pure et simple dans cet article, et que l'héritier aura été saisi à la mort du testateur, si le testament ne détruit pas cette disposition dans la clause suivante ;

Attendu que, dans l'art. 12, le sieur Gellas se borne à déclarer que, dans le cas de décès de Justin Balandra, avant sa majorité, les sommes, à lui léguées en argent, seront partagées entre trois de ses neveux ; le linge entre deux neveux ou nièces et la dame Balandra, mère de l'institué ;

Que, dès-lors, le testateur n'a porté ni voulu porter aucune sorte d'atteinte à l'institution qui saisissait Balandra au décès du sieur Gellas, et qu'il n'a voulu modifier cette institution qu'au cas de décès de Justin Balandra, avant sa majorité ; que le but du testateur n'a été autre que d'empêcher la mère de Balandra d'hériter de son fils mourant en minorité, et de faire passer le legs sur d'autres têtes, sur des neveux ou nièces ; mais que les biens ont fait impression sur la tête de Balandra ; qu'il est obligé par le testament de les conserver et de les rendre, puisque le testateur veut que, dans le cas prévu, les sommes à lui léguées soient partagées entre d'autres ;

Que le but ci-dessus se manifeste plus clairement encore dans la clause suivante, où le testateur dispose, toujours pour le cas de décès de Balandra, avant sa majorité, du linge à lui légué, que la femme Balandra doit partager avec deux autres légataires ; que le testateur ajoute encore que les objets tant mobiliers qu'immobiliers devenus libres par le décès de Justin Balandra, appartiendront à Jules Richard, son neveu ; d'où il suit évidemment qu'ils n'étaient pas libres avant le décès dudit Justin ; ce qui ne peut avoir un autre sens que de déclarer de plus en plus qu'avant le décès de Balandra, la propriété desdits biens reposait sur sa tête ;

Qu'aussi est-ce dans le cas seulement de la mort de Justin Balandra avant sa majorité, que des charges annuelles et viagères sont imposées à Jules Richard, le second gratifié, en faveur de la mère de Justin, premier qualifié, parce qu'alors la femme Balandra perdrait tout moyen d'existence, et les ressources qu'elle avait eues jusque-là dans l'institution de son fils ;

Que la saisine de Justin Balandra se trouve plus pleinement confirmée encore par l'article suivant, le treizième du testament, dans lequel le sieur Gellas, en nommant le sieur Berdoulat son exécuteur testamentaire, le nomme en même temps le tuteur dudit Justin, lui donnant la gestion de tout ce qui pourrait lui revenir, sans rendre compte ;

Qu'il faut donc, de toute nécessité, qu'il soit revenu quelque chose audit Justin, et que ce ne peut être que les biens à lui légués par l'art. 12, dont il faut par conséquent, qu'il ait été investi ; que la suite de cette clause le démontre plus clairement encore, puisque le testateur, croyant pouvoir enlever à la mère la tutelle, l'administration et la jouissance des biens de son fils, autorise le sieur Berdoulat à la renvoyer de la maison léguée à Justin Balandra ;

Qu'il est impossible, après des clauses aussi claires, aussi géminées, aussi nettement articulées, de pouvoir trouver dans cette disposition autre chose qu'une institution en faveur de Justin Balandra, laquelle l'a saisi, dès l'instant du décès de Gellas, et qui ne cesse de produire effet que par le décès de l'institué, avant sa majorité ;

Que ce n'est qu'au cas où cet événement se réalise que les biens compris dans l'institution passent aux autres appelés, s'ils sont vivants ; que ce n'est donc pas un legs conditionnel qui leur a été fait, legs qui les aurait saisis dès le décès de Gellas, et dont ils n'auraient été dépouillés qu'au cas où la prétendue condition résolutoire serait arrivée par le décès de Balandra, avant sa majorité ;

Que cette condition résolutoire a été apposée non pas au legs, mais à la substitution déjà conditionnelle de sa nature, et qu'il est impossible de méconnaître dans le testament ; que s'il en était autrement, les substitutions échapperaient toujours à la prohibition de la loi, puisqu'il suffirait de dire, par exemple, que si l'institué venait à décéder, non point avant sa majorité, mais avant sa centième année, les biens passeraient à d'autres légataires que le testateur voudrait appeler en second ordre ;

Qu'il suit de tout ce que dessus, qu'il y a évidemment substitution prohibée, laquelle vicie la disposition même, et doit en faire prononcer l'annulation.

## OBSERVATIONS.

Cet arrêt est conforme aux principes de la matière. — La Cour de cassation a décidé dans le même sens, dans une espèce analogue, 2 novembre 1824 (S., 25, 1, 42 ; D. A., 12, 182 ; L. 71, 97, *ident.*, Toulouse, du 18 janvier 1841 (L., t. I, 1841, p. 424).

## ART. 5.

### 1° TESTAMENT. — DÉMENCE ANTÉRIEURE.
### 2° TESTAMENT AUTHENTIQUE. — ÉCRITURE. — MENTION.

1° *Un testament est valable lorsqu'il est justifié que le testateur était sain d'esprit au moment de sa confection, alors même qu'il se serait livré antérieurement à des actes de démence ;*

2°. *L'énonciation dans un testament authentique qu'il a été reçu par deux notaires et écrit par l'un d'eux est suffisante, sans qu'il soit nécessaire de désigner celui des deux notaires qui a tenu la plume.*

Arrêt de la Cour de cassation, chambre des requêtes, du 26 juillet 1842.

Le testament du sieur Boussemart a été argué de nullité par la fille du testateur, la dame Delalleau, qui s'est fondée : 1° sur l'état de démence du testateur ; 2° sur ce que le testament reçu par deux notaires n'indiquait pas celui des deux qui l'avait écrit.

22 avril 1841, jugement du tribunal d'Arras qui annule le testament, attendu l'état de démence du sieur Boussemart.

Appel par la dame Boussemart ; 21 juillet 1841, arrêt de la Cour royale de Douai qui infirme, par les motifs suivants :

Attendu, en droit, que la présomption est en faveur de l'acte qui contient des dispositions testamentaires ;

Que c'est donc à ceux qui l'attaquent à prouver que le testateur n'était pas sain d'esprit au moment de sa confection ;

Qu'il ne leur suffirait pas d'établir que celui-ci, antérieurement à cette époque, s'était livré à des actes momentanés de démence, s'il a recouvré ensuite la raison nécessaire pour tester, et s'il en jouissait lorsqu'il a manifesté sa volonté ;

Qu'il a eu, dans ce cas, toute la capacité requise par l'art. 901 du Code civil, pour faire une donation entre-vifs ou un testament ;

Attendu, en fait, que s'il résulte des enquêtes que, pendant son séjour à Paris, L.-F.-G. Boussemart a éprouvé des accidents maladifs, qui ont été suivis d'une surexcitation ou délire passager ; cet état exceptionnel avait complétement cessé à son retour à Arras, qui a eu lieu le 5 septembre suivant, et ne s'est pas reproduit jusque bien au-delà du 27 du même mois, date de son testament authentique ;

Qu'il est justifié par tous les documents du procès, que le testateur revenu chez lui, a repris son train de vie ordinaire, a entretenu ses relations sociales comme par le passé, a fait des actes importants et s'est livré fréquemment à l'exercice de la chasse, qu'il n'a interrompu que le 25 septembre, à la suite d'une hémiplégie du côté gauche, qui n'a altéré que son physique, sans affaiblir ses facultés intellectuelles, et qui lui a laissé l'entier usage d'une volonté libre et réfléchie ;

Que cette preuve est corroborée par l'acte lui-même dans lequel Boussemart dictant ses dispositions dernières, et mu par une légitime affection, met à exécution, dans de sages limites, l'idée qu'il avait déjà exprimée d'assurer l'avenir de sa femme, à laquelle les stipulations du contrat anté-nuptial et l'administration du mari ne réservaient qu'une position au-dessous du rang qu'elle devait tenir, et la nécessité de renoncer à la communauté ;

... Relativement au moyen de nullité tiré de ce que l'acte ne faisait pas mention de celui des notaires qui l'aurait écrit :

Attendu que le testament porte : « qu'il a été écrit tel que le sieur testateur l'a dicté, par l'un desdits notaires, l'autre présent ; »

Que cette énonciation satisfait pleinement au prescrit de l'art. 972 du Code civil, etc...

Pourvoi par la dame Delalleau. — Premier moyen : violation de l'article 901 et fausse application de l'art. 504, du Code civil, en ce que l'arrêt attaqué, bien qu'il déclare que le testateur avait été en état de démence avant et depuis le testament, maintient cet acte, par cela seul qu'il n'était pas établi que l'état de démence existait à l'instant même de la confection du testament. — Deuxième moyen : violation de l'art. 972 du Code civil, en ce que l'arrêt attaqué a jugé qu'il n'était pas nécessaire de mentionner celui des deux notaires qui avait tenu la plume.

15

ARRÊT.

La Cour ; — Sur le premier moyen , pris de la violation de l'art. 901 , et de la fausse application de l'art. 504 du Code civil ;—Attendu que la Cour royale de Douai avait à décider si le sieur Boussemart jouissait, à l'époque où il avait fait son testament , de la plénitude de ses facultés intellectuelles; qu'une pareille question rentre en entier dans les attributions des Cours royales; que l'arrêt ne saurait donc sous ce rapport donner ouverture à cassation.....

Sur le deuxième moyen, pris de la violation de l'art. 972 du Code civil;—Attendu que s'il est du devoir du juge de faire exécuter tout ce qu'ordonne la loi ; d'autre part, il ne saurait ajouter à ce qu'elle prescrit ; que l'art. 972 du Code civil, veut que, « si un testament est reçu par deux notaires, il soit écrit par l'un des deux notaires, tel qu'il leur est dicté ; » que le testament attaqué qui a été reçu par deux notaires, porte qu'*il a été crit tel que le testateur l'a dicté, par l'un de ces notaires, l'autre présent, ainsi que les témoins susnommés ;* — Que ces énonciations remplissent entièrement le vœu de l'article dont il s'agit ; que le juge ne saurait annuler un acte dont le rédacteur s'est exactement conformé au langage de la loi, et que la décision par laquelle il le déclare valide , ne peut être cassée ; — Rejette.

## OBSERVATIONS.

1° Le testament est valable pourvu qu'il ait été fait dans un intervalle lucide ; mais, aux termes de deux arrêts, l'un de la Cour de cassation, chambre civile, du 26 février 1838 (S., 38, 1, 533; D. P., 38, 1, 125 ; L., 38, 1, 272); l'autre, de la cour de Caen, du 20 novembre 1826 (S., 27, 2, 197), les intervalles lucides ne se présument pas ; c'est celui qui invoque le testament à établir qu'il a été fait dans un tel intervalle.

2° Lorsque le testament est reçu par deux notaires, rien ne s'oppose à ce qu'il soit écrit en partie par l'un des notaires et en partie par l'autre. Au reste, la mention que l'acte a été écrit par l'un des notaires suffit, sans qu'il soit nécessaire de désigner celui des notaires qui l'a écrit. M. Toullier (t. V, n° 423) soutient l'opinion contraire, il invoque la jurisprudence qui exige rigoureusement la mention de l'écriture par le notaire ; mais la question dont il s'agit est autre que celle sur laquelle la jurisprudence invoquée a statué. — Tout ce que la loi exige c'est qu'il soit énoncé dans l'acte que le testament est écrit par l'un des notaires.

## ART. 6.

### FAUX INCIDENT. — DÉFENSES. — DÉLAI.

*Le défendeur à l'inscription de faux n'est pas , par le fait de l'expiration du délai de huitaine fixé par l'art. 238 , Code de procédure civile, déchu du droit de signifier ses défenses. — Il peut être admis à les fournir tant que le tribunal n'a pas prononcé sur l'inscription de faux.*

Arrêt de la Cour de cassation, chambre criminelle, du 10 octobre 1841..

Attendu qu'entre le demandeur en inscription de faux et le défendeur, il y a réciprocité de droit, et que les conditions doivent être égales ; que si, dans le cas de l'art. 229 du Code de procédure civile, et lorsque le demandeur a laissé passer le délai de huitaine sans faire signifier ses moyens de faux, il n'encourt pas nécessairement la déchéance de son inscription de faux, et si le juge, comme l'indiquent les mots : *s'il y échet*, n'est point tenu de la prononcer ; il doit en être de même dans le cas de l'art. 250, quand le défendeur a négligé de répondre aux moyens de faux dans les huit jours de la signification qui lui en a été faite ; que ce délai n'est point fatal ; que le demandeur peut bien se pourvoir à l'audience pour faire statuer sur le rejet de la pièce ; que l'art. 250 lui donne cette faculté, mais que rien ne s'oppose à ce que le défendeur fournisse sa réponse par écrit, tant que le juge n'a pas prononcé ;

Qu'à la vérité l'art. 250 renvoie à l'art. 217, pour se conformer à ce qui y est prescrit ; mais que cette injonction se rapporte aux conséquences que la loi attache au rejet de la pièce quand il est ordonné, à savoir qu'elle sera rejetée par rapport au défendeur, sauf au demandeur à en tirer telles inductions qu'il jugera à propos, ou à former telles demandes qu'il avisera pour ses dommages-intérêts.

Qu'en ce qui concerne le délai accordé au défendeur pour répondre aux moyens de faux et les suites que l'inobservation de ce délai peut entraîner, tout est réglé par l'art. 230, qui contient à cet égard des dispositions formelles ;

Que l'arrêt attaqué a donc pu, après l'expiration du délai de huitaine, admettre les déclarations par écrit de la régie de l'octroi sur la pertinence des moyens de faux, et, sans s'arrêter à la demande en rejet de la pièce, ordonner qu'il serait procédé sur l'inscription de faux ; qu'en jugeant ainsi, ledit arrêt n'a violé aucune loi. — REJETTE, etc.

## OBSERVATIONS.

Le délai de huitaine accordé par l'art. 230 du Code de procédure civile, n'est que comminatoire. Carré, t. I, n° 913 ; Pigeau, comm. t. I, p. 444 ; Thomine, t. I, p. 405.

Il en est de même du délai de trois jours, donné par l'art. 219 du Code de procédure, pour faire le dépôt au greffe de la pièce arguée de faux. Carré, t. I, n° 892 ; Thomine, t. I, n° 262 ; Bomenné, t. IV, p. 80 ; sur ce dernier point, toutefois, M. Merlin professe une opinion contraire ; *Répert.*, v° *Inscription de faux*, § 2, n° 4, et *Quest. de droit*, v° *Inscrip. de faux*, § 6.

## ART. 7.

ACTION POSSESSOIRE. — CLOTURE. — ENLÈVEMENT. — COMMUNAUX.

*Toute atteinte portée à une clôture est un trouble qui donne ouverture à l'action possessoire et non pas seulement à une action en restitution des objets enlevés.*

*L'imprescriptibilité des biens communaux, qui a pour effet de rendre vaine la possession de ces biens par un tiers ne s'oppose pas à ce que la commune troublée dans sa possession ne puisse exercer la voie de la complainte pour faire cesser ce trouble.*

Arrêt de la Cour de cassation, chambre des requêtes, du 18 août 1842.

La commune d'Auneuil est propriétaire d'une place publique qui, par les ordres du maire, fut entourée d'une clôture ; le sieur Billard, prétendant avoir une servitude de passage sur la place, enleva la partie de la barrière placée vis-à-vis de sa propriété. — Action possessoire formée par le maire d'Auneuil, et, le 8 octobre 1840, sentence du juge de paix conçue en ces termes :

En fait, considérant qu'à une époque déjà reculée, la commune d'Auneuil, par les soins de son conseil municipal, a fait poser autour d'un terrain communal désigné en la demande, et destiné à la tenue des fêtes, jeux et danses publics, des barrages pour défendre l'accès des voitures, chevaux, vaches ou autres bestiaux qui pourraient causer des dégradations ou autres faits et accidents contraires à l'usage auquel ce terrain est destiné ;

Considérant que le sieur Billard, sans nier les faits à lui reprochés, et qui, par sa négligence, ont exposé ce terrain à des atteintes dont la commune, dans l'intérêt de tous, doit veiller à le préserver, se borne à opposer à la demande formée contre lui, deux fins de non-recevoir ;

En droit, sur le premier moyen, tiré de ce que le boulon et le cadenas étant meubles, l'action possessoire ne saurait être admise, et que, considérant la demande sous le point de vue mobilier, il fallait au maire de la commune d'Auneuil une autorisation de plaider ;

Considérant que le fait du sieur Billard, d'avoir, à l'aide de la clef qui lui était confiée, aux termes d'un arrêté municipal, pour en user, en tant que de besoin, séparé le cadenas et le boulon dont il s'agit, partie intégrante et nécessaire de la clôture du terrain communal d'Auneuil, ne peut avoir fait perdre à ces objets une qualité qu'ils tenaient de leur jonction à une clôture immeuble par destination, destination notoire pour le sieur Billard comme pour tous les habitants de la commune ;

Que le maire, demandeur au nom de la commune d'Auneuil, n'avait donc pas besoin de l'autorisation prescrite par l'art. 55 de la loi du 18 juillet 1837, sur les attributions municipales, ne s'agissant pas d'une action mobilière ; qu'il n'est pas question, d'ailleurs, en la demande, de la restitution de ces objets, mais de leur rétablissement en leur lieu et place accoutumés ; qu'il ne peut y avoir entre la commune, être fictif, et le sieur Billard, de restitution, comme il l'entend, de la main à la main ;

Sur le deuxième moyen, tiré du caractère d'imprescriptibilité qu'aurait la clôture dont il s'agit, comme dépendant d'une propriété imprescriptible ;

Considérant que cette clôture est une propriété particulière de la commune d'Auneuil tellement distincte du terrain qu'elle entoure ; qu'elle peut, d'un jour à l'autre, être aliénée en vertu d'une simple délibération du pouvoir municipal, ce qui ne saurait avoir lieu pour une propriété publique imperscriptible ;

Que la propriété de cette clôture est tout-à-fait séparée de celle du terrain communal dont elle n'est pas partie intégrante, bien qu'elle soit placée pour sa défense; que, d'ailleurs, fût-elle même d'une nature imprescriptible par suite de sa destination, cette qualité serait, à l'égard du sieur Billard seul, ou de tout autre riverain, un obstacle en faveur de la commune d'Auneuil contre une action possessoire; mais qu'il est reconnu que les communes demanderesses sont toujours libres de choisir leur mode d'action et de se pourvoir, soit en dommages-intérêts, soit en restitution, soit au possessoire, quand bien même encore le défendeur n'élèverait aucune prétention, soit sur la possession de la commune, soit pour ses dépendances, soit pour le surplus de l'immeuble;

Attendu qu'il n'est pas nécessaire, enseignent les auteurs, que les actes qui constituent le trouble soient susceptibles de faire acquérir un droit; qu'il suffit, qu'ils gênent dans la jouissance pour donner lieu à l'action possessoire; que les actes reprochés au sieur Billard et par lui commis sur les barrages de la commune d'Auneuil, sans nul doute compris dans ces expressions de l'art. 5, du Code de procédure, *et autres clôtures*, sont de cette nature; qu'aux termes dudit article et de l'art. 10 de la loi du 24 août 1790, l'action possessoire peut être intentée pour tout trouble de jouissance sur les haies, arbres, fossés et autres clôtures; que l'action de M. le maire d'Auneuil, a été intentée dans les délais de l'art. 25 du Code précité.

Appel par le sieur Billard; 10 mars 1841, jugement du tribunal de Douai, qui confirme, en adoptant les motifs des premiers juges et « attendu en outre que la place appartient à la commune d'Auneuil qui a fait apposer des barrières pour clore cette place; attendu que Billard, en enlevant une partie de la barrière pour établir un passage à son usage, a commis une voie de fait qui porte atteinte à la possession de la commune. »

Pourvoi pour violation et fausse application des lois des 22 novembre et 1er décembre 1790, art. 2, § 2, ainsi que de la loi du 2 juin 1793, et des art. 538 et 2226 du Code civil. Le demandeur soutenait qu'un simple enlèvement d'objets mobiliers ne pouvait donner lieu à une complainte possessoire, action essentiellement immobilière, et que dans le cas où l'on déciderait que les objets étaient immeubles par destination, l'action possessoire était irrecevable, à cause de l'imprescriptibilité de la propriété communale.

ARRÊT.

Attendu que le jugement attaqué reconnaît, de la manière la plus formelle, que la commune d'Auneuil était en possession du terrain, dont la clôture fait l'objet du procès; que, dès-lors, le droit de complainte pour tout ce qui troublait cette possession, appartenait nécessairement à cette commune, et par conséquent à son représentant légal;

Attendu que la clôture dont le maire avait jugé à propos d'entourer ce terrain, en faisait nécessairement partie et que tout ce qui avait pour objet d'y porter atteinte, pouvait être réprimé par la même voie de complainte.

## OBSERVATIONS.

Cet arrêt est basé sur ce principe que l'imprescriptibilité s'oppose à l'action possessoire toutes les fois qu'elle a pour objet *d'acquérir*; mais non lorsqu'elle tend à *conserver*. Il n'est pas douteux que quiconque intente l'action possessoire dans le but *d'acquérir* la propriété, doit posséder de la même manière que celui qui veut prescrire. Henrion de Pansey, chap. 36, p. 331; Proudhon, *Usufruit*, t. VI, n° 200; Garnier, *Action possessoire*, chap. 3, p. 104.

### ART. 8.

**1° ENREGISTREMENT. — VENTE. — PREUVE. — REQUÊTES SIGNIFIÉES. — MINISTÈRE PUBLIC. — ACTION PRINCIPALE.**
**2° JUGEMENT. — CONCLUSIONS. — MENTION.**

1° *La preuve d'une mutation de propriété dissimulée peut résulter des requêtes signifiées entre les parties, dans une instance en garantie, formée par l'une d'elles, contre la contrainte décernée par la régie.*

*De ce que, dans ce cas, il est énoncé par le jugement que le directeur de l'enregistrement était demandeur par le ministère public, il ne résulte pas que le ministère public ait agi comme partie principale. L., 22 frimaire an V, art. 65.*

2° *Les prescriptions de l'art. 141 du Code de procédure civile, sont suffisamment remplies, quant à la mention des conclusions, lorsque l'ensemble du jugement fait connaître très-clairement l'objet du litige et les moyens des parties.*

Arrêt de la Cour de cassation, chambre des requêtes, du 8 novembre 1842.

L'administration de l'enregistrement prétendait que, dans la déclaration après décès de la dame Billiet, il y avait dissimulation d'une propriété dite *du Pavillon*, demanda un complément de droits de 4,000 f.

Le sieur Billiet, héritier de la dame Billiet, sa femme, appela en garantie le sieur Burtin qui, d'après lui, avait acheté la propriété dont il s'agit par acte sous seing-privé du 15 juillet 1834. La régie ayant cru voir la preuve de cette vente dans les requêtes signifiées au procès, laissa les parties procéder sur la question de validité de leurs conventions et poursuivit le sieur Burtin en paiement de 20,207 fr. pour droits et doubles droits.

Opposition à la contrainte de la part du sieur Burtin; 18 mars 1841, jugement du tribunal de Roanne qui le condamne au paiement de la somme de 20,207 fr. par les motifs suivants :

Considérant que des requêtes présentées au tribunal par les sieurs Billiet et Burtin, il résulte clairement et formellement que le sieur Billiet a vendu et le sieur Burtin acquis, le 15 juillet 1834, une propriété dite du Pavillon, située sur la commune de Perreux et de Coutouvre, moyennant le prix de 167,000 fr.; que les conventions énoncées dans les deux requêtes ci-dessus, doivent être considérées comme établissant, par rapport à la perception du droit d'enregistrement, la mutation de propriété; considérant en second lieu que l'acte sous seing-privé qui constate l'existence de la vente consentie par le sieur Billiet au sieur Bertin et qui se trouve reproduit littéralement par Me Morillon, avoué, dans la requête présentée par le sieur Burtin, son client, n'a point été enregistrée dans les trois mois de sa date;

Considérant que, du propre aveu de l'acquéreur, la vente aurait eu lieu le 15 juillet 1834; que, dès-lors, suivant l'article 58 de la loi du 22 frimaire an VII, cet acte, à défaut d'avoir été enregistré dans les trois mois, est soumis au double droit;

Considérant qu'en règle générale, le droit d'enregistrement des ventes d'immeubles est à la charge de l'acquéreur; que la poursuite de ce droit est, par la loi du 22 frimaire an VII, autorisée contre le nouveau possesseur, sur le vu de tout acte qui apprend à la régie la mutation de propriété.

Pourvoi du sieur Burtin; 1° violation de l'article 65 de la loi du 22 frimaire an VII, en ce que le ministère public aurait agi au procès comme partie principale et se serait porté *demandeur pour la régie*, ainsi que le constataient les qualités du jugement.

2° Contravention à l'art. 141 du Code de procédure civile qui veut que les jugements contiennent les conclusions des parties, en ce que le jugement de Roanne n'énonce pas les conclusions prises par le sieur Burtin, soit contre le sieur Billiet, soit contre la régie.

3° Fausse application de l'article 12 de la loi du 22 frimaire an VII, et violation de l'article 1134 du Code civil, en ce que l'existence d'une mutation dissimulée ne peut s'induire des expressions des requêtes signifiées dans une instance, qui a pour objet l'existence même du contrat de transmission.

ARRÊT.

La Cour; — Sur le premier moyen, attendu que c'est bien l'administration de l'enregistrement qui était demanderesse, et que le ministère public n'a fait autre chose que de donner ses conclusions conformément à la loi;

Sur le second moyen, attendu que l'ensemble du jugement attaqué fait connaître très-clairement l'objet du litige et les moyens des parties, ce qui satisfait à l'art. 141 du Code de procédure civile;

Sur le troisième moyen, attendu que les requêtes respectives produites par les parties prouvent évidemment la mutation de la propriété. — Rejette.

## OBSERVATIONS.

1° Pour qu'il y ait lieu à percevoir un droit d'enregistrement, il faut un acte écrit. Or, il était constaté par la Cour royale que l'acte sous seing-privé non enregistré avait été *transcrit* dans les requêtes.

2° La doctrine et la jurisprudence s'accordent à décider que les prescriptions de l'article 141, sont substantielles et que notamment l'omission des conclusions emporte nullité. Poncet, *des jugements*, t. I, p. 196; Boncenne, t. II, p. 446; Carré, t. I, n° 594; C. cass., du 19 mars 1833 (S., 33, 1, 288; D. P., 33, 1, 149); du 19 avril 1831; (S., 33, 1, 288; D. P., 31, 1, 116); Rennes, du 27 janv. 1834 (S., 35, 2, 16.). Mais pour que la nullité soit prononcée, il faut que l'omission des conclusions rende impossible l'appréciation des motifs de la décision; C. cass., ch. des req., du 2 avril 1839. (S., 39, 1, 392; D. P., 39, 1, 175; L. 39, 1, 461.)

## ART. 9.



*Les délais de l'appel ne commencent à courir contre l'interdit que du jour où le jugement a été signifié, tant au tuteur qu'au subrogé-tuteur.* Art. 444 du Code de procédure civile.

Cour de Limoges, du 20 avril 1842.

### ARRÊT.

LA COUR; — Sur la fin de non recevoir proposée contre l'appel et qu'on fait résulter de ce que l'appel n'est intervenu qu'après l'expiration des délais. — Attendu qu'aux termes de l'art. 444 du Code de procédure civile, les délais d'appel ne commencent à courir contre le mineur non-émancipé, que du jour où le jugement a été signifié tant au tuteur qu'au subrogé-tuteur, et que le bénéfice de cette disposition doit profiter à l'interdit aussi bien qu'au mineur, la loi assimilant toujours la condition de l'interdit à celle du mineur, et le couvrant l'un et l'autre d'une égale protection; et attendu en fait que Jean-Benjamin Ferdinand de Lapomélie est en état d'interdiction; qu'il n'apparaît d'aucune signification du jugement du 26 avril 1858 faite à son subrogé-tuteur et qu'ainsi les délais d'appel n'ont pas couru contre lui; que, conséquemment, l'appel, interjeté en son nom, de ce jugement est recevable; sans s'arrêter à la fin de non-recevoir proposée contre l'appel, etc....

## OBSERVATIONS.

La signification du jugement tant au tuteur qu'au subrogé-tuteur est si nécessaire que, lorsqu'un jugement est rendu au profit du tuteur, contre l'interdit ou contre le pupille, le jugement doit être signifié à un tuteur nommé *ad hoc*. Si l'interdit ou le mineur n'est pas pourvu d'un tuteur ou d'un subrogé-tuteur, c'est à la partie qui a obtenu le jugement à en provoquer la nomination. Colmar, du 13 janvier 1831 (S., 33, 2, 275; D. P., 31, 2, 36); Orléans, du 27 novembre 1833 (S., 34, 2, 554; D. P., 34, 2, 5); cassation (S., 33, 1, 388); Carré, n° 1590; Pigeau, t. I, p. 564.

## ART. 10.

1° INDIVISION. — ASSOCIÉS. — SAISIE. — SURSIS.
2° RENTE-VIAGÈRE. — COMMANDEMENT. — CERTIFICAT DE VIE.

1° *L'indivision entre associés, de même qu'entre co-héritiers, s'oppose à ce que le créancier de l'un des associés saisisse et mette en vente la part indivise de son débiteur; toutefois, les actes préliminaires de poursuite ne sont pas nuls; il y a lieu seulement à surseoir à leur continuation jusqu'après partage (art. 2205 du Code civil).*

2° *Le commandement de payer les arrérages d'une rente viagère fait au tiers-détenteur de l'immeuble hypothéqué au service de la rente n'est pas nul pour ne pas contenir, en tête, copie du certificat de vie du rentier, alors que les tiers détenteurs avaient une parfaite connaissance de l'existence de ce dernier (art. 1983 du Code civil, art. 673 du Code de procédure).*

**Arrêt de la Cour de Paris, du 10 décembre 1841.**

Le sieur Dubois et le sieur Manceau, associés pour l'exploitation d'une fabrique de faïence, apportèrent dans la société un immeuble indivis entre eux. La part du sieur Dubois se trouvait hypothéquée au profit de ses père et mère, pour sûreté d'une rente viagère de 900 fr.

La société tomba en faillite, après la retraite de Dubois fils. Les rentiers, non payés des arrérages de la rente, actionnèrent la société et après commandement de payer ou de délaisser, ils firent saisir la totalité de l'immeuble sur lequel ils avaient hypothèque.

Les syndics de la faillite demandèrent la nullité de cette saisie. Ils se fondaient : 1° sur ce qu'il n'avait pas été donné copie en tête du commandement du certificat de vie des rentiers (art. 673 et 715 du Code de procédure civile); 2° sur ce que la saisie avait été pratiquée sur un immeuble qui n'appartenait au débiteur que pour une part indivise. L'art. 2205 du Code civil, disaient les syndics, doit s'appliquer à toute espèce d'indivision.

Jugement du tribunal civil d'Epernay, qui annule la saisie en tant qu'elle porte sur la part de l'immeuble appartenant au sieur Manceau, et qui la maintient pour le surplus.

Attendu, dit le tribunal, que Dubois fils et sa femme, ainsi que les syndics de la faillite Manceau, avaient une parfaite connaissance de l'existence de Dubois père et de sa femme; qu'il était donc inutile d'en justifier, avant qu'ils ne fussent sommés;

Attendu qu'aussitôt que, contre toute évidence, leur existence a été mise en doute, pour les besoins de la cause, cette existence a été justifiée ;

Attendu que les syndics justifient que le tiers de l'immeuble saisi n'est point affecté hypothécairement à la créance du poursuivant l'expropriation ; qu'ils le détiennent du chef du sieur Coulon et non de Dubois fils et de sa femme ; qu'ainsi c'est sans droit que leur portion a été saisie, mais que les autres tiers ont pu l'être ;

Attendu, en effet, qu'il n'existait pas d'indivision au moment de la saisie ; que, d'ailleurs, il ne s'agit point ici d'une succession d'héritiers ; que l'art. 2205 du Code civil n'est pas applicable et que la jurisprudence et les auteurs autorisent, dans des cas analogues à l'espèce, le créancier à poursuivre l'expropriation de la portion d'un immeuble, comme ayant appartenu à son débiteur, lorsqu'il la lui a hypothéquée.

Appel par les syndics Manceau.

ARRÊT.

La Cour. — En ce qui touche la justification de l'existence de Dubois père et de sa femme, adoptant les motifs des premiers juges ; — En ce qui touche la validité de la saisie, considérant qu'il résulte de la combinaison des art. 2204, 2205 et 1872, du Code civil que, lorsque des poursuites sont exercées par un créancier sur la part de son débiteur, dans des immeubles appartenant par indivis à des associés, il y a lieu à partage ou licitation préalable desdits immeubles ; de même que lorsqu'il s'agit de poursuites sur un immeuble appartenant par indivis à des associés, il y a lieu à partage ou licitation préalable desdits immeubles ; de même que, lorsqu'il s'agit de poursuites sur un immeuble appartenant par indivis à des cohéritiers ; que, dans l'un comme dans l'autre cas, c'est surtout la qualité de communiste qui rend nécessaire la mesure préalable du partage ou de la licitation, et que, d'un autre coté, les créanciers ne peuvent, dans l'un comme dans l'autre cas, exercer leurs poursuites que sur un objet certain et déterminé ;

Considérant, dans l'espèce, que la mise en société de l'immeuble dont les deux tiers indivis, appartenant à Dubois fils, débiteur de la rente, sont affectés à la créance de Dubois père, n'a pas fait cesser l'état d'indivision de cet immeuble, et que, quelles que soient les stipulations de l'acte de société à cet égard, ledit immeuble a toujours conservé, à l'égard des créanciers, et pour la poursuite de leurs droits, le caractère d'indivision qu'il avait auparavant et qui ne peut cesser que par le partage ; qu'ainsi il y avait lieu de procéder au partage préalable dudit immeuble ; et que c'est à tort que les premiers juges ont ordonné la vente immédiate des deux tiers indivis ;

Considérant, néanmoins, que l'art. 2205 du Code civil, ne défend que la mise en vente de la part indivise, et non les actes préliminaires de poursuites ; qu'il suit de là que la saisie de l'immeuble en question n'est pas nulle, et qu'il doit seulement être sursis aux poursuites ultérieures jusqu'après l'événement du partage ;

Par ces motifs, infirme, en ce que les premiers juges ont annulé la saisie à l'égard du tiers des immeubles et en ce qu'ils ont ordonné la vente immédiate des deux autres tiers, donné acte de la lecture du cahier des charges, et fixé le jour de l'adjudication ; émendant, quant à ce, décharge les appelants des condamnations contre eux prononcées ; — Au principal, maintient la saisie sur la totalité de l'immeuble indivis en question, et, néanmoins, ordonne qu'il sera sursis à toutes poursuites ultérieures jusqu'à l'événement du partage ou de la licitation dudit immeuble que Dubois père et sa femme pourront provoquer, s'ils le jugent convenable, ou dans laquelle ils pourront intervenir conformément à l'art. 882 du Code civil.

## OBSERVATIONS.

1° Il pourrait arriver que, par suite du partage, le débiteur sur qui la saisie aurait été faite, n'eût rien dans les immeubles, et alors les poursuites du créancier seraient sans utilité. Nous pensons, en conséquence, que soit que la communauté dérive d'un legs, ou d'une société, ou d'un achat fait en commun, ou d'une communauté entre époux, le créancier ne peut poursuivre la vente de l'immeuble commun qu'après partage. Telle est l'opinion de Merlin, *Répertoire, saisie immobilière,* § 3, n° 2 ; de Delaporte, *Pand. franç.* ; de Berriat, p. 562 ; Colmar, du 17 frimaire an XIII ; D. P., 34, 2, 153.

Toutefois, il a été jugé que la prohibition de l'art. 2205 du Code civil, est exclusivement en faveur des co-héritiers. Paris, du 1<sup>er</sup> juin 1807 (S., 7, 2, 666 ; D. A., 11, 669 ; L. 17, 553) ; Metz, 28 janvier 1818 (S., 18, 2, 337 ; D. P., 18, 2, 44 ; D. A., 11, 670) ; Liége, 23 janvier 1834 (S., 34, 2, 683 ; D. P., 35, 2, 32) ; Bordeaux 7 avril 1840 (S., 40, 2, 521) ; Thomine-Desmazures, t. II, p. 198 ; Delvincourt, t. III, p. 412 ; Duranton, t. XXI, n° 13 ; Favard, *N. Répertoire,* v° *Expropriation forcée,* § 2, n° 4.

Quant à la question de savoir si les poursuites préliminaires à l'adjudication doivent être annulées, elle est fort controversée. Les Cours de Besançon, 21 juin 1810 (S., 12, 2, 8 ; D., 9, 2, 121 ; D. A., 11, 670 ; L. 32, 389) ; de Nîmes, 10 février 1823 (S., 25, 2, 100 ; D. A., 11, 671 ; L., 77, 5) ; 3 juillet 1826 (D. P., 26, 1, 399) ; de Lyon, du 9 janvier 1833 (S., 33, 2, 381 ; D. P., 33, 2, 166) ; de Pau, 10 décembre 1832 (S., 33, 2, 240 ; D. P., 33, 2, 164), déclarent que la prohibition *de mettre en vente,* s'entend non-seulement de l'adjudication mais encore de toutes les poursuites d'expropriation ; *Sic* Pigeau, *Comm.,* t. II, p. 270, n° 5 ; Berriat, t. II, p. 636, notes 23 et 25.

Au contraire, la Cour de cassation, 14 décembre 1839 (S., 20, 1, 203 ; D. A., 11, 671) ; la Cour de Poitiers, 20 août 1835 (S., 35, 2, 478), décide que les créanciers peuvent, avant le partage, saisir l'immeuble indivis, sauf à surseoir aux poursuites jusqu'après partage.

## ART. 11.

ENQUETE. — ASSIGNATION. — AVOUÉ. — DÉLAI. — DISTANCE.

*Il n'y a pas lieu, en matière d'enquête, lorsqu'il y a avoué en cause, d'augmenter le délai de l'assignation donnée à la partie pour comparaître ni du délai simple à raison des distances, ni à plus raison du double délai dont parle l'art. 1033 du Code de procédure.*

Cour de Poitiers, du 9 mars 1842.

#### ARRÊT.

LA COUR ; — Attendu que l'art. 1055 du Code de procédure civile n'exige l'augmentation du double des délais à raison des distances, que pour les citations et autres actes faits à personne ou domicile, pour lesquels doit revenir la preuve que l'acte a été notifié ; que, dans les cas prévus par l'art. 261 du Code de procédure civile, l'assignation de la partie pour comparaître à l'enquête est donnée à l'avoué ; que, dès-lors, la partie finale de l'art. 1005, concernant le double délai, est sans application à l'assignation donnée pour comparaître à l'enquête ;

Attendu qu'en admettant que la simple augmentation d'un jour par trois myriamètres soit indispensable, dans le cas dont il s'agit, pour que la partie citée pour comparaître, afin de proposer des reproches ou de faire toutes autres observations, doive avoir le temps suffisant pour se présenter, le sieur Célestin Billard, demeurant à Paris, a obtenu en fait le délai de l'art. 264, augmenté d'un jour par trois myriamètres, puisqu'il lui a été donné dix-sept jours pour comparaître ; que, par ces motifs, il n'est pas fondé dans l'exception de nullité par lui proposée ;

Attendu, d'ailleurs, que l'art. 264, qui ne contient pas renvoi à l'art. 1055, porte en termes exprès que la partie sera assignée pour être présente à l'enquête, au domicile de son avoué, trois jours au moins avant l'audition ; que ce ne peut être sans motif que le législateur a abrégé, pour le cas dont il s'agit, les délais ordinaires des assignations ; or, si l'on admet, comme cela est vraisemblable, qu'il a voulu enlever aux parties le temps et les moyens d'influencer les témoins à entendre, ce but serait manqué, dans la plupart des cas, si ce délai devait nécessairement être augmenté dans l'une des proportions déterminées par l'art. 1055 ; qu'il est plus rationnel et plus conforme à cette intention présumée de la loi de prendre, dans sa disposition exceptionnelle, un peu rigoureuse l'art. 264, que de le rattacher à l'art. 1055 ; que cette entente de la loi s'expliquerait d'une manière satisfaisante peut-être par ces considérations, qu'avant l'assignation donnée par l'art. 264, l'avoué, connaissant dejà, soit le jugement qui admet l'enquête, soit l'ordonnance qui fixe le jour où les témoins devront comparaître, a dû informer sa partie de ce qui devait suivre, et la prévenir de se tenir en mesure de comparaître pour agir selon ses intérêts ; — rejette la nullité d'enquête proposée.

## OBSERVATIONS.

En ce qui touche le délai simple, il ne peut plus aujourd'hui y avoir de difficulté. La jurisprudence s'est prononcée avec raison contre la doctrine de l'arrêt que nous rapportons plus haut. Arrêt de la Cour de cassation, après délibéré, du 28 janvier 1826 (S., 26, 1, 259); Colmar, du 15 juillet 1833 (S., 34, 2, 664; D. P., 34, 2, 138); Poitiers, du 23 juillet 1839 (S., 39, 2, 487; D. P., 39, 2, 211); Boncenne, t. IV, p. 275; Thomine, t. I, n° 309; Carré, t. I, n° 1020.

En ce qui touche le double délai, nous partageons la doctrine de l'arrêt ci-dessus, conforme à celle résultant d'un arrêt de la Cour de Nîmes, du 11 janvier 1832 (S., 32, 2, 126); *Contrà*, Boncenne, t. IV, p. 80.

## ART. 12.

1° JUGEMENT. — TRIBUNAL. — CHAMBRES. — MENTION.
2° REPRISE D'INSTANCE. — DÉFAUT. — JONCTION.

1° *Il n'est pas nécessaire, à peine de nullité, que les jugements indiquent quelle est la chambre qui les a rendus, lorsqu'il y a plusieurs chambres dans un tribunal.* Code de procédure, 141.

2° *Les demandes en reprise d'instance entraînent, en cas de défaut, un jugement de jonction comme toutes les autres demandes* (article 153, Code de procédure).

Cour de Montpellier, arrêt du 20 avril 1842.

### ARRÊT.

La Cour; — Attendu, sur le premier grief, que si les dispositions du Code de procédure, relatives aux jugements, doivent, dans certains cas, être exécutées à peine de nullité, quoique cette peine ne soit point prononcée par ce Code, cela ne peut s'entendre que des formalités prescrites en termes exprès par la loi; que l'art. 141 dudit Code exige que la rédaction du jugement contienne les noms des juges qui l'ont rendu, et du procureur du roi, s'il a été entendu; que le jugement attaqué s'est conformé à la loi, et qu'aucune disposition législative n'ayant exigé que les jugements indiquassent quelle est la chambre qui les a rendus, quand il y a plusieurs chambres dans un tribunal, ce serait créer une nullité non établie par la loi que d'admettre le grief sur ce défaut d'indication;

Attendu, sur le deuxième grief, que les dispositions de l'art. 153 du Code de procédure sont générales; qu'aucune exception à ce principe ne se trouve au titre des reprises d'instance; qu'ainsi, c'est à bon droit qu'on a poursuivi un jugement de jonction de défaut; que, d'ailleurs, le tribunal a reconnu, avec raison, que ce moyen serait relatif à d'autres parties et ne saurait être invoqué par la dame Beausset avec qui il a été régulièrement procédé sur la reprise d'instance; —Par ces motifs, etc.

## OBSERVATIONS.

La première question n'offre pas de difficulté sérieuse; quant à la seconde, nous ne pouvons accepter la doctrine de la Cour de Montpellier ; le profit du défaut ne portant que sur la reprise et non sur le fond du procès, nous pensons qu'il n'y a pas lieu de joindre le profit du défaut et d'ordonner la réassignation du défaillant. *Conformes*, Carré, n° 1292 ; Thomine-Desmazures, t. I, p. 555 ; Demiau, 263 ; Favard, t. IV, p. 883, n° 3 ; *Contrà*, Bioche, *Dict. de proc.*, t. IV, p. 255.

## ART. 13.

### APPEL. — INDIVISIBILITÉ. — PARTAGE.

*L'appel formé contre des propriétaires par indivis, doit, à peine de nullité, être formé contre tous les propriétaires qui ont été parties en première instance.*

Cour de Toulouse, du 5 février 1842.

### ARRÊT.

La Cour. — Attendu qu'il est constant en fait : 1° Que les appelants avaient formé devant les premiers juges leur action, non-seulement contre les intimés, mais encore contre Baptiste Sort qui, à cause de son absence, était représenté par le notaire Germain ; 2° Que cette action avait pour objet de faire déclarer que certains immeubles ne devaient point faire partie de la masse à partager entre eux ; 3° Que les premiers juges ayant proscrit cette demande, les appelants sollicitent de la Cour la réformation de leur décision, en n'amenant devant elle que les intimés, laissant à l'écart ledit Baptiste Sort ou son représentant ;

Attendu, en droit, que ce mode de procéder est irrégulier et vicieux, soit qu'on l'apprécie d'après les règles de la procédure, soit qu'on s'attache au résultat qu'il peut amener ; sous le premier rapport, en effet, l'instance d'appel doit, en général, être suivie avec toutes les parties qui étaient en cause, devant les premiers juges, lorsqu'elle a pour but de leur enlever un bénéfice que ceux-ci leur avaient accordé ; mais à plus forte raison, il doit en être ainsi, lorsque la contestation est une, comme dans la cause, à raison d'un partage qui ne peut régulièrement avoir lieu ou être poursuivi qu'avec ou contre tous les intéressés ; sous le second, l'éventualité ou la possibilité de la réformation de la décision des premiers juges peut amener ce résultat, qu'avec les parties présentes, cette décision soit mise au néant, et qu'avec celles non intimées, elle conserve tout son effet ; qu'en un mot, comme dans l'espèce, un immeuble fasse à la fois partie de la masse à partager et qu'il y soit étranger ; mais l'inadmissibilité d'un pareil résultat est trop évidente, pour que la procédure qui peut l'assurer, ne doive pas être proscrite ; — Par ces motifs, etc.

## OBSERVATIONS.

La doctrine de la Cour de Toulouse nous semble dangereuse en ce qu'elle prononce une déchéance, sans qu'un texte précis l'établisse. — La Cour de Bordeaux s'est néanmoins prononcée dans le sens de l'indivisibilité, par arrêt du 14 janvier 1842 (D. P., 42, 2, 225).

## ART. 44.

1° EXPLOIT INTRODUCTIF D'INSTANCE. — NULLITÉ. — PROCÈS-VERBAL DE CONCILIATION. — PRESCRIPTION.
2° HÉRITIER APPARENT.

1° *L'exploit introductif d'instance qui ne contient pas copie du procès-verbal de non-conciliation ou de la mention de non-comparution est nul et ne peut interrompre la prescription, alors même qu'une demande tendant aux mêmes fins, ayant été formée par exploits séparés contre divers défendeurs, il soit dit, dans l'ajournement, que tous les défendeurs ont refusé de se concilier, et alors même qu'on aurait donné en tête de l'exploit copie du procès-verbal de non conciliation dressé entre le demandeur et l'un des défendeurs, autre que celui à qui l'assignation est donnée.*

2° *L'héritier apparent qui jouit paisiblement et publiquement des biens de la succession peut valablement aliéner les immeubles dépendant de cette succession.*

Arrêt de la Cour de cassation, chambre civile, du 16 janvier 1843.

L'arrêt fait suffisamment connaître les faits de la cause.

La Cour ; — Sur le premier moyen : vu les art. 57, 65, 1029 du Code de procédure civile, 2245, 2247 et 2262 du Code civil ;

Attendu que, suivant l'art. 57 du Code de procédure civile, et l'art. 2245 du Code civil, la citation en conciliation n'interrompt la prescription que lorsqu'elle est suivie d'un exploit d'ajournement dans le mois de la non-conciliation ou de la non-comparution ;

Attendu qu'aux termes de l'art. 65 du premier de ces Codes, il doit être donné avec l'exploit copie du procès-verbal de non-conciliation, ou de la mention de non-comparution, à peine de nullité, et que l'art. 1029 du même Code dispose qu'aucune des nullités et déchéances qu'il prononce n'est comminatoire ;

Attendu que l'interruption civile de la prescription, résultant de la citation en conciliation suivie d'ajournement, est réputée non-avenue par l'art. 2247 du Code civil, si elle est nulle ;

Attendu que l'art. 2262 déclare prescrites par trente ans, toutes les actions tant réelles que personnelles ;

Attendu enfin que Rolland a fait citer séparément Rastignac et les autres demandeurs au bureau de paix, et qu'il a été rédigé avec chacun d'eux des procès-verbaux distincts ;

Attendu que le procès-verbal de non-conciliation, dont copie a été signifiée en tête des ajournements délivrés à Rastignac, Rouvier et Olivier, n'est pas celui dressé contradictoirement avec la partie assignée ; ainsi le procès-verbal de non-conciliation avec Rouvier a été signifié à Rastignac, celui avec Rastignac à Rouvier, et celui avec Mayres à Olivier ;

Attendu que l'irrégularité qui a été commise à cet égard ne peut être assimilée à une simple erreur de copiste, dont il soit possible de trouver une rectification suffisante dans les énonciations de l'exploit d'ajournement; que cet exploit, en effet, déclare bien que Rastignac et les divers acquéreurs ont été appelés au bureau de paix, et que la conciliation ne s'est point opérée, mais que cette déclaration ne peut réagir sur le procès-verbal, dont copie a été délivrée pour en changer entièrement la teneur et l'appliquer à une partie et à une chose autres que celles qu'il concernait;

Attendu, dès-lors, qu'on ne saurait accorder aucune valeur aux copies mises en tête des exploits d'ajournement, et que ces exploits doivent en conséquence être séparés de ces copies, et considérés comme n'ayant pas rempli la condition exigée, à peine de nullité, par l'art. 65 du Code de procédure civile;

Attendu que si on admettait que, conformément à l'art. 40, n° 6, du même Code, il n'y avait pas nécessité de tenter la conciliation, parce que la demande était dirigée contre plus de deux parties, alors l'exploit même d'ajournement ne serait pas nul, mais il faudrait apprécier sa valeur et sa portée en faisant complètement abstraction de la tentative de conciliation, qui ne pourrait, dans ce cas, être opposée comme interruption de la prescription;

Attendu que, d'après la combinaison du Code de procédure et du Code civil, l'économie et l'esprit de leurs divers articles, touchant la prescription, ce n'est pas la citation seule ou bien le procès-verbal de non-comparution ou de non conciliation qui forme l'interruption civile de la prescription, mais la citation suivie d'un procès-verbal signifié dans le mois avec ajournement;

Attendu que, dans l'espèce, l'assignation ne se rattache pas à un procès-verbal régulièrement signifié dans le mois de la date; qu'ainsi le seul acte que le défendeur puisse invoquer pour établir l'interruption de la prescription est l'assignation même qui a été donnée aux demandeurs;

Mais attendu que M. de Tradine, *de cujus*, est mort le 15 août 1804; qu'à partir de ce jour, jusqu'à celui de l'assignation, qui est du 19 août 1834, il s'est écoulé plus de trente années; qu'ainsi Rastignac, Rouvier et Olivier avaient le droit d'opposer la prescription trentenaire, admise contre toutes actions réelles et personnelles;

Attendu qu'en validant l'assignation du 19 août 1854, et en n'accueillant pas la prescription de trente ans, la cour de Montpellier a faussement interprété et appliqué les art. 57 du Code de procédure civile, et 2245 du Code civil, et formellement violé les art. 65 et 1029 du Code de procédure civile, et les art. 2247 et 2263 du Code civil; et attendu que le moyen tiré des articles précités, et qui est adopté par la Cour, ne concerne que Rastignac, Rouvier et Olivier; qu'il est dès-lors nécessaire de statuer, quant aux trois autres demandeurs, sur le deuxième nmoye de cassation;

La Cour; — Faisant droit sur ce deuxième moyen : vu les art. 724, 775, 777, 1006, 1599, 2125 et 2265 du Code civil, et 754 du Code de procédure civile (ancien texte);

Attendu qu'une succession, aussitôt son ouverture, est dévolue, par les art. 755 et 767 du Code civil, aux parents du défunt jusqu'au deuxième degré inclusivement; à leur défaut aux enfants naturels, et à défaut de ceux-ci aux conjoints survivants; qu'elle ne tombe en déshérence et qu'elle n'est pourvue d'un curateur que lorsqu'aucun des appelés ne répond à la vocation de la loi;

Attendu que, malgré la dévolution faite par les art. 755 et 767, il n'y a point d'héritier nécessaire; aussi l'art. 775 déclare expressément que nul n'est tenu d'accepter une succession qui lui est échue; qu'il résulte virtuellement de cet article que le degré de parenté ne suffit pas pour faire reposer sur la tête du parent le plus proche la pleine et actuelle propriété des biens héréditaires; que c'est l'acceptation qui l'investit réellement de tous les droits et le soumet à toutes les charges de l'hérédité, et qui le constitue le véritable représentant du défunt; et que, lorsque pendant son abstention un parent plus éloigné accepte la succession et en jouit publiquement et paisiblement, ce parent gère et administre pour lui-même, et dans son intérêt personnel, et s'il vend un meuble ou immeuble de la succession, il est réputé disposer non de la chose appartenant à un autre, mais de sa propre chose; que l'ancienne et la nouvelle jurisprudence ont, en conséquence, constamment admis que les débiteurs d'une succession se libèrent valablement entre les mains de l'héritier apparent, et que les jugements obtenus par cet héritier ou rendus contre lui, quelle que soit leur importance et leur objet, acquièrent pour tous l'autorité de la chose jugée; que si, dans le cas d'actions judiciaires, l'héritier apparent, qui puise dans le droit d'agir librement en demandant ou en défendant, celui de se concilier, d'acquiescer, compromettre, oblige la succession, il n'y a pas de motif pour lui refuser le pouvoir d'en vendre les valeurs mobilières ou immobilières, ce qui est d'ailleurs souvent indispensable pour acquitter les charges et arrêter des poursuites ruineuses;

Attendu que dans le cas où cet héritier est évincé par un parent plus proche, on ne peut appliquer aux ventes qu'il a faites les art. 1599 et 2182 du Code civil, et l'art. 751 du Code de procédure civile, parce qu'il n'y a pas eu, dans le sens de ces articles, vente de la chose d'autrui; qu'il n'y a plus lieu non plus d'exiger de l'acquéreur la justification d'une possession de dix ou vingt ans, conformément à l'art. 2265 du Code civil, parce que son vendeur qui, comme successible, a accepté la succession lorsqu'aucun parent plus proche ne se présentait, ne doit pas être assimilé à un usurpateur qui se serait emparé d'une propriété sans aucun titre, droit et qualité;

Attendu qu'on ne peut pas appliquer, par analogie, pour annuler la vente faite par l'héritier apparent, l'art. 2125 concernant ceux qui hypothèquent un immeuble sur lequel ils n'ont qu'un droit suspendu par une condition, ou résoluble dans certains cas, ou sujet à rescision, car cet article suppose l'existence soit d'une convention, soit d'un texte précis de loi où se trouvent ou d'où résultent la condition, le cas de résolution, le principe de l'éviction;

Attendu que l'art. 724, relatif à la saisine de droit des légitimes, et l'art. 777, qui fait remonter leur acceptation au jour de l'ouverture de la succession, posent des règles générales, sans égard au degré plus ou moins rapproché des successibles, et que ces règles s'appliquent, quant aux tiers, au parent qui se présente le premier, et empêche, par son acceptation, que la succession ne soit déclarée vacante;

Attendu que la jurisprudence du Parlement validait anciennement les ventes passées entre l'héritier apparent et des acquéreurs de bonne foi; que le Code civil ne contient, à l'égard de ces ventes, aucune disposition nouvelle; que les motifs de droit et d'équité, que les puissantes considérations d'ordre et d'intérêt public qui servaient de base à cette jurisprudence, ont conservé leur force et ont même acquis un nouveau degré d'énergie, puisque la législation moderne est plus favorable que l'ancienne à la libre et facile circulation des biens ;

Attendu, au reste, qu'en cette matière, il y a essentiellement lieu d'examiner les faits et d'apprécier les circonstances en présence desquelles les ventes ont été consommées, pour rechercher si elles ont été faites à des acquéreurs de bonne foi par de véritables héritiers apparents, sous l'influence de l'erreur commune ; que dans l'examen et l'appréciation des juges on trouve des garanties contre les spoliations qui pourraient résulter de l'appréhension subite des successions et des ventes précipitées de leur actif ;

Attendu que, dans l'espèce de l'arrêt attaqué, on ne pourrait faire à juste titre une distinction entre les parents ou l'héritier du sang et l'héritier testamentaire ou institué ;

Attendu, en effet, que M. de Tradine, qui a légué, par testament authentique, la totalité de ses biens à Destours, n'a laissé aucun héritier à réserve ; qu'aux termes de l'art. 1006 du Code civil, Destours a été en conséquence saisi de plein droit de la succession, comme l'eût été l'héritier du sang, suivant l'art. 724, et que son acceptation a eu l'effet spécifié dans l'art. 777 ;

Attendu que le testament de M. de Tradine a été attaqué plusieurs années après l'ouverture de sa succession, par les seuls héritiers du sang qui aient jugé à propos de se présenter, et qu'il a été validé par un jugement de 1811 et par un arrêt confirmatif de 1812 ; — Que c'est après l'épreuve judiciaire subie par son titre, et lorsque la possession dans laquelle il avait été maintenu avait continué publiquement et paisiblement, que Destours a vendu, le 25 mars 1816, par contrat notarié, un immeuble de la succession dont la presque totalité du prix a été stipulée payable par fractions et en plusieurs années ;

Attendu, d'ailleurs, que la Cour royale de Montpellier a jugé en point de droit, et en considérant Destours comme un héritier opposant, troublé par un héritier du sang ; que, quoiqu'il y eût bonne foi de la part de Destours, vendeur, et de Rastignac, acheteur, et de la part des différents acquéreurs auxquels ce dernier avait rétrocédé une partie des biens dont il était devenu propriétaire en 1816, toutes les ventes étaient nulles ;

Attendu qu'en jugeant ainsi, l'arrêt attaqué a faussement interprété et appliqué, les art. 1598, 2125, 2182, 2265 du Code civil, et 751 du Code de procédure civile (ancien texte), et a violé les art. 724, 775, 777 et 1006 du Code civil ; — par ces motifs ; — Casse.

## OBSERVATIONS.

1° Deux arrêts identiques ont été rendus à la même audience. — Il faut remarquer toutefois que l'héritier ne peut consentir des actes d'aliénation valables que lorsqu'il est, *en qualité de successible, en possession publique, paisible et notoire de l'hérédité, et l'administre aux yeux de tous.* Arrêt ci-dessus et Rouen, du 16 juillet 1834 (S., 34, 2, 443 ; D. P., 35, 2, 39.) En conséquence l'héritier apparent n'est pas celui qui s'empare du titre d'héritier, pour vendre immédiatement la succession.

Au reste, la question de savoir si les ventes consenties par l'héritier apparent à des tiers de bonne foi sont valables a été longtemps controversée.

Pour la validité des ventes. — Montpellier, du 11 janvier 1830 (S., 33, 2, 454 ; D. P., 33, 2, 225 ); Toulouse, du 5 mars 1833 (S., 32, 2, 516 ; D. P., 33, 2, 206) ; Limoges, du 27 décembre 1833 (S., 34, 2, 543 ; D. P., 36, 2, 105) ; Bourges, du 16 juin 1837 (S., 38, 2, 201 ; D. P., 40, 2, 304) ; Toulouse, du 21 décembre 1839 (S., 40, 2, 168 ; D. P., 40, 2, 107 ; L., 40, 1, 515.) ; Merlin, *Quest.*, v° *Héritier*, § 3 ; Duvergier, *de la Vente*, t. I, n° 225 ; Chabot, sur l'art 756.

*Contrà*, Poitiers, du 10 avril 1832. (S., 32, 2, 379 et 13 juin 1832 ; S., 36, 2, 289) ; Orléans, du 27 mai 1836 (S., 36, 2, 289, D. P., 36, 2, 149) ; Toullier, t. IV, n° 286, t. VI, n° 31 et t. IX, n° 541 ; Grenier, *Hypothèques*, t. I, n° 51 ; Troplong, *Vente*, t. II, n° 960 ; Duranton, t. I, n° 565, t. XIX, n° 352.

2° En ce qui touche le moyen de forme, l'arrêt de cassation nous semble trop rigoureux. Il ne pouvait s'agir selon nous que d'une erreur qui avait été suffisamment réparée par le contenu de l'exploit.

<h2 style="text-align:center">ART. 15.</h2>

1° SUBSTITUTION. — DON DE JOUISSANCE VIAGÈRE.<br>
2° POUVOIR SOUVERAIN DES TRIBUNAUX.

1° *La clause par laquelle un testateur lègue ses biens à son fils, et après lui à son petit-fils, pour en jouir sa vie durant et par lequel il dispose de ces biens au profit de collatéraux, pour le cas où son petit-fils décéderait sans enfants ne contient pas substitution au profit des arrière-petits-enfants du testateur ;*

2° *Des tribunaux sont souverains pour apprécier si les petits-enfants compris dans la condition du testament doivent être également compris dans la disposition.*

Arrêt de la Cour de cassation, chambre des requêtes, du 23 novembre 1842.

ARRÊT.

La Cour ; — Attendu, en fait, que, par son testament du 15 avril 1792, la dame Durieux, veuve Vannier Desbonne, demeurant à la Guadeloupe, s'exprima en ces termes : « Je donne à mon fils tout ce qui me reste de biens pour en jouir « sa vie durant, et après lui à son fils, pour en jouir sa vie durant ; dans le cas « qu'il meure sans être majeur, ni ne laisse des enfants, je désire que mon bien soit

« donné un quart à Marie-Jeanne Durieux ou à ses enfants, un quart à Marguerite
« Durieux ou à son fils ; les deux autres quarts seront à partager entre les enfants
« de François Desbonnes, mon neveu, les enfants de Mariette Lacul et ceux de
« Nanette Lacul ; »

Attendu que la testatrice mourut à la Guadeloupe, le 12 avril 1793, laissant
son fils et son petit-fils vivants ; le petit-fils se maria, et deux filles provinrent de
son mariage ; ce sont les demanderesses en cassation qui, prétendant trouver dans
le testament une substitution en leur faveur, agirent en désistement de la moitié
de l'habitation ;

Attendu que la Cour royale s'est proposée deux questions : la première résolue
négativement, de savoir si la disposition contenait une substitution en faveur des
arrière-petites-filles de la testatrice, la seconde, résolue aussi négativement en fait
et droit, de savoir si les petites-filles, n'étant que dans la condition, elles devaient
être placées dans la disposition ;

Attendu, en droit, que la testatrice n'a pas disposé pour le cas où son petit-fils
laisserait des enfants ; qu'elle ne l'a pas chargé de l'obligation de conserver et de
rendre ; qu'elle n'a fait aucune disposition en faveur de ses arrière-petits-enfants,
et que dès-lors en jugeant que le petit-fils de la testatrice n'avait pas été grevé de
substitution, la Cour royale a fait une juste application des principes sur la matière ;

Attendu que, pour juger la question de savoir si les petites-filles, placées dans
la condition, devaient être censées dans la disposition, il s'agissait d'interpréter
la volonté de la testatrice ; *voluntatis quæstio in æstimatione judicis est* ; cette interprétation était donc dans les attributions exclusives de la Cour royale ; elle ne peut
pas être soumise à la Cour de cassation ; — REJETTE.

## OBSERVATIONS.

Il faut rapprocher cet arrêt de l'art. 4 du *Répertoire*. La doctrine
qu'il consacre est conforme à l'ancienne jurisprudence, art. 19, tit. I,
de l'ord. de 1747. — Sallé, Esprit des ordonnances sur cet art.

## ART. 16.

1° DÉCLINATOIRE. — DÉFENSE AU FOND. — APPEL. — FIN DE NON RECEVOIR.

2° DOMICILE. — CHANGEMENT. — DÉCLARATION INSUFFISANTE.

1° *La défense, au fond en première instance, rend l'appelant irrecevable
à faire de nouveau valoir en appel le déclinatoire* ratione personæ.
(Art. 169, C. de proc. civ.)

2° *Le changement de domicile ne peut s'induire que de la double déclaration prescrite par l'art. 103 du Code civil, alors surtout que les
circonstances, loin de suppléer à cette déclaration, semblent repousser
toute intention semblable.* (Art. 103, C. civ.)

Arrêt de la Cour royale d'Angers du 20 nov. 1842.

MM. Leboucher et Rivière contractèrent, le 27 juin 1834, un emprunt de 50,000 fr., solidairement envers le prêteur, mais divisément

entre eux, la part de M. Leboucher s'élevant à 30,000 fr. et celle de M. Rivière à 20,000 fr. A l'échéance du terme, le remboursement n'ayant pas lieu, MM. de Laperraudière et Kersabiec intervinrent et payèrent au nom des débiteurs. Ceux-ci n'ayant pu rentrer dans leurs avances, une instance s'engagea devant le tribunal civil d'Angers. Les débiteurs firent défaut ; un jugement fut requis et obtenu contre Leboucher seul.

Opposition de la part de ce dernier, qui soutint avoir transféré son domicile à Paris, opposa en conséquence l'incompétence du tribunal d'Angers. Il prétendit en outre que l'on devait poursuivre conjointement avec lui le codébiteur, M. Rivière. — Le 21 juin 1842, jugement par lequel :

Attendu que le domicile de l'opposant a été fixé à Angers depuis longtemps, et que, dernièrement, la demande en séparation de biens dirigée par son épouse contre lui a été suivie et jugée devant ce tribunal ; — Qu'à la vérité, Leboucher, postérieurement, a fait à Angers une déclaration de changement de domicile, mais qu'il n'en a pas fait une semblable à Paris ; qu'il n'y a ni maison particulière, ni ménage, ni profession ; tandis que les meubles dépendant de la communauté dissoute, et cédés à sa femme par suite de la séparation de biens, sont restés à Brain, à la Bouteillerie (arrondissement d'Angers), où sa famille a conservé son habitation ; — Que la déclaration opposée, non suivie d'exécution, est restée imparfaite, aux termes de l'art. 105 du Code civil, le fait d'une habitation réelle et un principal établissement étant des circonstances qui manquent dans l'espèce ;

Attendu, d'ailleurs, que Leboucher a été assigné conjointement avec Rivière, par un même exploit et aux mêmes fins, devant ce tribunal ; que ce tribunal a été valablement saisi de l'action par cet exploit ; que si depuis Rouvière a satisfait à la demande, et si Leboucher seul a soutenu le litige, la compétence du tribunal n'en a pas moins été fixée par l'assignation devant le tribunal du domicile de l'un des défendeurs ; — Le tribunal se déclare compétent ;

Et au fond ; — Attendu que la demande est justifiée..., Déboute Leboucher de son opposition ; ordonne que le jugement du 21 décembre 1841 sortira effet.

Appel ; — Leboucher reproduit ses exceptions et défère le serment aux intimés, sur la question de savoir si Rivière les a payés.

MM. de Laperraudière et Kersabiec soutiennent que l'appel est irrecevable quant au déclinatoire, par le motif que Leboucher en première instance a plaidé au fond ; subsidiairement. ils invoquent le § 1er de l'art. 50 du Code de procédure civile, et le § 2 de l'art. 59 même Code. Ils répondent enfin que Leboucher n'a aucun intérêt à exiger la mise en cause de Rivière, puisque, dans aucun cas, il ne devra payer que 30,000 fr.

Sur ce, arrêt de la Cour d'Angers ainsi conçu :

La Cour ; — Considérant que l'exception d'incompétence présentée par Leboucher est relative non point à la matière, mais à la personne ; qu'ayant défendu au fond, en première instance, il ne peut être admis à faire valoir ce déclinatoire en appel ;

Considérant, en outre, qu'il est constant que Leboucher a établi son domicile à Angers, où il a exercé des fonctions publiques pendant plusieurs années ; qu'il y est propriétaire d'une maison dont il a loué une portion, mais où il s'est réservé un logement ; — Que rien n'indique qu'il ait transféré son domicile dans un autre lieu ; que s'il a fait à la municipalité d'Angers une déclaration par laquelle il manifestait l'intention de fixer son domicile à Paris, il a omis de faire une déclaration semblable dans cette dernière ville ; — Que ce défaut de double déclaration n'est pas suppléé par les circonstances ; qu'en effet rien n'indique que Leboucher ait formé un établissement à Paris, où il ne tient pas même un appartement à loyer, puisqu'il loge chez sa sœur, au nom de laquelle le bail de la maison est passé, et qui acquitte toutes les charges locatives ;

Considérant que, tous les faits de la cause concourant à démontrer que Leboucher a conservé son domicile à Angers, la compétence des premiers juges est justifiée, indépendamment de l'assignation donnée à Rivière, dont la mise en cause est indifférente à la solution de la question ; qu'il en résulte que le serment déféré par l'appelant doit être écarté comme frustratoire ·

Considérant, au fond, que, le 27 juin 1854, Leboucher a emprunté, pour son compte personnel, du sieur Lallié, une somme de 50,000 fr ; que cet emprunt a été fait par un mandataire, en vertu d'une procuration spéciale donnés par Leboucher ; que, n'ayant point effectué le remboursement à l'époque fixée, la somme empruntée a été remboursée par les intimés ; que Leboucher, devenu débiteur envers eux, n'a fourni, en première instance ni en appel, aucuns moyens tendant à établir sa libération ; — Par ces motifs, etc.

## OBSERVATIONS.

1° La partie, qui oppose le déclinatoire et qui plaide subsidiairement sur le fond, couvre son exception. Carré, t. I, n° 736. A plus forte raison elle ne peut reproduire en appel le déclinatoire, lorsqu'elle a plaidé au fond en première instance.

2° Le changement de domicile ne peut résulter de la double déclaration prescrite par l'art. 103 du Code civil, qu'autant que le fait s'en est suivi.—Rejet, 6 novembre 1832 ; S., 32, 1, 822.—Rejet, 25 août 1835 ; S., 35, 1, 689. — Rejet, 8 décembre 1840 ; S., 40, 1, 940 ; D. P., 40, 2, 795.—Or, dans l'espèce, il est constaté non-seulement que les dispositions de l'art. 103 n'avaient pas été accomplies, mais encore que Leboucher n'avait pas eu l'intention de changer de domicile.

## ART. 17.

OFFICE. — CESSION. — PRIX EN DEHORS DU TRAITÉ. — AFFIRMATION SOUS SERMENT. — POURSUITES DISCIPLINAIRES.

*Lorsque la réduction sur le prix d'un office, imposée par le ministre de la justice, a été acceptée sous serment par l'officier ministériel démisionnaire et par son successeur, il y a lieu à l'application de peines disci-*

*plinaires contre ce dernier, s'il a payé un supplément de prix en dehors du traité, alors même qu'il n'y aurait été déterminé que par une violence morale.*

Tribunal civil de Vouziers, jugement du 6 janvier 1843.

M⁰ D...., notaire à Saint-Étienne, céda au sieur B...., son office moyennant la somme de 46,000 fr. M. le Garde-des-sceaux trouva ce prix exagéré. En conséquence, il refusa de nommer et requit l'avis du tribunal de Vouziers. Le tribunal évalua le prix de cet office à la somme de 35,000 fr.; le ministre l'éleva à 40,000 fr.

Les parties passèrent un nouveau traité dans lequel elles acceptèrent la réduction imposée par la chancellerie, et elles le remirent entre les mains du procureur du roi. Ce magistrat exigea d'elles l'affirmation sous serment que leur consentement à la réduction proposée par le ministre était sérieux et sincère, et qu'elles s'engageaient respectivement à ne rien payer et à ne rien recevoir au-delà des 40,000 fr. portés au nouvel acte. Il fut dressé procès-verbal de la prestation de serment. Enfin M. B.... entra en fonctions.

Des difficultés étant survenues entre M⁰ D.... et son successeur, ce dernier, par exploit de janvier 1842, fut assigné par M⁰ D.... devant le tribunal de Vouziers en paiement de la somme de 6,000 fr., restant due, sur le premier terme du paiement du prix de son office. M⁰ B.... opposa la nullité du paiement d'une somme de 6,000 fr., qu'il aurait fait en dehors des termes du traité et en demanda l'imputation sur le prix porté à l'acte de cession. M⁰ D...., tout en avouant ce paiement, soutint qu'ayant été fait de bonne foi et étant l'exécution d'une obligation naturelle, il n'était point sujet à répétition.

Le tribunal, par jugement du 28 juin 1842, déclara que la convention relative au supplément de prix était contraire à la morale et à l'ordre public; qu'elle ne pouvait produire aucun effet et que, par suite, la somme de 6,000 fr. reçue par D.... devait venir à la décharge de l'obligation de 40,000 fr. contractée par B.....

Le sieur D.... s'est pourvu par appel contre cette décision. Il n'a pas encore été statué sur cet appel.

Cependant le ministère public a traduit, le 16 novembre 1842, M⁰ B.... devant le tribunal, sous l'inculpation d'avoir produit, pour sa nomination comme notaire, un traité de cession dans lequel n'était pas portée l'intégralité du prix convenu entre son prédécesseur et lui, et en outre d'avoir affirmé sous serment la sincérité dudit traité; ou tout au moins d'avoir volontairement payé un supplément de prix, par dérogation au traité de cession présenté à la chancellerie, malgré le serment sous la foi duquel il avait affirmé la sincérité du prix porté au traité.

M<sup>e</sup> B.... soutint que s'il avait contrevenu au traité de cession et aux conditions qui lui avaient été imposées par le ministre, c'était uniquement par suite de la contrainte morale et des violences physiques qu'il avait eu à subir de la part du sieur D.....

Après une enquête minutieuse, le tribunal a rendu le jugement suivant :

Considérant que, par suite de la décision ministérielle qui, en adoptant l'appréciation faite par le tribunal, a fixé à 40,000 fr. le prix de l'office du sieur D..., notaire à Saint-Etienne, ce dernier et le sieur B.... présentèrent un nouveau traité ; que, tous deux, sous la foi du serment, affirmèrent qu'ils acceptaient la réduction qui leur était imposée, et qu'en aucune manière, ils ne chercheraient à éluder la promesse solennelle qu'ils faisaient, l'un de ne rien recevoir, l'autre de ne rien payer au-delà de la somme portée dans le traité, pour prix de l'office qui faisait l'objet de leurs conventions ;

Considérant que, nonobstant l'engagement qu'il a pris, le sieur B...., a payé au sieur D...., la somme de 6,000 fr., qui faisait l'importance de la réduction ordonnée; que l'inculpé prétend qu'il n'a manqué à sa parole, que par suite de la contrainte morale et de la violence physique que le sieur D...., a employées envers lui :

Considérant que, pour apprécier la conduite du notaire B...., ainsi que la valeur des moyens de justification qu'il présente, on doit reconnaître qu'il résulte des débats que l'inculpé était de bonne foi, au moment où il s'est présenté devant M. le procureur du roi, pour y faire le serment qu'on a exigé de lui ; qu'il a agi avec conscience, et que c'est avec loyauté qu'il a donné sa parole; que le sieur D....; au contraire, a toujours conservé l'espoir que son successeur lui paierait, en dehors du traité, la somme de 6,000 fr. qui avait été réduite sur le premier traité; qu'il résulte des déclarations mêmes du sieur D...., que ce dernier, au moment solennel du serment, comptait que cet acte ne serait point respecté, et qu'il saurait amener B...., à ne garder ni sa parole, ni son serment ;

Considérant que ces faits établis expliquent et font comprendre le but des mauvais procédés et des humiliations que, depuis les débats, le sieur B... a eues à subir de la part du sieur D...; qu'ils donnent de la consistance au système de justification invoqué par le sieur B.... et viennent à l'appui des déclarations des témoins qu'il a fait entendre à cet égard ;

Considérant qu'en se rendant à la vraisemblance du système de défense présenté par le notaire inculpé, il résulte de ses aveux, dans son interrogatoire, et des autres faits de la cause, que B..., dans la circonstance qui lui est reprochée, a bien plutôt cédé à une violence morale qu'à la crainte de se voir physiquement violenté par le sieur D....; qu'à cet égard, il n'aurait eu à endurer que les mauvais propos du sieur D.... et à entendre des menaces qu'il ne devait pas craindre devoir mettre à exécution ; — Que, dès-lors, il devient évident que le notaire B.... a été porté à l'acte qui lui est reproché, non à cause des menaces de violence qui lui auraient été faites, mais à cause du grand préjudice que pouvait lui occasionner et que devait lui faire craindre la position fâcheuse où ses démêlés avec le sieur D...., allaient le placer dans le canton ;

Considérant que l'énormité de la violation du serment, dans les conditions où il a été prêté par le sieur B...., ne saurait être atténuée par la circonstance qu'il aurait voulu se ménager les bons offices de son prédécesseur, ou retrouver un appui et un concours devenus moins actifs et moins zélés ; que, dans cette circons- tance, la violation de la foi jurée rendrait indigne des fonctions de notaire, et de- vrait amener la destitution de celui qui se serait rendu coupable d'un fait aussi répréhensible ; — Que telle n'est pas la position du sieur B.... ; que ce n'est pas devant une simple appréhension qu'il a cédé, mais seulement devant la certitude d'un mal considérable et présent ; que la scène qu'il a eu à supporter a dû le troubler et lui faire perdre l'énergie avec laquelle, jusqu'à ce moment, il avait repoussé les coupables propositions du sieur D..... ; que, dans ces circonstances, tout l'odieux d'un fait aussi grave que celui de la violation du serment, devant retomber en entier sur celui qui a poussé l'inculpé à le commettre, il ne reste plus à reprocher au notaire B.... qu'un acte de faiblesse, dont peut-être la res- ponsabilité civile devrait atteindre l'ex-notaire D..... ; — Que si cet acte ne présente rien de déshonorant pour l'inculpé, il est cependant toujours une grande faute que B..... aurait dû et pu éviter, sauf à lui à demander devant les tribunaux, soit la réparation du dommage que lui auraient causé les mauvais procédés du sieur D....., soit peut-être même la résolution de ses obligations en- vers son prédécesseur, si celui-ci, en lui refusant son concours loyal et digne, man- quait ainsi de son côté à une partie essentielle des obligations qui dérivent pour lui de la nature des conventions qu'il a consenties ;

Considérant que, les faits ainsi appréciés, d'après les débats et les documents de la cause, constituent à la charge de l'inculpé un grave manquement à ses devoirs ;

Faisant application de l'art. 55 de la loi du 25 ventose an XI ;

Le tribunal déclare que le sieur B....., dans les faits qui lui sont reprochés, a manqué à un devoir que sa qualité de notaire rendait pour lui plus rigoureux encore ; le condamne à deux mois de suspension et aux dépens.

## OBSERVATIONS.

Les faits de la cause appelaient selon nous une répression moins sévère. La condamnation qui a frappé M⁰ B... n'a rien de *déshono-rant*, la Cour s'empresse de le déclarer ; mais une suspension de deux mois est une peine trop rigoureuse, pour un fait dont M⁰ B.... n'est pas moralement responsable, ainsi que la Cour le reconnaît.

## ART. 18.

**RESPONSABILITÉ DU NOTAIRE. — PRET HYPOTHÉCAIRE. — DOMMAGES- INTÉRÊTS. — CONTRAINTE PAR CORPS.**

*Le notaire chargé d'un placement de fonds est responsable de la solva- bilité de l'emprunteur, alors surtout qu'il a des rapports fréquents d'intérêts avec celui-ci.*

*Le notaire ne peut repousser cette responsabilité, lorsqu'il a souscrit personnellement une obligation pour indemniser le prêteur.*

*Toutefois, et dans ce dernier cas, son obligation personnelle ne peut le soustraire à une condamnation par corps.*

Jugement du tribunal civil de la Seine, du 31 janvier 1843.

Le sieur Pittet chargea Me Chardin, notaire à Paris, de lui placer une somme de 6,000 fr., avec hypothèque. — Me Chardin lui proposa le sieur Gille, qui fut accepté par le sieur Pittet. Pour plus de garanties, la dame Gille intervint dans l'acte où il fut déclaré que M. et madame Gille hypothéquaient à la garantie de l'exécution de l'obligation deux maisons sises à Paris, et que madame Gille transportait à Pittet tous les droits résultant à son profit, de son hypothèque légale contre son mari, pour les exercer par préférence et antériorité à elle-même.

Quelques temps après, le sieur Gille tomba en faillite. Les deux maisons que grevait l'hypothèque du sieur Pittet étaient frappées d'inscriptions antérieures, excédant la somme de 300,000 fr. et elles fuvendues pour 272,000 fr. seulement. En cet état, Me Chardin consentit à M. Pittet un billet, par lequel il s'engagea personnellement à lui rembourser les 6,000 fr. qu'il avait prêtés au sieur Gille.

Ce billet n'ayant pas été acquitté à l'échéance, le sieur Pittet a assigné Me Chardin devant le tribunal de la Seine, en paiement avec contrainte par corps.

Me Chardin a opposé que si les maisons n'avaient été vendues que 272,000 fr. c'était à cause de la dépréciation qu'elles avaient éprouvée par suite de la vente judiciaire, mais qu'elles avaient en réalité une valeur supérieure aux inscriptions hypothécaires. Il a soutenu, en second lieu, que le sieur Pittet n'agissant qu'en vertu du billet souscrit par Me Chardin, il ne pouvait obtenir une condamnation avec contrainte par corps.

**JUGEMENT.**

Attendu que le devoir du notaire Chardin était de s'assurer de la solidité du placement hypothécaire confié à ses soins ; — que ce devoir était d'autant plus sérieux, qu'il a été établi que Chardin était dans une association permanente d'intérêts avec l'emprunteur ;

Attendu que Chardin a reconnu sa responsabilité, en souscrivant une obligation de 6,000 fr. au profit de Pittet et à titre de dommages-intérêts ;

Condamne Chardin, par corps, à payer à Pittet la somme de 6,000 fr.

## OBSERVATIONS.

L'arrêt que nous rapportons étend outre mesure la responsabilité des notaires. La Cour de Paris avait déjà décidé, d'une manière plus conforme aux principes, que le notaire, par les conseils duquel un prêt ou placement de fonds a eu lieu, n'est pas, à raison de ses simples conseils, responsable de la solidité du placement (A. du 16 août 1832. — S. 32, 2, 567. — D. P. 32, 2, 208); que le notaire, par les conseils duquel un créancier a accepté l'offre d'une hypothèque qui lui était faite par le débiteur, n'est point responsable du défaut de solidité de cette hypothèque, à raison de l'existence de plusieurs créances antérieurement inscrites, lorsque, d'ailleurs, le notaire n'avait pas reçu mission de s'assurer soit de la valeur des biens donnés en hypothèque, soit des charges qui pouvaient les grever. — (A. du 26 janvier 1833. S. 33, 2, 157. — D. P. 34, 2, 142.)

En outre, c'est ajouter à l'art. 2060, n. 7, que de condamner le notaire à la contrainte par corps, alors que les sommes qu'on lui réclame ont été prêtées et comptées à l'emprunteur en présence du prêteur. — En supposant qu'il y ait eu *imprudence* dans le choix du prêteur, faut-il donc mettre sur la même ligne le notaire qui s'en est rendu coupable et celui qui aura violé un dépôt? Plusieurs arrêts ont déjà décidé que le notaire est contraignable par corps pour la restitution des sommes à lui confiées pour en faire le placement et *qu'il détourne à son profit*. (Paris, Janv. 1832. — S., 32, 2, 149. — D. P. 32, 2, 120. — 16 novembre 1833. — S. 34, 2, 17. — D. P. 34, 2, 29. — 26 janvier 1835. — S. 35, 2, 100.) L'arrêt de 1835, déclare, il est vrai, que peu importe que le notaire ait souscrit, au profit de son client qui l'a acceptée, une obligation personnelle du montant des sommes reçues; un tel acte n'opère ni novation, ni décharge de la responsabilité du notaire. — Aujourd'hui le tribunal de la Seine va plus loin: il prononce la contrainte par corps pour un placement malheureux!

## ART. 19.

### OFFICIER MINISTÉRIEL. — CESSION. — FRAUDE. — ALTÉRATION DE REGISTRES.

*L'officier ministériel qui dissimule les produits de son étude, en ajoutant frauduleusement des chiffres sur les registres qui ont servi de base à son traité avec son successeur, se rend coupable du délit d'escroquerie prévu par l'art. 405 du Code pénal.*

**Arrêt de la Cour de cassation, chambre criminelle, du 13 août 1842.**

La Cour: — Après en avoir délibéré en la chambre du conseil;
Attendu que le jugement attaqué a déclaré, en fait, qu'en présentant les produits de son étude de notaire par l'acte notarié du 8 septembre 1841, Gérard en avait dénaturé les produits, en ajoutant frauduleusement des chiffres sur les registres qui

avaient servi de base à ce contrat, et s'était servi de manœuvres aussi frauduleuses pour en empêcher la vérification de la part de son cessionnaire ; — Que ce jugement a deplus constaté que le résultat de ces manœuvres et interpolations avait été de faire croire à l'existence de produits bien plus considérables qu'ils n'étaient en effet, et de donner au cessionnaire de son office l'espérance chimérique de profits qui ne devaient pas se réaliser ;

Attendu que la réunion de ces diverses circonstances constitue le délit prévu par l'art. 405 du Code pénal ; qu'en le déclarant coupable de ce délit, le jugement attaqué n'a fait qu'une saine interprétation de la loi ; — REJETTE.

## OBSERVATIONS.

Cet arrêt fait une juste application des principes. Nous adoptons le système qu'il consacre.

## ART. 20.

**CONTRAT DE MARIAGE. — RÉGIME DOTAL. — CONSTITUTION DE DOT.**

*Il ne suffit pas, pour que les biens d'une femme soient dotaux, que les époux aient déclaré, en termes généraux, se soumettre au régime dotal ; il faut, en outre, que les biens qu'ils veulent frapper de dotalité soient constitués en dot, sinon en des termes sacramentels, au moins par des termes qui ne laissent aucun doute sur l'intention des parties.*

Arrêt de la Cour royale de Bordeaux, du 3 août 1842.

Par contrat de mariage du 20 avril 1813, entre Anne Lignac et Léon Gaussen, il a été dit : Art. 1er : « Les futurs époux ont déclaré vouloir se marier sous le régime dotal avec cette condition que l'épouse future réserve de *vendre, aliéner* et *échanger* les biens qui lui sont dévolus et ceux qui pourront lui échoir à l'avenir, sous l'autorisation de Gaussen, devenu son époux. Art. 2. La mère de la future déclare lui constituer, à titre de dot, la même quantité et qualité d'objets mobiliers qui furent constitués par elle à une autre de ses filles précédemment mariée. »

Le sieur Gueyraud a fait pratiquer une saisie-immobilière sur une partie des biens appartenant aux mariés Gaussen. La dame Gaussen a demandé que quelques-uns de ces biens fussent distraits de la saisie, comme étant dotaux.

Le 16 juin 1842, le tribunal de Bordeaux a rejeté la demande en distraction. — Appel ; La Cour royale de Bordeaux a rendu, le 3 août 1842, l'arrêt suivant :

### ARRÊT.

LA COUR ; — Attendu qu'aux termes des art. 1391, 1392 et 1574 du Code civil, il ne suffit pas, pour que les biens d'une femme soient dotaux, que les époux aient

42

déclaré, en termes généraux, se soumettre au régime dotal ; qu'il est nécessaire en outre que les biens auxquels on veut imprimer le caractère de dotalité aient été constitués en dot, sinon par des termes sacramentels, tels que le mot *constitué*, du moins par des termes équivalents et qui ne laissent aucun doute sur l'intention des parties ;

Attendu qu'il paraît bien, par l'art. 2 du contrat de mariage d'Anne Lignac avec Jean Gaussen, qu'Anne Bérard, veuve Lignac, mère de la première, lui a constitué, à titre de dot, différents objets mobiliers ; mais qu'il n'en est pas de même pour les biens, que, par l'art. 1er dudit contrat, la future épouse s'est réservé de vendre, aliéner et échanger ; qu'à cet égard, et quoique la clause insérée audit art. 1er parle de biens actuellement dévolus à la future, il n'apparaît pas assez clairement que celle-ci ait entendu se constituer ces mêmes biens à titre de dot ; que la réserve de pouvoir les vendre, aliéner et échanger, peut s'appliquer indifféremment à des objets paraphernaux comme à des biens dotaux, en telle sorte qu'il y a doute sur la véritable intention de la future épouse, et qu'il n'est pas certain que, par la clause précitée, son intention ait réellement été d'imprimer le caractère de dotalité aux propriétés dont elle se réservait la disposition, sans dire textuellement, ni dans des termes équipollents, qu'elle entendait se les constituer en dot ;

Attendu que, pour que les biens de la femme puissent jouir du privilége de la dot et de l'inaliénabilité que la loi y attache, lorsqu'ils sont dotaux, il ne faut pas, ainsi qu'il est dit plus haut, qu'il soit douteux que l'intention des futurs époux a été de les frapper de dotalité ; que, cette condition essentielle ne se rencontrant pas dans le contrat de mariage dont il s'agit, c'est avec juste raison que les premiers juges ont repoussé la demande en distraction que madame Gaussen leur a soumise ; — Met l'appel au néant ;

## OBSERVATIONS.

La Cour de cassation a décidé, le 9 juin 1829 (S., 29, 1, 313), dans le même sens. Voir en outre, tribunal de Bordeaux, du 20 janvier 1832 (S., 32, 2, 277 ; D. P., 32, 2, 136).

## ART. 21.

### OFFICE. — PRIX NON FIXÉ. — PRIVILÉGE.

*L'ancien titulaire d'un office n'a droit, sur le prix de la revente faite par son successeur, au privilége établi par l'art. 2102 du Code civil, au profit du vendeur d'un objet mobilier non payé, que dans le cas où la créance de l'ancien titulaire résulte d'un acte écrit antérieur à la cession, et qui en établit les conditions.*

Arrêt de la Cour de cassation, chambre civile, du 23 janvier 1843.

Le texte de l'arrêt fait parfaitement connaître les circonstances de la cause.

### ARRÊT.

Vu les art. 1022 du Code de procédure civile, 2092, 2093, 2094 et 2102, n° 4, du Code civil ;

Attendu, en fait, qu'il résulte de l'arrêt attaqué que Schwendt fils a été nommé huissier, en 1824, en remplacement de son père ;

Qu'il n'a été fait alors aucune convention écrite, constituant les conditions de la cession de l'office de Schwendt père, dont la démission a été pure et simple ; que Schwend fils a épousé la demoiselle E..., en 1829, et s'est démis, en 1855, de son office d'huissier, moyennant le prix de 10,000 fr., en faveur d'E..., son beau-frère ; que ce n'est qu'en 1852, que Schwendt père a dirigé des poursuites contre son fils, et qu'un jugement arbitral, rendu le 23 août 1854, a fixé à 9,000 fr. le prix de l'office dont Schwendt fils a été pourvu en 1824 ; que la dame Schwendt fils a obtenu sa séparation de biens et a été reconnue créancière pour ses droits et reprises dotales, par acte notarié de liquidation du 24 novembre 1857, de la somme de 15,000 fr. ;

Attendu qu'à l'état de distribution de la somme de 10,000 fr., due par E..., Schwendt père, représenté par Martha, son cessionnaire, a été colloqué par privilège pour la somme de 9,000 fr., portée par le jugement arbitral de 1854, et que le contredit apporté à cette collocation par E..., cessionnaire de la dame Schwendt, créancière, en vertu de l'acte liquidatif du 24 novembre 1855, a été rejeté par l'arrêt attaqué ;

Attendu, en droit, que tous les biens d'un débiteur sont, d'après les art. 2092 et 2093 du Code civil, le gage commun de ses créanciers, qui doivent être colloqués au marc le franc, à moins qu'il n'y ait entre eux des causes légitimes de pré-férence, et que ces causes sont, suivant l'art. 2094, les priviléges et hypothèques ;

Attendu qu'il n'y a de privilége que dans les cas expressément prévus et spécifiés par la loi ;

Attendu que la seule disposition de loi qui ait été invoquée par Martha, et dont l'arrêt attaqué a fait l'application est l'art. 2102 du Code civil, qui porte : « que les créances privilégiées sur certains meubles sont 1° le prix d'effets mobiliers non payés s'ils sont encore en la possession du débiteur » ;

Attendu que le privilége accordé par cet article ne peut appartenir à l'ancien titulaire d'un office sur le prix de la vente faite par son successeur, que lorsque la créance de cet ancien titulaire résulte d'un acte antérieur à la cession, et qui en établit régulièrement les conditions ; que la nécessité de cet acte est d'autant plus impérieuse que des motifs d'ordre public ont fait assujétir les offi-ciers ministériels, qui veulent user du bénéfice de l'art. 91 de la loi du 28 avril 1816, à présenter les traités faits avec leurs successeurs désignés, et que ce n'est qu'après examen des diverses clauses de ces traités qu'il est pourvu au remplace-ment des officiers ministériels démissionnaires ;

Attendu qu'aux termes de l'art. 1022 du Code de procédure civile, les juge-ments arbitraux ne peuvent être opposés aux tiers, et que ces jugements n'ont pas plus de force à leur égard qu'une simple convention souscrite à la même date par les parties qui ont compromis ;

Attendu, dès-lors, que le jugement arbitral du 23 août 1854 ne pouvait établir un privilége au préjudice des droits antérieurs de la dame Schwendt, et qu'en s'appuyant sur ce jugement pour maintenir la collocation, par privilége, de Martha, représentant Scwhendt, père, la Cour royale de Colmar, a faussement appliqué le n° 4 de l'art. 2102 du Code civil, et a violé l'art. 1022 du Code de procédure civile et les art. 2092, 2095 et 2094 du Code civil; — Par ces motifs, la Cour; — CASSE.

## OBSERVATIONS.

Il est certain que le vendeur d'un office a privilége sur la valeur ou le prix de revente de cet office. (Cass., 16 février 1833; S., 31, 1, 74; D. P., 31, 1, 54); Toulouse (S., 40, 2, 126; D. P., 40, 2, 97; L., 40, 1, 410.)

Seulement quelques cours restreignent ce privilége au prix du titre et de la clientelle, sans l'étendre au prix des recouvrements cédés. Paris, 18 juin 1836 (S., 36, 2, 297); 23 mai 1839 (S., 38, 2, 264; D. P., 38, 2, 110; L., 38, 2, 89); Quoiqu'il en soit, pour que ce privilége puisse être invoqué, il faut à notre avis que le traité soit écrit et ait acquis date certaine.

## ART. 22.

### PROJET DE LOI SUR LA FORME DES ACTES NOTARIÉS.

M. le garde-des-sceaux a présenté à la chambre des députés, le 4 février 1843, le projet depuis longtemps promis, sur les actes notariés. Ce projet est ainsi conçu :

Art. 1er. — Les actes notariés, passés depuis la promulgation de la loi du 25 ventôse an XI, ne pourront être annulés par le motif que le notaire en second ou les deux témoins instrumentaires n'auraient pas été présents au moment de la passation desdits actes.

Art. 2. — A l'avenir, les actes notariés contenant donation entre vifs, donation entre époux pendant le mariage, révocation de donation ou de testament, ainsi que les contrats de mariage, seront, à peine de nullité, reçus par deux notaires conjointement ou par un notaire en présence de deux témoins.

Art. 5. — Il n'est rien innové aux dispositions du Code civil sur la forme des testaments.

### EXPOSÉ DES MOTIFS.

« Messieurs, l'article 9 de la loi du 25 ventôse an XI est ainsi conçu : Les actes seront reçus par deux notaires ou par un notaire assisté de deux témoins, citoyens français, sachant signer, et domiciliés dans l'arrondissement communal où l'acte sera passé.

L'art. 68 de la même loi dispose que ces formalités seront remplies à peine de nullité.

Antérieurement à la loi de l'an XI, l'usage constant du notariat était que le notaire en second et le témoins instrumentaires ne fussent pas présents à la confection de l'acte, et, que le notaire, dit notaire en second, et les témoins, ne signassent que sur la présentation qui leur était faite de la minute par le notaire qui avait reçu l'acte.

Nous n'hésitons pas à penser que cet état de choses a été continué par la loi de l'an XI. En effet, le conseil d'Etat a fait disparaître d'une première rédaction de l'art. 9, cette expression, que les actes seraient reçus *conjointement* par deux notaires, et l'orateur du gouvernement, en portant la loi au corps législatif, a dit que dans la section II, qui traite des actes des notaires et de leur forme, la loi ne contenait pas de dispositions nouvelles.

Enfin, lorsque le législateur a voulu la présence effective de deux notaires, il a eu le soin de le prescrire d'une manière formelle, comme par exemple, dans les art. 971 et 972 du Code civil, où il s'agit des formes de la réception des testaments.

Néanmoins, la Cour de cassation a cru devoir, en présence du texte de l'art. 9 de la loi de l'an XI, déclarer que des Cours royales avaient pu annuler des actes qui avaient été reçus, conformément à la pratique de tout le notariat, hors la présence du notaire en second et des témoins.

L'immense responsabilité que cette jurisprudence faisait peser sur le notariat a dû éveiller la sollicitude du gouvernement. Cette responsabilité est telle, qu'on ne doit pas se dissimuler, qu'en amenant la ruine des officiers publics, elle ne couvrirait pas les intérêts des justiciables, et que la nullité des actes reçus conformément à un usage constant, amènerait des désastres dont les suites seraient incalculables.

Cette jurisprudence a-t-elle sainement interprété la loi ? Quelque grave que soit l'autorité de la Cour de cassation, on ne peut le croire, quand on étudie la pensée du législateur de l'an XI ; qu'on le voit préoccupé de conserver ce qui existe et retirer de la loi une expression qui lui ôterait toute obscurité et la ferait parler, ainsi que l'interprète la Cour de cassation.

Enfin, il est impossible de ne pas reconnaître que, de tout temps, avant comme après la loi de l'an XI, une pratique constante a entendu la législation dans un sens contraire à celui de la cour régulatrice.

Fallait-il attendre que la jurisprudence fût encore mieux fixée, et que toutes les chambres réunies de la Cour de cassation eussent été appelées à décider la question ? Cet état de choses aurait amené les plus funestes résultats. Les hésitations de la jurisprudence, mieux connues, ayant reçu une plus grande publicité, auraient éveillé la mauvaise foi et fait naître des contestations multipliées.

L'art 1er de la loi que nous avons l'honneur de vous présenter explique donc les art. 9 et 68 de l'an XI, dans le sens d'un usage constant et conforme à la loi ;

Ce même article garantit le passé. Il fallait que la loi enlevât tout recours contre des actes accomplis sous la foi publique, et qui ne pourraient être annulés sans troubler la sécurité des familles.

L'art. 1er du projet de loi est rédigé dans le même esprit que la loi du 4 septembre 1807.

Avant la loi du 11 brumaire an VII, le créancier hypothécaire n'était pas tenu d'énoncer l'exigibilité de sa créance dans l'inscription ; l'art 17 de cette loi, et l'art. 2148 du Code civil, exigeaient cette formalité. La Cour de cassation jugea que cette mention était prescrite à peine de nullité; mais avant que la jurisprudence fût fixée, l'usage ancien avait prévalu; un grand nombre d'inscriptions avaient été prises, qui ne portaient pas la mention de l'exigibilité de la créance. On craignit des nullités qui auraient nui à tant d'intérêts légitimes, et la loi du 4 septembre 1807 valida à leurs dates les inscriptions hypothécaires obtenues sans indication d'exigibilité, à condition qu'elle seraient rectifiées dans un délai de six mois.

L'art. 1er du projet de loi dispose que les actes notariés, passés depuis la promulgation de la loi du 25 ventôse an XI, ne pourront être annulés par le motif que le notaire en second et les deux témoins n'auraient pas été présents au moment de la passation.

Le gouvernement ne s'est pas dissimulé la gravité de ces dispositions; mais c'est en présence des intérêts les plus dignes de sollicitude, que nous vous proposons de les adopter.

Il a paru qu'il était certains actes qui ont plus de solennité que les actes ordinaires, et qui doivent être entourés de plus de garanties.

Les actes par lesquels on se dépouille de ses biens au profit des tiers; on avantage son conjoint pendant le mariage; on retire son bienfait, ou par une révocation de testament, ou par une révocation de donation entre époux; on stipule les conventions de son mariage : tous ces actes doivent, à cause de leur importance et de la position de ceux qui contractent, être entourés de garanties spéciales.

Quant aux autres actes, consécration de transactions faites dans les moments ordinaires de la vie, et pour des intérêts moins graves ou mieux surveillés, les garanties actuelles paraissent suffisantes pour leur assurer l'authenticité nécessaire.

L'art. 2 du projet de loi dispose qu'à l'avenir, les actes notariés contenant donation entre vifs, donation entre époux pendant le mariage, révocation de donation ou de testament, et les contrats de mariage, seront a peine de nullité, reçus par deux notaires, conjointement, ou par un notaire, en présence de deux témoins.

Tel est le système de la loi :

Elle augmente les garanties pour certains actes;

Pour les autres, elle maintient l'état actuel, contre lequel aucune plainte ne s'est élevée.

Le troisième et dernier article du projet dispose qu'il n'est rien innové aux dispositions du Code civil sur la forme des testaments.

En effet, tout est réglé en cette matière par le Code civil, aux dispositions duquel il ne peut être question de toucher;

La chambre comprend combien ce projet de loi, simple en la forme, est important au fond. Le gouvernement s'est entouré, pour l'élaborer, des lumières du conseil d'État; il a accueilli toutes les observations de l'expérience; il le livre avec confiance à vos méditations.

(La commission chargée d'examiner ce projet de loi est composée de MM. Mater, président; Dessaigne, Chegaray, Janvier, Cotelle, Mermilliod, Golbéry et Dupin (Philippe), secrétaire.)

## OBSERVATIONS.

Avant la loi de ventôse an XI, les notaires recevaient les actes hors la présence du notaire en second et des témoins instrumentaires (1). La loi de ventôse n'a rien changé à cet usage : pour s'en convaincre, il suffit de rapprocher l'art. 9 de cette loi, de la discussion qu'il a soulevée (2). Aussi les notaires ont continué de recevoir, dans tout le royaume, les actes dans les anciennes formes ; cet usage a été accepté sans protestation jusqu'en 1824. A cette époque, la Cour de Rennes fut appelée à s'expliquer a cet égard. Elle proclama la légalité de l'usage attaqué. Toutefois, malgré cet échec, la mauvaise foi renouvela ses tentatives pour se soustraire à des obligations légitimes, et ses efforts, impuissants quelquefois, furent souvent, il faut bien le reconnaître, couronnés de succès. La Cour de cassation elle-même, revenant sur sa jurisprudence, ne vit *qu'un abus,* dans l'usage suivi pendant des siècles par les notaires, sagement respecté par la loi, et consacré plusieurs fois par sa propre jurisprudence (3). Ces incertitudes, qui ont fait naître de vives alarmes, réclamaient instamment l'intervention du législateur, dans le double but de ratifier, dans l'intérêt des droits acquis, l'interprétation universellement donnée à la loi de ventôse an XI, et d'établir, pour l'avenir, des règles claires et précises.

Hâtons-nous de dire que les dispositions de la loi nouvelle ne pouvaient être que la reproduction de la loi de ventôse, telle qu'elle a été

---

(1) Denisart, v° *Notaire,* n° 75. — Jousse, *Traité de l'Administration de la Justice civile,* p. 5, titre II, n°⁺ 47 et 50 ; Pothier, *des Testaments,* § 1, art. 3, chap. I; Arrêts de 1705 et 1750; d'Aguesseau, *Lettre du 2 août 1728.*

(2) « La section seconde traite des actes des notaires, de leur forme, des minutes, grosses, expéditions et répertoires. — Cette partie du titre premier ne contient point de dispositions nouvelles. *Il a l'avantage de rassembler dans un petit nombre d'articles les dispositions relatives à la matière qui se trouvaient éparses dans une multitude de lois anciennes et modernes.*» (Exposé des motifs, présenté par M. Réal, au corps législatif.) « L'amendement proposé par la section du tribunat, et tendant à ajouter le mot *conjointement* après les mots *par deux notaires,* fut abandonné par ce motif que la présence actuelle des deux notaires était chose impraticable pour cette multitude d'actes qui se font journellement, surtout à Paris, et deviendrait très-dispendieuse pour les parties..... » Locré.

(3) Pour la validité des actes passés hors la présence du notaire en second. Cass. req., du 14 juillet 1825 (S., 26, 1, 77; D. P., 25, 1, 562; L., 74, 255); Bordeaux, du 17 juin 1826 (S., 26, 2, 507, D. P., 24, 2, 224); Nîmes, du 15 juin 1850 (S., 50, 2, 512; D. P., 28, 2, 224; L., 88, 227); Agen, du 17 février 1850 (S., 52, 2, 109; D. P., 52, 2, 170); Cass., 6 août 1855 (S., 55, 1, 625; D. P., 55, 1, 272); Amiens, du 16 juin 1857 (S., 57, 2, 465).

Pour la nullité. Toulouse, du 28 novembre 1825 (S., 26, 2, 241; D. P., 24; 2, 52; L., 74, 519); Cass., du 24 avril 1828 (S., 28, 1, 204; D. P., 26, 1, 226); Orléans, 29 mars 1858 et 15 juin 1858 (S., 40, 2, 54; D. P., 59, 2, 258; L., 59, 1, 655); Cass., 9 août 1856 (S., 56, 1, 790).

Quant à la présence des témoins, elle a été exigée à peine de nullité par la Cour d'Orléans, 29 mars 1858 et 15 juin 1858 (S., 40, 2, 54; D. P., 59, 2, 258; L., 59, 1, 655); par la Cour de Paris, du 15 décembre 1858 (S., 59, 2, 95; D. P., 59, 2, 21; L., 59, 1, 129); et du 5 décembre 1859 (S., 40, 2, 56; L., 59, 2, 656); Cass., ch. civ., du 25 janvier 1841 S., 41, 1, 105).

toujours entendue et exécutée. En effet, comment exiger la présence réelle du notaire en second? « Le devoir du notaire l'enchaîne dans son étude. Destiné par la loi, voué par sa propre volonté au service du public, il doit se tenir constamment à la disposition de ceux qui viennent réclamer son ministère. Sen existence entière est absorbée par la complication actuelle des affaires, les soins et les précautions que réclament des transactions où l'inexpérience d'une partie a souvent besoin d'être éclairée sur les astucieuses combinaisons de la mauvaise foi. Vouloir qu'il emploie, comme notaire en second, dans l'étude et pour les affaires de son confrère, un temps indispensable à l'expédition des affaires de sa propre étude, c'est vouloir une chose nuisible au public en même temps que ruineuse pour le fonctionnaire (1) ».

Quant aux témoins instrumentaires, leur présence est également impossible. Où trouver des témoins assez complaisants pour sacrifier inutilement leur temps à des affaires qui leur sont étrangères? De quelle efficacité, d'ailleurs, peut être leur présence, alors que les seules conditions d'aptitude que la loi leur impose sont qu'ils sachent signer et qu'ils jouissent de leurs droits civils? Il y a plus; bien loin de présenter des avantages, la présence réelle des témoins entraîne des dangers sérieux, en ce qu'elle soumet les parties à la nécessité de confier à des tiers leurs secrets les plus intimes. Aussi, à notre avis, la signature du notaire en second qui a le droit, avant de signer, de contrôler les clauses de l'acte, tant dans l'intérêt de sa profession que dans l'intérêt des parties, devrait, à l'avenir, suppléer la signature des témoins instrumentaires qui n'offre aucune garantie (1).

---

(1) Extrait du mémoire présenté aux chambres par la commission de la conférence notariale, formée en août 1842. — Cette commission est composée de MM. Daufresne, notaire à Lisieux (Calvados), *président*; Jozon, notaire honoraire à Corbeil (Seine-et-Oise), *vice-président*; Jeannest-Saint-Hilaire, notaire à Brunoy *(idem)*, *rapporteur*; Fabry, notaire à Verdun (Meuse), *vice-secrétaire*; Habert, notaire honoraire à Montfort-Lamaury (Seine-et-Oise); Genty, notaire honoraire à Orléans (Loiret); Simon, notaire à Metz (Moselle); Lebourgeois, notaire au Havre (Seine-Inférieure); Hébert, notaire à Rouen *(idem)*; Bardy, notaire honoraire à Limoges (Haute-Vienne); Niay, notaire à Sains (Aisne); Hérault, notaire à Saint-Brieuc (Côtes-du-Nord); Cabourg, notaire à Doullens (Somme); Menigot, notaire à Villeneuve-le-Roi (Yonne); Blérzy, notaire à Rozoy (Seine-et-Marne); Lévêque, notaire à Mantes (Saine-et-Oise); Goubereau, notaire à Cosne (Nièvre); Cettin, notaire à Mortagne (Orne); Frerot, notaire à Sézanne (Marne); Lechevallier, notaire à Beauvais (Oise); Jouin, notaire honoraire, délégué des Andelys (Eure).

(1) Le *Projet de loi sur le Notariat*, présenté récemment aux États généraux des Pays-Bas, embrasse un système opposé (art. 25). Il dispose que, sauf ce qui est prescrit par la loi relativement à des actes particuliers, les actes seront reçus par un notaire en présence de deux témoins. « La disposition de l'art. 9, dit l'exposé des motifs, a paru inutile : 1° parce que l'inadmissibilité de cette disposition de la loi française résulte déjà, en quelque sorte, de l'art. 985 du Code civil (hollandais), qui ne tolère point l'assistance d'un second notaire à la réception d'un testament; 2° Parce qu'on ne peut justifier par aucun motif bien fondé, la raison pour laquelle le second notaire pourrait remplacer les deux témoins; 3° Parce qu'il n'est pas possible de déterminer, dans un sens juridique,

Le projet de loi présenté à la chambre des députés, nous paraît néanmoins satisfaire à tous les besoins. Nous aurions désiré seulement que l'article 1er s'expliquât en termes plus formels sur les actes que les notaires recevront *à l'avenir*. Sans doute, l'exposé des motifs ne laisse aucun doute sur ce point : les actes pourront être reçus hors la présence des témoins et du notaire en second. Mais cela ne suffit pas complètement : la discussion de la loi de ventôse an XI, paraissait aussi rendre impossible toute contestation sur la portée de l'article 9. L'expérience a malheusement prouvé le contraire.

G. B.

Nota. — *Nous donnerons, dans notre prochain numéro, le texte du rapport et l'analyse de la discussion.*

## ART. 23.

**EXPERT. — ORDONNANCE DE TAXE. — OPPOSITION. — COMPÉTENCE.**

*L'opposition formée à l'ordonnance du président, à la requête tant des parties intéressées que de l'expert, doit être portée en chambre du conseil et non en audience publique.*

**Arrêt de la Cour royale de Paris, du 31 janvier 1843.**

M. X...., chargé d'une expertise, a déposé son rapport entre les mains du président du tribunal civil de la Seine, qui a liquidé et taxé ses vacations au bas de la minute, et lui en a délivré exécutoire. Non satisfait, M. X.... a réclamé contre l'ordonnance du président, et a appelé les parties devant la chambre du conseil, pour voir statuer sur son opposition, conformément à l'article 6 du décret du 16 février 1807.

Les parties intéressées ont soutenu que l'opposition devait être portée en audience publique, parce que, d'une part, l'article 6 du décret du 16 février 1807 est inapplicable aux experts, et d'autre part, ce décret ne peut être invoqué que dans le cas où la partie elle-même, et non l'expert, réclame contre l'ordonnance du président.

Jugement du tribunal civil de la Seine, chambre du conseil, ainsi conçu :

Attendu que les deux décrets du même jour, 16 février 1807, touchant la liquidation des dépens, sont une annexe nécessaire du Code de procédure, dont ils font partie intégrante ;

---

la qualité en laquelle comparaît ce second témoin, dont la position est toujours différente de celle du notaire qui instrumente véritablement lors de la passation de l'acte ; 4° Parce que les dispositions législatives les meilleures et les plus précises n'obvieront point aux abus depuis longtemps invétérés à cet égard et parfaitement connus. » Ces motifs ne nous paraissent pas concluants.

Attendu que le chapitre 6 du premier de ces décrets, « des experts, des dépositaires de pièces et des témoins », est placé sous la rubrique générale : « Décret contenant le Tarif des frais et dépens pour le ressort de la Cour royale de Paris ; »

Attendu que le deuxième de ces décrets, intitulé : « Décret relatif à la liquidation des dépens, » doit être considéré comme embrassant les différentes espèces de frais et dépens que le premier a pour objet de régler ; — Que s'il n'y est pas question nommément des experts, comme dans le premier, c'est que l'art. 319 du Code de procédure, en s'occupant du dépôt de leur rapport, avait déjà statué à l'égard du réglement et de la liquidation de leurs vacations, en disant qu'elles seraient taxées par le président au bas de la minute, et qu'il en serait délivré exécutoire ; — Que le Code de procédure et les décrets ci-dessus se tiennent si bien, en cette partie, que l'art. 162 du Tarif ajoute que le président, en procédant à la taxe des vacations des experts, en réduira le nombre, s'il paraît excessif ;

Attendu, dès-lors, que l'art. 6 du deuxième décret, relatif à l'opposition dont l'exécutoire est susceptible, au délai dans lequel elle doit être formée et à la manière dont il doit être statué, est applicable à l'exécutoire délivré à l'expert en conséquence de la taxe du président ; — Que la circonstance de l'attribution spéciale au président, par le Code de procédure et le Tarif, de la taxe des experts, tandis que, pour les officiers ministériels, le décret sur la liquidation des dépens désigne un des juges ayant assisté au jugement, ne saurait être d'aucune considération, s'agissant, en définitive, de taxes émanées de magistrats ayant des pouvoirs analogues, puisés aux mêmes principes ;

Et attendu que si, aux termes de l'art. 6 du décret du 10 février 1807, le jugement qui statue sur une opposition à un exécutoire de dépens doit être rendu à la chambre du conseil, il doit en être de même lorsque c'est l'expert qui, non satisfait de la taxe, réclame contre elle, pourvu qu'il appelle les parties intéressées à ce nouvel examen ; que ces deux droits sont corrélatifs ;

Attendu enfin que refuser aux experts la juridiction de la Chambre du conseil, ce serait les exposer, malgré eux, et dans des idées peu conformes à leur mission, qui en fait de véritables auxiliaires de la justice, aux chances et aux désagréments des procès, qu'il est dans l'esprit du législateur et dans le devoir du magistrat de prévenir avec soin ;

Et attendu, en fait, que les parties intéressées ont été appelées régulièrement à la Chambre du conseil, se déclare compétent.

Sur l'appel, la Cour royale de Paris a confirmé purement et simplement le jugement que nous venons de rapporter.

## OBSERVATIONS.

Nous adoptons pleinement la doctrine de la Cour de Paris. Il existe, toutefois, un arrêt contraire de la Cour royale de Nancy, du 1er décembre 1829 (S., 30, 2, 182 ; D. P., 28, 2, 49 ; L. 87, 356), qui décide que c'est en audience publique, et non en chambre du conseil, qu'il doit être statué sur l'opposition formée à la taxe des experts.

51

## ART. 24.



*La loi du 2 juin 1841 (article 673 du Code de procédure civile rectifié), qui n'exige plus que l'huissier laisse au maire ou à l'adjoint qui donne le visa, une seconde copie de l'exploit, tendant à saisie immobilière, ne dégage pas l'huissier de l'obligation de présenter lui-même en personne, l'original au visa, conformément à l'article 45 du décret du 14 juin 1813.*

Arrêt de la Cour de cassation, chambre criminelle, du 7 octobre 1842.

L'huissier G..., chargé de signifier au sieur Chalvon, un commandement tendant à saisie immobilière, le fit présenter par un tiers au visa du maire. L'huissier D.... agit de même pour le visa du procès-verbal de saisie. Ces faits motivèrent contre les sieurs G.... et D...., des poursuites, devant le tribunal correctionnel de Thiers, en vertu de l'article 45 du décret du 14 juin 1813. Jugement, en date du 2 juillet 1842, qui relaxe les sieurs G.... et D...., par les motifs suivants :

Considérant qu'il est établi, par la déposition des témoins entendus à cette audience, que les sieurs D.... et G......, huissiers, ne se sont pas présentés eux-mêmes chez l'adjoint à la mairie de Celles, pour requérir le visa de deux actes de leur ministère ;

Considérant que l'art. 45 du décret du 14 juin 1815 dispose que l'huissier, qui ne remettra pas lui-même la copie de ses actes, sera passible des peines portées par ledit article ;

Considérant que, d'après la disposition de la loi du 2 juin 1841, l'huissier, lorsqu'il s'agit de poursuites en matière de vente de biens immeubles par suite de saisie, n'est pas tenu de laisser des copies aux fonctionnaires publics de l'ordre administratif, lorsqu'il se présente pour requérir le visa ; et qu'il n'existe aucune loi pénale applicable à l'espèce ; que, par suite, la prévention qui était imputée aux huissiers G...... et D.... disparaît complètement. »

Pourvoi par le ministère public, pour violation de l'article 45 du décret du 14 juin 1813.

### ARRÊT.

LA COUR ; — Vu l'art. 45 du décret du 14 juin 1815 ; — Attendu que l'article précité est général et s'applique à tous les actes qu'un huissier est tenu de signifier, et qui doivent être son œuvre personnelle ; que le visa des fonctionnaires publics, qui est ordonné pour certains cas, a pour but d'ajouter une garantie de plus de la vérité des faits constatés par l'acte, et spécialement du transport de l'huissier ;

Attendu que le visa prescrit par l'art. 674 du Code de procédure civile, sur l'original du commandement à personne ou domicile, qui précède la saisie-immobilière, est un acte personnel à l'huissier, dans lequel il ne peut se faire suppléer par aucun individu; qu'en effet, ledit article porte : «L'huissier ne se fera point assister de témoins; il fera, dans le jour, viser l'original par le maire ou l'adjoint du domicile du débiteur; » que si la loi du 2 juin 1841, pour simplifier la procédure, a supprimé la disposition dudit article, qui prescrivait à l'huissier de laisser une seconde copie au maire ou à l'adjoint qui donne le visa, l'obligation pour l'huissier de présenter lui-même l'original du commandement au visa du maire ou de l'adjoint, n'en est devenue que plus impérieuse, pour offrir au débiteur poursuivi toutes les garanties que la loi a voulu lui assurer;

Attendu que, dans l'espèce, l'arrêt attaqué déclare qu'il est constant, en fait, qu'Antoine D... et Germain G..., huissiers, ne se sont pas présentés eux-mêmes chez l'adjoint, à la mairie de Celles, pour requérir le visa de deux actes de leur ministère; et que ledit arrêt les a relaxés de la poursuite dirigée contre eux à raison de ces faits, en se fondant sur ce que, d'après les dispositions de la loi du 2 juin 1841, l'huissier, lorsqu'il s'agit de poursuites en matière de vente de biens immeubles, par suite de saisie, n'est pas tenu de laisser des copies aux fonctionnaires de l'ordre administratif, lorsqu'il se présente pour requérir le visa et qu'il n'existe aucune loi pénale applicable à l'espèce;

Attendu qu'en jugeant ainsi, l'arrêt attaqué a formellement méconnu et violé l'art. 45 du décret du 14 juin 1813; — CASSE.

## OBSERVATIONS.

Cet arrêt est conforme à l'esprit de la loi de 1841. « Pour s'assurer, disait M. Persil dans son rapport, tout à la fois du transport de l'huissier sur les lieux, et de l'observation immédiate de toutes les formalités qui doivent accompagner le procès-verbal de saisie, le Code de procédure exigeait la remise d'une copie entière de ce procès-verbal, aux greffiers des juges de paix, aux maires ou adjoints des communes de la situation des biens, lesquels visaient l'original. La disposition actuelle dispense le saisissant de cette remise réellement inutile......... Ce qu'il importe, c'est de constater *que l'huissier s'est bien rendu sur les lieux*...... »

## ART. 25.

SURENCHÈRE. — DÉNONCIATION. — DÉLAI. — JOUR FÉRIÉ.

*Le délai de trois jours, imparti au surenchérisseur pour la dénonciation de la surenchère, court du jour de la surenchère, et non pas seulement de l'expiration du délai de huitaine accordé pour surenchérir.*

*Si le troisième jour est un jour férié, il n'y a pas lieu de proroger d'un jour le délai de la dénonciation* (Loi du 2 juin 1841, article 709).

Arrêt de la Cour royale de Caen, du 12 janvier 1842.

Le 26 novembre 1841, le sieur Lemoine se rendit adjudicataire de certains immeubles vendus par expropriation.

Le 2 décembre 1841, le sieur Renaux déposa au greffe du tribunal un acte de surenchère d'un sixième. La surenchère fut dénoncée à l'adjudicataire par exploit du 6 décembre.

L'adjudicataire intenta une demande en nullité de la surenchère, fondée sur la tardivité de la dénonciation.

Le sieur Lemoine soutint, 1° que le délai de trois jours fixé par le nouvel article 789 du Code de procédure civile, pour la dénonciation de la surenchère, ne devait partir que de l'expiration du délai de huit jours accordé par l'article 708, pour former la surenchère; 2° que le troisième jour, après cette surenchère faite, étant un jour férié, la dénonciation avait pu être remise au lendemain. Ces moyens furent accueillis par le jugement du tribunal de première instance qui maintint la surenchère.

Appel de la part de l'adjudicataire.

ARRÊT.

La Cour; — Considérant, sur le premier moyen, que l'art. 709, se bornant à dire purement et simplement que la surenchère devra être dénoncée dans les trois jours, sans indication expresse du point de départ de ces trois jours, doit naturellement être entendu en ce sens qu'ils partent de celui de la surenchère elle-même; qu'à la vérité, l'art. 768 accorde huit jours pour la faire, et qu'ainsi Renaux pouvait la différer jusqu'au 4 décembre; mais qu'une fois qu'elle a été faite, l'application de l'art. 708 a été épuisée, et qu'alors a commencé une nouvelle formalité à remplir, pour laquelle l'art. 709 a fixé un nouveau délai tout-à-fait indépendant du premier; que, du reste, cette solution n'a nullement pour effet de restreindre, à l'égard des tiers, le délai accordé par l'art. 708; et, qu'en effet, si tout autre personne avait formé une surenchère le dernier jour de ce délai, elle l'aurait valablement dénoncée dans les trois jours qui l'auraient suivie, nonobstant la première surenchère non dénoncée en temps utile;

Considérant, sur le deuxième moyen, qu'aucune loi générale ne déclare que les délais seront prolongés d'un jour, quand celui de l'échéance sera un jour férié; que, quand le législateur a voulu qu'il en fût ainsi, par exception, il s'en est formellement expliqué, comme on le voit dans l'art. 162 du Code de commerce; qu'il est vrai que sous l'empire de l'ancien art. 710 du Code de procédure civile, quelques Cours avaient pris sur elles d'admettre une pareille exception, à cause de la brièveté du délai, qui n'était alors que de vingt-quatre heures; mais que ce motif n'existe plus aujourd'hui, et que c'est peut-être précisément pour enlever tout prétexte à un semblable arbitraire, que la loi du 2 juin 1841, malgré sa tendance à activer la poursuite et à abréger les délais, à étendu celui-là à trois jours; qu'une nouvelle extension est d'autant moins admissible, qu'après tout, l'art. 1057 du Code de procédure offre, en ce cas, un moyen de faire regulièrement une signification, même les jours de fête légale;

Considérant qu'il demeure donc constant que la surenchère dont il s'agit n'a pas été dénoncée dans le délai prescrit par l'art. 709, et que, par suite, elle doit être déclarée nulle, d'après l'art. 715; — Par ces motifs, infirme le jugement dont est appel; en conséquence, déclare nulle, comme tardive, la surenchère formée par Renaux, etc...

## OBSERVATIONS.

1° Sur la première question, il ne peut s'élever de contestation. Disons seulement qu'avant la loi de 1841, il était décidé que le délai de vingt-quatre heures accordé pour dénoncer la saisie par l'article 711 du Code de procédure civile, ne commençait à courir que du jour où la surenchère avait été formée, et non pas de l'heure même de la surenchère (Montpellier, du 7 mai 1838 (S., 38, 2, 503; D. P., 39,2, 19; L. 39, 1, 151; *Sic*, Persil, *quest.*, t. II, p. 406 et *Rég. hyp.*, art. 2185, n° 38). Carré enseigne, toutefois, l'opinion contraire, n° 2385. La nouvelle rédaction de la loi, *dans les trois jours*, ne permet pas de douter que le délai commence à partir du jour de la surenchère.

2° Avant la loi de 1841, la question de savoir, si, lorsque le lendemain de la surenchère, était un dimanche ou une fête légale, la dénonciation pouvait être faite le surlendemain, était diversement résolue. Le jour férié ne devait pas être compté, d'après les cours de Paris, du 4 août 1808 (S., 8, 2, 283; D. A., 9, 603; L. 21, 206); Cour de cassation, du 28 novembre 1809 (S., 10, 1, 83; D. P., 7, 1, 497; D. A., 9, 603; L. 20, 145); Cour de cassation, du 22 juillet 1828 (S., 34, 1, 217); Persil, *quest.*, t. II, p. 406, et *Rég. hyp.*, art. 2185 n° 39; Carré, n° 2384.

M. Huet, *Saisie imm.*, p. 191, soutenait l'opinion contraire.

## ART. 26.

1° SAISIE-IMMOBILIÈRE. — APPEL. — SIGNIFICATION A L'AVOUÉ ET NOTIFICATION AU GREFFIER.

2° PURGE. — SOMMATION. — NOTIFICATION.

1° *L'appel d'un jugement rendu sur une demande principale en nullité de saisie-immobilière, n'est pas soumis aux formalités prescrites par l'art. 732 du Code de procédure civile. (L. du 2 juin 1841.)*

2° *La sommation, dans le mois de laquelle le tiers-détenteur est tenu de notifier son titre d'acquisition, est la sommation de payer ou de délaisser dont parle l'art. 2169 du Code civil, et non la simple sommation de notifier, que la loi n'exige pas.*

Arrêt de la Cour royale de Paris, du 6 octobre 1842.

Le 28 mai 1842, le sieur Pagny, créancier inscrit a fait sommation au sieur de Bouillé, acquéreur de l'immeuble hypothéqué, de notifier son contrat d'acquisition, conformément à l'art. 2183 du Code civil, et le

8 juillet suivant, il lui a fait sommation de payer ou délaisser. Dans le mois de cette dernière sommation, le sieur de Bouillé a notifié son contrat d'acquisition. Le sieur Pagny, se fondant sur la nullité de cette notification, en ce qu'elle avait été faite plus d'un mois après la sommation de notifier, a procédé à la saisie de l'immeuble acquis par le sieur de Bouillé.

Le sieur de Bouillé a demandé la nullité de la saisie, poursuivie au mépris de la notification de son contrat d'acquisition.

Le 1er septembre 1842, le tribunal de la Seine a rendu un jugement qui maintient la saisie, ordonne la continuation des poursuites, et décide que la première sommation dans le mois de laquelle l'acquéreur est tenu de notifier, à peine de déchéance, est celle de l'art. 2183 du Code civil, et non point la sommation prescrite par l'art. 2169 du Code civil qui a pour objet, non pas de mettre le tiers-détenteur en demeure de notifier, mais bien de parvenir à l'expropriation de l'immeuble, à défaut par lui de payer ou de délaisser.

Appel par le sieur de Bouillé. Le sieur Pagny oppose une fin de non-recevoir, prise de ce que l'acte d'appel n'a pas été signifié, aux termes de l'art. 732 du Code de procédure civile, au domicile de l'a-voué, et notifié au greffier.

ARRÊT.

La Cour ; — En ce qui touche la fin de non-recevoir tirée de l'inobservation de l'art. 732 du Code de procédure civile ;

Considérant que les formalités imposées par ledit article ne sont applicables qu'aux appels interjetés sur les incidents en matière de saisie immobilière ; qu'il s'agit au procès non d'un incident, mais d'une demande principale ; qu'ainsi la disposition de l'art. 732 est inapplicable à la cause ;

Au fond : — Considérant que, d'après l'art. 2185 du Code civil, le tiers-détenteur, pour se soustraire à l'obligation de payer ou de délaisser, est tenu de notifier, soit avant les poursuites, soit dans le mois de la première sommation ; que cette sommation est la véritable mise en demeure du tiers-détenteur ; qu'il ne se rencontre nulle part une disposition qui oblige le créancier de la faire précéder d'une sommation de notifier ; — Que, dès-lors, de Bouillé a dû considérer comme non-avenue la sommation de notifier qui lui a été faite le 28 mai dernier ; — Mais que, sommé régulièrement de payer ou de délaisser, par exploit du 8 juillet, il a, avant l'expiration du mois, le 5 août dernier, fait aux créanciers inscrits les notifications prescrites par l'art. 2185 du Code civil ; — Que la saisie immobilière faite sur la requête des intimés est donc nulle ; — Infirme au principal, déclare ladite saisie nulle, etc.....

OBSERVATIONS.

1° L'art. 732 du Code de procédure civile (L. du 2 juin 1841), se trouve au titre XIII *des Incidents de la Saisie-Immobilière.* — Ce titre forme un titre à part, qui a ses prescriptions spéciales et uniquement applicables aux cas qu'elles prévoient.

2° L'art. 2183 du Code civil qui fait courir de la *première somma-tion* le délai d'un mois, dans lequel le tiers-détenteur est tenu de noti-fier son contrat d'acquisition, doit s'entendre en ce sens que les pour-suites dirigées par l'un des créanciers inscrits, font courir le délai de la purge dans l'intérêt de tous. Mais il ne s'ensuit pas que le créancier soit tenu de faire deux sommations, l'une afin de purger, l'autre afin de délaisser.

La doctrine de l'arrêt ci-dessus est conforme à celle de la Cour de Nîmes, du 5 août 1812 (S., 14, 2, 93 ; D. P., 12, 2, 55 ; L., 35, 424) ; de Caen, du 9 août 1824 (S., 25, 2, 336) ; Bruxelles, du 6 février 1823 (S., 24, 2, 175 ; D. A , 9, 383) ; Orléans, du 4 juil-let 1828 (S., 29, 2, 56 ; D. P., 27, 2, 80 ; L., 82, 539) ; Toulouse, du 7 décembre 1830 (S., 31, 2, 165 ; D. P., 31, 2, 31) ; Duranton, t. XX, n° 239 ; Grenier, *des Hypothèques*, t. II, n° 340 ; Persil, *Rég. hypoth.*, t. II, p. 175 ; Troplong, *des Priv. et Hypoth.*, t. IV, n° 916 ; Carré, *Lois de la procédure*, n° 2216 et son annotat. ; Chauveau, n° 2198, t. V, p. 401.

*Contrà*, Arrêt de la Cour de Nîmes, du 4 juin 1807 (S., 7, 2, 704) ; du 6 juillet 1812 (S., 13, 2, 359 ; D. P., 12, 2, 54 ; D. A., 11, 692 ; L., 35, 309).

## ART. 27.

ÉLECTIONS MUNICIPALES. — LISTE. — COMMIS-GREFFIERS ASSERMENTÉS.

*Les commis-greffiers assermentés ne sont pas, à la différence des greffiers en chef, considérés comme membres des Cours et tribnnaux : en consé-quence, ils ne doivent pas être portés sur la liste des électeurs munici-paux.*

**Ordonnance du roi en conseil d'État, du 11 août 1842.**

Considérant que si, aux termes des lois et décrets ci-dessus visés (Arrêté du 2 nivôse an II ; décret du 24 messidor an XII ; loi du 27 ventôse an VIII ; décrets du 6 juillet 1810 et du 6 janvier 1811), les greffiers en chef sont considérés comme membres des Cours et tribunaux près desquels ils sont attachés et sont nommés directement par nous, il n'en est pas de même des commis-greffiers assermentés ;—Avons ordonné et ordonnons ce qui suit ; A. 1er. La requête, etc...

## OBSERVATIONS.

Nous croyons que l'ordonnance ci-dessus consacre une doctrine erronée. Il résulte des lois organiques de l'ordre judiciaire des 16, 24 août 1790, tit. IX, art. 2 ; 27 vent. an VIII, art. 92, et 20 avril

1810, art. 62 et 63 ; des Codes de procédure civile et d'instruction criminelle sur l'authenticité des jugements ; de l'art. 36 du décret du 16 juillet 1810, que les commis assermentés sont, ainsi que le greffier, compris parmi les membres de la Cour ou du tribunal. C'est ce que la Cour de cassation a décidé par arrêt du 4 novembre 1841 (S., 42, 1, 989), en déclarant que les commis-greffiers sont dispensés du service de la garde nationale. Arrêt identique, du 31 juillet 1841 (S., 41, 1,890.)

## ART. 28.

VENTES JUDICIAIRES. — PROCÈS-VERBAL. — ADJUDICATION. — PLACARDS. AFFICHES. — TIMBRE.

Une instruction de la régie, en date du 29 juin 1842 (n° 1687), décide :

1° Que le procès-verbal de vente judiciaire d'immeubles peut être écrit à la suite du cahier des charges et des dires et observations des parties ;

2° Que l'adjudication, par suite de surenchère ou de folle-enchère peut être écrite à la suite de la première adjudication et du cahier des charges ;

3° Que le procès-verbal de l'huissier, attestant que les affiches pour la vente judiciaire d'immeubles ont été apposées aux lieux déterminés par la loi, doit être rédigé sur un exemplaire du placard ;

4° Que les affiches pour ventes judiciaires apposées aux lieux déterminés par la loi, doivent être imprimées sur papier au timbre de dimension établi pour les actes ;

5° Mais que les exemplaires de placards en sus du nombre légal, qui ont pour objet de donner une plus grande publicité à la vente, ne sont sujets qu'au timbre spécial des affiches.

## ART. 29.

POIDS ET MESURES. — DÉNOMINATIONS ANCIENNES.

Une instruction de la régie, en date du 20 août 1842 (n° 1671), décide que les notaires et autres officiers publics peuvent reproduire textuellement les anciennes dénominations de poids, mesures et monnaies, dans les copies, extraits et analyses d'actes antérieurs au 1er janvier 1840, pourvu qu'il soit dit dans l'acte nouveau, qu'en employant les anciennes dénominations on analyse l'acte ancien.

## ART. 30.

OFFICIER MINISTÉRIEL. — RESPONSABILITÉ. — PROTÊT. — NULLITÉ. — ENDOSSEURS.

*L'officier ministériel chargé de faire un protêt, n'est responsable de la nullité de cet acte, qu'à l'égard de celui qui l'a chargé de faire le protêt. Les endosseurs qui ont remboursé l'effet, n'ont aucune action contre lui.*

**Arrêt de la Cour royale de Rouen, du 4 mai 1842.**

L'huissier Cabure, chargé de protester un billet à ordre par le sieur Bertrand, ne fit signer le protêt que par un seul témoin. Le dernier endosseur, le sieur Grenet, remboursa le montant du billet, sans invoquer la nullité du protêt et exerça son recours contre les autres endosseurs. Mais ceux-ci refusèrent de payer, en se fondant sur ce que le protêt était nul.

21 août 1832, jugement du tribunal de Commerce de la Seine, qui admet cette exception.—Recours en garantie de la part du sieur Grenet contre l'huissier.

Le sieur Cabure soutint que, s'agissant d'une action en responsabilité à raison de l'exécution d'un mandat, cette action n'appartenait qu'au sieur Bertrand, qui seul l'avait chargé du mandat.

Jugement du tribunal civil de la Seine, qui accueille l'action du sieur Grenet, par le motif que l'huissier chargé de faire un protêt, doit être considéré comme le mandataire de tous les endosseurs. Ce jugement a été confirmé par la Cour royale de Paris, le 8 janvier 1834.

Pourvoi; 17 juillet 1837, arrêt de la Cour de cassation ainsi conçu :

La Cour; — Vu l'art. 1051 du Code de procédure; les art. 1991 et 1582 du Code civil; — Attendu que l'huissier, chargé par le porteur d'un effet de commerce d'en faire le protêt, n'est responsable de la nullité de ce protêt que vis-à-vis de ce porteur, parce qu'il ne tient que de lui son mandat, et qu'en droit, un mandataire n'est responsable de sa mission qu'envers celui qui la lui a confiée; — Attendu, d'ailleurs, que celui qui a remboursé l'effet protesté sans s'assurer de la validité du protêt, a à s'imputer ce défaut de précaution, et est réputé par-là renoncer à se prévaloir de cette nullité vis-à-vis de l'huissier qui n'a reçu de lui aucun mandat; — Attendu qu'en jugeant le contraire et en condamnant le demandeur à des dommages-intérêts au profit du défendeur de qui il ne tenait aucune mission, l'arrêt attaqué a fait une fausse application de l'art. 1051 du Code de procédure civile et de l'art. 1582 du Code civil et formellement violé l'art. 1991 du même Code; — Donnant défaut, cassé, etc.; renvoie l'affaire et les parties devant la Cour royale de Rouen.

4 mai 1842, arrêt de la Cour royale de Rouen, qui infirme par les motifs suivants :

Attendu que l'huissier Cabure n'avait pas été chargé par Grenet de faire le protêt dont la nullité est reconnue; qu'ainsi il ne pouurrait être responsable de cette nullité qu'à l'égard de celui qui l'avait chargé de faire ce protêt;

Attendu, d'ailleurs, que Grenet, en remboursant l'effet protesté sans s'assurer de la validité de ce protêt, est censé avoir renoncé à se prévaloir de cette nullité.

## OBSERVATIONS.

Il est évident que l'huissier chargé de faire un protêt, n'agit que comme mandataire de celui qui l'a chargé de faire le protêt. C'est en effet à la requête de ce dernier seul qu'il exploite, et ce n'est que contre celui-ci qu'il a action pour le paiement de ses frais. Il ne peut d'ailleurs y avoir lieu à l'application de l'art. 1382, aux termes duquel tout fait de l'homme qui porte préjudice à autrui, doit être réparé par celui qui l'a causé. Le préjudice qu'éprouvent les endosseurs n'est pas la conséquence de la nullité du protêt, mais bien du paiement effectué malgré cette nullité. — Arrêt conforme de la Cour de cassation, chambre civile, du 29 août 1832 (S., 32, 1, 724.)

## ART. 34.

VENTE AUX ENCHÈRES. — MEUBLES INCORPORELS. — DÉCLARATION PRÉALABLE.

*L'art. 2 de la loi du 22 pluv. an VII, qui exige de l'officier public chargé de la vente aux enchères d'objets mobiliers, une déclaration préalable au bureau de l'enregistrement, n'est pas applicable au cas de vente aux enchères de meubles incorporels.*

Jugement du tribunal de Rouen, en date du 16 novembre 1842.

Me Gueroult, notaire à Rouen, a procédé à la vente aux enchères d'une rente foncière sans faire au bureau de l'enregistrement la déclaration préalable prescrite par l'art. 2 de la loi du 22 pluviôse an VII. Une amende de 20 fr. a été perçue contre lui par la régie de l'enregistrement.

Me Gueroult a poursuivi devant le tribunal de Rouen la restitution de cette somme comme ayant été induement exigée. Le tribunal a accueilli sa réclamation en ces termes :

### JUGEMENT.

Attendu que le but de la loi du 22 pluviose an VII a été de prévenir et de réprimer la fraude qui se commettait au préjudice du trésor public par des transmissions manuelles de meubles qui ne laissent aucune trace ;

Attendu que cette sorte de fraude ne peut se commettre à l'égard des rentes foncières et autres droits incorporels, dont la transmission ne peut être manuelle et est assujettie à des formalités qui la font nécessairement connaître à la régie de l'enregistrement ;

Attendu que l'expression, *objets mobiliers*, contenuse dans l'art. 2 de cette loi n'est pas celle que l'art. 555 du Code civil, emploie pour désigner tout ce qui est meuble, et conséquemment ne s'applique pas aux meubles par la seule détermination de la loi ;

Attendu que cette loi ne s'applique qu'aux ventes de meubles, par leur nature, comme celle du 27 ventose an IX, sur les attributions des commissaires priseurs ; et que c'est dans ce sens que la jurisprudence la interprétée, en décidant que les expressions même de *meubles* et *effets mobiliers* qu'elle emploie ne comprennent pas les meubles incorporels (Cour de cassation, 23 mars 1826); d'où suit que ceux qui procèdent à la vente aux enchères d'une rente foncière ne sont pas tenus d'en faire la déclaration préalable au bureau de l'enregistrement, et que c'est à tort qu'une amende de 20 fr. a été perçue contre M<sup>e</sup> Gueroult, notaire à Rouen, pour n'avoir pas fait cette déclaration, avant de précéder à la vente aux enchères d'une rente foncière ; — Le tribunal dit à bonne cause l'action du notaire Gueroult ; et, y faisant droit, condamne la régie de l'enregistrement à lui restituer 22 fr. , montant, dixième compris, de l'amende par elle induement perçue sur le procès-verbal du 28 avril dernier.

## OBSERVATIONS.

L'article 535 du Code civil qui comprend par l'expression : *effets mobiliers*, tout ce qui est censé meuble, n'a pour objet que de prévenir pour l'avenir toutes les incertitudes, et non point d'interpréter rétroactivement les actes et les lois antérieurs au Code civil (Exposé des motifs présenté par M. Treilhard au corps législatif, le 25 nivôse an XII. Rapport au tribunat de M. Goupil de Préfeln, séance du 25 nivôse an XII. Arrêt de la Cour de cassation, chambre civile, du 23 mars 1836; S., 36, 1, 161; D. P., 36, 1, 159.) En conséquence, pour interpréter sainement la loi de pluviôse an VII. il faut s'isoler de la définition de l'article 535 du Code civil, et rechercher dans les termes mêmes de cette loi, la portée qu'elle a attachée à l'expression : *effets mobiliers*. Or, l'énumération de l'article 1<sup>er</sup>, les formalités prescrites par l'article 9, démontrent que la loi est inapplicable aux meubles incorporels. En outre, ainsi que le dit fort bien le tribunal de Rouen, les précautions édictées par la loi de l'an VII, sont superflues quand il s'agit de ventes de meubles incorporels. Enfin, la loi du 22 pluviôse an VII, n'est que la mise à exécution de la loi du 22 frimaire an VII, et par suite, ses dispositions doivent être interprétées par celles de la loi de frimaire. Or, de la combinaison de l'article 69, § 5, n° 1, et des §§ 2 et 3 de l'article 69 de la même loi, il résulte que, par *effets mobiliers généralement quelconques*, la loi du 22 frimaire an VII, n'a entendu parler que des *effets mobiliers* corporels. Le tribunal de la Seine l'a ainsi décidé, par jugement du 26 juin 1839. Nous devons dire, néanmoins, que, par jugement du 12 janvier 1832, le tribunal de la Seine avait embrassé l'opinion contraire, émise par le ministre des finances (Décision du 12 janvier 1832.)

# ART. 32.

**OFFICE. — CONTRAT DE MARIAGE. — ENREGISTRÉMENT.**

*La déclaration, faite par un notaire, dans son contrat de mariage, qu'il se constitue en dot son office, sur le prix duquel il est encore débiteur d'une somme déterminée, ne donne point ouverture au droit d'obligation de 1 pour cent sur la partie du prix non payée.*

Décision de la régie, du 25 novembre 1842.

Par contrat de mariage du 13 octobre 1841, Mᵉ Corrard, notaire, s'est constitué, entre autres objets, sa charge de notaire et il a déclaré en même temps qu'il n'était plus dû sur le prix de cette charge qu'une somme de 65,000 fr. ; il y a lieu par conséquent de percevoir le droit d'obligation sur cette somme.

Il a été perçu sur cette somme de 65,000 fr., pour droits d'enrégistrement 1 pour cent. Mᵉ Corrard, disait le receveur, tient sa charge de notaire de M. Girardin, son beau-père, par suite d'un traité antérieur à la loi du 25 juin 1841 et par suite non enregistré. Le contrat de mariage auquel a assisté M. Girardin, contient, à son profit, reconnaissance d'une obligation de 65,000 fr.

La restitution de ce droit a été ordonnée par une délibération ainsi conçue :

D'abord la déclaration ne forme titre au profit de personne ; elle fait partie de la déclaration de l'apport, qui, aux termes de l'art. 68, § 3, nᵒ 1ᵉʳ de la loi du 22 frimaire an VII, ne donne ouverture à aucun droit particulier d'enregistrement ; ensuite, le droit de mutation ayant été perçu sur l'ordonnance de nomination de M. Corrard, aucun droit proportionnel ne pourrait être perçu, sur le traité de l'office, lors même qu'il serait présenté à l'enregistrement. Par conséquent, l'obligation du prix de cette cession n'est sujette à aucune perception.

# ART. 33.

**LICITATION. — PARTAGE. — ENREGISTREMENT.**

*Le partage fait dans l'acte même d'une adjudication sur licitatton, par lequel le prix d'un immeuble adjugé à l'un des co-héritiers lui est attribué pour sa part héréditaire, ne donne ouverture au droit de 4 pour cent, que sur l'excédant de cette part.*

Décision de la régie, du 25 novembre 1842.

Le 9 septembre 1842, il a été procédé devant notaire, à l'adjudication des immeubles provenant des successions de Jean Mathieu et Adèle Joos et de la veuve Joos. Le total des biens vendus s'est élevé à 17,160 fr. L'un des héritiers, Arsène Joos, s'est rendu adjudicataire d'un immeuble moyennant 2,650 fr.

Par le partage opéré par le même acte, entre les sept héritiers, il a été reconnu que la part de chacun d'eux était de 2,451 fr. 47 cent. En conséquence, à l'égard d'Arsène Joos, il fut convenu que pour le remplir de sa part, on lui abandonnait l'immeuble à lui adjugé pour 2,650 fr., à la charge par lui de tenir compte à ses co-héritiers d'une soulte de 193 fr. 53 cent., formant la différence entre la somme de 2,451 fr. 47 cent., qui lui revenait, et la valeur de l'immeuble qui lui était abandonné.

Cet acte fut présenté à l'enregistrement; le receveur perçut le droit de 4 p. cent sur les six septièmes de 2,650 fr., c'est-à-dire sur 2,316 f. 85 cent.

Sur la réclamation de Mᵉ Dehanschowerck, notaire, la régie a pris la délibération suivante :

Suivant deux arrêts de la Cour de cassation des 50 janvier 1859 et 1 décembre 1840, lorsqu'un acte de partage est présenté à l'enregistrement avant la licitation ou en même temps que cet acte, il doit servir de base pour la liquidation des droits sur les adjudications faites à un ou plusieurs des co-licitants. Dans l'espèce, le partage, quoiqu'il ne comprenne pas la totalité des biens des successions, n'en est pas moins définitif à l'égard des objets partagés. Le sieur Arsène Joos reçoit, pour son septième, l'immeuble qui lui a été adjugé pour 2650 fr. à la charge d'une soulte de 198 fr. 55 c. ; il n'est plus débiteur, envers ses co-héritiers, du prix de son acquisition, ni même des six septièmes de ce prix ; il leur doit seulement une soulte de 198 fr. 52 c., et ceux-ci sont seuls propriétaires, en outre, des 14,510 fr., dûs par des étrangers. C'est donc seulement sur 198 fr. 55 c. que le droit de 4 pour cent est exigible.

## ART. 34.

NOTAIRE. — DISCIPLINE. — COMPÉTENCE.

*Le décret du 30 mars 1808, sur la discipline des officiers ministériels est inapplicable aux notaires*

Jugement du tribunal de Mirecourt, du 16 novembre 1842.

Mᵉ L..., notaire, a été cité devant la chambre du conseil du tribunal de Mirecourt, et condamné par défaut à une peine de discipline, Mᵉ L... a formé opposition à cette décision, et a opposé l'incompétence du tribunal. Cette exception a été accueillie par un jugement ainsi conçu.

Attendu que les tribunaux civils, jugeant comme chambre du conseil, ne sont point compétents pour infliger des peines de discipline aux notaires, parce que ces derniers ne sont point rangés dans la catégorie des officiers ministériels, désignés dans les art. 102 et 103 du décret du 50 mars 1808 ; qu'aucune autre loi ne les soumet à cette juridiction exceptionnelle, qui les priverait d'ailleurs de la voie d'appel et du recours en cassation ; qu'au reste, la jurisprudence est fixée sur ce point par des arrêts récents émanés de la Cour de cassation ;

Par ces motifs, la chambre reçoit l'opposition de M. L..., et y faisant droit, se déclare incompétente ;

## OBSERVATIONS.

La jurisprudence décide généralement que les tribunaux sont compétents pour prononcer contre un notaire, sur la réquisition du ministère public, les simples peines disciplinaires. Paris, du 9 janvier 1837 (S., 37, 2, 227; D. P., 37, 2, 174; L. 37, 1, 42); Cour de cassation, chambre des requêtes, du 15 juin 1836 (S., 36, 1, 461); Cour de cassation, chambre des requêtes, du 23 décembre 1839 (S., 40, 1, 11); 2, 155; D. P., 40, 2, 135); *Contra*, Nancy, du 2 juin 1834 (S., 34, Rennes, du 1er avril 1840 (S., 40. 2, 519; D. P., 34, 2, 219.)

Il est constant, toutefois, que l'action disciplinaire doit être poursuivie par voie principale. Arrêt de Rennes, du 9 juillet 1834 (S., 35, 2, 105); Cour de cassation, du 12 août 1835 (S., 35, 1, 595; D. P., 35, 1. 415.)

## ART. 35.

**JUGEMENT. — MINISTÈRE PUBLIC. — AUDITION. — MENTION. — ENREGISTREMENT.**

*En matière d'enregistrement, tout jugement qui se borne à constater la présence du procureur du roi à l'audience, sans faire mention que ce magistrat a été entendu dans ses conclusions, est nul.*

**Arrêt de la Cour de cassation, chambre civile, du 7 novembre 1842.**

### ARRÊT.

LA COUR ; — Vu l'art. 65 de la loi du 22 frimaire an VII, et l'art. 142 du Code de procédure ;

Attendu que l'art. 65 de la loi du 22 frimaire an VII, dispose que les jugements sur les instances relatives au droit d'enregistrement, seront rendus sur les conclusions du commissaire du gouvernement ;

Attendu qu'il est ordonné par l'art. 142 du Code de procédure civile que, dans les causes susceptibles de communication, le procureur du roi sera entendu dans ses conclusions à l'audience ;

Attendu que le jugement attaqué constate bien la présence du procureur du roi à l'audience dans laquelle ce jugement a été rendu ; mais qu'il ne fait aucune mention que ce magistrat ait été entendu dans ses conclusions, ainsi que l'exigent formellement les deux articles ci-dessus ; d'où il suit que ce jugement contient une violation des lois précitées ; — Par ces motifs, et sans qu'il est besoin de s'occuper du premier moyen ; — CASSE.

## OBSERVATIONS.

En matière d'enregistrement, les jugements doivent, à peine de nullité, être rendus sur le rapport d'un juge et sur les conclusions du ministère public. Cass., 8 mai 1810 (S., 10, 1, 491 ; D. P., 8, 1, 205 ; D. A., 7, 413.) Cette double formalité doit être énoncée aussi à peine de nullité. Cass., 19 décembre 1809 (S., 10, 1, 138 ; D. P., 8, 1, 64 ; D. A., 7, 413). Il ne suffit pas d'énoncer la présence du ministère public. Cass., Arrêt du 30 avril 1822 (S., 22, 1, 439 ; D. P., 20, 1, 438 ; D. A., 7, 413) ; du 19 fév. 1819 (S., 19, 1, 327 ; D. A., 7, 413) ; du 20 juillet 1836 (S., 37, 1, 143 ; D. P., 36, 1, 147) ; du 6 juillet 1837 (S., 37, 1, 699 ; D. P., 37, 1, 355 ; L., 40, 1, 520) ; du 8 août 1837), S., 37, 1, 1018 ; D. P., 37, 1, 409 ; L., 40, 1, 519).

## ART. 36.

### AVOUÉS. — VITRÉ. — NOMBRE.

Ordonnance du 9-12 décembre 1842 qui fixe à cinq le nombre des avoués près le tribunal de première instance de Vitré (Ile-et-Vilaine). (*Bull. n° 10405*).

## ART. 37.

### HUISSIERS D'AIX.

Ordonnance royale du 29 novembre-6 décembre 1842, qui fixe à vingt-trois le nombre des huissiers du tribunal de première instance, séant à Aix (Bouches-du-Rhône.)

## ART. 38.

PATENTES. — NOTAIRES. — AVOUÉS. — GREFFIERS. — HUISSIERS.

*M. le ministre des finances a présenté, le 4 février 1843, à la chambre des députés, un projet de loi sur les patentes, dont nous extrayons les dispositions suivantes :*

### TABLEAU A.

*Professions imposées eu égard à la population, d'après un tarif général.*

TARIF GÉNÉRAL.

| CLASSES. | De 100,000 ames et au-dessus. | De 50,000 ames à 100,000. | De 50,000 ames à 50,000. | De 20,000 ames à 50,000. | De 10,000 ames à 20,000. | De 5,000 ames à 40,000. | De 2,000 ames à 5,000. | De 2,000 ames et au-dessus. |
|---|---|---|---|---|---|---|---|---|
| | fr. | fr. | fr. | fr. | fr. | fr. | fr. | fr. |
| Première. | | | | | | | | |
| Deuxième. | 450 | 125 | 90 | 60 | 45 | 40 | 50 | 25 |
| Troisième. | 400 | 80 | 60 | 40 | 50 | 25 | 22 | 18 |
| Quatrième. | 75 | 60 | 45 | 50 | 25 | 20 | 18 | 15 |
| Cinquième. | | | | | | | | |
| Sixième. | | | | | | | | |
| Septième. | | | | | | | | |
| Huitième. | | | | | | | | |

Les avoués près d'un tribunal de première instance et les notaires sont compris dans la deuxième classe.

Les avoués près d'une Cour royale sont compris dans la troisième classe; et les huissiers dans la quatrième classe.

### PROJET DE LOI.

Art. 1. — La contribution des patentes se compose d'un droit fixe et d'un droit proportionnel.

Art. 2 — Le droit fixe est réglé conformément aux tableaux A, B, C, annexés à la présente loi. Il est établi, eu égard à la population et d'après un tarif général pour les industries et professions énumérées dans le tableau A...

Art. 4. — Pour les professions dont le droit fixe varie en raison de la population du lieu où elles sont exercées, les tarifs sont appliqués, d'après la population déterminée par la dernière ordonnance de dénombrement. — Néanmoins, lorsque ce dénombrement fera passer une commune dans une catégorie supérieure à celle dont elle faisait précédemment partie, l'augmentation du droit fixe ne sera appliquée que pour moitié pendant les cinq premières années.

5

Art. 5. — Le droit proportionnel est établi sur la valeur locative, tant de la maison d'habitation que des magasins, boutiques, usines, ateliers, hangars, remises, chantiers et autres locaux, servant à l'exercice des professions imposables. Il est dû, lors même que le logement et les locaux occupés sont concédés à titre gratuit. — La valeur locative est déterminée, soit au moyen de baux authentiques, soit par comparaison avec d'autres locaux, dont le loyer aura été régulièrement constaté ou sera notoirement connu, et, à défaut de ces bases, par voie d'appréciation.

Art. 6. — Le droit proportionnel est fixé, savoir : — Au quinzième de la valeur locative, pour les trois premières classes du tableau A, ainsi que pour les patentables compris dans les tableaux B et C; — Au vingtième, pour les quatrième, cinquième et sixième classes du tableau A...

Art. 9. — La contribution des patentes est due, pour l'année entière, par tous les individus exerçant, au mois de janvier, une profession imposable. — Ceux qui entreprennent, au mois de janvier, une profession sujette à patente, ne doivent la contribution qu'à partir du 1er du mois dans lequel ils ont commencé d'exercer, à moins que, par sa nature, la profession ne puisse être exercée pendant toute l'année. Dans ce cas, la contribution sera due pour l'année entière... — Les patentés qui, dans le cours de l'année, entreprennent une profession d'une classe supérieure à celle qu'ils exerçaient d'abord, ou ceux qui transportent leur établissement dans une commune d'une plus forte population sont tenus de payer, au *prorata*, un supplément de droit fixe. — Il est également dû un supplément de droit proportionnel : par les patentables, qui prennent des maisons ou locaux d'une valeur locative supérieure à celles des maisons ou locaux pour lesquels ils ont été primitivement imposés; — Et par ceux qui entreprennent une profession passible d'un droit proportionnel plus élevé. — En cas de décès, comme en cas de fermeture de magasins, boutiques et ateliers, par suite de faillite déclarée, les droits ne sont dus que pour le passé et le mois courant.

Art. 11. — Dans les villes et communes de 5,000 âmes et au-dessus, les patentables, domiciliés en dehors des limites de l'octroi, et exerçant des professions imposées eu égard à la population, paieront le droit fixe, d'après le tarif applicable à la population non agglomérée. — Les patentables, domiciliés dans les limites intérieures de l'octroi, paieront le droit fixe, d'après le tarif applicable à la population totale.

Art. 17. — Les individus et les sociétés, qui n'ont qu'un établissement, paient le droit fixe dans la commune où cet établissement est situé.

Art. 18. — Le droit proportionnel est payé dans toutes les communes où sont situés les maisons d'habitation, usines, magasins, boutiques et autres locaux servant à l'exercice des professions.

Art. 19. — Les contrôleurs des contributions directes continueront de procéder annuellement au recensement des imposables et à la formation des matrices des patentes. Ces matrices seront communiquées aux maires, qui pourront y consigner leurs observations. Les contrôleurs adresseront les matrices au directeur, qui établira les taxes, conformément à la loi. — Le préfet arrêtera les rôles et les rendra exécutoires.

Art. 20. — Les agents des contributions directes peuvent, sur la demande qui leur en est faite, délivrer des patentes avant l'émission du rôle, après, toutefois, que les requérants ont acquitté, entre les mains du percepteur, les douzièmes échus, s'il s'agit d'individus domiciliés dans le ressort de la perception, ou la totalité des droits, s'il s'agit des patentables désignés en l'art. 25 ci-après, ou d'individus étrangers au ressort de la perception.

Art. 21. — Les formules de patentes sont expédiées par le directeur des contributions directes, sur des feuilles timbrées de 1 fr. 25 cent. Le prix du timbre est acquitté en même temps que le premier douzième des droits de patentes. — Les formules de patentes sont visées par le maire et revêtues du sceau de la commune.

Art. 22. — Le patenté qui aura égaré sa patente, ou qui sera dans le cas d'en justifier hors de son domicile, pourra se faire délivrer un certificat par le directeur des contributions directes. Ce certificat fera mention des motifs qui obligent le patenté à le réclamer, et devra être sur papier timbré du même prix que celui de la formule.

Art. 23. — Les patentés qui réclameront contre la fixation de leurs taxes, seront admis à prouver la justice de leur réclamation, par la représentation d'actes de société légalement publiés, ou de journaux et livres de commerce régulièrement tenus.

Art. 24. — Les réclamations en décharge ou réduction, remise ou modération, seront communiquées aux maires ; elles seront d'ailleurs instruites et jugées dans les formes prescrites pour les autres contributions directes.

Art. 25. — La contribution des patentes est payable par douzièmes, et le recouvrement en est poursuivi comme celui des autres contributions directes.

Art. 26. — En cas de déménagement, hors du ressort de la perception, comme en cas de vente volontaire ou forcée, la contribution des patentes sera immédiatement exigible en totalité. — Les propriétaires, et à leur place les principaux locataires, devront, un mois avant l'époque du déménagement de leurs locataires, se faire représenter par ces derniers les quittances de leur contribution des patentes. Si ces quittances ne sont pas reproduites dans les trois jours suivants , les propriétaires ou principaux locataires seront tenus, à l'expiration de ce délai, et sous leur responsabilité personnelle, de donner avis du déménagement au percepteur. — Dans le cas de déménagement furtif, les propriétaires, et, à leur place, les principaux locataires, deviendront responsables des termes échus de la contribution de leurs locataires, s'ils n'ont pas fait constater, dans les trois jours, ce déménagement par le maire, le juge de paix ou le commissaire de police.

Art. 27. — Les patentables pourvus de charges ou emplois à la nomination du gouvernement, ou des autorités départementales ou municipales qui refuseront d'acquitter leur cotisation, et contre lesquels on aura épuisé les voies de poursuites ordinaires, seront suspendus de leurs fonctions jusqu'au paiement des termes échus.

Art. 29. — Tout patentable est tenu d'exhiber sa patente lorsqu'il en est requis par les maires, adjoints, juges de paix et tous officiers ou agents de police judiciaire.

Art. 30. — Nul ne pourra former de demande, fournir aucune exception ou défense en justice, ni faire aucun acte ou signification extra-judiciaire pour tout ce qui serait relatif à son commerce, sa profession ou son industrie, sans qu'il soit fait mention, en tête des actes, de sa patente, avec désignation de la classe, de la date, du numéro et de la commune où elle aura été délivrée, à peine d'une amende de 50 fr., tant contre les particuliers sujets à la patente que contre les fonctionnaires publics qui auraient fait ou reçu lesdits actes sans mention de la patente. La condamnation à cette amende sera poursuivie à la requête du procureur du roi devant le tribunal civil de l'arrondissement. — Le rapport de la patente ne pourra suppléer au défaut de l'énonciation, ni dispenser de l'amende prononcée.

Art. 51. — Il est ajouté au principal de la contribution des patentes, 5 centimes par franc : il est, en outre, prélevé, sur le principal, 8 centimes par franc. Le produit de ces 15 centimes est destiné à couvrir les décharges, réductions, remises et modérations, ainsi que les frais d'impression et d'expédition des formules des patentes. — Si le produit des 15 centimes n'est pas absorbé, l'excédant est versé dans la caisse municipale ; en cas d'insuffisance des 15 centimes, le montant du dépôt est prélevé sur le principal des rôles. — Sont également prélevées sur le principal, avant décompte avec les communes, les décharges prononcées en faveur des individus qui ont cessé leur commerce avant le 1er janvier de l'année pour laquelle ils ont été portés au rôle.

Art. 55. — La contribution des patentes sera établie conformément à la présente loi, à partir du 1er janvier 1844.

Art. 54. — Toutes les dispositions contraires à la présente loi seront et demeureront abrogées.

EXPOSÉ DES MOTIFS ( EXTRAIT ).

« Le même projet (de 1834) faisait cesser l'exemption dont jouissent les avocats, les notaires et les avoués, et la seconde commission de la chambre des députés avait donné son assentiment à cette innovation. Nous n'avons pas hésité à vous demander de la consacrer pour les notaires et les avoués; possesseurs de charges transmissibles, il est juste qu'ils supportent une part de l'impôt sur les bénéfices qu'ils en retirent, d'autant plus qu'ils ont, comparativement à la plupart des autres professions, cet avantage que la limitation de leur nombre restreint les effets de la concurrence.

« Les avocats ne sont pas dans la même situation ; leur clientèle n'est pas transmissible ; enfin, ils n'ont pas d'action pour le paiement de leurs honoraires. Ces considérations, et surtout la dernière, nous ont porté à vous proposer, non sans quelques hésitations, d'étendre en leur faveur l'exemption déjà accordée aux peintres, sculpteurs et autres, exerçant des professions purement libérales.»

## OBSERVATIONS.

L'extension de la patente aux avoués et aux notaires a justement soulevé des protestations énergiques. La patente établie par la loi des 2 et 17 mars 1791, qui proclama la liberté *pour chacun de faire tel négoce ou d'exercer telle profession, arts ou métiers qu'il trouvera bon,* ne fut considérée, d'abord, que comme le prix d'affranchissement du commerce. « Le droit de patente, disait l'assemblée constituante, correspond aux jurandes, à la portion de taille personnelle qu'on ferait payer aux artisans et aux marchands de plus qu'aux autres citoyens.» Tout impôt devant avoir pour base le profit qu'il procure, la patente ainsi restreinte se justifie par la protection spéciale et efficace que l'État accorde au commerce.

Mais quelle est la garantie exceptionnelle que la loi accorde aux avoués et aux notaires? Aucune. Les officiers ministériels sont abandonnés à leurs propres forces, et l'État ne dépense pas un centime pour leur assurer les produits de leurs charges. Il serait donc souverainement injuste de les soumettre à des contributions spéciales. Peu importe que les officiers ministériels soient possesseurs de charges transmissibles. La raison de décider n'est point là. La patente, de même que tout impôt, de quelque nature qu'il soit, ne pouvant atteindre que les revenus et non les capitaux, le droit de transmissibilité reconnu aux officiers ministériels, peut donner lieu à un droit d'enregistrement et de mutation, et c'est ce qu'a fait la loi du 25 juin 1841; mais ce droit ne peut entraîner la soumission à la patente. Pour asseoir cet impôt, il est indispensable d'évaluer les produits des offices, et ici se présente une impossibilité flagrante. D'ailleurs, s'il pouvait être permis de patenter l'officier ministériel qui possède une charge lucrative, il ne pourrait jamais l'être, du moins, de soumettre au même tarif l'officier ministériel qui ne possède qu'un titre nu et stérile. -

En vain, dit-on, que la limitation du nombre des offices restreint la concurrence. Cette considération est sans portée. La limitation du nombre des offices a été nécessitée par des motifs d'ordre public; elle n'a point été établie dans l'intérêt individuel des officiers ministériels, personne ne l'ignore. Ce n'est donc pas là une faveur spéciale, un privilége qui appelle l'application d'un impôt spécial. Cette limitation, au surplus, n'est pas telle, l'expérience de chaque jour nous l'apprend, que les revenus d'une charge dépassent nécessairement l'intérêt de son prix.

Ici se présentent en foule des considérations morales d'un ordre très-élevé, puisées dans les habitudes, dans les règles disciplinaires des officiers ministériels; nous nous réservons de les développer dans l'un de nos prochains numéros. Constatons seulement aujourd'hui que l'innovation que le fisc poursuit, a été condamnée à diverses reprises, tant en ce qui touche les notaires qu'en ce qui concerne les avoués.

Compris d'abord dans la loi de l'an VII, les notaires furent formellement affranchis de la patente par la loi de l'an XI. Dans un rapport fait, en 1830, à la chambre des députés, sur une pétition dans laquelle on réclamait l'extension consacrée par le projet dont les chambres sont actuellement saisies, M. Voysin de Gartempe s'exprimait en ces termes : « Les notaires ont été affranchis par une loi positive, cela suffit pour « qu'on ne doive pas proposer d'assujétir cette honorable profession à « la patente. »

« Quant aux avoués, jamais ils ne furent compris parmi les contribuables au droit de patente. On n'aperçoit pas de motifs pour les astreindre à la payer aujourd'hui. »

Les greffiers n'ont point encore été assujétis à la patente, et le projet
de loi leur demeure étranger. Est-ce là pour eux un motif de sécurité
complète? Nous ne le pensons pas, si le fisc persévère dans la voie imprudente dans laquelle il s'est engagé.

A notre avis, la seule innovation rationnelle à la loi de brumaire
an VII, en ce qui touche les corps judiciaires, la seule innovation légitime était celle-ci : l'exemption de la patente devait être étendue aux
huissiers qui peuvent invoquer des motifs analogues à ceux que nous
avons fait valoir pour les notaires et pour les avoués. Le gouvernement
devait réparer une injustice de la loi de l'an VII, et restituer aux huissiers leur véritable caractère.

## ART. 39.

1º TESTAMENT. — LIEU DE CONFECTION.
2º TESTAMENT. — PAYS ÉTRANGER. — AUTHENTICITÉ.

1º *A défaut d'énonciation expresse du lieu dans lequel le testament a été
fait, les tribunaux peuvent rechercher quel est ce lieu dans les autres
énonciations du testament.*

2º *Les prescriptions de l'art. 999 du Code civil sur la forme des testaments faits en pays étranger, sont accomplies toutes les fois que le testament a été passé dans les formes usitées dans le lieu où il a été rédigé.
L'authenticité dont parle cet article n'exige pas nécessairement que le
testament soit reçu par un officier public.*

Arrêt de la Cour de cassation, chambre civile, du 6 février 1843.

M. le marquis de Bonneval, décédé à Londres, en 1836, a laissé un
testament, à la date du 19 décembre 1814, sans indication du lieu où
il a été rédigé. Ce testament est dans la forme usitée en Angleterre à
cette époque, c'est-à-dire qu'il a été signé, scellé et publié en présence
de trois ou quatre témoins, lesquels l'ont signé et scellé de leurs sceaux.
(*Statuts des fraudes et parjures*, 29; Car., 11, cap. III. Ces statuts
ont été modifiés en 1837 par une loi exécutoire à dater du 1er janvier
1838.)

Après la mort du marquis de Bonneval, la Cour de l'archevêque de
Contorbéry a refusé de le vérifier, jusqu'à ce que les tribunaux français eussent apprécié sa validité. A cet effet une instance en validité a
été poursuivie à l'encontre des héritiers légitimes qui ont demandé
l'annulation du testament, comme dénué de tout caractère d'authenti-

cité et ne pouvant valoir comme testament olographe, puisqu'il n'était pas écrit, daté et signé de tout son contenu de la main du sieur de Bonneval.

Le 20 janvier 1840, jugement du tribunal de première instance qui déclare nul et de nul effet le testament dont il s'agit. Le tribunal se fonde sur l'art 999 du Code civil, qui exige que les testaments passés en pays étranger, soient rédigés par actes sous seing-privé, conformément à l'art. 970 du même Code, ou par actes authentiques, dans les formes usitées dans le pays où cet acte est passé et il déclare que l'authenticité n'existe que lorsque l'acte a été reçu par des officiers publics ayant capacité à cet effet, avec les solennités requises ; que rien ne peut dispenser le testateur de ces formalités, pas même l'impossibilité de les accomplir.

Sur l'appel, la Cour royale de Rouen a rendu, le 31 juillet 1840, un arrêt ainsi conçu :

### ARRÊT.

Attendu que le testament du 19 décembre 1814 fournit, dans le contexte même de ses dispositions, la preuve qu'il a été fait à Londres ; — Qu'en effet, en gratifiant sa gouvernante des droits emphytéotiques qu'il avait sur une maison, sise rue Mortimer, 49, le testateur énonce formellement qu'il réside maintenant dans ladite maison ; — Que cette énonciation, rapprochée de l'état matériel du testament rédigé en Anglais, signé, scellé et publié en présence de quatre témoins anglais, ne permet pas de supposer que l'acte ait pu être fait en France avec les formes et solennités de la législation anglaise ; — Que, dès-lors, ledit acte ne doit pas être considéré comme un testament olographe, frappé par la loi française d'une nullité radicale, pour n'avoir pas été écrit en entier par le testateur ; — Que le seul point à rechercher est celui de savoir s'il a été satisfait à l'accomplissement des conditions exigées par l'art. 999 du Code civil ;

Attendu qu'il paraît d'abord certain qu'en Angleterre, il n'est pas d'usage d'appeler un officier public à la confection des testaments ; que ces sortes d'actes consistent, pour les testaments les plus solennels, dans la déclaration passée par le testateur en présence de quatre témoins, que l'acte par lui représenté et signé est bien l'œuvre de sa dernière volonté ;

Attendu que le testateur, dans l'espèce, a accompli toutes les formalités exigées par la loi anglaise, pour la validité de son testament ; que si l'art. 999 devait être interprété en ce sens que le concours d'un officier public fût indispensable, on arriverait à cette conséquence, que tout Français qui ne saurait ou ne pourrait faire un testament olographe, serait nécessairement privé de la faculté de tester en Angleterre ; — Qu'il est de principe que la forme probante des actes se règle par la législation du lieu où ils ont été passés ; que c'est, en effet, la loi de cette localité qui leur donne la vie et l'existence ; que l'axiome de droit, *locus regit actum*, n'a reçu de modification dans l'art. 999 que pour les testaments olographes ; que cette modification n'a pas eu d'autre objet que celui de faciliter les moyens de disposer ; qu'en parlant, dans le même article, d'acte authentique ou public, par opposition au testament olographe qui est l'œuvre complète et exclusive du testateur, le législateur n'a pas eu en vue de modifier la règle sus-énoncée et d'imposer, comme condition irritante de la validité du testament, l'obligation de recourir à un officier public, dans un lieu où son concours n'est pas autorisé; — Que la pensée du législateur, à cet égard, semble se révéler dans l'art. 994 du Code civil, en prévoyant le cas d'un testament fait dans le cours d'un voyage, mais, dans le temps où le navire aurait abordé une terre étrangère; il suffit, dans ce cas, de se conformer aux formes usitées dans le pays où le testament a été fait.

La Cour, statuant sur l'appel, met l'appellation et ce dont est appel au néant; réformant, dit à tort les moyens de nullité proposés contre le testament dont il s'agit, déclare ledit acte bon et valable en la forme. »

Pourvoi pour violation de l'art. 999 du Code civil.

### ARRÊT.

La Cour; — Attendu qu'à défaut d'énonciation expresse du lieu dans lequel le testament du marquis de Bonneval a été fait, la Cour royale a dû rechercher quel avait été ce lieu dans les autres énonciations du testament; — Que se livrant à cet examen, elle a déclaré trouver la preuve qu'il avait été fait à Londres, 1° dans la circonstance que l'acte était rédigé en Anglais; 2° dans celle qu'il était signé, scellé et publié en présence de quatre témoins anglais; et 3° dans cette circonstance qu'en gratifiant sa femme de charge des droits emphytéotiques qu'il avait à Londres sur une maison sise, rue Mortimer, 49, le testateur avait désigné cette maison comme étant celle où il résidait actuellement;

Attendu qu'en puisant ainsi les éléments de sa conviction dans le testament lui-même, la Cour royale a fait une saine appréciation de l'acte, et qu'en cela elle n'a ni excédé ses pouvoirs, ni violé aucune loi;

Attendu qu'aux termes de l'art. 999 du Code civil, le Français qui se trouve en pays étranger peut faire son testament par acte authentique avec les formes usitées dans le lieu où l'acte est passé;

Attendu que, par ces dernières expressions, l'intention du législateur a été clairement d'attacher l'authenticité à l'observation de ces formes; que cette intention se manifeste encore par l'art. 994 qui ne déclare un testament valable, dans le cas où un navire aborde une terre soit étrangère, soit de la domination française, qu'autant qu'il a été dressé suivant les formes prescrites en France, ou suivant celles usitées dans le pays où il a été fait; qu'il suit delà que le marquis de Bonneval, faisant son testament en Angleterre, devait, s'il ne jugeait pas à propos d'employer la forme olographe, se soumettre aux dispositions de la loi anglaise et recourir aux formes solennelles usitées dans le pays, lesquelles pouvaient seules lui donner l'authenticité;

Attendu qu'en Angleterre, il n'existe pas d'officiers publics spécialement chargés de recevoir les actes de dernière volonté; que les seules formalités que la loi anglaise ( *Statuts des fraudes et parjures, 29, car. 11, cap. 5*), en vigueur à l'époque où le testament du marquis de Bonneval a été fait, imposait au testateur, consistaient à signer, sceller et publier le testament, en présence de trois ou quatre témoins, de l'un ou de l'autre sexe, lesquels le signaient à leur tour et le scellaient de leurs sceaux ; — Que le testament ainsi fait, avait, en Angleterre, toute l'authenticité exigée par les lois du pays ;

Attendu qu'il n'est pas contesté que le testament du marquis de Bonneval n'ait été fait conformément aux dispositions sus-énoncées ; que si, après la mort du marquis de Bonneval, la Cour de l'archevêque de Cantorbéry a refusé de le vérifier jusqu'à ce que les tribunaux français eussent apprécié sa validité, cette circonstance ne peut avoir aucune influence dans la cause, puisque, d'ailleurs, il n'est pas contesté non plus que, depuis l'arrêt attaqué, et sur le vu de cet arrêt, la Cour de Cantorbéry a accordé le *probate* qui lui était demandé ;

Attendu, dès-lors, que la Cour royale de Rouen, qui a déclaré valable ledit testament, n'a ni violé, ni faussement appliqué les art. 970 et 999 du Code civil ;
— REJETTE.

## OBSERVATIONS.

1° Sous l'empire des anciennes ordonnances, le défaut de mention du lieu où le testament était passé n'entraînait pas la nullité de l'acte. (Ordon. de Villers-Cotterets, de 1539, art 67 ; Ordon. de Blois, de 1579, art. 167 ; Ordon. de 1735, sur les testaments, art. 38 ; Arrêt de la Cour de cass., du 17 juillet 1816 ; S., 16, 1, 315 ; D. P., 14, 1, 525 ; D. A., 5, 579 ; L., 47, 97.) Aujourd'hui l'énonciation du lieu est prescrite à peine de nullité. (art. 12 et 68 de la loi du 25 ventôse an II et art. 967 du Code civ. ; Duranton, t. IX, n° 55 ; Merlin, *Quest. de Droit,* v° *date,* § 2, n° 3 ; Toullier, t. VIII, n° 82.) Toutefois l'indication de la ville ou de la commune où le testament est fait est suffisante ; il n'est pas de rigueur de mentionner la rue, ou le territoire de la commune, ou de la maison. (Caen, du 12 nov. 1814 ; S., 12, 2, 361 ; D. P., 14, 2, 65 ; D. A., 5, 804 ; L., 47, 106 ; Cour de Cass., du 23 nov. 1825 ; S., 26, 1, 157 ; D. P., 24, 1, 11 ; L., 74, 574 ; Bruxelles, du 10 juin 1819 ; S., 21, 2, 175 ; D. A., 5, 531.) En outre il n'est pas nécessaire, ainsi que le dit l'arrêt que nous rapportons, que l'énonciation soit expresse pourvu qu'elle ne laisse aucun doute sur le lieu où l'acte a été passé (Rennes, du 9 mars 1809 ; S., 9, 2, 216 ; D. A., 10, 655.)

2° Déjà la Cour de cassation avait déclaré valable, par application de l'art. 999 du Code civil, un testament fait en Hongrie dans la forme *nuncupative,* devant un juge des nobles et un assesseur juré, conformément aux dispositions de l'ordonnance de Posen (ou Presbourg), de 1715 (Arrêt du 30 novembre 1831 ; S., 32, 1, 52 ; D. P., 32, 1, 124).

## ART. 40.

AVOUÉS. — FRAIS. — TAXE. — ORDRE. — ACQUIESCEMENT.

*Les frais, en matière d'ordre, doivent être taxés comme en matière som-*
*maire, alors même que l'ordre, au lieu d'être poursuivi d'après le*

*mode tracé au Code de procédure, est fait à l'audience, parce qu'il n'y a pas plus de trois créanciers inscrits.* ( Art. 775 du Code de proc. civ.)

**Arrêt de la Cour de cassation, chambre civile, du 8 février 1843.**

Le tribunal de Nevers, par jugement du 10 juillet 1839, rendu entre les syndics de la faillite Gonerot, d'une part, et la dame veuve Mozet, d'autre part, a condamné cette dernière aux dépens d'une instance en distribution du prix d'un immeuble. Ces frais ont été taxés *comme en matière sommaire.* Me Duraud, avoué, qui avait obtenu la distraction à son profit, a soutenu que la taxe devait avoir lieu *comme en matière ordinaire* et a formé opposition à la taxe.

L'avoué de la dame Mozet, déclara, par acte d'huissier, à Mᵉ Durand, que la dame Mozet consentait à payer les frais comme en matière ordinaire. Néanmoins, le 20 août, la chambre du conseil a rendu, en l'absence de la dame Mozet, un jugement qui rejette l'opposition de Mᵉ Durand et maintient la taxe comme en matière sommaire.

Pourvoi. Premier moyen : violation des art. 404, 761, 765, 779 du Code de procédure civile, 130 et suiv. du tarif ; 44 et 78 du décret du 30 mars 1808 ; 4 de la loi du 14 novembre 1808 et 1ᵉʳ de la loi du 11 avril 1831 ; fausse application des art. 405, 760, 762, 763 et 766 du Code de procédure, en ce que le tribunal a décidé qu'un ordre poursuivi par action était une matière sommaire. Les affaires d'ordre, disait le demandeur en cassation, sont des affaires réelles que l'ancienne jurisprudence réputait *matières ordinaires.* (Ord. 1667, tit. XXVII, art. 3, 4, 6 et 41.) Le législateur moderne n'a point modifié leur caractère (art. 404, 761 et 779 du Code de proc. civ., etc.) En vain, dirait-on que l'on doit considérer comme affaires sommaires toutes les affaires qui requièrent célérité (art. 44 du Code de proc. civ.) ; 1ᵒ la loi n'indique aucune affaire comme requérant célérité ; 2ᵒ les affaires d'ordre ne sont pas dans cette condition, puisque le prix est toujours là pour garantir les droits de créanciers. Il faut distinguer avec tous les auteurs entre l'instruction sommaire et le jugement sommaire. (art. 779 du Code de procédure civile, et art. 128 et 129 du tarif.) Il ne suffit pas que les incidents d'ordre soient jugés sommairement pour que les frais soient taxés comme en matière sommaire.

Deuxième moyen : violation de l'art. 1124 du Code civil, 41 du Code de procédure et 7 de la loi du 20 avril 1810, en ce que le tribunal a refusé d'allouer les dépens réclamés par Mᵉ Durand, malgré l'acquiescement de Mᵐᵉ Mozet et sans donner aucun motif à l'appui de cette décision.

### ARRÊT.

La Cour ; — Sur le premier moyen ; — Atendu qu'il résulte de l'ensemble
des dispositions du titre IV, livre 5, du Code de procédure civile, que les instances
d'ordre sont classées parmi les matières sommaires ; — Qu'on ne saurait, en effet,
élever le moindre doute à cet égard, lorsqu'on considère, — En premier lieu, qu'en
matière d'ordre, l'art. 764 du titre précité veut que l'audience soit poursuivie sur
un simple acte d'avoué à avoué, sans autre procédure ; expressions absolument
semblables à celles de l'art. 405 du même Code, qui règle la procédure des matières sommaires ; — En second lieu, que les art. 762 et 766 du même titre
exigent que les jugements et arrêts, rendus sur les contestations d'ordre contiennent la liquidation des dépens ; prescription qui n'est faite, suivant l'art. 543 du
Code, que pour les matières sommaires ; — En troisième lieu, que l'abrévia-
tion des délais et des formalités ordinaires qui résulte des art. 760, 764, 765
et 766 du titre sus-énoncé, vient encore imprimer le caractère sommaire à ces
sortes d'affaires, puisqu'elles se trouvent par là virtuellent placées dans les affaires
qui requièrent célérité, lesquelles sont réputées sommaires par l'art. 404 du
même Code ; — Que voulût-on, dans le système contraire, se prévaloir des
art. 765 et 765 précités, qui autorisent l'appelant *à insérer ses griefs dans son acte
d'appel*, et l'intimé *à signifier des conclusions motivées*, il faudrait reconnaître que
la loi en limitant expressément la procédure à ces seuls actes, a de plus fort manifesté son intention de maintenir les ordres dans les matières sommaires ; ce cas
n'étant pas, d'ailleurs, le seul où la signification de conclusions motivées est autorisée, comme le démontre l'art. 406 du Code de procédure ; et, qu'au surplus,
le tarif de 1807 ne présente aucune disposition contraire à la solution qui
précède ;

Attendu, d'une autre part, que la disposition de l'art. 775 du même Code,
qui veut, *qu'en cas d'aliénation autre que celle par expropriation, l'ordre ne puisse
être provoqué s'il n'y a plus de trois créanciers inscrits,* ne peut changer le caractère
de l'action ; qu'alors, il est vrai, la distribution du prix a lieu par action directe
de l'un des créanciers contre les autres, mais sans que l'action cesse d'être sommaire ; qu'il est, en effet, certain que l'exception introduite dans l'art. 775 a pour
unique fondement la pensée d'un règlement facile à faire à l'audience, dès-
lors que les créanciers sont peu nombreux et que leurs droits reposent nécessairement sur des titres, règlement auquel on peut conséquemment arriver, sans le
secours de l'instruction par écrit ordonnée pour les ordres en général ; — Qu'ainsi,
ce ne serait qu'en supposant une étrange contradiction dans la loi, qu'on admettrait
qu'elle n'a voulu, dans ce cas, affranchir les créanciers des formes longues et
dispendieuses de l'ordre, que pour les soumettre aux frais plus onéreux encore,
ainsi qu'aux lenteurs de la procédure suivie dans les matières ordinaires ; qu'il suit
de là que le jugement attaqué n'a violé aucun des textes de loi invoqués par le
demandeur, en décidant que les frais qu'il réclamait devaient être taxés comme
en matière sommaire ;

Sur le second moyen : — Attendu que le tribunal n'a été légalement saisi que
de la question de savoir si ces frais devaient être taxés comme en matière sommaire ou comme en matière ordinaire, question qu'il a résolue par des motifs
très-explicites, qu'ainsi ce moyen n'est pas recevable ; — Rejette.

## OBSERVATIONS.

A notre avis, les frais en matière d'ordre ne doivent pas toujours être taxés comme en matière sommaire. La loi n'a pas cru devoir ranger les ordres dans la classe des matières sommaires, ni même parmi celles qui requièrent célérité. Imprimer aux ordres le caractère propre aux matières sommaires, c'est ajouter à la loi et méconnaître en même temps l'importance et la gravité des questions qui naissent de cette procédure. L'art. 761 du Code de procédure invoqué par la Cour suprême, trouve son application dans cette circonstance que tous les débats sont établis par le procès-verbal d'ordre et par les contredits des parties. L'art. 762 se justifie par la nécessité de donner au juge-commissaire la liquidation de toutes les créances, afin de régler le montant de chaque bordereau de collocation. Enfin il est incontestable que la procédure d'ordre donne lieu à des questions plus difficiles et plus sérieuses que la distribution par contribution et cependant, aux termes de l'art. 100 du tarif, les frais des incidents en matière de distribution sont taxés suivant leur nature, tantôt comme matière sommaire, tantôt comme matière ordinaire. Notre opinion s'appuie sur l'autorité de MM. Pigeau, t. II, p. 261 ; Cabissol, p. 100 ; Chauveau, *comm. du tarif,* liv. V, tit. XIV, n° 76 et sur la jurisprudence des Cours de Nîmes, du 2 avril 1824 (S., 25, 2, 37) ; de Lyon, du 19 mai 1826 (S., 26, 2, 284 ; D. P., 24, 2, 217) ; de Riom, du 22 janvier 1831 (S., 30, 2, 79 ; D. P., 37, 2, 114) ; de Paris, des 13 décembre 1809 (S., 15, 2, 170 ; D. A., 10, 844) et 9 mars 1839 (S., 39, 2, 438 ; D. P., 39, 2. 120 ; L., 39, 1, 438). Toutefois M. Carré, n° 1473, embrasse l'opinion contraire. Dans ce sens, arrêt de la Cour de cassation des 10 janvier 1815 (S., 15, 1, 68 ; D. A., 9. 604 ; L., 41, 177), 25 août 1828 (S., 28, 1, 322 ; L., 82, 582) ; 9 décembre 1824 (S., 25, 1, 293 ; D. A., 9, 258) et de la Cour d'Orléans, du 28 août 1829 (S., 30, 2, 59 ; D. P., 28, 2, 96 ; L., 85, 572.)

## ART. 44.

*Projet de loi sur le tarif des commissaires-priseurs, présenté à la Chambre des Députés, le 9 février 1843.*

ART. 1. — Il sera alloué aux commissaires-priseurs : — 1° Pour droits de prisée, pour chaque vacation de trois heures, à Paris, Lyon, Bordeaux, Rouen, Toulouse et Marseille, 6 fr. ; — Partout ailleurs, 5 fr. ; — Pour assistance aux référés et pour chaque vacation, à Paris, Lyon, Bordeaux, Rouen, Toulouse et Marseille, 5 fr. ; — Partout ailleurs, 4 fr. ; — 3° Pour tous droits de vente, non-compris les déboursés faits pour y parvenir et en acquitter les droits, non plus que la rédaction et l'application des placards, 6 pour 100 sur le produit des ven tes, sans distinction de résidence ; — Il pourra en outre, être alloué une ou plusieurs vacations, sur la réquisiton des parties, constatée par procès-verbal du commissaire-priseur, à l'effet de préparer les objets mis en vente. — Ces vacations ne seront passées en taxe qu'autant que le produit de la vente s'élèvera à 2,000 fr. ; chacune de ces vacations de trois heures donnera droit aux émoluments fixés par le n° 1 du présent article ; — 4° Pour expédition ou extrait de procès-verbaux de rente, s'ils sont requis, outre le timbre, et pour chaque rôle de 25 lignes à la page et de 15 syllabes à la ligne, 1 fr. 50 c. — Pour consignation à la caisse, s'il y a lieu, à Paris, Lyon, Bordeaux, Rouen, Toulouse et Marseille, 6 fr. ; — Partout ailleurs, 5 fr. ; — Pour assistance à l'essai ou au poinçonnage des matières d'or et d'argent, à Paris, Lyon, Bordeaux, Rouen, Toulouse et Marseille, 6 fr. ; — Partout ailleurs, 5 fr. — Pour paiement des contributions, conformément aux dispositions des lois des 5 et 18 août 1791 et 12 novembre 1808, à Paris, Lyon, Bordeaux, Rouen, Toulouse et Marseille, 4 fr. ; — Partout ailleurs, 5 fr.

Art. 2. — Lorsque la taxe des vacations, droits et remises alloués aux commissaires-priseurs sera requise par eux ou par les parties, elle sera faite par le président du tribunal de première instance, ou par un juge délégué.

Art. 3. — Toutes perceptions directes ou indirectes, autres que celles autorisées par la présente loi, à quelque titre et sous quelque dénomination qu'elles aient lieu, sont formellement interdites. — En cas de contravention, l'officier public pourra être suspendu ou destitué, sans préjudice de l'action en répétition de la partie lésée, et des peines prononcées par la loi contre la concussion.

Art. 4. — Il est également interdit aux commissaires-priseurs de faire aucun abonnement ou modification à raison des droits ci-dessus fixés, si ce n'est avec l'Etat et les établissements publics. — Toute contravention sera punie d'une suspension de quinze jours à six mois. En cas de récidive, la destitution pourra être prononcée.

Art. 10. — Les articles 1, 2, 5, 4 sont déclarés communs aux officiers publics qui, dans les localités où il n'existe pas de commissaires-priseurs, sont autorisés à faire les prisées et les ventes de meubles.

Art. 11. — Toutes les dispositions contraires à la présente loi sont et demeurent abrogées.

EXPOSÉ DES MOTIFS.

« Le projet de loi que nous avons l'honneur de vous soumettre a pour objet de régler les émoluments des commissaires-priseurs. — Les dispositions qu'il renferme ont été soumises, le 25 février 1842, à la chambre des pairs, qui les a votées en les améliorant ; — Le 2 mai suivant, elles ont été portées à la chambre des députés, et la commission chargée de les examiner a conclu, par son rapport, à l'adoption de l'ensemble de la loi, avec quelques modifications auxquelles, une seule exceptée, le gouvernement donne son assentiment.

Après ces explications, qui permettent de présager l'heureux concours de tous les pouvoirs, il nous reste à examiner le projet en lui-même. Aux termes de la loi organique du 27 ventôse an IX, les 80 commissaires-priseurs établis à Paris ont droit : 1° pour frais de prisées, à 6 francs, par chaque vocation de trois heures ;

2º pour frais de vente, à 8 pour cent sur le produit, lorsque ce produit est inférieure à 1,000 fr.; 7, lorsqu'il s'élève de 1,000 à 4,000 fr.; et 5, lorsqu'il excède cette dernière somme. — L'article 89 de la loi du 28 avril 1816, qui étend à toute la France le principe de l'institution, n'accorde aux nouveaux officiers dont elle autorise la création, qu'un salaire de *une livre et dix sols* par vacation, soit à la prisée, soit à la vente, par interprétation de la loi du 21 juillet 1790, à laquelle renvoie implicitement celle de 1816; — Cette taxation, évidemment insuffisante, est restée la seule légale, malgré les tentatives faites en 1847 et 1848, et a produit les abus auxquels on doit toujours s'attendre, quand la loi n'est point équitable.

Ce sont ces abus que nous voulons faire cesser, en accordant aux commissaires-priseurs la juste rémunération à laquelle ils ont droit.

L'art. 1ᵉʳ du projet embrasse tous les actes des commissaires-priseurs qui peuvent donner lieu à une rétribution de ces actes, les deux principaux sont la prisée et la vente. Les autres n'en sont que des conséquences. — La prisée sera rémunérée par la vacation. — La vente par la remise. L'usage consacre ces deux modes; leur utilité les justifie. — Si, dans la première opération, le salaire doit être proportionné à la durée du temps employé par l'officier public, on comprend aisément combien, dans la seconde, tous les intérêts sont protégés par une espèce d'association entre cet officier public et le vendeur; — C'est surtout à raison de cette différence entre la nature et le résulat de deux opérations, dont l'une est préparatoire et l'autre définitive, que nous avons aussi introduit une différence dans l'application de ce principe qu'en matière de tarif, les émoluments des officiers ministériels doivent être plus élevés dans les grandes villes que dans les petites.

Ce principe a été admis, quand la rémunération résulte de la vacation, parce que le prix du temps est proportionné à la multiplicité des occupations. Mais on l'a rejeté quand on a cru devoir adopter la remise, parce que les motifs et l'intérêt de cette remise existent partout au même dégré. Ainsi l'a pensé, en 1842, la chambre des pairs.

Les raisons données par la commission de la chambre des députés, dans la même année, contre cette distinction, n'ont pu changer, à cet égard, la conviction du gouvernement, et c'est là l'unique dissentiment dont nous ayons eu l'honneur de vous entretenir au commencement de cet exposé.

Ni l'évaluation des variations, ni la nature des actes accessoires auxquels cette rémunération est attachée, ni le droit d'expédition des procès-verbaux, en certains cas, ne semblent susceptibles de difficultés, et l'assimilation de Toulouse aux villes indiquées dans le projet, est justifiée par l'importance et la population de cette ville.

Quant au chiffre de la remise, fixé à 6 pour cent, il sera désormais invariable. Cette innovation, qui présente tous les avantages de l'unité, n'a trouvé que des partisans; elle est favorable aux classes pauvres et l'on s'est assuré que les commissaires-priseurs de Paris, qui seuls pourraient se plaindre, n'auraient point à en souffrir.

L'article charge de la taxe, lorsqu'elle est requise, les présidents des tribunaux civils. — Les art. 3 et 4 prononcent des peines sévères contres les infractions directes ou indirectes aux prescriptions de la loi......

L'art. 10 ajouté au projet primitif adopté par la chambre de pairs, maintiendra entre les commissaires-priseurs et les autres officiers ministériels qui ont le droit de faire des ventes mobilières, une concurrence aussi utile dans son principe qu'elle serait stérile dans ses résultats, si les émoluments n'étaient pas les mêmes.

A ce projet, Messieurs, se rattache un intérêt digne de toute votre sollicitude, celui d'abroger une loi qui ne peut être isolée, ni observée sans causer des souffrances, soit au public, soit à une classe nombreuse d'officiers ministériels. Nous devons espérer que ces dispositions obtiendront votre approbation.

## OBSERVATIONS.

Le projet de loi que nous rapportons et sur lequel nous reviendrons, dans notre prochain numéro, intéresse tout à la fois MM. les notaires, huissiers et greffiers qui ont le droit de concourir, ailleurs que dans le chef-lieu d'établissement, avec les commissaires-priseurs, aux estimations et aux ventes publiques de meubles. (L. du 28 avril 1816, art. 89; Ord. du 26 juin 1816; L. des 26 juillet 1790 et 17 septembre 1793.) Il a été décidé que ce droit s'étend même aux greffiers des justices de paix. (Arrêt de Rouen, du 20 mars 1807; S., 7, 2, 1249; D. A., 12, 935; L., 17, 525, et de Bordeaux, du 6 août 1835; S., 36, 2, 60; D P., 36, 2, 34.) Mais il n'appartient pas aux greffiers des tribunaux de simple police. (Décision du ministre de la justice, du 8 janvier 1812; S., 12, 2, 144.) — Quant aux attributions respectives des notaires, greffiers et huissiers, voici en quelques mots l'état de la jurisprudence et de la doctrine. Les notaires seuls ont le droit de procéder à la vente des meubles incorporels. Rolland, v° *Vente de meubles,* n°ˢ 15, 16 et 17; Paris, 4 décembre 1823; D. P., 26, 1, 140. En outre, les notaires ont le droit exclusif de procéder à la vente publique de fruits et récoltes pendant par racines (sauf le cas de saisie-brandon). Cour de cass., du 4 juin 1834 (S., 41, 1, 402; D. P., 34, 1, 456); du 11 mai 1837 (S., 37, 1, 709; D. P., 37, 1, 312; L., 37, 1, 417; du 28 août 1838 (S., 38, 1, 808; D. P., 38, 1, 363; L., 38, 2, 208; du 30 mai 1842 (S., 42, 1, 522.)

*Contrà,* Orléans, du 8 mars 1833. (S., 33, 2, 470; D. P., 33, 2, 162.) Un projet de loi avait été proposé dans l'une des dernières sessions pour régler les attributions respectives des notaires et des huissiers, en ce qui touche les ventes de fruits et récoltes, mais ce projet n'a pu, jusqu'à présent, être converti en loi.

## ART. 42.

**1° JUGEMENT. — PRÉSENCE DES JUGES. — CONCLUSIONS REPRISES.**
**2° PAIEMENT. — DÉLAI DE GRACE. — PAIEMENT PARTIEL.**

*1° Lorsqu'un jugement, qui continue la cause à un autre jour et qui ordonne la comparution des parties en personne, a été rendu sous la pré-*

*sidence d'un juge et qu'au jour indiqué pour la comparution, l'au-
dience est présidée par le président, il n'y a pas nullité du jugement,
s'il est constaté que les conclusions ont été reprises par les avocats.*
*2° La prohibition faite aux juges d'accorder des termes ou délais pour le
paiement des lettres de change et des billets à ordre, ne s'étend pas aux
engagements d'une autre nature et notamment aux obligations résultant de comptes-courants. Ces obligations peuvent même être divisées
en paiements partiels.*

Arrêt de la Cour de cassation, Chambre des requêtes, du 20 décembre 1842.

Les sieurs Aroux et Mainot, commerçants à Elbeuf, réglèrent, le
5 avril 1841, le compte-courant qui existait entre eux. Le sieur Mainot
fut reconnu débiteur envers le sieur Aroux d'un reliquat de 29,000 fr.

Ce solde n'ayant pas été payé par le sieur Mainot, le créancier le fit
citer devant le tribunal de commerce d'Elbeuf. Un premier jugement
fut rendu qui continuait la cause à un autre jour et qui ordonnait la
comparution des parties. Lors de ce jugement, M. Portal, juge, remplissait les fonctions de président. Au jour indiqué, le tribunal présidé
par M. Lefaure, président, rendit un jugement qui condamna le sieur
Mainot au paiement de la somme demandée par tiers et dans un délai
de six, neuf et douze mois. Les qualités du jugement énoncent que les
parties reprirent à cette audience leurs conclusions respectives. Le 4 juin
1841, sur l'appel du sieur Aroux, la Cour de Rouen confirma ce jugement.

Pourvoi du sieur Aroux. Premier moyen : violation de l'art. 7 de
la loi du 20 avril 1810, en ce que le jugement a été rendu par des
juges dont un n'avait pas assisté à toutes les audiences de la cause.

Deuxième moyen : fausse application et violation de l'art. 1244 du
Code civil et violation des art. 135, 157 et 631 du Code de commerce,
en ce que la Cour royale a accordé des délais de grâce pour une
créance résultant de comptes-courants. La prohibition d'accorder des
délais de grâce, en matière de lettres de change et de billets à ordre, doit
s'étendre à ces sortes de créances qui se liquident le plus souvent par
des lettres de change. Les art. 138 et 157 ne sont pas limitatifs, mais
seulement indicatifs. Peu importe d'ailleurs que, dans l'espèce, le compte-
courant eût pour origine un prêt : entre commerçants, les prêts de
sommes sont réputés faits pour cause de commerce (art. 631 du Code
de commerce).

3° Violation de l'art. 1244 du Code civil, en ce que la Cour royale,
en autorisant le sieur Aroux à s'acquitter par tiers, a divisé la
créance.

### ARRÊT.

La Cour ; — Sur le premier moyen, considérant que, si le sieur Portal remplissait les fonctions de président, lors d'un premier jugement qui continuait la cause à un autre jour, et qui ordonnait la comparution des parties en personne, à l'audience au jour indiqué, où le jugement a été rendu, il est constaté par ce jugement que les conclusions ont été reprises par les avoués ; qu'ainsi indépendamment de ce qu'en appel le demandeur ne s'en est pas fait un grief, ce moyen est non-recevable et mal fondé.;

Sur les second et troisième moyens ; — Considérant que, si les art. 157 et 187 du Code de commmerce disposent formellement qu'aucun délai ne peut être accordé pour le paiement de lettres de change et billets à ordre, la loi étant spéciale, ne s'étend pas à tous autres engagements commerciaux, à l'égard desquels on rentre dans les principes du droit commun, réglés par l'art. 1244 du Code civil ; que l'art. 1244 du Code civil, donne aux juges, suivant les circonstances, le droit et la faculté d'accorder des délais ;

Attendu, en fait, que, d'après les circonstances de l'affaire et ce qui résultait de la comparution des parties en personne et de leurs explications, il s'agissait non de lettres de change et de billets à ordre, mais d'une autre nature d'opération entre elles ; — Qu'ainsi, dans l'espèce, l'arrêt a fait une juste application de l'art. 1244 du Code civil, et n'a pas violé les art. 157 et 187 du Code de commerce ; — Rejette.

## OBSERVATIONS.

1° La première question ne présente pas de difficulté. La jurisprudence décide constamment que bien que les juges n'aient pas assisté à toutes les audiences, le jugement n'en est p as moins valable si les conclusions ont été reprises (Arrêt du 11 nov. 1828, de la Cour de cass. ; S., 28, 1. 404 ; D. P., 27, 1, 9 ; L., 83, 412) ; du 2 février 1825 ; S., 25, 1, 403 ; du 25 janvier 1815 ; S., 17, 1, 137, D. A., 11, 59 ; du 1er février 1820 ; P., 20, 1, 211 ; D. A., 9, 523 ; du 27 février 1821 ; S., 22, 1, 136 ; D. A., 11, 62 ; du 25 février 1827 ; S., 29, 1, 96 ; D. P., 27, 1, 160 ; du 9 mai 1838 ; S., 38, 1, 854 ; D. P., 38, 1, 139 ; L., 38, 2, 360.

2° Nous ne pouvons qu'approuver les tendances de la jurisprudence à adoucir les rigueurs de la loi contre les débiteurs malheureux. Devant les tribunaux de commerce, il est d'usage d'accorder aux débiteurs un délai de vingt-cinq jours, même eu matière de lettre de change, avec le consentement du créancier ou de son agréé. Aussi après avoir déclaré que les juges ne peuvent accorder aucun délai pour le paiement d'un billet à ordre (Arrêt du 22 juin 1812 ; S., 12, 1, 355 ; D. P., 10, 1, 435 ; D. A., 6, 711), la Cour de cassation a décidé plus récemment que des délais peuvent être accordés, lorsque le billet a pour cause une dette non commerciale (Arrêt du 31 juillet 1817 ; S., 18, 1, 299 ;

D. P., 16, 1, 371; D. A., 6, 727; L., 53, 10.) La Cour de Colmar a jugé que l'art. 1244 du Code civil peut être étendu aux lettres de change, surtout dans des circonstances calamiteuses, entre proches, et lorsque la dette a une origine non commerciale. — *Contra*, Toullier, t. VI, n° 661.

Ajoutons toutefois que la faculté de diviser les paiements est contestée par Duranton, t. XII, n° 88; D. A., 10, 556, n°. 24; Toullier, t. VI, n° 658; Delvincourt, t. II, p. 555. Il nous semble que le juge pouvant accorder plusieurs délais, peut par cela même diviser les paiements. Telle est l'opinion de M. Rolland de Villargues, n° 160.

## ART. 43.

### DONATION PAR CONTRAT DE MARIAGE. — FRAUDE. — CRÉANCIER. — CONSTITUTION DE DOT.

*Une donation de gain de survie faite par un mari au profit de sa femme constitue un acte de pure libéralité, bien qu'elle ait été faite par contrat de mariage, avec clause de réciprocité et nonobstant la bonne foi de la femme; elle peut être révoquée comme faite en fraude des créanciers du mari, lorsque le donateur savait que la donation ne pourrait recevoir d'exécution qu'au détriment de ceux-ci.*

Arrêt de la Cour de cassation, chambre des requêtes, du 2 janvier 1843.

Le sieur Gros est décédé laissant d'un premier mariage avec la demoiselle Durand, deux filles, représentées au procès par M° Duchesne, avocat, leur tuteur. Sa veuve en secondes noces a cédé à la maison Durand et C$^{ie}$, aux risques et périls de celle-ci, sous la réserve des droits des héritiers à réserve, les droits qu'elle tenait de son contrat de mariage, aux termes duquel les futurs époux s'étaient fait réciproquement donation, le premier mourant au survivant quel qu'il soit, qu'ils laissent ou non des enfants nés de leur mariage, d'une pension annuelle et viagère de 5,000 fr., laquelle serait payable sans retenue et par moitié, de dix en dix mois, à partir du décès du premier mourant. Le contrat de mariage est à la date du 30 juin 1830 et le sieur Gros est décédé le 15 septembre 1833, dans un état complet d'insolvabilité. Les mineurs Gros ont poursuivi, par voie de réduction, leur droit de réserve sur la donation faite à leur belle-mère. Les créanciers ont soutenu de leur côté que la donation était nulle comme faite en fraude de leurs droits. Un jugement du tribunal de Bourgoin, du 2 avril 1841, a repoussé la prétention des créanciers. Sur l'appel, il a été infirmé par arrêt de la Cour royale de Grenoble, du 3 mars 1842, ainsi conçu :

Attendu que Gros est décédé laissant un passif d'environ 2 millions et un déficit d'environ 600,000 francs ; à la vérité, Duchesne soutient que ce déficit, au moment du décès de Gros, n'arrivait qu'à 555,000 francs ; mais qu'en admettant même cette dernière appréciation, il n'en est pas moins certain que Gros était déjà de beaucoup au-dessous de ses affaires, le 2 juin 1850, date de son second mariage.....

Attendu que Gros était bien instruit, en 1855, du mauvais état de ses affaires ; que la connaissance qu'il en avait résulté des documents du procès et particulièrement de ce qui a été énoncé et n'a pas été contredit au sujet des causes de sa mort ; que, dès-lors, Gros ne pouvait pas non plus ignorer sa fâcheuse position de fortune trois ans auparavant, c'est-à-dire à l'époque de son second mariage, puisqu'il avait alors, pour apprécier sa position, les mêmes éléments qu'il a eus plus tard, et que l'on ne peut indiquer aucun fait, ni aucun événement qui ait été de nature à lui révéler, en 1855, un état de ruine, sur lequel il se serait jusqu'alors abusé ;

Attendu qu'il résulte de là que, lorsque Gros a fait, par son contrat de mariage avec la veuve Fortin, une donation de 5,000 fr. de rente viagère à celle-ci, pour le cas où elle lui survivrait, il savait bien que cette donation ne pouvait recevoir aucune exécution qu'au détriment de ses créanciers ; que, dès-lors, cette libéralité doit être annulée, aux termes de l'art. 1167 du Code civil ;

Attendu que cette nullité doit d'autant mieux être prononcée, que la libéralité dont il s'agit, ne tournerait point au profit de la donataire, mais que, par l'effet de l'action en réduction, elle aurait pour résultat d'attribuer, contre la volonté même de Gros, à ses héritiers bénéficiaires, un émolument dans sa succession, tandis que les créanciers de cette hoirie éprouvent des pertes considérables ;

Attendu qu'il importe peu que la veuve Fortin ait été de bonne foi, c'est-à-dire qu'elle ait ignoré l'insolvabilité du donateur, parce que, lorsqu'il s'agit d'aliénation à titre gratuit, la mauvaise foi de l'auteur de la libéralité suffit pour donner lieu à l'application de l'art. 1167 du Code civil ;

Attendu qu'il est également indifférent que, par le même contrat, la veuve Fortin ait, de son côté, fait donation à son futur époux, sous la même condition de survie, d'une rente viagère de pareille somme de 5,000 fr. ; que cette réciprocité n'imprime pas à ces donations le caractère d'aliénation à titre onéreux ; que ce qui le prouve, c'est qu'elles sont sujettes à réduction pour le complément de la réserve légale ; que, d'un autre côté, on ne pourrait invoquer, en faveur de ce genre de libéralité, la disposition de la loi 25, ff. *quæ in fraudem credit.* ; d'après laquelle les donations à titre de dot étaient, sous le rapport de l'action paulienne, assimilées aux actes à titre onéreux, parce que, d'une part, la disposition de cette loi n'a point été reproduite par le Code ; et que, d'autre part, elle ne saurait s'appliquer à une donation qui n'est pas faite pour soutenir les charges du mariage, dès qu'elle ne doit recevoir son exécution qu'après le décès de l'un des époux.

**Pourvoi du sieur Duchesne, pour fausse application de l'art. 1167**

du Code civil, violation des art. 1091 et 1098 même Code, et de la loi 25 au dig., *quæ in fraud. creditor.*

ARRÊT.

La Cour : — Considérant qu'il résulte des faits reconnus constants par l'arrêt attaqué, que le donateur savait bien que la donation de gain de survie qu'il faisait à sa femme ne pourrait recevoir aucune exécution qu'au détriment de ses créanciers, lesquels, par l'événement, n'ont trouvé dans sa succession qu'un passif énorme; qu'en décidant, dans ces circonstances, que le donateur avait fait à ses créanciers l'espèce de fraude prévue et réprimée par l'art. 1167 du Code civil, l'arrêt attaqué, loin de violer cet article, en a fait, au contraire, la plus juste application;

Qu'il n'était pas nécessaire que l'épouse donataire du gain de survie fût complice de cette fraude; qu'il s'agissait, en effet, dans l'espèce, d'une véritable donation, et que, dans ce cas, l'action en révocation ne prend nullement en considération la bonne foi de la personne gratifiée; qu'on ne saurait enlever à cet acte le caractère de libéralité, soit parce qu'il avait été fait par contrat de mariage, soit parce qu'il serait réciproque; que, d'une part, un simple gain de survie n'étant pas destiné à soutenir les charges du ménage, n'a rien qui le fasse participer de la nature des contrats à titre onéreux; que, de l'autre, les dons mutuels portant le nom de donation, étant soumis aux formalités des donations, étant assujétis, comme donations, à l'action en réduction et à l'action en révocation pour survenance d'enfants, procédant enfin d'une pensée de libéralité plutôt que d'un motif intéressé, doivent, par conséquent, être traités comme donations, pour ce qui concerne l'action paulienne; qu'on doit d'autant plus le décider ainsi, que le donataire, par don mutuel, qui n'a rien déboursé, n'est exposé qu'à ne pas faire un gain, et est moins favorable que les créanciers qui, par l'effet de ladite donation, se verraient constitués dans un dommage évident; — Rejette.

OBSERVATIONS.

Les lois romaines distinguaient entre les actes à titre onéreux, et les actes à titre gratuit. Les premiers étaient révoqués, lorsque le tiers qui avait traité avec le débiteur était complice de la fraude; les actes à titre gratuit étaient révoqués, lorsque le débiteur avait, avec intention, préjudicié à ses créanciers. Toullier, n° 358; Duranton, 575, 576, 577; Proudhon, *usuf.*, n° 2356, admettent cette distinction.

ART. 44.

NOTAIRE. — CHAMBRE. — ATTRIBUTIONS. — DISCIPLINE.

*Ordonnance du roi relative à l'organisation des chambres de notaires et à la discipline du notariat, des 12-14 janvier 1843 (1).*

---

(1) L'ordonnance sur le notariat a pour but de fortifier l'utile institution du notariat et de pré-

# RAPPORT AU ROI,

« Sire,

« Le notariat a toujours été environné d'une grande considération. Le législateur de l'an XI, en donnant aux notaires le titre de fonctionnaires publics, a proclamé l'importance de leur profession. La nécessité de la soumettre à des conditions particulières et à un régime spécial n'a jamais été méconnue, et à l'époque où des idées exagérées de concurrence et d'égalité dominaient dans la législation, elle a échappé à la suppression qui avait frappé les différentes corporations groupées autour de la magistrature. C'est l'étendue de la confiance que le notariat doit inspirer qui le place dans ce rang élevé : cette confiance ne s'applique pas à des faits isolés ; les actes pour lesquels son intervention est réclamée se rattachent aux événements successifs de la vie de famille et à toutes les transactions qu'amènent le mouvement des affaires et les déplacements volontaires de la propriété ; c'est ainsi qu'appelés à constater les volontés les plus sacrées et à donner force aux droits les plus précieux, les notaires exercent une sorte de magistrature, qui contribue puissamment au repos des familles et au maintien de la moralité publique.

« Mais, plus l'institution a d'importance et d'utilité, plus il est nécessaire de réprimer les abus qui tendraient à s'y introduire. Dans ces dernières années, des fautes graves ont été révélées, des désastres dont la pensée publique s'est vivement émue ont éclaté, et l'on s'est demandé s'il ne devenait pas nécessaire de donner une force nouvelle aux moyens consacrés par la loi pour prévenir le retour de semblables malheurs.

« Aux termes de la loi du 25 ventôse an XI, le notariat est placé sous la surveillance des tribunaux. Il est juste et convenable, en effet, que la magistrature étende son autorité sur des fonctionnaires entre les mains desquels la loi remet les intérêts des justiciables, et qui, par leur origine, remontent aux premiers établissements de l'ordre judiciaire.

« Auprès des tribunaux existent des Chambres de discipline chargées d'aider cette surveillance.

« Ces chambres ont été instituées par l'arrêté du 2 nivôse an XII, qui a conféré aux notaires eux-mêmes le droit de les former par voie d'élection.

---

venir le retour des catastrophes que nous avons eu récemment à déplorer : à ce titre, elle mérite toutes nos sympathies. Nous regrettons toutefois que le gouvernement ait cru devoir, dans une matière aussi importante, adopter la forme réglementaire. Sans doute, tout ce qui touche à la discipline intérieure, à l'organisation et aux attributions de la Chambre, peut faire l'objet d'une ordonnance royale. C'est ainsi que l'on a procédé pour les notaires, par le décret du 2 nivôse an XII ; pour les avocats, par le décret du 14 décembre 1810, et par les ordonnances du 29 novembre 1825 et du 27 août 1830 ; pour les avocats à la Cour de cassation, par l'ordonnance du 10 septembre 1817 ; pour les avoués, par l'arrêté du 5 frimaire an IX ; pour les huissiers, par le décret du 14 juin 1813 ; pour les commissaires-priseurs, par l'arrêté du 29 germinal an X, et par l'ordonnance du 26 juin 1816 ; pour les courtiers de commerce, par l'arrêté du 29 germinal an IX. Mais l'ordonnance que nous publions aujourd'hui ne se borne point à prescrire des mesures d'ordre et de police intérieure, elle empiète sur le domaine de la loi, en créant (art. 12) une nouvelle classe de contraventions, auxquelles elle applique, dans certains cas, les peines édictées par la loi du 25 ventôse an XI. C'est là, à nos yeux, un vice grave qui compromet l'existence même de cette partie de l'ordonnance.

« Pris en vertu de pouvoir que l'art. 50 de la loi de ventôse an XI conférait au gouvernement, cet arrêté n'a pas cessé d'être en vigueur ; mais il avait sagement prévu, dans son art. 23, que l'expérience rendrait nécessaire une organisation plus complète des chambres de discipline, c'est l'accomplissement de cette prévision que nous nous sommes proposé, en préparant le projet d'ordonnance que nous venons soumettre à Votre Majesté.

« Les dispositions nouvelles de ce projet, qui a été délibéré en conseil d'État, ont toutes pour but de fortifier, en matière de discipline, l'action des chambres de notaires et celle des tribunaux.

« La plus importante des modifications adoptées, est celle qui donne aux chambres des notaires le droit de provoquer la destitution des membres de la compagnie qui ont manqué à la probité, à l'honneur ou aux règles de leur ordre. Le nouveau droit qui leur est conféré leur permetttra d'exercer leur surveillance avec plus d'autorité.

« L'arrêté de l'an XII ne s'était pas occupé de régler ce qui a rapport à la cléricature et d'offrir une récompense aux notaires qui se retirent, après avoir exercé leurs fonctions avec distinction.

« Cependant veiller à ce que les aspirants au notariat s'y disposent par un travail assidu et une conduite régulière, promettre une rémunération à la fin d'une carrière honorablement parcourue, c'est préparer de bons choix, c'est encourager les efforts vers le bien.

« Deux titres du projet d'ordonnance sont consacrés aux aspirants à la profession de notaire et à l'honorariat.

« Les chambres surveilleront la conduite des aspirants, et s'assureront qu'ils se rendent dignes des fonctions auxquelles ils prétendent.

« Quant à l'honorariat, une ordonnance rendue par Votre Majesté, le conférera sur la proposition des chambres de discipline et le rapport du ministre de la justice.

« Cette disposition donne un nouveau relief à l'institution ; elle place le notariat sous l'influence de cette pensée d'ordre et de conservation, si chère à la magistrature, qui rattache les magistrats, comme membres honoraires, aux compagnies dont ils cessent de partager les travaux.

« L'art. 12 renferme une des dispositions principales du projet : il défend aux notaires de se livrer à certaines opérations qu'il détermine ; la plupart ne sont pas répréhensibles en elles-mêmes ; mais elles tendent à compromettre la position de ces officiers publics et à exposer leurs clients à des risques contre lesquels ceux-ci sont sans défense, parce qu'ils n'ont pas dû les prévoir. La règle est que les notaires doivent se renfermer soigneusement dans l'exercice de leurs fonctions.

« Les tribunaux, qui sont chargés par la loi de l'an XI de la discipline du notariat, feront respecter ces règles, dont l'application rassurera l'opinion publique. En même temps qu'ils veilleront à ce que ces prohibitions soient scrupuleusement observées à l'avenir, ils apporteront une sage mesure dans l'appréciation des faits qui ont été accomplis notoirement de bonne foi et sans contradictions, soit des chambres de discipline, soit des magistrats.

« L'ordonnance dont je viens d'exposer les bases principales, manifeste clairement la juste sollicitude dont le gouvernement du roi est animé pour le notariat ; elle se rattache soigneusement, dans toutes ses prescriptions, aux principes de l'institution telle que l'on faite les lois antérieures et les nécessités révélées par l'expérience : c'est dire assez que, tout en réservant dans toute sa plénitude le droit de nomination , dépendance nécesaire de la puissance publique , et garantie indispensable contre les abus, le gouvernement regarde aussi comme hors d'atteinte le droit de transmission des offices créés par la loi du 28 avril 1846. A aucune époque, il n'a songé à admettre ni à proposer aucune altération de ce droit , et les inquiétudes qui ont pu se répandre à ce sujet n'ont jamais eu le moindre fondement (1).

« J'ai l'honneur de soumettre à l'approbation de Votre Majesté le projet d'ordonnance relatif à l'organisation des chambres de notaires et à la discipline du notariat

« Je suis , etc. ;

## ORDONNANCE DU ROI.

Louis-Philippe , roi des Français, etc. ;

Vu la loi du 25 ventôse an XI , contenant organisation du notariat, et l'arrêté du 2 nivôse an XII , relatif à l'établissement et à l'organisation des chambres de notaires ;

Notre conseil d'État entendu ,

Nous avous ordonné et ordonnons ce qui suit ·

*Chambre de discipline des notaires et ses attributions.*

Art. 1er. Il y a près de chaque tribunal civil de première instance et dans la ville où il siége une chambre des notaires, chargée du maintien de la discipline parmi les notaires de l'arrondissement.

Art. 2. Les attributions de la chambre sont :

1º De prononcer ou de provoquer, suivant les cas, l'application de toutes les dispositions de discipline ;

2º De prévenir ou concilier tous différents entre notaires , et notamment ceux qui pourraient s'élever , soit sur des communications, remises, dépôts ou rétentions de pièces, fonds et autres objets quelconques, soit sur des questions relatives à la réception et garde de minutes, à la préférence ou concurrence dans les inventaires , partages, ventes ou adjudications et autres actes; et , en cas de non-conciliation, d'émettre son opinion par simple avis ;

3º De prévenir ou concilier également toutes plaintes et réclamations de la part des tiers contre les notaires, à raison de leurs fonctions ; donner simplement son avis sur les dommages-intérêts qui pourraient être dus, et réprimer , par voie de censure et autres dispositions de discipline , toute infraction qui en serait l'objet, sans préjudice de l'action devant les tribunaux, s'il y a lieu ;

4º De donner son avis sur les difficultés concernant le réglement des honoraires

---

(1) Il ne peut donc plus désormais s'élever de doute sur ce point. La propriété des offices est irrévocablement consacrée par le gouvernement, comme elle l'avait été déjà par la loi de 1846 et par la jurisprudence.

et vacations des notaires , ainsi que sur tous différends soumis à cet égard au tribunal civil ;

5° De délivrer ou refuser tous certificats de bonnes mœurs et capacité à elle demandés par les aspirants aux fonctions de notaire ; prendre à ce sujet toutes délibérations, donner tous avis motivés, les adresser ou communiquer à qui de droit ;

6° De recevoir en dépôt les états des minutes dépendant des études de notaires supprimés ;

7° De représenter tous les notaires de l'arrondissement collectivement , sous le rapport de leurs droits et intérêts communs.

Art. 3. Toute décision ou délibération sera inscrite sur un registre côté et paraphé par le président de la chambre.

Ce registre sera communiqué au ministère public à sa première réquisition (1).

*Organisation de la chambre.*

Art. 4. Les notaires de chaque arrondissement choisissent parmi eux les membres de leur chambre.

La chambre des notaires de Paris est composée de dix-neuf membres ; les chambres établies dans les arrondissements où le nombre des notaires est au-dessus de cinquante, sont composées de neuf membres ; celles de tous les arrondissements, de sept.

Art. 5. Les chambres ne peuvent délibérer valablement qu'autant que les membres présents et votants sont au moins au nombre de douze pour Paris , de sept pour les chambres composées de neuf membres , et de cinq pour les autres chambres.

Art 6. Les membres de la chambre choisissent entre eux un président, un syndic, un rapporteur, un secrétaire et un trésorier.

Le président a voix prépondérante, en cas de partage d'opinions ; il convoque la chambre extraordinairement, quand il le juge à propos ou sur la réquisition motivée de deux autres membres ; il a la police de la chambre.

Le syndic est partie poursuivante contre les notaires inculpés; il est entendu, préalablement à toutes délibérations de la chambre, qui est tenue de statuer sur ses réquisitions ; il a, comme le président, le droit de la convoquer ; il poursuit l'exécution de ses délibérations dans la forme ci-après déterminée ; enfin il agit pour la chambre, dans tous les cas, et conformément à ce qu'elle a délibéré ;

Le rapporteur recueille les renseignements sur les faits imputés aux notaires, et en fait rapport à la chambre ;

Le secrétaire rédige les délibérations de la chambre, est gardien des archives et délivre toutes les expéditions ;

Le trésorier fait les recettes et dépenses autorisées par la chambre. A la fin de chaque trimestre , la chambre assemblée arrête son compte et lui en donne décharge.

---

(1) Cette disposition est nouvelle ; elle consacre un usage constamment suivi. Le droit attribué au ministère public de requérir la communication du registre des délibérations ne s'étend pas jusqu'à exiger communication du rapport et des pièces de l'instruction.

Art. 7. Le nombre des syndics peut être porté à trois pour Paris, et à deux pour les chambres dout le ressort comprend plus de cinquante notaires.

Art. 8. Le président ou le syndic et le secrétaire des chambres établies dans un chef-lieu de Cour royale, sont nécessairement choisis parmi les notaires résidant au chef-lieu.

Quant aux autres chambres, le président ou le syndic ou le secrétaire, est nécessairement choisi parmi les notaires de la ville ou siége le tribunal de première instance (1).

Lorsque le secrétaire ne réside pas dans la ville où siége le tribunal, le président ou le syndic a la garde de archives, tient le registre prescrit par l'acte 55 ci-après, et délivre les expéditions des délibérations de la chambre.

Art. 9. Une ordonnance royale peut, suivant les localités, reduire ou augmenter le nombre des membres qui doivent composer les chambres, conformément aux dispositions de l'art. 4. Dans ce cas, elle détermine le nombre des membres dont la présence est nécessaire à la validité des délibérations.

L'ordonnance qui réduira le nombre des membres de la chambre déclarera, s'il y a lieu, que les membres sortants pourront être réélus.

Art. 10. Indépendamment des attributions particulières données aux membres désignés en l'art. 6, chacun d'eux a voix délibérative, ainsi que les autres membres, dans toutes les assemblées de la chambre; et néanmoins, lorsqu'il s'agit d'affaires où le syndic est partie poursuivante, il ne prend pas part à la délibération (2).

Art. 11. Les fonctions spéciales attribuées par l'art. 6 à chacun des officiers de la chambre peuvent être cumulées, lorsque le nombre des membres qui la composent est au-dessous de sept, dans le cas déterminé par l'art. 9 de la présente ordonnance; et néanmoins les fonctions de président, de syndic et de rapporteur sont toujours exercées par trois personnes différentes.

Quel que soit le nombre des membres composant la chambre, les mêmes fonctions peuvent aussi être cumulées momentanément, et en ca d'absence ou empêchement de quelqu'un des membres désignés en l'art. 6, lesquels, pour ce cas, se suppléent entre eux, ou peuvent même être suppléés par un autre membre de la chambre.

Les suppléants sont nommés par le président, ou, s'il est absent, par la majorité des membres présents en nombre suffisant pour délibérer (5).

*De la discipline.*

Art. 12. Il est interdit aux notaires, soit par eux-mêmes, soit par personnes interposées, soit directement, soit indirectement ;

---

(1) Cet article exagère sans utilité le privilége attribué aux notaires de chef-lieu par l'art. 25 : il porte atteinte tout à la fois à la liberté des suffrages et à l'égalité nécessaire entre confrères.

(2) Il serait injuste et inconvenant que le syndic fût admis à la délibération provoquée par ses poursuites.

(5) L'ordonnance, de même que le décret du 2 nivôse an XII, ne s'explique pas sur le remplacement des membres de la chambre qui ne font pas partie du bureau. Le silence du décret a donné lieu à des difficultés que l'ordonnance aurait dû résoudre.

1º De se livrer à aucune spéculation de bourse, ou opération de commerce, banque, escompte et courtage ;

2º De s'immiscer dans l'administration d'aucune société, entreprise ou compagnie de finance , de commerce ou d'industrie ;

3º De faire des spéculations relatives à l'acquisition et à la revente des immeubles, à la cession de créances, droits successifs, actions industrielles et autres droits incorporels ;

4º De s'intéresser dans aucune affaire pour laquelle ils pr êtent leur ministère ;

5º De placer en leur nom personnel des fonds qu'ils auraient reçus, même à la condition d'en servir l'intérêt ;

6º De se constituer garants ou cautions, à quelque titre que ce soit, des prêts qui auraient été faits par leur intermédiaire ou qu'ils auraient été chargés de constater par acte public ou privé ;

7º De se servir de prête-noms, en aucune circonstance, même pour des actes autres que ceux désignés ci-dessus (1) :

Art 13. Les contraventions aux prohibitions portées en l'article précédent seront, ainsi que les autres infractions à la discipline, poursuivies, lors même qu'il n'existerait aucune partie plaignante, et punies, suivant la gravité des cas, en conformité des dispositions de la loi du 25 ventôse an XI et de la présente ordonnance.

Art. 14. La chambre pourra prononcer contre les notaires , suivant la gravité des cas, soit le rappel à l'ordre , soit la censure par la décision même, soit la censure avec reprimande par le président aux notaires en personne, dans la chambre assemblée, soit la privation de voix délibérative dans l'assemblée générale, soit l'interdiction de l'entrée de la chambre, pendant un espace de temps qui ne pourra excéder trois ans pour la première fois, et qui ne pourra s'étendre à six ans en cas de récidive.

Art. 15. Si l'inculpation paraît assez grave pour mériter la suspension ou la destitution du notaire inculpé, la chambre s'adjoindra par la voie du sort, d'autres notaires de l'arrondissement, savoir : celle de Paris, dix notaires , et les autres chambres, un nombre inférieur de deux à celui de leurs membres.

La chambre ainsi composée émettra , par forme de simple avis, et à la majorité absolue des voix , son opinion sur la suspension et sa durée , ou sur la destitution.

Les voix seront recueillies, en ce cas, au scrutin secret, par oui ou par non ; mais l'avis ne pourra être formé qu'autant que les deux tiers, au moins, de tous les membres appelés à l'assemblée seront présents.

Art. 16. Quand la chambre, ainsi composée, sera d'avis de provoquer la suspension ou la destitution, une expédition du procès-verbal de sa délibération sera déposée au greffe du tribunal, et une expédition en sera remise au procureur du roi.

Art. 17. Le syndic déférera à la chambre les faits relatifs à la discipline , et il

----

(1) A part la légalité de cette disposition, sur laquelle nous nous sommes expliqué , les prohibitions qu'elle renferme ne peuvent qu'être approuvées.

sera tenu de les lui dénoncer, soit d'office, soit sur l'invitation du procureur du roi, soit sur la provocation des parties intéressées ou de l'un des membres de la chambre (1).

Le notaire inculpé sera cité à comparaître devant la chambre, dans un délai qui ne pourra être au-dessous de cinq jours, à la diligence du syndic, par une simple lettre indicative des faits, signée de lui, et envoyée par le secrétaire qui en tiendra note.

Si le notaire ne comparaît point, sur la lettre du syndic, il sera cité une seconde fois, dans le même délai, à la même diligence, par ministère d'huissier.

Art. 18. Quant aux différends entre notaires et aux difficultés sur lesquelles la chambre est chargée d'émettre son avis, les notaires pourront se présenter conradictoirement et sans citation préalable devant la chambre; ils pourront également y être cités, soit par simples lettres énonçant les faits, signées des notaires qui s'adressent à la chambre, et envoyées par le secrétaire auquel il en remettent des doubles, soit par des actes d'huissier, dont ils déposeront les originaux au secrétariat : Les lettres et citations seront préalablement visées par le président de la chambre. Le délai pour comparaître sera celui fixé par l'art. 17 de la présente ordonnance.

Art. 19. Lorsqu'un notaire sera parent ou allié, en ligne directe, à quelque degré que ce soit, et en ligne collatérale, jusqu'au degré d'oncle ou de neveu inclusivement, de la partie plaignante ou du notaire inculpé ou intéressé, il ne pourra prendre part à la délibération.

Art. 20. La chambre prendra ses délibérations sur les plaintes et réclamations des tiers, après avoir entendu ou duement appelé, dans la forme ci-dessus prescrite, les notaires inculpés ou intéressés, ensemble les tiers qui voudront être entendus, et qui, dans tous les cas, pourront se faire représenter ou assister par un notaire (2).

Les délibérations de la chambre seront motivées et signées par le président et le secrétaire à la séance même où elles seront prises.

Chaque délibération contiendra les noms des membres présents.

Ces délibérations n'étant que de simples actes d'administration, d'ordre ou de discipline, ou de simple avis, ne sont dans aucun cas, sujettes à l'enregistrement, non plus que les pièces y relatives.

Les délibérations de la chambre sont notifiées, quand il y a lieu, dans la même forme que les citations, et il en est fait mention par le secrétaire en marge desdites délibérations.

Art. 21. Les assemblées de la chambre se tiendront en un local à ce destiné, dans la ville où elle sera établie.

Art. 22. Il y aura chaque année deux assemblées générales des notaires de l'arrondissement.

D'autres assemblées générales pourront avoir lieu toutes les fois que la chambre le jugera convenable.

---

(1) Nous ne pouvons approuver l'obligation que la loi impose au syndic de poursuivre, sur l'invitation du ministère public : l'indépendance du syndic doit être entière; lui seul doit être juge de la nécessité et de l'opportunité de la poursuite.

(2) L'art. 20 laisse subsister le droit qu'ont toujours eu les parties de se faire assister par un avocat.

Les assemblées générales ou extraordinaires seront convoquées conformément aux dispositions de l'art. 6.

Tous les notaires du ressort de la chambre seront invités à s'y rendre, soit pour les nominations dont parle l'art. 25 ci-après, soit pour se concerter sur ce qui intéressera l'exercice de leurs fonctions.

Art. 23. Les réglements qui seront faits, soit par l'assemblée générale, soit par la Chambre, seront remis au procureur du roi, adressés par lui au procureur-géné général et soumis à l'approbation de notre garde-des-sceaux , ministre de la justice.

Art. 24. La présence du tiers des notaires de l'arrondissement, non compris les membres de la chambre, sera nécessaire pour la validité des délibérations de l'assemblée générale et pour les élections auxquelles elle procédera (1).

*Nomination des membres de la chambre, et durée de leurs fonctions.*

Art. 25. Les membres de la chambre seront nommés par l'assemblée générale des notaires convoquée à cet effet.

La moitié au moins desdits membres sera choisie dans les plus anciens en exercice, formant les deux tiers de tous les notaires du ressort.

Deux au moins des membres appelés à faire partie des chambres établies dans un chef-lieu de Cour royale, seront nécessairement choisis parmi les notaires résidant au chef-lieu.

Quant aux autres chambres, un de leurs membres sera nécessairement choisi parmi les notaires de la ville où siége le tribunal de première instance.

La nomination aura lieu à la majorité absolue des voix, au scrutin secret et par bulletin de liste contenant un nombre de noms, qui ne pourrra excéder celui des membres à nommer.

Le notaire élu membre de la chambre ne pourra refuser les fonctions qui lui auront été déférées qu'autant que son refus aura été agréé par l'assemblée générale.

Art. 26. La chambre sera renouvelée par tiers chaque année, pour les nombres qui comportent cette division, et par portion approchant le plus du tiers pour les autres nombres, en faisant alterner chaque année les portions inférieures et supérieures au tiers, mais en commençant par les inférieures, et de manière que, dans tous les cas, aucun membre ne puisse rester en fonctions plus de trois ans consécutifs, sauf ce qui est dit en l'article précédent.

Art. 27. Les membres désignés pour composer la chambre nommeront entre eux, en suivant le mode de l'art. 25 , le président et les autres officiers dont parle l'art. 6.

Le président sera toujours pris parmi les plus anciens désignés dans l'art. 25, sauf l'application de l'art. 8.

Ces nominations se renouvelleront chaque année ; les mêmes pourront être réélus ; à égalité de voix, le plus ancien d'âge sera préféré.

Les membres élus officiers ne pourront refuser.

---

(1) Sous l'empire du décret de l'an XII, il était douteux si les membres de la chambre de discipline devaient être compris dans la formation du tiers nécessaire à la validité des délibérations prises en assemblée générale.

Art. 28. La nomination des membres de la chambre aura lieu dans la première quinzaine du mois de mai de chaque année.

L'élection des officiers sera faite au plus tard le 15 mai, et la chambre sera constituée aussitôt après cette élection.

### Des notaires honoraires.

Art. 29. Le titre de notaire honoraire pourra être conféré par nous, sur la proposition de la chambre et le rapport de notre garde-des-sceaux, ministre de la justice, aux notaires qui auront exercé leurs fonctions pendant vingt années consécutives (1).

Art. 30. Les notaires honoraires auront le droit d'assister aux assemblées générales.

Ils auront voix consultative.

### Des aspirants au notariat (2).

Art. 31. Tout clerc qui aspirera aux fonctions de notaire se pourvoira d'un certificat du notaire chez lequel il travaillera. Ce certificat constatera le grade qu'il occupe dans l'étude du notaire.

Art. 32. L'inscription au stage prescrit par les articles 56 et suivants de la loi du 25 ventôse an XI aura lieu sur la production faite par l'aspirant de son acte de naissance et du certificat mentionné en l'article précédent.

Art. 33. Il sera tenu à cet effet, par le secrétaire, un registre qui sera coté et paraphé par le président.

Les inscriptions au dit registre seront signées tant par le secrétaire de la chambre que par l'aspirant.

Elles devront être faites dans les trois mois de la date du certificat délivré comme il est dit en l'art. 31.

Ce certificat et l'acte de naissance de l'aspirant resteront déposés aux archives de la chambre.

Art. 34. Aucun aspirant au notariat ne sera admis à l'inscription, s'il n'est âgé de dix-sept ans accomplis.

Art. 35. Les inscriptions pour les grades inférieurs à celui de quatrième clerc ne seront admises que sur l'autorisation de la chambre, qui pourra la refuser lorsque le nombre de clercs demandé sera évidemment hors de proportion avec l'importance de l'étude.

Le même grade ne pourra être conféré concurremment à deux ou plusieurs clercs dans la même étude.

Art. 36. Toutes les fois qu'un aspirant passera d'un grade à un autre, ou changera d'étude, il sera tenu d'en faire, dans les trois mois, la déclaration

---

(1) N'est-ce pas enlever à l'honorariat son véritable caractère, que de le faire émaner du pouvoir royal ? A notre avis, des confrères seuls sont aptes à apprécier avec discernement le cas où il est utile de récompenser une carrière honorable par une marque éclatante d'estime et de considération.

(2) L'ordonnance devait s'occuper avec soin des aspirants au notariat. Il importe d'apprendre aux jeunes gens qui se destinent à cette profession, combien sont graves leurs devoirs, combien sont difficiles leurs fonctions. Peut-être n'est-ce qu'à l'admission imprudente dans le notariat, d'aspirants peu propres à cette profession, que l'on doit attribuer les scandales récents.

94

qui sera reçue dans la forme prescrite par l'art. 55 ci-dessus. Cette déclaration sera toujours accompagnée d'un certificat constatant son grade.

Art. 57. Les chambres exerceront une surveillance générale sur la conduite de tous les aspirants de leur ressort, et pourront, suivant les circonstances, prononcer contre eux, soit le rappel à l'ordre, soit la censure, soit enfin la suppression du stage pendant un temps déterminé, qui ne pourra excéder une année.

Il sera procédé contre les clercs dans les mêmes formes que celles prescrites par la présente ordonnance à l'égard des notaires.

Néanmoins, les dispositions des articles 15 et 16 ne seront pas applicables.

Dans tous les cas, le notaire, dans l'étude duquel travaillera le clerc inculpé, sera préablement entendu ou appelé.

Art. 58. Dans le mois de la publication de la présente ordonnance, le registre d'inscription prescrit par l'art. 53 sera ouvert au secrétariat des chambres, où ce mode de constater le stage ne serait pas déjà établi.

Tous les aspirants, travaillant dans les études du ressort des dites chambres, seront tenus de se faire inscrire au plus tard avant le 1er avril prochain, et la première inscription de chacun d'eux, faite dans ledit délai, constatera tout le temps de stage qui leur sera déjà acquis en vertu des certificats qu'ils représenteront, lesquels, pour cette première inscription, devront être visés par le syndic de la chambre.

*De la bourse commune.*

Art. 39. Il y aura une bourse commune pour les dépenses de la chambre.

Il n'y sera versé que les sommes nécessaires pour subvenir aux dépenses votées par l'assemblée générale.

La délibération par laquelle l'assemblée générale l'aura établie sera soumise à l'approbation du garde-des-sceaux, ministre de la justice, ainsi qu'il est dit en l'art. 25 ci-dessus.

La répartition des sommes votées entre les notaires de l'arrondissement sera proposée par l'assemblée générale ; le rôle en sera rendu exécutoire par le premier président, sur l'avis du procureur-général.

*Dispositions générales.*

Art. 40. L'arrêté du 2 nivôse an XII est abrogé.

Néanmoins, les chambres actuellement en exercice sont maintenues.

Elles seront organisées conformément à la présente ordonnance, lors du renouvellement triennal qui aura lieu dans la première quinzaine du mois de mai prochain.

Notre garde-des-sceaux, ministre secrétaire d'État au département de la justice et des cultes, est chargé de l'exécution de la présente ordonnance, qui sera insérée au *Bulletin des Lois.*

Donné au palais des Tuileries, le 4 janvier 1843.

LOUIS-PHILIPPE.

Par le roi,

Le garde-des-sceaux, N. MARTIN (du Nord).

## ART. 45.

ACTION POSSESSOIRE. — CANAL D'IRRIGATION. — POSSESSION. — PREUVE.
— CHOSE NON DEMANDÉE.

1º *Le lit d'un canal, bien qu'il arrive à l'irrigation de plusieurs riverains, est susceptible d'être possédé privativement par un seul d'entre
eux.*

2º *Le juge du possessoire qui, saisi de la question de savoir si l'on peut
prescrire les accessoires d'une chose (telle que la vase du lit d'un canal
d'irrigation), déclare que le lit lui-même est susceptible d'être prescrit,
ne peut être considéré comme ayant accordé au-delà des conclusions,
en ordonnant la preuve demandée, sans statuer sur la possession.*

**Arrêt de la Cour de cassation, chambre des requêtes, du 7 décem-
bre 1842.**

Les propriétés des sieurs Verny-Lamothe et Tantillon, situées dans
le département du Puy-de-Dôme, sont séparées et arrosées par le ruisseau de Mirabel dont le curage produit un limon très-utile comme en-
grais. Le sieur Verny-Lamothe fit procéder au curage de lit de ce ruisseau dans la moitié de sa largeur, pendant les années 1839 et 1840.
Le sieur Tantillon, prétendant avoir seul le droit de faire ce curage et
de profiter du limon, s'opposa aux travaux exécutés par le sieur Verny-
Lamothe. Le sieur Tantillon soutenait être en possession du droit exclusif de procéder au curage, depuis un temps immémorial et notamment depuis l'an et jour pour exercer l'action possessoire. En cet état,
il assigna le sieur Verny-Lamothe, par voie de complainte, devant le
juge de paix de Riom, et il offrit de prouver sa possession annale.
Cette offre fut admise.

Le sieur Verny-Lamothe interjeta appel de la sentence interlocutoire
rendue par le juge de paix. Le tribunal de Riom rendit un jugement
ainsi conçu :

Attendu que le cours d'eau dont il s'agit au procès, et qui n'est évidemment
qu'une dérivation du ruisseau principal dont le lit contourne, à deux aspects,
le pré Charras, appartenant au sieur Verny, appelant, se trouve établi entre les
propriétés des parties et sert à leur irrigation ; — Attendu que ce cours d'eau n'est
lui-même qu'une propriété privée, soumise à la règle commune, d'après laquelle
toute propriété de cette nature s'acquiert ou se perd par l'effet de la prescription ;
— Attendu que si, par sa situation, il est censé être mitoyen, entre les parties,
il n'en suit pas la conséquence qu'il n'ait pu devenir en tout ou en partie la propriété exclusive de l'un des riverains ; — Attendu que l'art. 644 du Code civil
ne déroge nullement à ces principes ; qu'il dispose d'une manière générale, et que

son but n'est autre que de régler des droits privés dans une situation donnée, et à défaut de possession ou de convention contraire ; — Attendu que s'il est incontestable que le lit d'un cours d'eau, considéré comme propriété privée, puisse appartenir exclusivement à l'un des riverains par l'effet d'une convention, il est également certain qu'une possession utile et suffisante produira le même résultat ; — Attendu que le fait d'avoir extrait la vase fertilisante d'un ruisseau, lorsqu'il a été exercé pendant trente ans au moins, d'une manière ostensible, constante et exclusive, peut suffire pour établir un droit de propriété sur le lit du ruisseau, de la même manière qu'à l'égard d'un fossé dont le recurement aurait toujours été pratiqué par le même propriétaire ; — Attendu que, la prescription trentenaire pouvant être invoquée, il ne peut y avoir difficulté d'admettre la preuve de la possession annale ; — Attendu que, de l'ensemble des termes de l'exploit introductif d'instance et des explications données ultérieurement, soit devant le premier juge, soit devant le tribunal, il résulte clairement que la partie de Rouher, a demandé à être maintenue dans la possession du droit d'extraire les vases ou portions du ruisseau dont il s'agit, non à titre de servitude, mais bien comme une conséquence de son droit prétendu à la propriété du lit de ce ruisseau ; — Adoptant au surplus les motifs énoncés au jugement dont est appel...; — Confirmé.

Pourvoi du sieur Verny-Lamothe. Premier moyen : violation des art. 644, 691, 2229 et 2232 du Code civil et de la maxime : *in re communi nulla est possessio ;* fausse application de l'art. 464 du Code de procédure, en ce que le jugement attaqué admet le sieur Tantillon à faire preuve qu'il a acquis par prescription le lit du ruisseau Mirabel, bien qu'il soit constaté par le jugement même que l'eau de ce ruisseau servait à l'irrigation de la propriété du sieur Verny-Lamothe et bien que l'exercice de ce droit ait conservé au profit de ce dernier la propriété du lit dont l'eau est l'accessoire le plus utile. — Deuxième moyen : violation de l'art. 464 du Code de procédure en ce que le tribunal, tout en confirmant la sentence du premier juge, a ajouté que c'était, à titre de propriétaire du lit, que le sieur Tantillon a agi, et non pas seulement comme possesseur du droit de prendre seul la vase.

ARRÊT.

La Cour ; — Sur le premier moyen : — Attendu que le jugement attaqué distingue soigneusement les eaux courantes servant à l'irrigation des deux propriétés qui les bordent, de la portion de terrain qui compose le lit ou fossé dans lequel coulent les dites eaux, et qu'en jugeant que cette portion de terrain *peut appartenir* exclusivement à l'un des propriétaires riverains et se prescrire par une possession *caractérisée aux termes de la loi,* le tribunal de Riom n'a nullement violé, ni faussement appliqué les articles du Code civil, indiqués à l'appui du pourvoi et a fait des principes une juste appréciation ;

Sur le deuxième moyen : — Attendu que, n'ayant pas été proposé devant le tribunal de Riom, il est non-recevable devant la Cour de cassation ; — Attendu, d'ailleurs, que le jugement attaqué, qui se borne à confirmer purement et simplement la sentence interlocutoire du 15 février 1841, n'a pu faire droit à une demande qui n'avait pas été formée en première instance et par conséquent n'a pu violer l'art. 464 du Code de procédure ; — REJETTE.

## ART. 46.

ENREGISTREMENT. — PRESCRIPTION. — DÉLAI A QUO. — INVENTAIRE.

*La déclaration d'une mutation dissimulée, contenue dans un inventaire, n'établit pas suffisamment l'existence de cette mutation, pour faire courir la prescription biennale des droits d'enregistrement. La prescription ne part que du jour de la production des actes de liquidation.*

Arrêt de la Cour de cassation, chambre des requêtes, du 22 novembre 1842.

Après le décès du comte d'Espagnac, le 4 mars 1837, un inventaire fut dressé. Le § 32 était conçu en ces termes : « un écrit annonçant que les biens (les terres de Beauvoir et de Steimbeck) compris en la vente sus-énoncée, passée devant Lambert, du 28 avril 1828, appartiennent à M. le défunt comte d'Espagnac, et maintenant auxdites communauté et succession, laquelle pièce a été cotée et paraphée par M. Tresse, et inventoriée sous la cote trente-deuxième. M. le comte d'Espagnac déclare que la maison de campagne située à Yères, et ses dépendances, le tout acquis par lui, tant par le jugement d'adjudication du 22 mai 1811, faisant la première pièce de la cote trente-cinquième, que par le contrat du 22 mars 1813, composant la première pièce de la cote trente-huitième, doivent être rapportées en nature, comme ayant été l'objet d'une donation par ses père et mère, avant son mariage, et dans la vue de faciliter son établissement ; qu'il aura pareillement à rapporter en nature aux communauté et succession, diverses portions de biens situées à Yères et aux environs, dont ses père et mère ont fait l'acquisition sous son nom, ainsi que les divers biens qui lui ont été donnés en paiement, aux termes d'un acte sous signature privée, enregistré et déposé pour minute audit Me Bozot, le 26 juillet 1828. Cette déclaration est ainsi faite par M. le comte d'Espagnac pour rendre hommage à la vérité, enlever immédiatement tous doutes qui pourraient exister au sujet des propriétés situées à Yères. »

La liquidation fut opérée devant Me Fourchy, le 5 août 1837. Il fut fait mention dans cet acte et de l'acte du 28 avril 1828, et du jugement d'adjudication du 22 mai 1811, ainsi que de l'écrit transcrit au § 32 de l'inventaire, en conséquence duquel les biens acquis en 1828 et en 1811 furent portés à la masse active pour 233,150 fr.

Ce ne fut que le 5 août 1839, la veille de l'expiration du délai de deux ans à partir de la liquidation, deux ans et cinq mois à compter de l'inventaire, que l'administration réclama des héritiers d'Espagnac un supplément de droits, pour la rétrocession à la communauté de M. et M<sup>me</sup> d'Espagnac, de la ferme de Beauvoir et des terres de Steimbeck. La veuve et les héritiers d'Espagnac opposèrent la prescription de deux ans à la régie, la faisant courir du jour de l'inventaire dans lequel avait été faite la mention des mutations dont il s'agit.

28 août 1841, jugement de tribunal de la Seine ainsi conçu :

Sur le chef des contraintes relatif à la ferme de Beauvoir, et aux terres de Steimbeck ; — Attendu que ladite veuve et héritiers d'Espagnac , sans contester au fond l'exigibilité des droits réclamés, se bornent à faire valoir un moyen de prescription, tiré de ce que la régie n'aurait pas exercé son action dans les deux ans, qui ont suivi l'inventaire du 4 mars 1857 ; — Attendu , à cet égard , qu'aux termes de l'art. 14 de la loi du 16 juin 1824 , la prescription de deux ans établie par l'art. 61 de la loi du 22 frimaire an VII, ne court contre la demande des droits dus sur des mutations inconnues , que du jour où les préposés ont été mis à portée d'en constater l'existence au vu des actes soumis à l'enregistrement ; — Attendu, en fait, que l'inventaire du 4 mars 1857 n'établissait point l'existence de la rétrocession dont s'agit ; que la mention qui y était faite d'un écrit constatant que les immeubles rétrocédés dépendaient de la communauté, n'était qu'un simple renseignement, sans force probante contre ladite veuve et les héritiers d'Espagnac ; que le fait de ladite rétrocession n'a été légalement établi que par les actes de liquidation des communautés et succession d'Espagnac, qui font figurer lesdits biens parmi les valeurs communes et par les déclarations de succession où ils ont été compris, comme dépendant de ladite communauté ; que ce n'est donc qu'à compter de ces actes et déclarations que la prescription a pu courir ; déboute les héritiers d'Espagnac de l'exception par eux présentée et les condamne, etc....

Pourvoi des héritiers d'Espagnac, pour violation des art. 61 de la loi des 22 frimaire an VII, 14 de la loi du 16 juin 1824, et fausse application des art. 22 et 38 de la loi de frimaire an VII, des art. 4 de la loi du 27 ventôse an IX, et 52 de la loi du 22 avril 1816, en ce que le jugement attaqué a refusé d'admettre la prescription biennale, acquise du jour de l'enregistrement de l'inventaire, dont les énonciations étaient suffisantes pour faire connaître la mutation dont il s'agit.

ARRÊT.

La Cour ; — Attendu que la prescription ne court contre l'administration de l'enregistrement, que du jour où les préposés ont été mis à même de constater l'existence des mutations, par la production qui leur est faite des actes soumis à l'enregistrement ;

Et attendu, en fait, que l'inventaire du 4 mars 1857 n'était qu'un vague document sans force probante , et qui n'établissait nullement l'existence de la rétrocession dont il s'agissait ; qu'ainsi , cette rétrocession n'a été prouvée légalement , pour la régie , que par la production des actes même de liquidation des communautés et succession d'Espagnac , c'est-à-dire , en temps utile pour la réclamation du droit , et que , l'ayant ainsi décidé , le jugement attaqué, loin d'avoir violé la loi , en a fait une juste application ; — REJETTE.

## OBSERVATIONS.

La Cour de cessation a décidé que la prescription du droit d'enregistrement dû pour mutation, ne commence pas à courir, par cela seul qu'un bail des objets vendus fait par le nouveau possesseur, aurait été soumis à la formalité de l'enregistrement. Arrêt du 27 mars 1817 (S., 18, 1, 55 ; D. P., 15, 1, 144 ; D. A., 7, 432 ; L., 52, 63) ; mais que la prescription du droit de mutation opérée par un acte passé aux colonies court de l'enregistrement de l'acte de dépôt chez un notaire. Arrêt du 17 mai 1809 et 14 août 1813 ; S., 15, 1, 150 ; D. P., 13, 1, 148 ; D. A., 7, 163 ; L., 42, 407 ; 25 novembre 1839 , S., 39, 1, 981 ; D. P., 40, 1, 34 ; L., 39, 2, 601 ; du 5 juin 1837, S., 38, 1, 63 ; D. P., 37, 1, 434 ; L., 37, 1, 575 ; du 17 juillet 1838, S., 38, 1, 714 ; D. P., 38, 1, 333 ; L., 38, 2, 90 ; du 22 avril 1839, S., 39, 1, 368 ; D. P., 39, 1, 177 ; L., 39, 1, 570 ; du 17 fév. 1840, S., 40, 1, 264.

## ART. 47.

DOT. — BIENS PRÉSENTS ET A VENIR. — DÉCÈS. — OBLIGATION.

*La constitution en dot de tous les biens présents et à venir, ne comprend que les biens qui ont été apportés au mari lors ou dans le cours du mariage, et non les biens advenus ou échus à la femme depuis la dissolution du mariage.*

Arrêt de la Cour de cassation, chambre civile, du 7 déc. 1842.

La Cour royale de Caen a rendu, le 9 juillet 1840, l'arrêt suivant :

LA COUR ; — Considérant que la demoiselle Guilaine-Aline Angot de Flers a contracté mariage avec de Comelli , en 1808 , et que, par leurs conventions matrimoniales du 20 juin de la même année , les époux , en adoptant le régime dotal ; ont déclaré que la femme se constituait en dot de tous ses biens présents et à venir ; — Considérant que Comelli étant décédé, le 12 août 1816, sa veuve s'est remariée à de Suffray , en 1828 , et, après le décès de ce dernier , arrivé en 1832 , elle a épousé en troisièmes noces, en 1832, M<sup>e</sup> Cardronnet ; — Considérant qu'Aline Angot de Flers est décédée , le 28 juillet 1834 , laissant sa fortune en partie à son mari, M<sup>e</sup> Cardronnet, et le surplus à son frère , le vicomte de Flers , qui ont l'un et l'autre accepté la succession sous bénéfice d'inventaire ;
Considérant que l'action sur laquelle il s'agit de statuer, a été dirigée par

Jourdan, d'abord contre Aline Angot de Flers, et maintenant contre ses héritiers, en vertu d'obligations qui lui avaient été souscrites par les époux de Comelli, et pour lesquelles il avait obtenu, en 1815, un jugement sur l'appel duquel il a été statué, le 5 novembre 1856, par arrêt de la Cour de Caen, qui a fixé à 8,655 f. en principal et en outre les accessoires, la créance de Jourdan;

Considérant qu'il n'est pas douteux que les obligations prises envers Jourdan par la femme de Comelli, pendant la durée de son premier mariage, sont valables, mais qu'il est également certain que, d'après les conventions matrimoniales du 20 juin 1808, l'exécution de ces obligations ne peut être poursuivie, même après la dissolution du mariage, sur les biens dotaux de la femme, de manière à porter atteinte à leur inaliénabilité, relativement aux obligations prises par la femme pendant le mariage;

Considérant que l'instance sur laquelle il a été statué par le jugement dont est appel, a été intentée par Jourdan, le 17 juin 1815, pour faire procéder au partage de la succession d'Angot de Flers père, décédé en 1794; considérant que Jourdan ne peut avoir qualité pour demander ce partage, qu'autant que sa débitrice, décédée femme Cardronnet, aurait à y réclamer des droits qui pourraient lui attribuer des biens, sur lesquels Jourdan pourrait diriger des poursuites;

Considérant qu'il est constant et reconnu que la femme Cardronnet avait droit dans les biens de la succession de son père Angot de Flers, pour sa part du tiers coutumier, et ensuite comme héritière de son frère Eugène de Flers et de sa mère; — Considérant qu'Angot de Flers père, étant décédé avant le mariage de sa fille Aline avec de Comelli, il est évident que tout ce qui appartient, sous ce rapport, à la succession de la femme Cardronnet est soumis à la dotalité; — Considérant qu'Eugène Angot de Flers est décédé en 1818, et la veuve de Flers au mois de janvier 1852, c'est-à-dire postérieurement à la dissolution du mariage des époux de Comelli; en sorte qu'il faut examiner si les biens qui sont échus par succession, depuis la dissolution du mariage, à une femme qui s'est constituée en dot ses biens à venir, sont soumis à la dotalité;

Considérant que l'art. 1541 du Code civil veut que tout ce que la femme, qui se marie sous le régime dotal se constitue en dot, ou qui lui est donné en contrat de mariage, soit dotal, s'il n'y a stipulation contraire; — Considérant qu'encore bien, que suivant l'art. 1541, la dot soit principalment apportée par la femme au mari pour supporter les charges du mariage, il n'en est pas moins vrai que les biens peuvent être dotaux, quoique les époux n'en jouissent pas pendant le mariage, et qu'il peut même arriver que, pendant la durée de leur union, ils n'aient qu'une expectative plus ou moins probable ou incertaine sur des biens qui n'échoient à la femme qu'après la dissolution du mariage, et l'on peut citer, pour exemple, qu'on ne peut contester sérieusement, les institutions contractuelles qui n'empêchent pas les dispositions à titre onéreux;

Considérant que l'art. 1387 du Code civil permet aux époux de régler leurs conventions matrimoniales comme ils le jugent à propos, pourvu qu'elles ne soient pas contraires aux bonnes mœurs et aux dispositions qui suivent cet article; — Considérant qu'en constituant en dot ses biens à venir, la femme de Comelli a profité de la faculté qui lui était positivement accordée par l'art. 1542;

— Considérant qu'en autorisant les époux à se marier sous le régime dotal ; le législateur a voulu permettre d'assurer la conservation de tous les biens de la femme, de manière à les rendre, dans les limites de la loi et sauf le cas d'exception qu'elle contient, inaliénables, dans son intérêt et celui de sa famille ; de telle sorte, qu'on ne puisse exécuter à aucune époque, sur les biens qu'elle a voulu constituer en dot, les obligations qu'elle pourrait contracter pendant son mariage ;

Considérant qu'en constituant en dot les biens à venir, on a dû y comprendre et on y a compris nécessairement tous ceux qui lui écherraient, après la dissolution du mariage ; — Considérant, en effet, que le texte et l'esprit de la loi s'opposent à ce que l'on restreigne les biens à venir à ceux qui arrivent à la femme pendant le mariage, puisque ce serait détruire les résultats du régime dotal, et arriver souvent à la ruine de la femme, en rendant exécutoires les obligations qu'elle aurait prises par faiblesse et sous l'empire marital, en lui faisant ainsi aliéner par avance les biens sur lesquels elle devait compter, qu'elle voulait conserver, même les successions de ses père et mère qui auraient survécu à son mari ;

Considérant que les tiers qui contractent avec une femme mariée, doivent prendre connaissance de ses conventions matrimoniales, et que la constitution en dot de tous les biens présents et à venir les avertit que les obligations que la femme souscrit en leur faveur ne peuvent être exécutées que sur les biens paraphernaux, et qu'il est impossible, sans détruire le système dotal, de considérer comme tels ceux qui lui échoient à quelque époque que ce soit par succession, donation ou legs, et pour la conservation desquels elle a stipulé valablement...; — Réformant, déclare que les créances de Jourdan ne sont pas exécutoires sur tout ou partie des immeubles dont il provoque le partage, et le déclare non-recevable dans sa demande en partage sous ce rapport, etc...

Pourvoi du sieur Jourdan, pour violation de l'art. 2192 et fausse application des art. 1540 et 1554 du Code civil. Il n'y a point de dot avant le mariage, disait le demandeur, et de même les biens qui n'ont pas été dotaux pendant le mariage, ne peuvent le devenir depuis sa dissolution. (L., 11 et 76 au dig. *de pacte dot.*. Voët, dans ses *Pandectes*, liv. XX, tit. III, n° 9 ; Pothier, *Pand.*, liv. III, n° 28, note 1^re, sur la loi de Jur. dot., art. 1554, 1560 et 1561 du Code civil).

Pour le défendeur, l'on soutenait que le système contraire à celui de la Cour de Caen avait cette conséquence, qu'une femme mariée sous le régime dotal, dont les biens consisteraient en expectative de successions, pourrait se trouver ruinée par l'effet des engagements qu'elle aurait contractés sous l'ascendant d'un mari dissipateur, dans le cas où les successions ne viendraient à s'ouvrir qu'après la mort de ce dernier. Cette conséquence, disait-on, est contraire au but du régime dotal. ( *Quib. alien. lic. vel non ; L. unic.*, § 15, *circ. med., codice, de rei uxor. acti.* ; Novel, 61, § 2 ; Novel, 97, *cap.* III, *in f.*)

Arrêt (après délibéré en chambre du conseil).

La Cour ; — Vu les art. 217, 1125, 1124 et 1540 du Code civil ; — Attendu qu'aux termes de l'art. 247 du Code civil, la femme peut s'obliger avec le concours ou sans le consentement de son mari ;

Attendu que, si l'art. 1542 permet la constitution en dot de tous les biens présents et à venir de la femme, il résulte évidemment de l'art. 1540, que les biens présents et à venir, dont il s'agit, ne peuvent être que ceux qui sont apportés au mari ;

Attendu que les biens advenus ou échus à la femme depuis la dissolution du mariage, ne sont pas apportés au mari et dès-lors ne peuvent être dotaux ; d'où il suit qu'en refusant, dans l'espèce, au demandeur en cassation, l'exécution de ses titres sur les biens échus à la femme, l'arrêt attaqué a faussement appliqué l'article 1542 du Code civil, et a expressément violé les art. 217, 1123, 1124 et 1540 du même Code; Par ces motifs; — CASSE.

## OBSERVATIONS.

Cette question ne s'est encore présentée à notre connaissance qu'à la Cour royale de Caen, qui déjà l'avait résolue dans le sens proscrit par la Cour de cassation (Arrêt du 26 juin 1835; S., 35, 2, 564; D. P., 36, 2, 1). M. Duranton a seul prévu la difficulté. Après avoir établi que les obligations de la femme mariée sous le régime dotal ne peuvent, quoiqu'elle ait été duement autorisée affecter en aucune manière les immeubles dotaux, même après la dissolution du mariage. M. Duranton ajoute (t. XV, n° 531) : « Les créanciers se vengeront sur les paraphernaux de la femme *et sur les biens qui viendraient à lui échoir après la dissolution du mariage.* »

## ART. 48.

### EXÉCUTION PROVISOIRE. — ORDRE.

*Les jugements rendus en matière d'ordre ne sont pas susceptibles d'exécution provisoire, nonobstant appel.*

### Arrêt de la Cour de Bordeaux, du 23 juillet 1842.

#### ARRÊT.

LA COUR ; — Attendu que les dispositions de l'art. 135 du Code de procédure, pour les cas où l'exécution provisoire doit ou peut être ordonnée, ne s'appliquent pas aux jugements rendus en matière d'ordre, lesquels sont spécialement régis par les art. 749 et suivants du même Code ;

Attendu qu'il s'agit, dans l'espèce, d'une décision intervenue en pareille matière, et qu'aux termes de l'art. 767, lorsqu'il y a appel du jugement des contestations, le commissaire ne peut arrêter définitivement l'ordre des créances contestées et de celles postérieures, que quinzaine après la signification de l'arrêt qui a statué sur ce même appel ; qu'aucune disposition de cet article ni de ceux qui le précèdent dans le même titre du Code de procédure, n'autorise l'exécution provisoire d'un semblable jugement ;

Attendu qu'avoir permis l'exécution provisoire du jugement dont est appel, c'est avoir implicitement ordonné que le commissaire arrêterait définitivement l'ordre des créances contestées, *avant* la signifiéation de l'arrêt à intervenir sur cet appel et même avant l'intervention ou l'existence de l'arrêt, tandis que la loi dispose que c'est seulement *quinzaine après* sa signification que la clôture définitive dudit ordre doit être opérée; d'où il suit que c'est à tort que, dans l'espèce, le premier tribunal a prescrit l'exécution provisoire de la décision attaquée; — Statuant sur l'appel, fait défenses aux parties de M<sup>e</sup> Dupré de ramener le jugement à exécution.

## OBSERVATIONS.

Ainsi jugé par la Cour royale de Pau, le 22 décembre 1824; D. P., 25, 2, 141; et par la Cour de Grenoble, du 23 février 1828 (S., 28, 2, 288; D. P., 26, 2, 183). M. Talandier, n° 305, professe une opinion contraire.

## ART. 49.

### 1° PREUVE PAR COMMUNE RENOMMÉE. — DOT.
### 2° INVENTAIRE. — MARI. — CONVOL.
### 3° PARAPHERNALITÉ. — FRUITS. — AVANTAGE INDIRECT.

1 *La preuve par commune renommée ne peut être admise, pour établir la dissimulation d'un avantage au profit du second mari dans l'estimation donnée au mobilier de la femme* (Rés. par la Cour royale).

2 *Aucune disposition de la loi n'oblige celui qui épouse une femme, ayant des enfants d'un premier mariage, à faire inventaire du mobilier appartenant à cette femme* (Rés. par la Cour royale).

3 *Le mari qui jouit des biens paraphernaux de sa femme, sans opposition de celle-ci, n'est tenu, à la dissolution du mariage, qu'à la représentation des fruits non consommés jusqu'alors. Cette jouissance ne peut être considérée comme un avantage indirect obtenu par le mari.*

Arrêt de la Cour de cassation, chambre des requêtes, du 19 décembre 1842.

La dame Corbin-Desmannetaux est décédée laissant pour héritiers, le sieur Corbin Desmannetaux, son époux en secondes noces et plusieurs enfants d'un premier lit. Lors du partage de la succession, les enfants du premier lit ont démandé à faire preuve que leur mère, mariée sous le régime dotal, avait estimé son mobilier constitué en dot, à une somme de beaucoup inférieure à sa valeur réelle, et cela, pour avantager le second mari au-delà des limites fixées par l'art. 1098 du Code civil; ils soutenaient en outre que le sieur Corbin-Desmanneteaux, administrateur des biens paraphernaux de sa femme, devait un compte exact et détaillé des économies par lui faites sur les revenus considérables de ces biens et le rapport de ces économies à la masse.

6 juillet 1839, jugement du tribunal de Valogne qui les déboutede
leurs conclusions. — Sur l'appel, arrêt confirmatif de la Cour de Caen,
du 23 juin 1841, ainsi conçu :

Considérant, sur la première question, que la femme qui convole ne peut
donner à son second mari, lorsqu'il existe des enfants du premier lit, ni directement ni indirectement, au-delà des prescriptions de la loi ; — Considérant que
les enfants de Corbin soutiennent que leur mère, au moment de son mariage
avec l'intimé, possédait un mobilier bien supérieur à celui dont l'estimation est
portée dans l'acte du 1er août 1806, et que cette dissimulation a eu pour objet
d'avantager Nicolas Corbin ; — Considérant que les faits, par eux articulés, tendent à établir une fraude commise à leur préjudice; qu'ils sont pertinents, et
que, dès-lors, il peuvent être prouvés par témoins ;

Mais, considérant que la loi n'a pas admis la preuve par commune renommée,
dans tous les cas où elle autorise la preuve testimoniale; qu'elle paraît, au contraire, en avoir fait, en quelque sorte, une exception, et que ce genre de preuve,
exorbitant du droit commun, n'est permis par elle que dans des circonstances
qu'elle a eu soin de préciser ; — Considérant, en effet, que si la preuve par témoins peut offrir des dangers, la preuve par commune renommée en présente de
bien plus graves encore ; que, dans le premier cas, les témoins ne déposent que
sur des faits précis et dont ils ont une connaissance personnelle, tandis que, dans
le second, on ne peut invoquer que des opinions plus ou moins vagues, qui ne reposent sur aucun fait déterminé ; — Considérant, en effet, que le législateur, en
autorisant ce dernier genre de preuve dans les art. 1415, 1442 et 1504 du Code
civil, a voulu punir le mari pour avoir manqué aux obligations qui lui étaient
imposées; qu'en ne les remplissant pas, il a commis une fraude déjà prouvée par
le défaut d'inventaire qu'il était tenu de faire dresser; — Considérant qu'il en est
bien différemment de l'homme qui épouse une femme ayant des enfants d'un premier lit; qu'aucune disposition de loi ne lui prescrit de faire dresser un inventaire
sous une peine quelconque; que, d'ailleurs, cette formalité serait souvent impossible pour lui, puisque, dans beaucoup de circonstances, il ne serait pas à même
de connaître la fortune mobilière de sa femme, et que si, comme dans l'espèce, les
héritiers de celle-ci prétendent qu'il y a eu fraude, ils peuvent être admis à l'établir par les voies ordinaires, mais non par la preuve exceptionnelle de la commune
renommée ;

Considérant 2o ... que si la femme a l'administration et la jouissance de ses
biens paraphernaux, elle peut cependant abandonner cette jouissance et cette administration au mari; que c'est ce qui est arrivé dans l'espèce : que Nicolas Corbin
a seul administré les biens de sa femme; qu'il en a seul perçu les fruits et revenus
aux vu et su de celui-ci, et sans aucune opposition de sa part; — Considérant
que, pour être tenu à un compte quelconque, il faudrait qu'il pût être considéré
comme mandataire, et que l'obligation de rendre compte des fruits lui eût été imposée; qu'il n'en peut être ainsi dans la cause, puisqu'il est reconnu qu'il a joui
sans procuration; que, dans ce cas, il n'est tenu, aux termes de l'art. 1578, qu'à
la représentation des fruits existants à la dissolution du mariage; qu'il n'est point
comptable de ceux consommés.

Pourvoi des héritiers. Premier moyen : fausse application des art. 1415, 1442 et 1504 du Code civil, sur les cas d'admission de la preuve par commune renommée, et violation de l'art. 1316 du même Code, en ce que l'arrêt attaqué a refusé aux héritiers Corbin, mineurs à l'époque où leur mère a c o ntracté un second mariage, la faculté de prouver par la commune renommée les spoliations dont celle-ci les a rendus victimes.

Deuxième moyen : fausse application des art. 1527 et 1578, et, par suite, violation des art. 1098 1099 et 1388 du Code civil, en ce que l'arrêt attaqué a dispensé le sieur Corbin de rendre compte des économies par lui faites sur les revenus des paraphernaux de sa femme, le faisant ainsi profiter de ces économies, contrairement à la règle qui défend au second mari de ne rien recevoir de la femme, au préjudice des enfants d'un premier lit, au-delà de la quotité fixée par la loi.

ARRÊT.

LA COUR ; — Attendu , sur le premier moyen, que les héritiers Corbin ont demandé, en appel comme en première instance, à établir, tant par la preuve testimoniale que par la commune renommée, les faits de fraude par eux articulés ; qu'en adoptant l'un de ces genres de preuve et en écartant l'autre, la Cour royale n'a fait qu'user du pouvoir discrétionnaire qu'ont les tribunaux en pareille matière, de choisir la voie d'instruction qui peut le mieux conduire à la découverte de la vérité ;

Sur le deuxième moyen, attendu qu'aux termes de l'art. 1578 du Code civil, le mari qui jouit des biens paraphernaux de sa femme, sans opposition de la part de celle-ci, n'est tenu, à la dissolution du mariage, qu'à la représentation des fruits non-consommés jusqu'alors ; que cette disposition nouvelle a eu pour but de prévenir des recherches aussi odieuses que difficiles , sur l'usage qu'aurait fait le mari des revenus que sa femme est censée lui avoir abandonnés pour soutenir les charges du mariage; qu'ainsi, c'est avec raison que la Cour royale n'a pas considéré la jouissance qu'a eue Corbin-Désmaunetaux des paraphernaux de sa femme, comme un avantage indirect que lui aurait fait celle-ci, au mépris des art. 1098, 1099 et 1588 du Code civil ; et qu'en le déclarant tenu à la représentation des seuls fruits existants encore à la dissolution du mariage , l'arrêt attaqué a fait une juste application de l'art. 578 et n'a commis aucune violation de la loi ; — REJETTE.

OBSERVATIONS.

1º... 2º Il nous semble que la mari, étant soumis aux obligations de l'usufruitier (art. 1562), doit faire inventaire du mobilier : cette obligation est encore plus rigoureuse lorsqu'il s'agit d'un second mari, contre l'administration duquel le législateur s'est montré plein de défiance, dans l'intérêt des enfants du premier lit. Dans le cas des art. 1532 et 1533, *sur le régime exclusif de la communauté*, MM. Delvincourt (t. III, p. 98), Bellot (t. III, p. 339), Rolland de Villargues (nº 812), déclarent que le mobilier échu à la femme pendant le mariage et non constaté par inventaire peut être établi par commune renommée. Quelques auteurs, MM. Duranton, Delvincourt et Bellot déclarent que cette preuve est inadmissible à l'égard du mobilier apporté lors du mariage. Voir Toullier (t. XIV, nos 24 et suiv.) et Dalloz aîné, *Dict.*, vo *mariage*, section III, no 2.

3o Sous l'ancienne jurisprudence, la veuve ne pouvait, en se remariant, se constituer en dot tous ses biens présents et à venir; cette constitution pouvait être annulée dans certains cas, comme contenant un avantage indirect au préjudice des enfants. Prés Boyer, *décision*, 201, 3 ; Salviat, nouv. édit., vo *Dot*, p. 580. Cette doctrine est acceptée par plusieurs auteurs modernes (Bellot, t. IV, p. 36 ; Delvincourt, t. III, p. 100 ; Dalloz, art. 10, 295. La Cour de cassation, chambre civile, a décidé, le 24 mai 1808, que le don entre époux de la totalité des bénéfices de la communauté est un avantage réductible, lorsqu'il y a des enfants d'un premier lit (S., 8, 1, 328 ; D. P., 6, 1, 328 ; D. A., 6, 284 ; L., 21, 257). L'art. 1573 du Code civil semble, il est vrai, applicable dans tous les cas où il s'agit de paraphernaux. Mais ne serait-il pas conforme à l'esprit de la loi et à la justice, de faire fléchir la généralité des termes de l'art. 1578, lorsqu'il y a eu de la part des époux fraude et dissimulation d'avantages indirects, au préjudice des droits acquis à des enfants du premier lit ?

<h2 style="text-align:center">ART. 50.</h2>

1o PRESCRIPTION. — EXPERTISE. — PRODUCTION. — RENONCIATION.
2o POSSESSION. — CARACTÈRE. — CONCLUSIONS INCOMPLÈTES.

1o *Le défendeur à une demande en restitution de terrains usurpés, qui produit, lors de l'expertise ordonnée par un jugement interlocutoire, ses titres, pour qu'il en soit fait application sur les lieux, n'est pas irrecevable à invoquer postérieurement la prescription.*

2o *La prescription est valablement prononcée, lorsqu'il est constaté qu'elle réunit les conditions voulues par l'art. 2229 du Code civil, encore que la partie n'ait demandé par ses conclusions à faire preuve que d'une possession paisible et sans trouble.*

Arrêt de la Cour de cassation, chambre des requêtes, du 16 novembre 1842.

Le sieur Labille a prétendu que son voisin, le sieur Mignot, avait commis des anticipations sur sa propriété. En conséquence, il l'a assigné en bornage et en restitution des parcelles de terrains usurpées. Après une visite des lieux, opérée conformément aux prescriptions d'un jugement du tribunal de Bar-sur-Aube, le sieur Mignot opposa la prescription et demanda à faire la preuve des faits sur lesquels il la fondait et à établir notamment que, de temps immémorial, lui et ses cohéritiers *avaient possédé paisiblement et sans trouble*, toute la pièce de pré, etc. Un jugement du 14 mars 1838 admit le sieur Mignot à la preuve offerte. Sur l'appel, arrêt de la Cour de Paris qui déclare l'appelant non-recevable quant à présent. En conséquence, l'enquête eut lieu. Le sieur Labille s'opposa à la lecture du procès-verbal par le motif que, suivant lui, en produisant ses titres pour qu'il en fût fait application sur les lieux, un contrat judiciaire s'était formé entre les parties, qui s'opposait à ce que le moyen de la prescription pût être postérieurement invoqué.

29 janvier 1840, jugement qui repousse ces conclusions par les motifs suivants : « considérant, d'une part, que le jugement préparatoire du 28 juin 1837 n'a porté atteinte à aucun des droits des parties, ni lié le tribunal par ses décisions ultérieures ; considérant, d'autre part, que la question de savoir si, après l'expertise, il y avait lieu d'admettre la preuve offerte par M. Mignot d'une possession trentenaire, ayant été décidée affirmativement, par le jugement du 14 mars 1838, passé en force de chose jugée, le sieur Labille n'était pas recevable à la soumettre de nouveau à la décision du tribunal. »

Enfin, par jugement du 10 février 1840, le sieur Mignot fut maintenu dans la possession du terrain revendiqué par le sieur Labille. Sur l'appel, arrêt de la Cour de Paris qui confirme.

Pourvoi du sieur Labille. Premier moyen : violation des art. 2221 et 2224 du Code civil, en ce qu'au mépris du contrat judiciaire résultant de ce que le sieur Mignot avait consenti à établir son droit de propriété au moyen de ses titres et emportant renonciation de la part de ce dernier à se prévaloir du moyen de la prescription, l'arrêt attaqué a admis la prescription postérieurement invoquée. — Deuxième moyen : violation de l'art. 2229 du Code civil, en ce que la preuve qu'a offerte le sieur Mignot, que sa possession a été *paisible* et *sans trouble*, ne pourrait servir à fonder la prescription.

ARRÊT.

La Cour ; — Sur le premier moyen ; — Considérant que Mignot n'avait fait qu'échelonner ses moyens, suivant diverses phases de l'affaire, et qu'il n'a jamais renoncé à les faire valoir en temps et lieu ;

Sur le deuxième moyen ; — Considérant que la possession de laquelle la Cour Royale a fait résulter la prescription a été déclarée par elle réunir toutes les conditions voulues par l'art. 2229 du Code civil ; par ces motifs ; — Rejette.

## OBSERVATIONS.

1° La renonciation, dit M. Troplong (t. I, n° 55), étant une véritable aliénation, doit être faite avec grande connaissance de cause. Il faut que les actes dont on prétend induire une renonciation, établissent la preuve irréfragable et non équivoque d'un abandon. La Cour de cassation a décidé, conformément à ces principes, que la renonciation à la prescription ne peut s'établir par de simples inductions (15 déc. 1829; S., 30, 1, 7; D. P., 28, 1, 37; L., 88, 120). La Cour de Bourges a décidé que la renonciation ne résulte pas suffisamment de quelques actes qui semblent annoncer qu'on ne se propose pas de l'opposer (18 mars 1825; S., 26, 2, 269; D. P., 24, 2, 243, L., 74, 535).

## ART. 51.

### QUOTITÉ DISPONIBLE. — ÉPOUX. — CUMUL.

*Le cumul de la quotité disponible de l'art. 1094 du Code civil et de celle de l'art. 903 même Code est proscrit. En conséquence, est nul le legs par lequel un époux donne à son conjoint, l'usufruit de la moitié de ses biens et à l'un de ses enfants le quart en pleine propriété.*

Arrêt de la Cour de cassation, chambre civile, du 21 novembre 1842.

Par testament olographe du 30 avril 1833, le sieur Cret père légua la moitié de ses biens à son épouse et ensuite il légua à l'un de ses quatre enfants, « pour lui tenir lieu, porte le testament, du quart en
« préciput et hors part dont il pourrait l'avantager en son entier, un
« domaine et ses dépendances.... de laquelle portion de quart léguée
« en usufruit, je fixe la valeur à 36,000 fr., et si mes trois filles, leur
« mari ou l'un d'eux, élèvent la moindre difficulté à raison de cette
« attribution ou du prix ou à la faveur de tout autre prétexte, dans ce
« cas, je lègue à mon fils, toujours en préciput et hors part, le quart
« entier dans toute son étendue de la généralité de mes biens.

Les enfants non avantagés soutinrent que leur père n'avait pu léguer tout à la fois à sa femme la moitié de ses biens et à son fils le quart *en nue-propriété* des mêmes biens; que le disponible de l'art. 913 ne peut se cumuler avec le disponible de l'art. 1094 du Code civil.

Néanmoins, le tribunal de Grenoble, par jugement du 26 avril 1837, ordonna l'exécution des dispositions testamentaires de Cret père et reconnut à Cret fils le droit de se prévaloir du quart de la succession en *nue-propriété*.....

Appel et le 26 mars 1838, arrêt de la Cour royale de Grenoble, ainsi conçu :

Attendu que l'art. 1094 du Code civil n'établit point une quotité distincte et indépendante de celle fixée par l'art. 915; qu'il suffit d'examiner qu'elles seraient les conséquences du cumul de l'une et de l'autre quotité, ponr se convaincre que le législateur n'a voulu que modifier, en faveur des époux, le disponible de l'article 915, et en étendre les limites, dans les cas ordinaires ; qu'ainsi l'art. 1094 n'est que le complément de l'art 915 ;

Attendu que rien, dans l'esprit non plus que dans le texte de la loi, n'empêche que le disponible de l'art. 915 ne puisse se combiner avec celui de l'art. 1094, pourvu que les règles de l'un et de l'autre article soient observées ; — Que, de même qu'un père peut diviser entre plusieurs de ses enfants, ou entre l'un d'eux et un étranger, la quotité disponible, il doit lui être permis de combiner ses libéralités entre son épouse et l'un de ses enfants, de manière à atteindre le disponible le plus élevé de l'art. 1094, c'est-à-dire, le quart en propriété et le quart en usufruit, observant pour la part donnée à l'enfant les dispostions de l'article 915 ; — Que la loi, en étendant au profit des époux les limites de la quotité disponible, n'a pas voulu interdire au disposant le moyen de satisfaire au double sentiment d'affection d'époux et de père ; d'ailleurs, les réservataires n'ont point à se plaindre lorsque, dans la combinaison des dispositions des art. 1094, la quotité la plus elevée n'a point été dépassée, et que la donation ou le legs faits à l'un des enfants n'excède point la disponible de l'art. 915 ; qu'ainsi Cret père a pu léguer l'usufruit de la moitié de ses biens à son épouse et la nue-propriété du quart à son fils ; que cette combinaison présente d'autant moins de difficultés, dans l'espèce, que les libéralités ont eu lieu par une même disposition, et que l'on ne peut pas dire que le père avait, avant de donner à son fils le quart en nue-propriété, épuisé la quotité disponible de l'art. 915, au profit de son épouse.

**Pourvoi des enfants Cret pour violation de l'art. 913 du Code civil, et fausse application de l'art. 1094 du Code civil, en ce que l'arrêt attaqué a étendu aux enfants le bénéfice de la quotité disponible instituées par ce dernier en faveur des époux seuls.**

ARRÊT (après délibéré en chambre du conseil).

LA COUR ; — Vu les art. 913 et 1094 du Code civil ; — Attendu que Sébastien Cret, laissant, à son décès, quatre enfants légitimes, ses libéralités par acte entre-vifs ou par testamens ne pouvaient excéder le quart de ses biens ; — Qu'à la vérité, par une exception toute spéciale, l'époux donateur peut, quel que soit le nombre des enfants, donner à l'autre époux, ou un quart en propriété, et un autre quart en usufruit, ou la moitié de tous ses biens en usufruit seulement ; — Mais que la quotité disponible la plus élevée qui puisse résulter de la liaison des articles précités, se composé d'un quart en propriété et d'un quart en usufruit seulement ; — Que, cependant, par le cumul de deux dispositions testamentaires de Cret père, savoir de l'usufruit de moitié à son épouse, et d'un quart en propriété à son fils, ses trois enfants subiraient, sur les biens héréditaires, le retranchement d'un quart en propriété et d'une moitié en usufruit ; d'où il suit que l'arrêt attaqué, en décidant que ces deux libéralités pouvaient se concilier et devaient être exécutées concurremment et sans réduction, a porté atteinte à la réserve des enfants et formellement violé, dans leur combinaison, les art. 913 et 1094 du Code civil ; — CASSE.

## OBSERVATIONS.

Il n'est pas douteux aujourd'hui que l'ar. 1094 contient le *maximum* de la disponibilité entre époux. Toullier, t. V, n° 869 ; Grenier, n°ˢ 259 et suiv. ; Rolland de Villargues, *Rép., v° portion disponible*, n° 149 ; Delvincourt, t. II, p. 65 ; Vazeille, t. III, n° 47 ; Duranton, t. IX, n° 763. — *Contra*, Benech, *de la quotité disponible*, p. 101 et suivantes.

## ART. 52.

### OFFICES. — ENREGISTREMENT. — OPPOSITION.

*La demande en restitution de droits d'enregistrement, perçus à raison de la transmission des offices, ne doit plus nécessairement être accompagnée du certificat du ministre duquel relève la nomination du successeur présenté, constatant que cette nomination n'a pas eu lieu, ou que le prix proposé a été réduit ; ce certificat peut être remplacé par la lettre officielle qui annonce aux parties la décision ministérielle.*

**Instruction de la régie, n° 1677, du 22 octobre 1843.**

« Aux termes de l'art. 14 de la loi du 25 juin 1841, les droits perçus pour les transmissions des offices sont sujets à restitution toutes les fois que la transmission n'a été suivie d'aucun effet ; — S'il y a lieu à la réduction du prix, tout ce qui a été perçu sur l'excédant est également restituable. — La demande en restitution doit être faite, conformément à l'art. 64 de la loi du 22 frimaire an VII, dans le délai de deux ans à compter du jour de l'enregistrement du traité ou de la déclaration.

D'après l'instruction, n° 1646, les parties devaient produire, à l'appui de leur demande en restitution, un certificat du ministère duquel relevait la nomination du successeur présenté, constatant ou que cette nomination n'avait pas eu lieu, ou que le prix exprimé dans le traité avait subi une réduction.

M. le Garde-des-sceaux a fait observer que la délivrance du certificat indiqué par l'instruction n'était point nécessaire ; que cette pièce serait convenablement remplacée par la lettre officielle qui annonce aux parties intéressées la décision ministérielle relative, soit au défaut de nomination, soit à la réduction du prix de cession de l'office.

Cette justification est, en effet, suffisante. Une solution du 20 septembre dernier porte qu'au lieu du certificat exigé par l'instruction, n° 1640, les parties auront à produire à l'appui de leur demande en restitution de droits d'enregistrement, dans les cas prévus par l'art. 14 de la loi du 25 juin 1841, la lettre en original, par laquelle elles auront reçu des magistrats ou chefs administratifs la communication officielle de la décision du ministre de qui relevait la nomination du successeur désigné.

Les préposés doivent, au surplus, lors de la restitution, se faire représenter les traités de cession enregistrés, et y porter la mention des droits restitués. »

## OBSERVATIONS.

Nous rappelons à MM. les notaires, avoués, greffiers et huissiers que la demande en restitution doit avoir lieu dans les deux ans à partir du jour de l'enregistrement du traité ou de la déclaration. Dans ce délai est compris le jour de l'enregistrement. Arrêt du 1er août 1831, cass., (S., 31, 1, 307; D. P., 31, 1, 254); la prescription court, encore bien que les parties aient été empêchés d'agir. Cass., 27 janvier 1839 (S., 39, 1, 116; D. P., 39, 1, 73; L. 39, 1, 49); 24 juillet 1839 (S., 39, 1, 589; D. P., 39, 1, 359; L., 2, 115); à moins que l'empêchement ne soit le fait de l'administration ou de ses préposés. Cass., du 27 déc. 1836 (S., 37, 1, 519; D. P., 37, 1, 91; L. 97, 1 89).

## ART. 53.

**AVEU JUDICIAIRE. — JUGEMENT. — QUALITÉS. — MOTIFS. — COMMENCEMENT DE PREUVE PAR ÉCRIT.**

*Les déclarations d'une partie, constatées par les qualités et les motifs d'un jugement ou d'un arrêt, peuvent servir de commencement de preuve par écrit et autoriser la preuve testimoniale.*

Arrêt de la Cour de cassation, chambre des requêtes, du 29 novembre 1842.

Me Rigoulet, notaire à Pau, avait reçu du sieur Danten une somme de 2,046 fr. 65 cent., pour être versée entre les mains de la dame Dagnos. Me Rigoulet soutenait avoir fait remettre cette somme à la dame Dagnos par une personne qu'accompagnait son principal clerc. Une quittance aurait même été donnée par la dame Dagnos, mais elle n'a pu être retrouvée.

Cependant la dame Dagnos niait avoir reçu la somme qui lui était destinée. Le sieur Danten intenta une action en restitution, contre Me Rigoulet, qui appela en garantie la dame Dagnos. Une comparution des parties ordonnée, elle eut lieu devant le tribunal de Pau; les qualités du jugement constatent que la dame Dagnos convint que Me Rigoulet lui avait donné, le 19 juin 1839, avis du dépôt, en l'invitant à en faire toucher le montant; qu'elle avait consulté son avocat, pour savoir si elle pouvait, sans compromettre ses intérêts, recevoir cette somme qui ne représentait qu'une partie de sa créance, contre le sieur Danten. Elle ajouta, toutefois, que n'ayant point reçu de réponse de son avocat, elle n'avait pas donné suite à cette affaire. Le tribunal condamna Me Rigoulet à payer au sieur Danten la valeur du dépôt, sur le motif que la libération n'était pas prouvée, et que la preuve testimoniale était inadmissible (art. 1341 du Code civil.)

Appel par le sieur Rigoulet ; 12 mars 1841, arrêt de la Cour de Pau qui admet la preuve testimoniale, par les motifs suivants :

En ce qui touche les conclusions principales de Rigoulet envers la dame Dagnos : — Attendu qu'il s'agit dans la cause d'une somme excédant 150 fr. ; que les prétentions de Rigoulet, se fondant sur une série de faits, se rapportant à une quittance non-représentée, il demeure sensible que, d'après la disposition de l'art. 1541 du Code civil, elles sont irrecevables, jugées en thèse générale, et qu'en tout cas, elles ne pourraient être accueillies, avant qu'il fût établi que ladite partie se trouve dans l'exception établie par l'art. 1247 du même Code, ce qui nous mène à l'examen de ses conclusions subsidiaires ;

Attendu, à cet égard, que les parties ayant personnellement comparu devant le juge de première instance, il résulte des faits et qualités du jugement non-contredits et, au contraire, acceptés, comme l'expression de la vérité, par la dame Dagnos, dans sa plaidoirie devant la Cour, qu'elle était contradictoirement convenue, en audience publique, qu'il lui avait été écrit, le 19 juin 1859, par Rigoulet, pour la prévenir que le nommé Duvrella avait fait déposer, dans l'étude de celui-ci, une somme de 2,046 fr. 65 c., pour compte des sieurs Pérès et Danten, ses mandataires, et que si elle voulait recevoir cette somme, à valoir dans l'ordre de droit, elle lui serait comptée le lendemain ; — Qu'elle avoua également avoir remis cette lettre à son avoué, afin qu'il consultât son avocat, et s'assurât, près de lui, si elle pouvait recevoir cet argent, sans compromettre ses intérêts ;

Attendu que cet aveu rend d'autant plus vraisemblable l'envoi et la réception de l'argent, que la dame Dagnos a gardé un silence absolu sur un fait postérieur qui venait confirmer l'un et l'autre, à savoir la remise d'un compte qui lui aurait été faite, dans les premiers jours du mois d'août de la même année, par Pérès, dans lequel il la débitait de cette somme ; l'envoi de ce compte constituait en lui-même un fait trop majeur pour avoir passé inaperçu ; il invitait à une contradiction formelle, s'il eût été inexact ;

Attendu que, de ces faits et des autres réponses de la dame Dagnos, considérés dans leur ensemble avec le système de défense qu'elle avait adopté, et telles qu'elles se trouvent écrites dans les susdites qualités du jugement qui lui sont devenues personnelles, ou que du moins elle s'est attribuées, en n'y formant ni opposition ni contredit, il résulte un commencement de preuve par écrit qui rend vraisemblable le fait allégué par Rigoulet, et, par suite, rend admissible la preuve vocale de faits par lui articulés dans l'objet de les établir ;

En ce qui touche la pertinence de ces faits eux-mêmes : — Attendu que Rigoulet offre principalement d'établir l'envoi et la remise de l'argent, le lendemain des jours sus-mentionnés, et de plus, que la dame Dagnos, après avoir reconnu les espèces, en aurait fourni quittance ; — Attendu que ces faits et tous autres rapportés dans l'articulation sont pertinents et de nature, en les supposant rapportés, à justifier les prétentions du sieur Rigoulet ; que c'est encore le cas, sous ce dernier rapport, d'admettre le sieur Rigoulet à en faire la preuve aux formes de la loi, sauf la preuve contraire. »

Ensuite de cette enquête, un arrêt définitif, du 4 août 1841, a condamné la dame Dagnos à rembourser à Rigoulet la somme de 2,046 fr. 65 cent.

Pourvoi de la dame Dagnos contre cet arrêt et contre l'arrêt interlocutoire, du 12 mars 1841, pour violation de l'art. 1341 du Code civil, et sur la fausse application de l'art. 1347 du même Code, en ce que la Cour royale a admis la preuve testimoniale, en se basant sur un commencement de preuve par écrit, résultant du paiement allégué dans les qualités du jugement de première instance.

### ARRÊT.

La Cour ; — Attendu qu'il a été constaté, en fait, par les qualités et les motifs des arrêts attaqués, que la demanderesse en cassation avait fait personnellement, à l'audience publique du tribunal de première instance, des déclarations qu'elle n'a jamais contredites, et qui ont, au contraire, été acceptées devant la Cour royale comme étant l'expression de la vérité, et ont, par suite, servi de base à la plaidoirie de son avocat ;

Attendu, en droit, que les juges du fond ont pu voir dans ces déclarations ainsi constatées et qui étaient émanées de la demanderesse elle-même, un commencement de preuve par écrit, autorisant l'admission de la preuve testimoniale ; qu'il n'y a eu ainsi ni violation de l'art. 1341, ni fausse application de l'art. 1347 du Code civil ; — Rejette.

## OBSERVATIONS.

Un interrogatoire sur faits et articles peut être considéré comme un commencement de preuve par écrit, qui rend admissible la preuve testimoniale ou de simples présomptions ; Pigeau, t. I, p. 238 ; Toullier, t. IX, n° 116 ; Chardon, *Dol et fraude*, t. I, n° 129 ; Boncenne, *th. de la proc. civ.*, t. IV, p. 551.—Jurisprudence constante : Cassation du 19 juin 1839 (S., 39, 1, 462 ; D. P., 39, 1, 287 ; L. 39, 2, 36). Mais la loi, voulant que le commencement de preuve soit un écrit émané de la partie elle-même, les réponses verbales, faites par une partie, lors de sa comparution devant le tribunal, ne suffisent point lorsqu'elles n'ont pas été consignées sur un procès-verbal ; 6 avril 1832, de la Cour de Bordeaux (D. P., 33, 2, 41). Il en serait autrement si ces aveux étaient constatés dans les qualités du jugement, ainsi que le décide l'arrêt attaqué ; *Contrà*, Bordeaux, du 14 février 1832 (D. P., 32, 2, 119).

## ART. 54.

**NOTAIRE. — VENTE D'IMMEUBLES EN DÉTAIL ET AUX ENCHÈRES. — ACTE SOUS SEING-PRIVÉ.**

*Entre parties majeures, il est permis de procéder à une vente en détail d'immeubles par acte sous seing-privé, et même aux enchères lorsqu'elles n'ont rien de solennel. Les notaires ne sont pas fondés à voir dans ces ventes une usurpation de leurs fonctions.*

Arrêt de la Cour de cassation, chambre des requêtes, du 20 février 1843.

### ARRÊT.

LA COUR ; — Considérant qu'il est constant, en fait, que les époux Mousseau ont vendu en détail un domaine à eux appartenant, par divers actes sous seings-privés, se référant à un cahier de charges commun, mais sans que lesdits actes constatent des affiches et des enchères publiques ;

Considérant que ces ventes en détail passées entre majeurs, maîtres de leurs droits, et renfermées, ainsi qu'il vient d'être dit, dans des actes privés destitués de tout caractère d'authenticité et de tous les privilèges des actes publics, ne sauraient constituer un empiétement sur les droits des notaires ;

Considérant que, bien que les actes en question n'aient été signés par les parties qu'après des enchères faites entre elles, cette convention ne leur enlève rien de leur légalité ; que ces enchères non-solennelles sont un acte libre de la volonté des contractants ; qu'elles n'ont rien de commun, ni pour le fond ni pour la forme, avec les enchères faites légalement, dans les ventes publiques, devant un officier de justice ; qu'elles constituent de simples pourparlers, dans lesquels il n'est pas permis de voir une usurpation des fonctions attribuées aux notaires ; que les textes invoqués du Code civil (art. 459, 460, 806, 827), et du Code de procédure (art. 955 et suivants, 966 et suivants), n'ont été faits que pour le cas bien différent de ventes publiques et judiciaires, et ne sauraient être étendus à des ventes amiables ; qu'enfin, dans le silence de la loi, il est du devoir des magistrats de respecter la liberté des conventions, ainsi que l'a fait avec raison la Cour royale de Dijon ; — Rejette le pourvoi formé par la chambre des notaires de Chaumont......

## OBSERVATIONS.

Aucun texte n'attribue aux notaires le droit exclusif de procéder aux adjudications volontaires d'immeubles appartenant à des majeurs ; mais ce droit dérive nécessairement des dispositions des art. 459, 460 et 806 du Code civil, 955, 988 et 1001 du Code de procédure civile, et de la maxime : *eadem ratio, idem jus,* circulaire du 2 octobre 1811 (S., 12, 2, 247). Il existe une prohibition expresse pour la vente aux enchères de meubles, sans la participation des officiers qui en sont chargés (Arrêt du directoire du 12 frim. an IV, et loi du 22 pluv., an VII, art. 1) ; il est donc inadmissible que les particuliers puissent faire seuls des ventes d'immeubles, alors qu'il leur est interdit de procéder seul à des ventes mobilières. Conforme, du tribunal de Chaumont, du 18 juin 1838 (S., 39, 2, 409) ; du tribunal de Château-Thierry, du 14 juillet 1838 (S., 39, 2, 409).

## ART. 55.



*La surenchère du dixième doit porter tout à la fois sur le montant du
prix, sur les charges payables par le vendeur ou à sa décharge, et sur
les frais faits pour parvenir à la vente.*

**Arrêt de la Cour de Paris, du 20 février 1843.**

Le sieur Moulin avait formé une surenchère du dixième à une vente
sur publications judiciaires ; cette surenchère portait sur le prix et sur
les charges profitables au vendeur : elle ne comprenait pas toutefois le
dixième des frais qui avaient précédé l'adjudication. Le tribunal de la
Seine annula la surenchère, sur le motif que les art. 2183 et 2185
du Code civil exigeaient, de la part du surenchérisseur, l'offre du dixième
de ces frais.

Appel de la part du sieur Moulin ; il soutient que la surenchère ne
doit porter que sur le prix et sur les charges profitables au vendeur,
et non point sur les frais de poursuite de vente qui ne profitent qu'aux
officiers ministériels, et dont l'adjudicataire est responsable à leur égard,
aux termes des art. 1593 et 2188 du Code civil.

ARRÊT.

LA COUR ; — Considérant que les frais qui précèdent l'adjudication sur publications judiciaires, par suite de conversion, sont faits par le vendeur ou par ceux qui
le représentent dans l'intérêt du vendeur lui-même ; que si l'acquéreur se soumet
à les payer, il ne les paie qu'à la décharge du vendeur ; qu'ainsi ces frais ne cessent
pas de faire partie du prix de la vente, comme accessoires du prix de la chose vendue ; adoptant au surplus les motifs des premiers juges ; — Confirme.

### OBSERVATIONS.

Les frais et loyaux coûts du contrat de vente, de transcription, etc.,
ne doivent pas entrer dans le chiffre de la surenchère. Cass., 26 fév. 1822
(S., 22, 1, 305 ; D. P., 20, 1, 243 ; D. A. 11, 792 ; L. 64, 41 );
mais il n'en n'est pas de même des frais de poursuite. Cass., du 15
mai 1811 (S., 11, 1, 257 ; D. P., 9, 1, 282 ; D. A., 11, 791 ; L., 30,
353) ; et des frais qui sont mis par l'acte à la charge de l'acquéreur.
Pau, du 25 juin 1333 (S., 33, 2, 644 ; D. P., 34, 2, 40) ; la surenchère doit porter sur les frais en même temps que sur le prix proprement dit.

## ART. 56.



*L'avoué produisant à une contribution pour des honoraires qu'il a avancés à l'avocat, ne peut invoquer le privilége établi par l'art: 2102 du Code civil.*

Jugement du tribunal civil de la Seine, deuxième chambre, du 28 février 1843.

### JUGEMENT.

Attendu que si l'avocat, par désintéressement et dignité, renonce à réclamer en justice les honoraires qui lui sont légitimement dus pour ses soins et son travail, son droit n'en existe pas moins ; mais que sa créance, quelque respectable qu'en soit l'origine, ne saurait être privilégiée ; qu'elle ne peut être assimilée ni aux frais de justice ni aux frais faits pour la conservation de la chose ; qu'elle n'a, en effet, aucun des caractères des frais de justice ; qu'on ne peut pas dire non plus que l'avocat ait conservé la chose ; qu'il facilite seulement l'octroi de la justice et ne fait que mettre en lumière un droit préexistant qu'on aurait pu, sans lui, reconnaître et sanctionner.

Le tribunal, etc.....

## OBSERVATIONS.

Basnage, *des hypothèques,* chap. 9, disait que les frais de justice sont ceux qui se font pour le scellé, confection d'inventaire, vente de meubles, vacations de justice, et tout ce qui s'est fait pour la conservation de la chose et pour la cause commune des créanciers. Les frais de justice ont encore aujourd'hui le même caractère (Grenier, t. II, n° 300 ; Duranton, t. XIX, n° 39). Or, l'avocat concourt, dans la mesure de ses attributions, à la conservation de la chose, cela est incontestable ; mais son ministère n'est pas indispensable ; l'avocat est le représentant de la partie qui pourrait plaider elle-même ou s'en tenir aux conclusions posées par l'avoué. En conséquence, en dehors du tarif, les honoraires de l'avocat doivent être considérés comme la rémunération d'un service, et non point comme des frais de justice.

## ART. 57.

### DEMANDE NOUVELLE. — DONATION. — RÉVOCATION. — NULLITÉ.

*Lorsque l'exécution d'une donation entre-vifs est réclamée contre les héritiers du donateur, ces héritiers ne peuvent proposer, pour la première fois, en cause d'appel, que la donation a été révoquée par un testament postérieur, alors qu'ils se sont bornés en première instance à demander la nullité de la donation entre-vifs pour vice de forme.*

Arrêt de la Cour de cassation, chambre civile, du 13 décembre 1842.

### ARRÊT

La Cour ; — Vu l'art. 464 du Code de procédure ; — Attendu que, devant le tribunal de première instance, la dame de Réméon de Longuerau avait conclu à ce que le tribunal déclarât révoquée par le testament de la dame Montfleury, la donation dont Lepetit de Montfleury réclamait l'exécution, et qui a été, soit dans les qualités du jugement, soit dans le jugement lui-même, énoncée comme faite par acte notarié ;

Attendu qu'une demande en révocation est exclusive d'une demande en nullité pour vice de forme ; qu'en effet, la dame de Réméon ne pourrait conclure à la révocation de la donation, qu'en supposant cette donation légale et régulière ;

Attendu qu'on ne peut considérer comme ne constituant qu'un moyen nouveau, une demande contradictoire avec celle sur laquelle les premiers juges avaient été appelés à prononcer et sur laquelle ils avaient prononcé expressément et spécialement dans le dispositif de leur jugement ;

Attendu qu'il s'agit d'autant moins d'un moyen nouveau, que les juges ont le droit et le devoir de suppléer d'office des moyens, et que, certainement, ils n'auraient pu admettre d'office la nullité, qui ne leur aurait pas été demandée, de la donation qui avait d'abord été l'objet seulement d'une action tendant à la faire déclarer révoquée ; d'où il suit qu'en statuant sur la demande en nullité de la donation, pour vice de forme, demande qui n'avait pas été soumise aux premiers juges, la Cour royale de Rennes, saisie par renvoi de la Cour de cassation de l'appel d'un jugement qui avait déclaré la donation révoquée, a méconnu la règle des deux degrés de juridiction, et expressément violé l'art. 464 du Code de procédure ; — Casse.

## OBSERVATIONS.

Malgré notre profond respect pour les décisions émanées de la Cour suprême, nous ne pouvons admettre la doctrine de l'arrêt qui précède. L'art. 464 du Code de procédure civile, qui défend au demandeur de former en appel aucune nouvelle demande, permet au défendeur de proposer toute demande nouvelle qui ne constitue qu'une défense à l'action principale. En conséquence, le défendeur, poursuivi en exécution d'une donation, peut très-bien opposer pour la première fois, en appel, la nullité de la donation pour vice d'incapacité, après avoir succombé sur le moyen pris de la nullité pour vice de forme. Il est indifférent, d'ailleurs, que le juge du premier degré n'eût pu admettre d'office le moyen nouveau ; la partie n'en est pas moins libre de le proposer en appel. L'appel, en effet, ainsi que le dit M. Boitard (t. II, n° 226), n'est pas institué seulement pour rectifier l'erreur des premiers juges, il a aussi pour but de corriger les omissions et les erreurs volontaires ou involontaires des parties ; ainsi, la prescription ne peut-être suppléée d'office par le juge, et, néanmoins, la partie peut l'opposer pour la première fois en appel. Toulouse, du 21 mars 1821 (S., 21, 2, 348 ; D. A., 9, 430 ; L., 61, 440). Au reste, la Cour de cassation, chambre des requêtes, a résolu la question dont il s'agit dans un sens opposé à celui adopté par la Chambre civile. 24 janvier 1822 (S., 22, 1, 287 ; D. P., 20, 1, 180 ; D. A., 6, 241 ; L., 24, 56 et 25, 42.)

## ART. 58.

**ENRÉGISTREMENT. — IMMEUBLES. — MEUBLES. — VENTE COLLECTIVE.**

*Lorsque des immeubles et des meubles sont vendus par le même acte, sans désignation des meubles, article par article, et sans estimation de chacun des articles, le droit d'enregistrement doit être perçu pour le tout au taux réglé pour les immeubles ; encore bien que la vente des immeubles et la vente des objets mobiliers aient été faites par des stipulations distinctes et indépendantes.*

Arrêt de la Cour de cassation, chambre civile, du 12 décembre 1842.

Par acte authentique du 8 octobre 1839, la demoiselle Victoire Arnault a vendu aux mariés Remondet une maison, située à Aix, dans laquelle existait un établissement d'hôtel garni, moyennant le prix de 15,000 fr.

« Et de même suite, ajoute l'acte, la demoiselle Arnault vend et transporte auxdits époux Remondet, toujours acquéreurs solidaires, tous les meubles meublants, argenterie, vaisselle, matériel de table et de cuisine, de cave, et généralement tous les meubles qui se trouvent dans l'hôtel dont il s'agit, en quoi qu'ils consistent et puissent consister, lits, paillasses, matelas, couvertures, draps de lit, chaises, commodes et autres objets quelconques, le tout bien connu des époux Remondet, qui déclarent avoir vu et reconnu ledit mobilier ; la présente vente mobilière ne comprenant pas, néanmoins, certains meubles que s'est réservés la demoiselle Arnault et dont elle a dressé un état signé par elle et par les acquéreurs. Le prix du mobilier dont il s'agit a été fixé et convenu entre les parties à la somme de 17,000 fr., laquelle somme, jointe à celle de 11,000 fr., provenant du restant du prix de la maison ( déduction faite des délégations ), forme celle de 28,000 fr. . . .

Lors de l'enregistrement de cet acte, le receveur a perçu le droit de vente d'immeubles à 5 1/2 pour cent sur 17,000 fr., et le droit de vente de meubles à 2 pour cent pour 18,000 fr. Plus tard, la régie a prétendu que le droit de 5 1/2 pour cent était dû pour le tout, par le motif que les objets mobiliers n'avaient point été désignés et estimés, article par article, dans le contrat (Art. 11 de la loi du 22 frimaire, an VII).

Le 31 octobre 1840, jugement du tribunal d'Aix qui annule la contrainte de la régie :

Attendu que deux dispositions distinctes et différentes l'une de l'autre se trouvent dans les art. 9 et 11 de la loi du 22 frimaire an VII ; — Qu'on lit dans l'art. 9 que, lorsqu'un acte translatif de propriété comprend des meubles et immeubles, le droit d'enregistrement est perçu sur la totalité du prix au taux réglé pour les immeubles, à moins qu'il ne soit stipulé un prix particulier pour les objets mobiliers, et qu'ils ne soient désignés et estimés article par article dans le contrat. — Et dans l'art. 11 : mais lorsque, dans un acte quelconque, il y a plusieurs dispositions indépendantes ou ne dérivant pas nécessairement les unes des autres, il est dû pour chacun d'elle, et selon son espèce, un droit particulier ; — Que, dans le premier cas, et sous peine de payer le droit d'enregistrement au taux des immeubles, pour l'ensemble de la disposition unique contenue dans l'acte, il faut à la fois la stipulation d'un prix particulier pour les objets mobiliers, leur désignation et leur estimation article par article ; — Que, dans le second cas, au contraire, il n'y a lieu qu'à la perception du droit particulier, à raison de chacune des dispositions, selon son espèce, sans obligation de la stipulation d'un prix, d'une désignation et d'une estimation article par article, toutes conditions qui se rencontrent déjà dans le contrat qui contient et énumère nécessairement les diverses dispositions indépendantes l'une de l'autre ;

Attendu que l'acte du 8 octobre 1839, dont il s'agit, est évidemment dans cette seconde catégorie ; qu'on y trouve deux dispositions différentes : l'une relative à l'immeuble, maison ou hôtel de la *Mule-Noire*, avec toutes ses attenances et dépendances, vendu au prix fixé et convenu, entre les parties, à la somme de 15,000 fr., l'autre relative au mobilier de ce même hôtel ; duquel mobilier, qui comprend tous les meubles meublants, argenterie, vaisselle, matériel de table, de cuisine, de cave, lits, paillasses, matelas, couvertures, draps de lit, chaises, commodes, autres objets quelconques, et généralement tous les meubles qui se trouvent dans ledit hôtel, le prix est fixé et convenu, entre les parties, à une autre somme de 17,000 fr. ;

Attendu que les deux dispositions différentes de l'acte dont il s'agit, l'une pour la vente de l'immeuble, l'autre pour la vente du mobilier, sont indépendantes, et ne dérivent pas nécessairement l'une de l'autre ; qu'en effet, les époux Remondet pouvaient acquérir l'hôtel de la *Mule-Noire* sans le mobilier qu'il contenait, comme ce mobilier sans l'hôtel ; que deux personnes différentes pouvaient faire séparément l'une ou l'autre de ces deux acquisitions ; que les époux Rémondet eux-mêmes pouvaient les faire toutes les deux par deux dispositions distinctes et indépendantes l'une de l'autre ; — Attendu que les époux Rémondet, se trouvant ainsi dans le cas prévu dans l'art. 11 de la loi du 22 frimaire an VII, l'administration de l'enregistrement est mal fondée à invoquer contre eux le bénéfice de l'art. 9, qui ne doit pas leur être appliqué.....

Pourvoi en cassation par l'administration de l'enregistrement, pour violation de l'art. 9 de la loi du 22 frimaire an VII, et fausse application de l'art. 11 de la même loi.

ARRÊT.

Vu l'art. 9 de la loi du 22 frimaire an XII ; attendu que cette disposition est conçu dans les termes les plus généraux et les plus absolus ; qu'il en résulte que la régle générale qu'il pose, s'applique à tous les actes de vente qui contiennent mutation de propriété de meubles et immeubles, et que la seule exception qui puisse être admise à cette règle générale est celle contenue dans le même article, c'est-à-dire le cas où l'acte contient tout à la fois stipulation de prix particulier et estimation article par article des objets mobiliers ; — Qu'en effet, on ne saurait trouver une exception à la règle générale de l'art. 9 dans la disposition de l'art. 11 de la loi ; qu'il résulte des termes dans lesquels cet article est conçu qu'il est corrélatif à l'art. 10, auquel il se réfère exclusivement, et qu'il ne déroge nullement à la règle générale de l'art. 9, lequel est spécial pour les actes qui contiennent cumulativement transmission de propriété mobilière; il donne ouverture pour la totalité du prix au droit fixé pour la vente des immeubles, à moins qu'il ne se trouve dans le cas d'exception prévue par l'art. 9 de la loi;

Attendu qu'il est constaté par le jugement attaqué que, par acte authentique, du 8 octobre 1839, Victoire Arnault a vendu aux mariés Remondet une maison située à Aix, dans laquelle existait une établissement d'hôtel garni, moyennant le prix de 45,000 francs, et que, par le même acte, elle leur a vendu, moyennant 17,000 francs, tout le mobilier dudit hôtel garni, consistant en meubles meublants, argenterie, vaisselle, matériel de table, de cuisine, de cave, et généralement tous les objets mobiliers garnissant ledit hôtel, sans désignation article par article et sans estimation de chacun des articles; — Que, lors de l'enregistrement de cet acte, les droits ont été perçus, savoir : au taux fixé pour les ventes d'immeubles sur les 45,000 fr., prix de l'immeuble, et au taux fixé pour la vente des objets mobiliers sur les 17,000 fr., formant le prix des meubles vendus; — Qu'une contrainte a été décernée contre les mariés Remondet pour avoir paiement d'une somme de 654 fr., pour supplément de droits, sur le motif que les objets mobiliers n'avaient été ni détaillés, ni estimés article par article, et que l'inobservation des ces formalités donnait ouverture au droit de 5 fr. 50 c., même sur le prix de la vente des objets mobiliers;

Attendu que, par son jugement du 31 octobre 1840, le tribunal civil d'Aix a annulé la contrainte en se fondant sur ce que les art. 9 et 11 de la loi auraient prévu des cas exactement différents, celui où une vente d'immeubles et d'objets mobiliers aurait été l'objet d'une seule et même convention, et celui où la vente de l'immeuble et la vente des objets mobiliers auraient été faites par des stipulations distinctes et indépendantes l'une de l'autre, et que, dans ce dernier cas, le droit devait être perçu en conformité de l'art. 10 de la loi;

Attendu qu'en jugeant ainsi, le tribunal civil d'Aix a fait une fausse application de l'art. 11 de la loi, et a violé la disposition générale et absolue de l'art. 9; — Casse, etc. . . . . . .

## OBSERVATIONS.

Cet arrêt fait une application trop rigoureuse de l'art. 9 de la loi du 22 frimaire an VII. La régie ayant le droit de requérir l'estimation, toutes les fois qu'elle soupçonne l'existence d'une fraude, on ne voit pas ce qu'elle a à craindre du défaut de désignation et d'estimation des meubles, alors surtout que le contrat porte des prix distincts pour les immeubles et pour les meubles. Toutefois, la Cour de cassation a rendu deux arrêts dans le même sens, le 5 mai 1817 (S., *Collect. nouv.*, 5, 1, 314; D. A., 7, 156), et le 7 janvier 1839 (S., 39, 1, 24; D. P., 39, 1, 51; L., 39, 1, 28). L'arrêt du 5 mai 1817 décide même que l'estimation des meubles ne peut être suppléée par le tableau des meubles et des immeubles, dressé pour l'instruction des parties et annexé à l'acte de cession, lors même que ce tableau serait le résultat d'un inventaire authentique, si d'ailleurs les évaluations contenues dans ce tableau sont déclarées n'être d'aucun poids entre les parties.

## ART. 59.

**1° NOTAIRE. — PAPIER TIMBRÉ LAVÉ. — VÉRIFICATION.
2° JUGEMENT INTERLOCUTOIRE. — ACQUIESCEMENT. — APPEL.**

*1° Est interlocutoire et par suite susceptible d'appel, avant le jugement du fond, le jugement qui ordonne une opération chimique, tendant à prouver que des actes notariés ont été passés sur du papier timbré lavé sortant de l'étude du notaire inculpé d'en avoir fait usage.*
*2° L'acquiescement du notaire aux poursuites du ministère public ne le rend pas irrecevable à interjeter appel de ce jugement.*

Arrêt de la Cour de Toulouse, du 7 février 1843.

Le 13 mai 1842, le vérificateur de l'enregistrement et des domaines dressa un procès-verbal, à l'effet de constater que Me X..., notaire, avait écrit deux actes en minute sur du papier qui, ayant déjà servi à la confection d'autres actes, aurait été soumis à un lavage chimique. En conséquence, citation fut donnée à Me X..., à la requête du procureur du roi, à comparaître devant le tribunal pour s'y voir condamner à telle peine que de droit, pour avoir manqué aux sentiments d'équité et de délicatesse que sa position lui imposait. Pendant le cours de cette instance, un nouveau procès-verbal de vérification constata que l'expédition d'une quittance délivrée par Me X..., et plusieurs bordereaux sortis de son étude, avaient été écrits sur du papier timbré, lavé par le même procédé.

Le procureur du roi, en présence de ces faits, requit, avant faire droit, que les minutes et bordereaux fussent déposés au greffe et vérifiés par experts, afin 1° de constater l'état actuel de ces pièces et les traces d'ancienne écriture qu'elles pouvaient porter; 2° de constater, en même temps, autant que possible, l'état antérieur de ces pièces, en faisant reparaître l'ancienne écriture qui a pu subsister sur chacune d'elles.

Me X... déclara n'avoir aucun intérêt à contester le fait du lavage chimique et acquiesca aux réquisitions du procureur du roi. En cet état, le tribunal nomma trois experts, afin de procéder aux opérations réclamées par le ministère public.

Me X... interjeta appel de ce jugement. Le ministère public lui opposa deux fins de non-recevoir, prises, l'une, de ce que le jugement n'était que préparatoire, l'autre, de ce que les mesures qu'il prescrivait avaient reçu l'adhésion de l'appelant.

#### ARRÊT.

La Cour : Attendu que la juridiction disciplinaire est une juridiction toute exceptionnelle, et qu'elle participe de la juridiction civile, par le tribunal qui doit connaître de l'action, et de la juridiction correctionnelle ou répressive, par la nature des peines à infliger ; que la suspension, la destitution et même l'amende, qui peuvent être prononcées, sont de véritables peines, puisqu'elles ont pour résultat d'enlever à un officier ministériel sa profession, quelquefois aussi son honneur ; que ces poursuites, faites surtout à la requête du ministère public, sont d'ordre public, et que, sous ce rapport, tout acquiescement de la part de la partie citée devant la justice ne peut lui être opposé comme fin de non-recevoir dans son appel ;

Attendu que le jugement rendu par le tribunal civil de Montauban ne peut être rangé dans la classe de simples jugements préparatoires ou d'instruction, puisque le résultat de l'opération chimique ordonnée peut fournir la preuve que non-seulement les actes ont été passés sur du papier lavé, mais encore sur du papier timbré sortant de l'étude de Me X, et sur des actes rédigés par lui ; que, sous ce rapport, le jugement est interlocutoire, et qu'il peut exercer une certaine influence sur le jugement du fond ; — Qu'ainsi ce jugement est susceptible d'appel avant le jugement sur le fond de l'affaire.

## ART. 60.

1° INSCRIPTION HYPOTHÉCAIRE. — DOMICILE ÉLU. — DÉCÈS.
2° HUISSIER. — EXPLOIT. — REMISE. — MAIRE. — VOISIN.

1° *Les actions auxquelles les inscriptions donnent lieu contre les créanciers, doivent être intentées par exploits faits à la personne de ceux-ci, ou au dernier domicile élu dans le bordereau d'inscription, et ce, nonobstant tous changements et même le décès du créancier.*

2° *La sommation de produire à l'ordre doit être signifiée au domicile élu, nonobstant la déclaration faite par la portière du décès du créancier, et dans le cas où il faudrait considérer cette déclaration comme équivalente au cas d'absence de serviteurs, la copie devrait-être remise d'abord à un voisin, et, en cas de refus, au maire ou à l'adjoint de la commune, sans pouvoir être donnée directement au maire.*

Arrêt de la Cour de cassation, chambre civile, du 14 février 1843.

Une sommation de produire à un ordre a été faite au sieur Chambou, titulaire d'une créance inscrite sur des biens expropriés, au domicile élu dans l'inscription hypothécaire. Cette sommation se termine en ces termes : « *En parlant à la portière qui m'a déclaré qu'il était décédé, qu'en conséquence elle ne pouvait se charger de la copie du présent ; qu'aucun de ses héritiers ne demeurait dans ladite maison. Pourquoi, vu l'élection de domicile et ledit refus, je me suis transporté à la mairie du dixième arrondissement de Paris, où étant, j'ai remis la copie à M. le maire .... »

Après un jugement du tribunal civil de la Seine, la Cour royale de Paris a, par arrêt du 15 mars 1838, déclaré l'exploit valable.

Pourvoi en cassation : — 1° Violation de l'art. 2156 du Code civil, en ce que l'arrêt attaqué a déclaré valable une sommation faite au sieur Chambou, au domicile élu dans l'inscription, nonobstant le décès de ce dernier et la connaissance que le poursuivant avait de ce décès ; 2° violation des art. 68 et 70 du Code de procédure civile, en ce que la Cour royale a validé cette sommation, tout en reconnaissant que, sur le refus de la portière trouvée au domicile élu, la copie en avait été remise directement au maire, sans que l'huissier se fût préalablement adressé à un voisin.

ARRÊT.

LA COUR ; — Sur le premier moyen : attendu que, d'après l'art. 2148 du Code civil, tout bordereau d'inscription doit contenir l'élection d'un domicile pour l'inscrivant, dans un lieu quelconque de l'arrondissement du bureau ; que, d'après l'art. 2152, il est loisible à celui qui a requis une inscription, ainsi qu'à ses représentants ou cessionnaires par acte authentique, de changer sur le registre des hypothèques le domicile par lui élu, à la charge d'en choisir et indiquer un autre dans le même arrondissement ; qu'ainsi l'intention formelle et bien expresse du législateur est que le domicile de tout créancier hypothécaire inscrit soit constamment indiqué sur le registre du conservateur ;

Attendu que, d'après la dispoistion générale de l'art. 2156 du Code civil, reproduite de l'art. 20 de la loi du 11 brumaire an VII, les actions auxquelles les inscriptions peuvent donner lieu contre les créanciers doivent être intentées par exploits faits à leur personne ou au dernier des domiciles élus sur les registres et ce, nonobstant le décès soit des créanciers, soit de ceux chez lesquels ils auront fait élection de domicile ; que cette disposition générale et sans distinction a pour objet spécial de simplifier et de faciliter les procédures auxquelles les inscriptions peuvent donner lieu ; que, s'agissant de matière urgente, la loi n'a pas voulu soumettre ces actions à des recherches longues et difficiles pour connaître tous les changements qui ont pu s'opérer parmi les créanciers inscrits, et que, nonobstant tous changements, les actions ont pu être introduites par exploits faits au dernier des domiciles élus sur les registres ; qu'en déclarant dès-lors valable, la sommation faite à ce dernier domicile, l'arrêt attaqué n'a pas fait une fausse application de l'art. 2156 qui dispose pour la matière spéciale des hypothèques ; — Rejette ce premier moyen ;

Mais, sur le second moyen, vu les art. 68 et 70 du Code de procédure civile ;

Attendu que l'objet évident de ces deux articles est d'assurer, autant qu'il est possible, la remise aux parties intéressées des exploits qui leur sont adressés ;

Attendu que, d'après l'art. 70, ce qui est prescrit par l'art. 68 doit être observé à peine de nullité ;

Attendu que cet article n'autorise le recours au voisin ou au maire, que dans le cas où l'huissier ne trouve au domicile ni la partie ni aucun de ses parents ou serviteurs ;

Attendu, d'après l'arrêt attaqué lui-même, que l'exploit constate que l'huissier a parlé à la portière de la maison, et qu'à juste titre il a dû considérer cette femme comme étant serviteur de la personne qui avait élu domicile dans cette maison ; que, d'après les dispositions combinées des art. 2156 du Code civil et 68 du Code de procédure civile, c'était dans ce lieu que devait être laissée la copie de la sommation, sans recourir, ni au voisin, ni à l'intervention du maire ; qu'en supposant même que l'huissier pût être fondé à regarder le refus de la portière, comme équivalent au cas d'absence de tout serviteur, il devait remettre de suite la copie à un voisin, et ne recourir au maire ou adjoint que dans le cas spécifié audit art. 68 ;

Attendu que l'huissier, qui est tenu de faire mention de toutes ses démarches, n'énonce pas dans son acte qu'il s'est adressé à une voisine, et que l'arrêt reconnaît qu'il a déposé directement à la mairie la copie de son exploit ;

Attendu qu'en agissant ainsi, il a formellement contrevenu à l'art. 68 et a fait encourir à son acte la nullité prononcée par l'art. 71 ; qu'en validant cet acte, la Cour royale s'est approprié cette contravention ; — Casse.

## OBSERVATIONS.

1° Sur la première question il existe deux arrêts conformes de la Cour de Bruxelles, du 6 mars 1811 (S., 15, 2, 186 ; D. A., 10, 813 ; L., 43, 234) ; de la Cour de Paris, du 15 mars 1838 (S., 38, 2, 169 ; D. P., 38, 2, 102 ; L., 38, 1, 516).

2° Il est constant que l'huissier, qui, en cas d'absence de la partie et des personnes de la maison, remet copie de son exploit au maire de la commune, doit, à peine de nullité, énoncer s'il a requis un voisin de la recevoir, et si celui-ci l'a refusée. Rouen, du 1er août 1810 (S., 14, 2, 132 ; D. A., 7, 794 ; L., 20, 126) ; Orléans, du 20 juillet 1827 (S., 28, 2, 166 ; D. P., 26, 2, 34 ; L., 80, 369) ; Aix, du 12 décembre 1839 (S., 40, 2, 176 ; L., 40, 1, 349) ; Carré, n° 365 ; Fournel, *Traité du Vois.*, p. 6 et suivantes.

## ART. 61.

OFFICE. — CONTRE-LETTRE. — NULLITÉ. — OBLIGATION NATURELLE.

*La stipulation d'un supplément de prix, en dehors du contrat relatif à la cession d'un office, est nulle ; toutefois, cette stipulation constitue une obligation naturelle dont l'exécution ne peut être répétée.*

Arrêt de la Cour royale de Metz, du 14 février 1843.

#### ARRÊT.

En ce qui concerne la validité de la contre-lettre du 26 juin 1838 :

Attendu que l'art. 91 de la loi de finance du 28 avril 1816, en accordant aux titulaires de certains offices la faculté de présenter des successeurs à l'agrément de Sa Majesté, n'a point réglé l'exercice de cette disposition ; que, jusqu'à présent, la loi particulière annoncée par le second paragraphe dudit article n'a point paru, et que, de l'absence de cette loi sur un point aussi important, sont résultés le vague et l'incertitude qui existent encore sur la nature, l'étendue et la portée de cette regrettable concession ;

Attendu que, pendant longtemps, les tribunaux ont appliqué aux traités secrets ayant pour but d'augmenter le prix de cession d'un office le principe consacré par l'art. 1521 du Code civil, et que ce n'est qu'avec difficulté et lenteur, et à raison des abus qui ont éclaté, que s'est établie la jurisprudence qui proscrit les contre-lettres en matière de cession d'office, comme portant atteinte à l'ordre public ;

Attendu que cette jurisprudence est celle de la plupart des Cours royales ; qu'elle est particulièrement consacrée par les derniers arrêts ds la Cour de cassation du 7 juillet 1841 ;

Attendu que, malgré le silence absolu de l'art. 91 de la loi du 28 avril 1816, il n'est pas possible de dénier au gouvernement le droit d'exiger la remise du traité de cession d'une étude, d'en examiner le taux, et de le réduire à une juste proportion, s'il lui paraît exagéré, parce que cette exagération peut avoir de funestes résultats, soit en portant le nouveau titulaire à faire des gains illicites, soit en entraînant sa ruine ; que de pareils résultats, en se reproduisant, peuvent altérer la considération dont les officiers ministériels doivent être entourés, et qu'il importe à l'ordre public de la leur conserver, que c'est donc avec raison que le tribunal de Vouziers a déclaré nulle, comme portant atteinte à l'ordre public, la contre-lettre souscrite par Lecoq fils à Deschets, le 26 juin 1858 ;

En ce qui touche l'exécution de ladite contre-lettre et la question de savoir si la somme de 20,000 fr. qui y était portée, ayant été payée volontairement, est sujette à répétition ;

Attendu que, après avoir dit que tout paiement suppose une dette, et que ce qui a été payé sans être dû est sujet à répétition, l'art. 1235 du Code civil ajoute que : « La répétition n'est pas admise à l'égard des obligations naturelles qui ont été volontairement acquittées ; »

Attendu que, si le législateur n'a pas défini ce que c'est que l'obligation naturelle, c'est que sans doute, il a pensé qu'il s'agissait d'une chose hors de son domaine ; qu'il s'agissait d'un sentiment qui a sa source unique dans les intérêts de la conscience et d'un lien que la morale seule se charge de former ou de rompre ;

Attendu que c'est, en effet, dans ce sens que les jurisconsultes les plus recommandables se sont expliqués au sujet des obligations naturelles non-reconnues par la loi civile, mais qui n'engagent pas moins le for intérieur. Ainsi, d'après Pothier, *Traité des obligations*, n° 195, « la paiement fait volontairement, est va-« lable, et n'est pas sujet à répétion, quand le débiteur a eu un juste sujet de « payer, savoir, celui de décharger sa conscience. » — Domat s'en explique dans les mêmes termes, Toullier, tome XI, n° 87, est plus explicite ; dans son rapport au tribunat, sur l'art. 1235, M. Jaubert ne tient pas un autre langage ;

Attendu que ces principes, appliqués à la cause actuelle repoussent péremptoirement l'action en répétition du supplément de prix, volontairement payé par Lecoq à Deschets ; il est indubitable, en effet, que le paiement de la somme de 20,000 f. n'a pas été fait sans cause raisonnable, il a eu pour cause l'acquit d'une promesse, nulle, si l'on veut, aux yeux de la loi civile, mais qui n'en constituait pas moins une dette d'honneur, de conscience, puisque Lecoq est censé avoir reçu l'équivalent par la cession de l'étude de Deschets ; et que l'on ne dise pas que le prix en était irrévocablement fixé par l'acte notarié soumis à l'appréciation de l'autorité : Non, il n'en est point ainsi ; l'étude pouvait, en réalité, valoir plus de 75,000 fr., et il n'est pas, le moins du monde, démontré que la transmission de ladite étude sur la tête de Lecoq n'eût pas été autorisée, alors même qu'on eût porté dans l'acte public la somme entière de 95,000 fr. puisque, d'une part, il est justifié que le revenu moyen de l'étude, pendant les neuf dernières années de la gestion de Deschets s'est elevé à 10,500 fr., et que, d'autre part, on tient pour constant que la chancellerie peut fixer le prix de la cession d'une étude de notaire à dix fois la valeur du revenu moyen ;

Attendu que, à la verité, on objecte qu'il faut une sanction à la loi, et que, pour paralyser complètement les traités secrets, il n'y a qu'un moyen, qui consiste à consacrer l'action en répétition des sommes volontairement payées ; que, si le but est louable, le moyen serait illégal et arbitraire, et que le bien qui en résulterait serait trop chèrement acheté, car l'admission de ce moyen ne serait autre chose que la négation formelle de la conscience humaine et le mépris judiciairement proclamé des engagements exécutés, ce système est inadmissible ; si les abus dont on se plaint continuent à se faire sentir ( et l'on peut déjà espérer que les mesures récemment prises, pour ramener le notariat à son institution, les atténueront de beaucoup ) que le législateur intervienne, c'est son affaire ; que le gouvernement ne diffère pas plus longtemps de donner la loi réglementaire promise dès 1816. Quant aux tribunaux, leur mission, leur devoir est de faire respecter la loi existante, et d'appliquer, en cette matière, les principes qui reçoivent journellement leur application, dans des espèces absolument identiques ; ils ne peuvent, ni ne doivent, sous prétexte de donner à une loi une sanction dont elle serait dépourvue, se jeter dans l'arbitraire, et, sortant des règles du droit commun, faire un appel à la convoitise, à la cupidité, et provoquer les cessionnaires d'offices à des actions qui répugnent à la conscience et qu'un homme n'oserait se permettre sans renoncer à sa propre estime ;

Sur la question de savoir si Lecoq père a des droits différents de ceux de son fils, et particulièrement s'il peut demander que les 20,000 fr., employés à l'acquit du traité secret, soient imputés sur les 65,000 fr., qui, au 6 mars 1859, restaient dus à Deschets ;

Attendu que tout concourt à établir que Lecoq père n'a rien ignoré de ce qui a été fait ; qu'il a connu le traité secret de 20,000 fr., et que c'est lui-même qui a fait les fonds pour l'acquitter, sachant qu'ils devaient avoir cette destination ; ainsi, il part de Paris, le 20 janvier 1859, c'est-à-dire à une époque où la nomination de son fils n'était plus douteuse, et à l'instant même, il s'occupe de réunir les fonds nécessaires à l'acquit des sommes qui devaient être exigibles dans le mois de la nomination, à savoir des 20,000 fr. portés à la contre-lettre de 10,000 fr. sur les 75,000 fr. compris au traité ostensible, et enfin de 5 ou 6,000 fr., montant d'avances qui avaient été faites par Deschets pour compte de Lecoq fils ; il remet ces fonds à ce dernier, avec indication de l'emploi qu'ils doivent recevoir, ou tout au moins en le laissant parfaitement libre de les employer, jusqu'à concurrence de 20,000 fr., à éteindre la dette portée dans le traité secret ;

Ces paiements ont eu lieu les **27** février et **6** mars **1839**, et la contre-lettre ainsi acquittée est remise à Lecoq fils, et ledit jour, 6 mars, a lieu entre celui-ci et Deschets un décompte, par suite duquel il ne reste plus dû, sur l'obligation notariée, que 65,000 fr., lesquels devront être payés, ainsi qu'il est stipulé dans ladite obligation, *en huit annuités de 8,125 fr. chacune;*

Attendu que, s'il pouvait rester du doute sur la participation de Lecoq père à l'acquit du traité secret, ce doute serait levé par l'acceptation qu'il a mise sur la lettre de change tirée par Deschets sur Lecoq père et fils, le 15 janvier 1840, lettre de change qui est la conséquence des paiements antérieurs et l'exécution du décompte du 6 mars, lettre de change qui, ayant pour cause le terme échu, le 1er du courant (1er janvier 1840), du prix de la cession de l'étude faite à Lecoq, par acte authentique, faisait clairement savoir à Lecoq père, s'il eût eu besoin de l'apprendre de cette manière, que sur l'obligation notariée de 75,000 fr., il n'avait encore été soldé que 10,000 f., et qu'ainsi les 58,000 fr., précédemment remis à son fils, avaient été employés à l'acquit d'autres dettes, à celles qui étaient devenues exigibles dans le mois de la nomination, et notamment à l'acquit du traité secret;

Attendu qu'il résulte de tous ces faits que Lecoq père est dans une situation identique à celle où se trouve Lecoq fils, qu'il ne peut pas plus que ne le pourrait celui-ci répéter la somme de 20,000 fr., employée à l'acquit du supplément de prix, et qu'il n'est pas non plus fondé à demander que cette somme de 20,000 fr. soit imputée sur les 65,000 fr. redus au 6 mars 1835, sur l'obligation notariée; car, d'une part, il a tenu pour bon et véritable le paiement de 20,000 fr. opéré sur la contre-lettre, et d'autre part, il a reconnu que les 65,000 fr. redus, faisaient partie des 75,000 fr., portés dans le traité ostensible.

En ce qui concerne les intervenants :

Attendu que, créanciers de Lecocq père, ils ne peuvent faire valoir que les droits appartenant à leur débiteur; que leurs titres de créance sont postérieurs aux époques des différents versements qui ont été faits à Deschets des deniers de Lecoq père; qu'ainsi ces versements n'ont pu avoir lieu à leur détriment, ni en fraude de leurs droits;

Attendu qu'ils n'ont pas été induits en erreur par le fait de Deschets, qui a pris inscription pour 75,000 fr., et qui, cependant n'en a réclamé que 65,000, depuis que les intervenants sont devenus créanciers de Lecoq père; qu'ils doivent donc s'imputer d'avoir donné leurs fonds à un débiteur déjà grevé de dettes légitimes, et qui, dès cette époque, se serait trouvé hors d'état de faire face à de nouveaux engagements;

Attendu que les époux Lecoq ayant vendu leurs immeubles, il paraît conforme à l'intérêt des créanciers, et par conséquent de Deschets lui-même, qu'il ne puisse exiger son paiement qu'aux époques d'exigibilité fixées pour le paiement du prix desdits immeubles;

Attendu que la demande en dommages-intérêts, formée par Deschets, n'est point justifiée;

Par ces motifs; — La Cour continue de donner défaut contre Étienne Lecoq fils, et, pour le profit, met l'appellation et ce dont est appel au néant; émendant, décharge l'appelant des condamnations contre lui prononcées; au principal, sans s'arrêter à l'opposition des époux Lecoq au commandement du 2 octobre 1841, non plus qu'à leur demande en réduction ou en imputation d'une somme de 20,000 fr. sur la créance de Deschets, les déclare mal fondés dans cette demande et les en déboute ; ordonne la continuation des poursuites pour la somme intégrale de 65,000 fr., en principal avec intérêts, depuis le 6 mars 1859, sous la seule déduction des sommes touchées par Deschets, par suite de la distribution par contribution ouverte devant le tribunal de Meaux, et, néanmoins, dit que Deschets ne pourra exiger son paiement que, suivant les termes stipulés dans les contrats d'adjudication d'immeubles consentis par les époux Lecoq ; déboute Deschets de sa demande incidente et reconventionnelle en dommages-intérêts ; déclare les intervenants mal fondés dans leur intervention, les en déboute et condamne les époux Lecoq aux dépens......

## OBSERVATIONS.

La jurisprudence, en général, annule les traités secrets relatifs à la cession des offices. Nous le constatons à regret, parce que, selon nous, cette jurisprudence porte atteinte à la liberté des conventions. Ajoutons que, s'il est généralement admis que ces traités ne peuvent être le fondement d'une action, il est reconnu toutefois par quelques Cours (et c'est que décide l'arrêt que nous recueillons aujourd'hui) que le paiement volontairement opéré sur le supplément du prix ne peut donner lieu à répétition : Paris, du 31 janvier 1840 (S., 40, 2, 83 ; D. P., 40, 2, 95 ; L., 40, 1, 340). La Cour de Paris a restreint cette solution, en décidant que toutes les sommes payées à compte sont d'abord imputables sur le prix du traité public : Arrêt du 15 février 1840 (S., 40, 2, 84 ; D. P., 40, 2, 95 ; L., 40, 1, 340) ; la Cour d'Aix a repoussé cette restriction. Arrêt du 8 juin 1841 (S., 41, 2, 339).

## ART. 62.

### ALGÉRIE. — IMPÔT. — TIMBRE.

**Ordonnance du 10-17 janvier 1843** (*Bull.*, n° 10458).

Louis-Philippe, etc.

#### Art. 1er.

A partir du 1er mars 1843, seront applicables et exécutoires en Algérie, les lois, décrets et ordonnances qui régissent actuellement en France l'impôt et les droits de timbre.

#### Art. 2.

Les lois et ordonnances qui seraient rendues par la suite, en France, relativement aux droits de timbre, ne deviendront exécutoires, en Algérie, qu'en vertu de nos ordonnances spéciales.

#### Art. 5.

Nos ministres de la guerre et des finances sont chargés, etc.

# ART. 63.

1° EXPLOIT D'APPEL. — HUISSIER. — SIGNATURE. — 2° INDIVISIBILITÉ. — APPEL.

*1° L'omission de la signature de l'huissier, sur la copie de l'exploit d'appel, n'annule pas l'appel, lorsqu'il est certain que la copie est émanée d'un officier ministériel, et que la partie en a eu une connaissance suffisante; cette nullité d'ailleurs serait couverte par les actes desquels il résulterait que la partie a accepté la qualité d'intimé;*

*2° En matière indivisible, l'appel de l'une des parties profite aux parties qui n'ont pas appelé.*

**Arrêt de la Cour royale de Lyon, du 18 janvier 1843.**

### ARRÊT.

Attendu que la copie d'appel produite par J.-B. Honoré, non signée par l'huissier Daunay, est cependant émanée de cet officier ministériel; que cette copie a servi de base à la présentation d'un avoué et à tous les actes de la procédure; qu'ainsi J.-B. Honoré a eu connaissance suffisante de l'appel, et n'a éprouvé aucun préjudice du défaut de signature;

Attendu qu'en admettant, au surplus, que cette irrégularité dans la copie constituât une nullité, cette nullité aurait été couverte par différents actes successifs, notamment : 1° par un acte d'avoué à avoué dans lequel on demande pour les consorts Honoré, la communication des pièces, sans que cette communication ait un trait spécial à la communication de l'original de l'acte d'appel; 2° par un autre acte contenant sommation de faire connaître les parties en cause; 3° par l'arrêt de réassignation auquel J.-B. Honoré a figuré comme intimé, et, en cette qualité, a déclaré s'en rapporter à justice;

Attendu, d'ailleurs, que l'objet de la demande était indivisible, puisque les demandeurs avaient déclaré agir dans un intérêt commun; qu'ils avaient conclu d'une manière générale au relaxe de la moitié des fonds possédés par les appelants, et que la question du procès était de savoir si le partage existait ou n'existait pas, et si les demandeurs avaient droit au relaxe; d'où il faut conclure que cette matière était réellement indivisible;

Attendu, dès-lors, que l'appel régulièrement interjeté entre deux des intimés, frappe le jugement tout entier, et à l'égard de tous les intéressés. — Par ces motifs, la Cour déclare l'appel recevable.

## OBSERVATIONS.

1° La doctrine de la Cour de Paris est conforme à celle de la Cour de cassation, qui a décidé que l'acte par lequel un huissier notifie une surenchère et assigne en validité de caution un acquéreur, est valable, quoique la copie laissée à l'acquéreur ne soit pas signée par lui, alors que cette copie était signée par le surenchérisseur, que l'acquéreur a reconnu avoir reçu des mains de l'huissier cette copie non signée, et que l'original est régulier et duement enregistré; 3 avril 1832 (D. P., 32, 1, 171; S., 32, 1, 444, *incomplet*);

2° Il est incontestable qu'en matière indivisible, l'appel interjeté par une partie profite à l'autre. C. cass., 30 mars 1825 (S. 25, 1, 417; D. P., 23, 1, 423); Bourges, du 23 décembre 1825 (S., 26, 2, 255; D. P., 24, 2, 202); C. cass., du 13 juillet 1830 (S., 34, 1, 54; D. P., 30, 1, 372).

## ART. 64.

VENTE D'IMMEUBLES. — SURDITÉ. — CAPACITÉ.

*L'individu atteint d'une imperfection dans les organes de l'ouïe et de la parole, sans être tout-à-fait sourd et muet, est capable d'aliéner.*

Arrêt de la Cour royale d'Angers du 1er février 1843.

Par contrat du 3 novembre 1839, les époux Tarrière ont vendu au sieur Garnier la closerie de la Chevrie, appartenant en propre à l'épouse, moyennant une rente viagère de 300 francs sur la tête des deux vendeurs, sauf réduction à 200 fr., lors du décès du prémourant et avec stipulation que le prorata dû au moment de ce prédécès sera porté à 200 fr., payables à l'un des neveux des vendeurs.

Les héritiers de la femme ont provoqué son interdiction en se basant sur son imbécillité et sur l'infirmité qui affectait ses organes de l'ouïe et de la parole. Le tribunal de Mayenne a admis ces conclusions.

Par suite de ce jugement, un subrogé-tuteur a été adjoint au sieur Tarrière, tuteur de droit de sa femme. En outre, le sieur Roger, neveu de la dame Tarrière, a été nommé tuteur *ad hoc* à l'effet de poursuivre la nullité de la vente du 3 novembre 1839, conformément aux dispositions de l'art. 503 du Code civil.

Une instance s'est engagée à cet égard et le 17 août 1842, le tribunal de Mayenne a rendu un jugement qui annule la vente, pour cause d'incapacité de la dame Tarrière.

Le sieur Garnier a interjeté appel.

### ARRÊT.

Attendu qu'il est reconnu par toutes les parties que l'état actuel de la femme Tarrière est à peu près ce qu'il a toujours été; qu'il résulte des deux enquêtes qu'elle est imparfaitement organisée, quant aux facultés de l'ouïe et de la parole, sans être pourtant tout-à-fait sourde ou tout-à-fait muette; tous les témoins s'accordent aussi à reconnaître, et les habitudes de sa vie prouvent qu'elle n'est point dénuée d'intelligence; le plus grand inconvénient de cet état est de percevoir avec peine les paroles qu'on lui adresse, et de se faire entendre difficilement, surtout à l'égard des étrangers ; mais, quant aux personnes habituées avec elle, cette femme comprend ce qui lui est dit, et rend intelligible ce qu'elle dit sans trop d'efforts. Au cours de l'année 1856, elle a fait son testament devant un notaire digne de toute confiance ; elle a exprimé plusieurs fois l'intention de vendre l'immeuble qui fait l'objet du procès : divers témoins ont été chargés par elle de le proposer, spécialement à Garnier, acquéreur actuel et appelant ; elle l'a fait offrir aussi à l'un de ses héritiers naturels, ainsi qu'à un tiers, qui en dépose, et ceux ci n'ont point accepté, parce qu'ils ne voulaient pas se charger d'un viager ;

Attendu, d'ailleurs, que la vente consentie à Garnier paraît faite à un prix très-raisonnable, quand on considère la consistance de l'immeuble et sa valeur présumable d'après l'impôt, en égard aussi à la circonstance que la rente viagère est constituée sur deux têtes ; que ce contrat d'ailleurs est par sa nature un acte tout-à-fait favorable, très-moral, fort usité dans les campagnes, de la part d'époux parvenus à un certain âge, n'ayant point d'enfants, dans la vue d'assurer leur aisance commune et celle du survivant des deux ; qu'aussi il est appris par les enquêtes que la femme Tarrière, du chef de laquelle était la propriété, faisait connaître ses intentions à cet égard, en disant qu'elle ne voulait pas qu'après elle son *bonhomme* fût exposé à mourir de faim ;

Attendu que ce qui prouve encore qu'elle agissait avec discernement et en pleine connaissance de cause, c'est le soin qu'elle a pris de s'assurer, lors de la rédaction, si le champ du Journeau y était compris ; qu'il résulte de ces documents et de tous les faits de l'instance que l'on ne peut pas dire que la cause de l'interdiction existât notoirement à l'époque où l'acte a été fait ; — Par ces motifs, la Cour met au néant le jugement définitif dont est appel, déclare bon et valable le contrat de vente.....

## OBSERVATIONS.

Le sourd-muet illettré est dans une position analogue à celle de l'individu placé sous la surveillance d'un conseil judiciaire ; Lyon, du 24 janvier 1812 (S., 13, 2, 12 ; D. P., 11, 2, 31 ; D. A., 9, 5, 30 ; L., 33, 332.) Au contraire le sourd-muet qui sait lire et écrire, est apte à tous les actes de la vie civile, il peut notamment faire un testament olographe. 16 août 1836, Bordeaux. (S., 37, 2, 468 ; D. P., 38, 2, 7 ; L., 57, 2, 619 ; Merlin, *Rep.*, V° *Sourd-muet*, n° 3.)

## ART. 65.

**ADJUDICATION. — MINEUR. — SUBROGÉ-TUTEUR.**

*Le subrogé-tuteur ne peut se rendre adjudicataire, dans son intérêt, d'un bien appartenant au mineur.*

Arrêt de la Cour royale de Riom du 25 février 1843.

Par jugement du tribunal d'Ambert, du 6 juillet 1813, le sieur François Joléa, subrogé-tuteur des mineurs Gagnaire s'est rendu adjudicataire des immeubles appartenant à ces derniers. A sa majorité, l'un des enfants Gagnaire, cessionnaire des droits de ses frères, a intenté contre le sieur Laurent Joléa, représentant de François Joléa, une action en nullité de ladite adjudication; il se fondait sur ce que le sieur Joléa ne pouvait, en sa qualité de subrogé-tuteur, devenir adjudicataire des biens appartenant à ses mineurs, et sur ce que cette adjudication avait eu lieu en fraude des mineurs.

Jugement du tribunal d'Ambert, du 29 décembre 1841, qui déclare l'adjudication nulle et frauduleuse.

Appel par le sieur Joléa. — Le sieur Gagnaire a, de son côté, interjeté appel du jugement d'adjudication du 6 juillet 1813.

Ces deux appels ayant été joints, la Cour royale de Riom a rendu l'arrêt suivant :

ARRÊT.

En ce qui touche l'appel interjeté par Laurent Joléa contre François Gagnaire, du jugement du 29 décembre 1841 ; sur le moyen de nullité qui consiste à soutenir que François Joléa, représenté en la cause par la partie d'Allemand (Laurent Joléa), ne pouvait, à raison de sa qualité de subrogé-tuteur de François Gagnaire, se rendre adjudicataire des biens compris dans l'adjudication du 6 juillet 1815 ;

Considérant que la loi 54, *de Contrah. Empt.*, qui interdisait à certaines catégories de personnes la faculté d'acquérir les biens des mineurs, paraît, d'après les termes génériques, avoir voulu frapper de la prohibition qu'elle prononce toutes les personnes spécialement appelées, par la nature des fonctions qui leur sont confiées, à surveiller la vente des biens des mineurs : « *Tutor rem pupilli emere non potest ; idem que porrigendum ad similia, id est curatores, procuratores et qui aliena negotiæ gerunt.* »

Considérant que le but évident de cette loi était d'empêcher que l'intérêt personnel de ceux qui devaient protéger le mineur, lorsqu'il s'agissait de la vente de ses biens, ne se trouvât en opposition avec les devoirs qu'ils ont à remplir ;

Considérant que l'art. 1596 du Code civil est conçu dans le même esprit, et que le subrogé-tuteur, à raison de la surveillance qu'il doit exercer, lors de la vente des biens du mineur, a été nécessairement compris dans la prohibition de s'en rendre adjudicataire ;

Considérant que les expressions générales de l'art. 1596, rapprochées des autres dispositions de la loi avec lesquelles il doit se concilier, suffiraient pour démontrer que le Code civil, comme la loi romaine, a disposé, en termes généraux et par voie de catégorie, sans s'astreindre à dénommer taxativement chacune des personnes qui ne peuvent se rendre adjudicataires des biens du mineur ;

Considérant en effet que, si les termes de l'art 1596 du Code civil devaient recevoir l'acceptation limitative qu'on voudrait leur donner, le conseil judiciaire donné au prodigue, le curateur de l'émancipé, qui ne sont ni l'un ni l'autre désignés nominativement dans cet article, pourraient se rendre adjudicataire des biens de ceux qui leur sont confiés ; ce qui serait incompatible avec les prescriptions des art. 513 et 482 du Code civil qui exigent impérieusement que le prodigue soit assisté de son conseil judiciaire, et que le mineur émancipé soit assisté de son curateur, lorsqu'il s'agit de vendre leurs biens ou d'en recevoir et quittancer le prix;

Considérant qu'une imprévoyance formelle ressortirait aussi du rapprochement de l'art. 1596 avec la disposition de l'art. 484, qui, pour l'aliénation ou la vente de ses biens, soumet le mineur émancipé à l'observation des formalités prescrites au mineur non émancipé; qu'en effet, le curateur, dans cette circonstance, remplacerait le tuteur, et que, cependant, en adoptant l'interprétation restreinte qu'on veut donner à l'art. 1596, il ne serait point, comme le tuteur lui-même, frappé de l'incapacité de se rendre adjudicataire;

Considérant que ces premières contradictions sembleraient déjà établir que, dans l'art. 1596, le législateur ne s'est point astreint à désigner nominativement tous ceux auxquels il a cru devoir prohiber de se rendre adjudicataires des biens; mais que plusieurs autres dispositions de la loi, spécialement applicables au subrogé-tuteur, rendent cette démonstration encore plus positive;

Considérant, en effet, que l'art. 444 du Code de procédure civile veut, pour faire courir le délai de l'appel, que le jugement soit signifié au subrogé-tuteur; que le but de cette disposition a été que le subrogé-tuteur connût les jugements qui intéressent les mineurs, afin qu'il pût faire convoquer le conseil de famille, pour délibérer sur l'opportunité de l'appel; précaution de la loi, qui, en cas de vente des biens du mineur, pourrait devenir illusoire, si le subrogé-tuteur avait la faculté de se rendre adjudicataire;

Considérant que les art. 452 et 459 du Code civil exigent que le subrogé-tuteur soit présent à la vente des biens du mineur; que cette prescription géminée de la loi n'a point été principalement déterminée par la crainte d'une opposition entre le tuteur et son pupille, puisqu'il est expressément interdit au tuteur de se rendre adjudicataire; que le but de la loi a été de donner au mineur sur le point d'être dépouillé de ses biens, un second protecteur, un nouveau défenseur de ses intérêts, dans la personne de son subrogé-tuteur; mais qu'au contraire, si le subrogé-tuteur pouvait se rendre adjudicataire, le mineur pourrait trouver en lui un adversaire personnellement intéressé à ce que ses biens fussent aliénés à un prix notablement inférieur à leur valeur réelle; qu'ainsi la sollicitude de la loi, au lieu d'avoir été favorable au mineur, serait devenue funeste à ses intérêts;

Considérant, quant aux autres moyens de nullité proposés par la partie de Rouher (François Gagnaire), qu'il devient inutile de les examiner;

En ce qui touche l'appel du jugement d'adjudication interjeté par le parti de Rouher contre Laurent Joléa, par les motifs ci-dessus énoncés dans le présent arrêt, et qui doivent faire prononcer l'infirmation du jugement d'adjudication;

Par ces motifs, la Cour déclare le jugement d'adjudication du 6 juillet 1815, nul et de nul effet......

## OBSERVATIONS.

La question résolue par la Cour royale de Riom est controversée. Duranton (t. 16, n° 134); Duvergier (*vente*, t. 1, n° 188), les Cours de Rouen, 27 avril 1814 (D. P., 17, 2, 108); de Bordeaux, 30 mai 1840 (S., 40, 2, 367; D. P., 40, 2, 196); de Riom, 4 avril 1829,

( S., 37, 1, 114; D. P., 37, 1, 215 ), décident que le subrogé-tuteur peut se rendre acquéreur des biens du mineur.

Magnin (*Des minorités*, t. 2, p. 265); Zachariæ (*Droit Français*, t. 2, § 331, n° 5), et la Cour de cassation, Ch. civ., 4 mai 1825, (D. P., 25, 1, 324), décident que le subrogé-tuteur n'a point cette faculté.

Delvincourt, (t. 3, p. 126) et Troplong, (*vente*, t. 1, n° 187) pensent que le subrogé-tuteur peut se rendre acquéreur s'il s'agit de ventes *forcées*; mais qu'il ne le peut au cas de ventes *volontaires*.

## ART. 66.

### LICITATION. — CRÉANCIER. — OPPOSITION.

*Le droit qu'ont les créanciers d'un co-partageant de s'opposer à ce qu'il soit procédé au partage hors de leur présence, ne va pas jusqu'à priver les co-héritiers de la faculté que leur accorde l'art. 827 du Code civil, alors surtout que l'opposition n'est formée qu'après que les opérations de la licitation devant notaire ont été consommées.*

Arrêt de la Cour de cassation, chambre des requêtes, du 30 janvier 1843.

Attendu que la vente des immeubles dépendant d'une succession peut, d'après l'art. 827 du Code civil, avoir lieu par licitation devant un notaire si les co-héritiers, tous majeurs, donnent leur consentement à ce mode de vente, et si les immeubles ne peuvent pas se partager commodément;

Attendu qu'en vertu de l'art. 882 du même Code, les créanciers d'un co-partageant peuvent, pour éviter que le partage ne soit fait en fraude de leurs droits, s'opposer à ce qu'il y soit procédé hors leur présence, et qu'ils ont le droit d'y intervenir à leurs frais, mais que leurs droits ne vont pas jusqu'à détruire l'effet de l'art. 827, lorsque déjà la licitation devant notaire a été consentie par les co-héritiers, tous majeurs, et surtout lorsque, comme dans l'espèce, la demande du créancier à fin de partage a été formée après que les opérations de cette licitation devant notaire étaient commencées;

Attendu que, d'après ledit art. 882, les créanciers d'un co-partageant peuvent attaquer un partage, même consommé, s'il y a été procédé sans eux et au préjudice d'une opposition qu'ils auraient formée;

Attendu, quant à la présence du demandeur, qu'il est constaté en fait que, dans l'espèce, il avait été duement averti et sommé d'être présent à la licitation;

Attendu, quant à l'opposition formée par le demandeur, qu'il est jugé en fait par l'arrêt attaqué que les biens de la succession ne pouvaient pas donner lieu à un partage en nature, et, qu'en outre, le demandeur lui-même n'a pas prétendu que la vente eût été faite en fraude de ses droits, c'est-à-dire pour une somme inférieure à la valeur des biens; que, dans ces circonstances, l'opposition formée par le demandeur et fondée sur la demande par lui faite d'un partage en justice, n'était pas de nature à mettre obstacle à ce qu'il fût passé outre à la licitation à laquelle il était appelé, et que les causes de cette opposition ne peuvent pas motiver l'annulation de l'opération ainsi consommée;

D'où il suit que l'arrêt attaqué n'a violé aucune loi ; — REJETTE.

## OBSERVATIONS.

L'art. 882 du Code civil donne lieu à des difficultés nombreuses. On s'est demandé notamment si les créanciers pouvaient attaquer la vente par licitation, faite conformément à l'art. 827, malgré leur opposition et sans qu'ils y aient été appelés. On distingue : si la vente par licitation a eu lieu en faveur de l'un ou de plusieurs des héritiers, elle est un véritable partage auquel peut s'appliquer l'art. 882 du Code civil; si la vente a eu lieu en faveur d'un étranger, il n'y a pas de partage et par conséquent pas d'application possible de l'art. 882 du Code civil. Chabot, sur l'art. 882, p. 663; Vazeille, A. 882, n° 8 ; Delaporte, t. 3, p. 391. Cour de Paris, du 2 mars 1812. (S., 12, 2, 432; L., 13, 189.) — Au reste, l'art. 882 exige que l'opposition des créanciers intervienne avant la consommation du partage. Or, que faut-il entendre par partage consommé? Il est bien évident qu'un partage *simulé* n'étant pas sérieux, ne peut être considéré comme un partage consommé. Vazeille, A. 882, n° 5. Agen, du 19 mai 1823 (D. A., 12, 480; D. P., 24, 2, 139); Bourges, du 18 juillet 1832 (S., 33, 2, 628; D. P., 34, 2, 41). Mais l'acte de liquidation passé entre un père et ses enfants, pour régler les droits que ceux-ci peuvent réclamer du chef de leur mère décédée; l'acte par lequel l'héritier et le légataire ont réglé leurs droits à la succession, à la condition de la part du légataire de former sa demande en délivrance, sont des actes de partage consommé. Bourges, du 8 juillet 1828 (S., 30, 2, 24; D. P. 27, 2, 254; L., 83, 548); Poitiers, du 23 décembre 1823 (D. A., 12, 481; D. P., 12, 337).

## ART. 67.

**PRIVILÉGE DU VENDEUR. — INSCRIPTION. — RENOUVELLEMENT.**

*L'inscription prise dans l'intérêt du vendeur, lors de la transcription, pour conservation de son privilége, n'est pas soumise à la nécessité du renouvellement dans les dix ans; il suffit que l'inscription soit prise dans la quinzaine de la transcription de la seconde vente.*

Arrêt de la Cour royale de Paris du 8 mars 1843.

Les héritiers Desisle ont vendu aux époux Tixier une maison sise à Versailles. Leur privilége de vendeur a été inscrit d'office en décembre 1828.

L'inscription n'a été renouvelée que le 22 février 1841.

L'immeuble vendu a été, par suite d'expropriation, adjugé au sieur Kiggeu, le 16 juin 1841. L'un des créanciers hypothécaires des époux Tixier a soutenu que l'inscription du privilége des héritiers Desisle n'ayant été renouvelée que le 22 février 1841, après l'expiration de dix ans, le privilége ne devait avoir effet que du jour du renouvellement.

Le 7 juin 1842, jugement du tribunal de Versailles, ainsi conçu :

Attendu que le privilége du vendeur sur l'immeuble par lui vendu subsiste indépendamment de toute inscription, tant que l'immeuble est dans les mains de son acquéreur ; qu'il suffit, pour qu'il puisse être exercé utilement, que l'inscription ait été faite dans la quinzaine de la transcription du sous-acquéreur auquel l'immeuble aurait été revendu ;

Attendu que, dans l'espèce, le privilége du vendeur a été inscrit même avant la revente à Kiggeu, par les époux Tixier ;

Dit que, sur le prix, prélèvement fait des frais extraordinaires de transcription, seront payés, en première ligne, les héritiers Desisle.

(Ce jugement a été confirmé purement et simplement par la Cour de Paris).

## OBSERVATIONS.

Le seul effet du défaut de renouvellement de l'inscription est de faire considérer l'inscription comme n'ayant jamais existé. Il suffit, en conséquence, que dans le cas d'une vente, le vendeur prenne une nouvelle inscription dans la quinzaine qui suit la transcription. Persil, *quest.*, ch., 6, § 7 ; Favard, v° *Privilége*, sect. 2, n° 6 ; Troplong, *Priv. et hyp.*, n° 286 ; Paris, du 20 février 1834 (S., 34, 1, 160 ; D. P., 34, 2, 132) ; du 7 décembre 1831 (S., 32, 2, 129 ; D. P., 32, 2, 77). *Contrà*, Toulouse du 23 mars 1829 (S., 30, 2, 182 ; D. P., 28, 2, 112).

## ART. 68.

1° GREFFIERS DE JUSTICE DE PAIX. — ÉMOLUMENTS.
2° JUGES DE PAIX. — TRAITEMENT. — VACATIONS.

*Chambre des Pairs. — Séance du 8 mars 1843.*

MM. les greffiers des justices de paix de l'arrondissement de Grenoble et des cantons d'Epinal et de Remiremont (Vosges) ont adressé à la chambre des pairs une pétition, tendant à obtenir un tarif supplémentaire pour les actes non rétribués dans le tarif de 1807. Le rapport en avait été confié à M. d'Haubersart.

M. le rapporteur, à la séance du 8 mars 1843, s'est exprimé en ces termes :

Les greffiers des justices de paix de l'arrondissement de Grenoble et des cantons d'Epinal et de Remiremont, département des Vosges, au nom de leurs confrères des deux arrondissements, se plaignent de l'insuffisance de leur traitement, toujours le même depuis l'institution des justices de paix, quoique leur travail ait été successivement augmenté, quoiqu'on leur ait retiré les attributions les plus lucratives, quoique la valeur nominale du numéraire ait subi une grande dépréciation depuis l'année 1807, quoique la loi ait singulièrement amélioré la position des greffiers de première instance et de commerce.

Il ne demandent point une augmentation de traitement fixe ; ils ne prétendent pas, non plus, qu'il faille toucher au tarif de 1807. Ce qui leur paraît juste et nécessaire, c'est de fixer, par un tarif supplémentaire, la rétribution qui leur est due pour ceux de leurs travaux qui n'ont pas été rémunérés dans le tarif de 1807. Telle était l'opinion d'un honorable député, rapporteur de pétitions adressées par les greffiers, dans la séance du 12 mars 1842. Forts de ce témoignage, les pétitionnaires sollicitent l'intervention de la Chambre, pour que ce tarif supplémentaire soit présenté aux Chambres et voté dans le cours de la présente session.

Dans votre dernière session, les greffiers des justices de paix de l'arrondissement de Grenoble et du canton de Mortagne, vous ont présenté des pétitions ayant le même objet et fondées sur les mêmes motifs. Le sort de ces fonctionnaires a été jugé, par votre comité, digne d'égards, et, conformément à sa proposition, la Chambre a ordonné le renvoi des pétitions à M. le ministre de la justice.

Les considérations qui ont déterminé, l'année dernière, ce témoignage de votre intérêt, n'ont point changé, et lorsque divers actes de procédure ont été introduits dans la juridiction des justices de paix, depuis l'institution du tarif de 1807, il paraît juste d'examiner si, à l'instar de ce qui s'est fait à l'égard des greffiers des tribunaux de première instance, ces actes ne doivent pas être rémunérés.

Votre comité vous propose donc de renvoyer les pétitions à M. le garde-des-sceaux, ministre de la justice.

(Le renvoi est adopté.)

## OBSERVATIONS.

1° La pétition de MM. les greffiers d'Epinal et de Remiremont est d'une justice incontestable. Les lois qui se sont succédé depuis le tarif de 1807 ont imposé aux greffiers des justices de paix un surcroît de travail qu'il est nécessaire de rémunérer. Nous croyons toutefois que là ne doit point s'arrêter la sollicitude du législateur. Depuis longtemps des plaintes légitimes se sont élevées sur l'exiguïté du traitement des greffiers de justice de paix. Ce traitement n'est que de 266 fr. 67 cent. Et si, dans les chefs-lieux d'arrondissement, il arrive parfois que les émoluments casuels, l'élèvent à une somme convenable, il faut reconnaître aussi que les greffiers de la plupart des cantons ruraux n'ont pas annuellement 700 fr. d'émoluments tant fixes que casuels. Les neuf dixièmes des greffiers des justices de paix ne retirent annuellement de leurs charges que 6 à 800 fr. Dans les arrondissements de Château-Thierry, Châlons-sur-Marne et Compiègne, par exemple, c'est 5 à 600 fr., dans les cantons ruraux et 800 fr. dans les chefs-lieux d'arrondissement; à Marvejols (Lozère), c'est 449 fr., au chef-lieu d'arrondissement; à Milhau (Aveyron), c'est 416 fr.; à Castelnaudary, c'est 410 fr. et à Paimbœuf, c'est 400 fr. Les greffiers ne peuvent ajouter au revenu de leurs charges aucun bénéfice supplémentaire : leurs fonctions sont incompatibles avec toutes autres fonctions, soit judiciaires, soit administratives, soit notariales : il faut donc qu'ils trouvent dans l'exercice de leur profession des revenus suffisants, il faut que leur traitement leur permette de soutenir une certaine position sociale, digne de la magistrature dont ils sont membres.

Nous voudrions, en outre, que l'on révisât le tarif de 1807 dont les dispositions ne sont plus en rapport avec la nature des affaires portées aujourd'hui devant les justices de paix. Ce tarif n'accorde aux greffiers aucun émolument pour des actes qui se présentent fréquemment et qu'il est juste de rémunérer. Tels sont notamment la rédaction des jugements; la déclaration des parties qui demandent à être jugées (Code de procédure civile, art. 7), la mise au rôle, les enquêtes, les procès-verbaux de conciliation, la nomination d'experts, la prestation de leur serment, la déclaration du tiers-saisi (art. 35, 39, 40, 48, 54 et 571 du Code de procédure civile), les actes d'émancipation, les reconnaissances d'enfant naturel, les actes d'adoption, les actes de notoriété autres que ceux dont il s'agit aux art. 70 et 71 du Code civil et les certificats de propriété (art. 353, 334, 477 et 478 Code civil); les procès-verbaux constatant des avaries (art. 413 et 414 du Code de commerce), les prestations de serment des gardes-champêtres et autres fonctionnaires, les recherches dans les archives du greffe, etc.

En combinant ces diverses modifications on pourrait arriver à donner aux greffiers des justices de paix une position convenable, sans grever l'Etat et les justiciables de charges trop onéreuses.

2º Il est également nécessaire que le traitement fixe des juges de paix, dont l'insuffisance n'a jamais été contestée, soit augmenté, et que les vacations allouées en certains cas à ces magistrats soient supprimées. C'est porter atteinte à la dignité et à la considération de la magistrature que de soumettre le juge à recevoir directement son salaire des justiciables. Nos sentiments à cet égard sont ceux de la chambre des députés : dans sa séance du 18 mars 1843, la chambre a renvoyé à M. le garde-des-sceaux la pétition par laquelle MM. les juges de paix d'Agen et de Sombernon (Côte-d'Or) réclament les modifications dont nous venons de parler.

## ART. 69.

**1° PREMIER RESSORT. — DOMMAGES-INTÉRÊTS. — DEMANDE INCIDENTE.**
**2° FAUX-INCIDENT. — MOYENS DE FAUX.**

*1° Une demande en dommages-intérêts excédant 1,500 fr., fondée sur une inscription en faux-incident, ne peut être jugée en dernier ressort par le tribunal de première instance, bien que la demande principale porte sur une somme de moins de 1,500 fr. L'action en dommages-intérêts rend, dans ce cas, toutes les autres branches du litige susceptibles du second ressort. (Loi du 11 avril 1838, art. 2, §§ 2 et 3.)*

*2° L'acte par lequel le demandeur en faux-incident contre une quittance sous seing-privé, énonce que l'écriture et la signature de ladite quittance n'émanent pas de la personne à qui elles sont attribuées, et que la fausseté de ces écriture et signature sera facilement démontrée par une expertise, remplit suffisamment le vœu de l'art. 229 du Code de procédure civile.*

Arrêt de la Cour de Riom du 24 février 1843.

Le sieur Lassauzet créancier du sieur Lamouroux d'une somme principale de 26 fr., avait obtenu, le 9 août 1831, un jugement de condamnation devant le juge de paix de Manzat. Le sieur Lamouroux s'opposa à l'exécution de ce jugement; poursuivi plusieurs années plus tard, il allégua s'être libéré, ainsi que cela résultait, d'après lui, d'une quittance sous-seing privé, en date du 18 novembre 1831, et il assigna le sieur Lassauzet devant le tribunal de Riom, pour voir ordonner la discontinuation des poursuites.

Le sieur Lassauzet s'inscrivit en faux contre la quittance produite. Quelque temps après il céda la créance dont il s'agit au sieur Chomillier qui continua l'instance. Un jugement admit l'inscription de faux.

Le 30 novembre 1841, par acte d'avoué, Chomillier signifia à Lamouroux que les moyens de faux consistaient : « principalement et uniquement, en ce que l'écriture de la quittance du 18 novembre 1831 et la signature apposée au bas d'icelle, ne sont point celles de Lassauzet; que la fausseté de ces écriture et signature sera facilement démontrée par une vérification de la pièce arguée de faux. »

Lamouroux conclut à ce que Chomillier soit déclaré déchu de son inscription de faux, pour n'avoir pas, conformément aux dispositions de l'art. 229 du Code de procédure civile, énoncé les faits et circonstances qui constituent ses moyens, et condamné en outre à 3,000 fr.

de dommages-intérêts pour réparation du préjudice que lui fait éprouver l'inscription de faux.

1er février 1842, jugement ainsi conçu :

Attendu que l'acte du 50 novembre 1841, dans sa teneur, ne déduit, ne précise aucun fait et aucune circonstance constitutifs du faux reproché; qu'il se borne à exprimer, sans signaler des preuves, que l'acte est faux parce que l'écriture et la signature en sont supposées; que c'est là dire, en d'autres termes, l'acte est faux parce qu'il est supposé, ou il est faux parce qu'il est faux, ce qui constitue manifestement une pétition de principe que, dans aucun cas, la justice ne peut admettre comme preuve. Le tribunal, jugeant en premier ressort, rejette comme inadmissible la demande en faux-incident de Chomillier, condamne ledit Chomillier, pour tous dommages-intérêts, en tous les dépens...

Appel par Chomillier. Lamouroux oppose une fin de non-recevoir prise de ce que le jugement serait en dernier ressort. Il soutient que le tribunal était compétent pour juger en dernier ressort la demande en dommages-intérêts, en vertu de la disposition exceptionnelle du § 3 de l'art. 2 de la loi du 11 avril 1838.

Arrêt (après délibéré en la Chambre du conseil);

En ce qui touche la fin de non-recevoir opposée contre l'appel et fondée sur le motif que le jugement, quoique qualifié en premier ressort, a néanmoins été rendu sur toutes choses en dernier ressort;

Attendu que la loi du 11 avril 1838 dispose, dans son article 1er, que les tribunaux de première instance ne connaîtront qu'en premier ressort de toute action personnelle et mobilière excédant 1,500 fr. de principal;

Attendu que cette même loi ne porte, dans le § 3 de son art. 2, d'exception à cette règle générale que pour les actions en dommages-intérêts qui seront fondées exclusivement sur la demande principale elle-même, toutes les fois que celle-ci ne sera pas de nature à emporter le second ressort;

Attendu, dans la cause, que si la demande principale n'ayant trait qu'au paiement d'une somme de moins de 1,500 fr., était en dernier ressort; l'action en dommages-intérêts de 5,000 fr., formée par Lamouroux contre Chomillier, ne se rattachait à cette demande que par un lien de procédure et en était, par son objet, complètement indépendante;

Attendu que cette action en dommages-intérêts était exclusivement fondée sur un fait postérieur à la demande principale, et puisait son principe et ses motifs dans la demande en faux-incident, dirigée par Chomillier contre la quittance produite au procès par Lamouroux, demande en faux que ce dernier soutenait lui avoir fait dommage pour une somme de 5,000 fr. qu'il réclamait;

Attendu que, d'après le texte et l'esprit de la loi, cette demande en inscription de faux, purement incidente à l'action principale, ne peut avoir, comme cette action principale elle-même, le privilége de rendre en dernier ressort une demande en dommages-intérêts fondée sur elle et s'élevant à plus de 1,500 fr.;

Attendu qu'il résulte de cette double appréciation du fait et du droit, que l'action en dommages-intérêts dont il s'agit, ne rentrait pas dans la catégorie de celles qui, quoique excédant 1,500 fr., sont néanmoins exceptées du second degré de juridiction par l'article 2 de la loi précitée ;

Attendu que cette demande en dommages-intérêts, fondée sur l'inscription en faux-incident, n'ayant pu dès-lors être jugée qu'en dernier ressort par le tribunal dont est appel, a rendu toutes les autres branches du litige susceptibles du second ressort, comme l'aurait fait, aux termes du § 2 de l'article sus-énoncé, toute demande en compensation ou reconventionnelle excédant 1,500 fr., la même instance incidente ou principale ne pouvant être partie en premier et partie en dernier ressort ;

Attendu qu'il suit de tout ce qui précède que l'appel de la partie de Chirol (Chomillier) est recevable, et que dès-lors il y a lieu d'y statuer ;

*Au fond* : Attendu que Chomillier énonce, dans l'acte d'avoué à avoué, du 30 novembre 1841, que l'écriture et la signature de la quittance produite n'étaient pas celles d'Annet Lassauzet, mais étaient l'œuvre d'une main étrangère, et que la fausseté de ces écriture et signature serait facilement démontrée par la vérification qui en serait faite par experts sur des pièces de comparaison admises conformément à la loi ;

Attendu que cet acte ainsi formulé, alors surtout qu'il ne s'agissait que d'une quittance sous seing-privé, donne une indication suffisante des faits, circonstances et preuves par lesquels le demandeur en inscription prétendait établir la fausseté de la pièce qui lui était opposée ; et que, dès-lors, il a fait connaître suffisamment ses moyens de faux, et, par conséquent, suffisamment rempli le vœu de l'art. 229 du Code de procédure civile ;

Par ces motifs, et sans s'arrêter à la fin de non-recevoir, dit qu'il a été mal jugé, bien appelé, déclare les moyens de faux contenus dans l'acte du 30 novembre 1841 suffisamment libellés....

## OBSERVATIONS.

1° Avant la loi du 11 avril 1838, la jurisprudence décidait constamment que la demande en dommages-intérêts formée par le demandeur principal, pour une cause antérieure à l'instance, devait être jointe à la demande principale, pour déterminer le taux du dernier ressort : Nîmes des 8 mars 1813 (S., 14, 2, 385; D. A., 4, 643; L., 39, 281) et 26 avril 1813 (S., 14, 2, 385; D. A., 3, 463; L., 39, 283). Cette jurisprudence a été sanctionnée par la loi nouvelle. « Il sera statué en dernier ressort, dit l'art. 2, § 3, sur les demandes en dommages-intérêts, *lorsqu'elle seront fondées exclusivement sur la demande principale elle-même.* Toutefois la loi nouvelle ne dit point s'il s'agit seulement des demandes en dommages-intérêts formées par le défendeur. Nous pensons que, dans l'esprit de la loi, cela doit être ainsi. La commission de la Chambre des pairs avait introduit dans le § 3 les mots *formées par le défendeur*. Ces mots furent supprimés sur l'observation du garde-des-sceaux : « Qu'il est évident qu'il n'y a que le défendeur lui-même qui puisse former une demande en dommages-intérêts fondée sur la demande principale. » Ce système a été suivi par la Cour de Rouen, 19 novembre 1840 (S., 41, 2, 63). La disposition du § 3 de l'art. 2 s'appliquerait toutefois au demandeur, lorsque les dommages-intérêts ne sont demandés que depuis l'instance et comme défense aux moyens produits par le défendeur; Angers du 21 mars 1840 (S., 40, 2, 395).

2° Il est certain qu'en cas d'inscription de faux *contre un acte authentique*, les moyens de faux ne sont admissibles qu'autant qu'ils énoncent les faits, les circonstances et les preuves par lesquels on prétend établir le faux. Il ne peut suffire d'une dénégation de l'écriture ou de la signature de l'acte; Toulouse, 13 décembre 1831 (S., 32, 2, 427; D. P., 33, 2, 125); Cour de Cassation, 23 mars 1835 (S., 35, 1, 811; D. P., 35, 1, 206) et 20 avril 1837 (S., 37, 1, 590; D. P., 37, 1, 329; L., 37, 1, 375); Berriat, p. 279, notes 33 et 38; Favart, t. 2, p. 262. En est-il autrement, lorsque l'inscription de faux est dirigée *contre un acte sous seing-privé*? Nous ne le pensons pas. Sans doute celui auquel l'on oppose un acte sous-seing privé, peut, par une simple dénégation de l'écriture ou de la signature dudit acte, mettre à la charge de la partie qui l'a produit, la preuve de la sincérité de l'écriture et de la signature (art. 1323 et 1324). Que si, au lieu d'user de cette faculté, le défendeur s'inscrit en faux, nous croyons qu'il est soumis aux mêmes obligations que s'il s'agissait d'un acte authentique.

## ART. 70.

### PROJET DE LOI SUR LES ACTES NOTARIÉS.

#### RAPPORT DE M. PH. DUPIN.

Messieurs, une longue jurisprudence avait consacré l'interprétation donnée par l'usage aux dispositions de la loi du 27 ventôse an XI, destinées à régler la forme des actes notariés en France.

Mais tout-à-coup cette jurisprudence a subi une révolution inattendue qui ébranle un nombre immense de transactions, alarme de nombreux et de légitimes intérêts, menace la propriété sous quelque forme qu'elle se produise, et pourrait porter dans les fortunes et dans les familles une déplorable perturbation.

Tous reconnaissent la réalité de l'étendue du mal, tous désirent qu'il y soit porté remède.

Tel est le but du projet de loi qui vous est présenté.

Il y tend par une double voie: par l'interprétation du passé, par des modifications dans l'avenir.

Toutefois, ce projet a soulevé des scrupules qu'il faut rassurer et des questions qu'il faut résoudre.

On s'est demandé :

1° Si la loi est nécessaire ;

2° Si elle est dans le légitime domaine du pouvoir législatif;

3° Si elle n'est point entachée d'un vice de rétroactivité;

4º Si l'interprétation qu'elle donne de l'art. 9 de la loi du 25 ventôse an XI est exacte;

5º Si les modifications qu'elle apporte à cet article sont utiles et suffisantes.

Avant de reprendre ces diverses questions, il peut être nécessaire de jeter un coup d'œil rapide sur l'origine de la règle qu'il s'agit d'interpréter, et sur les diverses modifications qu'elle a subies, soit dans la loi, soit dans l'usage.

Dans les premiers âges de la monarchie, les notaires ou tabellions n'étaient point des fonctionnaires publics, c'étaient de simples écrivains un peu moins ignorants que leur clients, qui se chargeaient de retracer grossièrement sur le papier les rares et minimes transactions d'une société à l'état d'enfance.

Les conventions dont ils se faisaient les rédacteurs n'étaient que des actes privés, destinés à expliquer un peu plus clairement la volonté des parties et à les protéger contre les incertitudes et la fragilité de la mémoire. C'étaient de simples feuilles volantes dont il ne restait point de minutes et qui n'étaient inscrites sur aucun régistre. Loin de faire par leur valeur intrinsèque preuve de la convention qu'elles renfermaient, elles avaient besoin d'être certifiées par des témoins et n'acquéraient d'authenticité et de puissance exécutoire que par l'entérinement devant un magistrat.

On comprend que, dans cet état primitif, le contrat tirait sa force de la présence d'un certain nombre de témoins pouvant suppléer l'acte, s'il venait à se perdre ou en attester la fidélité s'il était produit.

Le génie de Charlemagne comprit que la mission de recevoir et de constater les conventions humaines devait être revêtue d'un caractère public. Il en fit une sorte de magistrature(1). Mais l'anarchie des règnes suivants renversa cet essai comme tant d'autres. On en revint à l'ancien usage.

Saint Louis reprit l'œuvre de Charlemagne; il établit soixante notaires en titre d'office dans la prévôté de Paris, pour y recevoir les actes de la juridiction volontaire et donner à ces actes, par leur attestation, la force et le sceau de l'autorité publique.

Ces notaires formaient une espèce de corps ou de confrérie, qui avait un centre commun au Châtelet, dans une salle destinée à recevoir leurs bureaux(2).

Il leur était défendu d'exercer leurs fonctions ailleurs qu'en ce lieu. Ils devaient toujours être *deux* pour recevoir et attester un acte et pour le porter ensemble au scelleur, qui avait aussi son bureau proche de leur salle, afin que, sur leur témoignage, cet officier y apposât, sous l'autorité du prévôt de Paris, le sceau de la juridiction du Châtelet.

Tel fut le berceau du notariat en France et suivant toute apparence, là se place aussi l'origine de l'usage encore subsistant d'employer un second notaire en

---

(1) *Judices Cartularii.*

(2) Delamarre, *Traité de la police*, liv. 1er, tit. 7, chap. 2. Ils étaient même soumis à une espèce de vie conventuelle, car un édit de 1500 les obligeait à chanter la messe et les vêpres en commun, et punissait d'une amende celui qui, sans excuse, venait à la messe, après le premier *Kyrie* et aux vêpres, après le *Gloria* du premier psaume.

remplacement des deux témoins précédemment appelés pour assister le notaire rédacteur.

La réunion de tous les notaires dans un même édifice facilitait et assurait l'exécution de cette formalité.

Mais le nombre des notaires de Paris s'était accru; ils avaient peu à peu déserté le Châtelet, pour s'établir isolément dans la ville et se rapprocher de leur clientelle.

Alors la difficulté d'arracher un notaire à son étude, pour l'appeler comme simple spectateur bénévole à la rédaction d'un acte qui lui était étranger, fit tomber l'usage en désuétude, sans qu'on revînt à l'ancien usage d'appeler des témoins.

Cependant l'instruction n'était pas assez répandue, la société pas assez avancée, et l'institution du notariat pas assez forte, pour qu'on pût renoncer à ces garanties (1).

Aussi Philipe IV ramena le nombre des notaires de Paris à soixante, et ordonna « qu'ils recevraient les contrats dans des lieux, et en des temps non suspects, et *par-devant des témoins conus et dignes de foi.*» (Edit de 1504).

Cette règle devint celle de toute la France.

Une ordonnance de Louis XI, de 1498, rappelle l'obligation de faire concourir à la confection des actes authentiques deux notaires, ou un notaire et deux témoins, *nonobstant quelques coutumes locales contraires qu'il déclare nulles et abusives.*

Cette disposition a été renouvelée dans les ordonnances de 1507, 1543 et 1579.

Mais ces rappels successifs de la même règle prouvent que, dès l'origine, il s'établit une lutte entre la loi et les mœurs, entre la théorie et la pratique. C'est qu'il y a des impossibilités qui tiennent à la nature des choses, et contre lesquelles tous les efforts viennent échouer. Le désir si naturel, quelquefois le besoin pour les parties, de conserver le secret de leurs affaires, la difficulté de se procurer à point nommé des témoins, un notaire second, la surcharge de frais qui résultait de cet appel, les entraves qu'il apportait à la conclusion des transactions, firent et feront toujours obstacle à l'emploi de ces personnages auxiliaires.

Et puis, on comprenait l'inutilité de cette stérile présence. Elle était en quelque sorte reconnue et proclamée dans le préambule d'un édit de Henri III, de juillet 1581.

« La présence de deux notaires à recevoir un contrat n'est aucunement nécessaire (y est-il dit). Car l'un d'iceux la plus part du temps *n'escoute pas ce qui s'y fait, et n'y est que pour approbation, comme simple témoin*, et néanmoins ce sont grands frais à nos dits sujets (mesmes quand il faut aller recevoir les contrats aux champs), et grand peine à les assembler, et bien souvent il n'y a qu'émulation et envie entre lesdits notaires, lequel d'eux recevra le contrat, et qui le enregistrera et autres causes semblables. »

En conséquence, l'ordonnance décharge les parties des honoraires du notaire en second.

---

(1) Le notariat n'était pas alors en des mains fort relevées, s'il faut en juger par la défense faite aux notaires ou tabellions, dans l'art. 25 de l'ordonnance de 1504, d'exercer l'état de boucher, ni celui de barbier, ni tout autre métier de bas étage : *Nullo vili officio vel ministerio se immisceant vel utantur, nec carnifices vel barbi tonsores existant.*

D'un autre côté la civilisation faisait chaque jour des progrès, les parties étaient moins ignorantes ; l'institution notariale allait s'élevant et se perfectionnant. Mieux choisis et plus éclairés, les notaires présentaient une garantie personnelle qui n'avait pas besoin d'une garantie d'emprunt.

La signature du second notaire devint une sorte de contre-seing apposé après coup, et dont nous verrons plus tard l'objet et la portée.

Aussi les statuts et réglements des conseillers du Roi, notaires au Châtelet de Paris, du 30 avril 1679, obligeaient-ils les notaires *de signer l'un pour l'autre les actes et les contrats* non contraires aux ordonnances et bonnes mœurs, à peine d'une légère amende (3). C'était affaire de pure forme.

Un édit de Louis XIV, d'octobre 1691, sanctionne cette partique et l'étend aux notaires de Lyon en ces termes :

« Dispensons les notaires de prendre à l'avenir des témoins pour signer avec eux les actes qu'ils passeront, *en les faisant signer en second par un de leurs confrères ainsi qu'il se pratique par les notaires de notre bonne ville de Paris*, sans néanmoins rien innover à l'usage établi pour lés testaments solennels. »

Enfin, une déclaration du 4 septembre 1706, portant création de notaires syndics dans les villes et bourgs du royaume, leur fit, entre autres, la règle suivante :

« Ledits notaires *signeront en second* tous les contrats et actes qui seront passés *par leur confrères*, et leur sera payé 2 sols 6 deniers pour chacun desdits actes. Lesdits notaires *ne pourront être repris pour les actes qu'ils auront signés en second*, mais seulement pour ceux qu'ils auront passés comme notaire. »

Ces dispositions trop généralement ignorées prouvent que, loin d'avoir été maintenue dans sa rigeur primitive, la règle qui exigeait la présence réelle du second notaire avait fléchi. La loi elle-même s'était modifiée dans le sens de la pratique.

Il n'y avait, comme on l'a vu, d'exception que pour les testaments, soit à raison de la nature de ces actes, soit parce qu'une loi spéciale (l'ordonnance de 1754) avait prescrit pour leur réception des formes particulières et plus solennelles.

Tel était l'usage universel en France, quant au notaire en second, et cet usage s'étendit naturellement aux deux témoins instrumentaires, qui étaient le corrératif et l'équivalent du notaire en second.

Ajoutons que cet usage a été sanctionné par la jurisprudence du royaume. On ne connaît pas, dans la deuxieme partie du derner siècle, un seul arrêt qui en contienne la censure.

Il a également obtenu le suffrage des auteurs.

Un seul, le procureur Denizart, a voulu établir une différence entre le notaire second et les témoins. Il cite même, à l'appui de son opinion, deux arrêts du parlement de Paris, de 1703 et 1750. Mais ces arrêts sont isolés, et l'autorité de Denizart est peu considérable en doctrine. Or, il faut le dire, il est impossible de trouver la raison de cette différence, que l'analogie des cas rend inexplicable. Elle aurait cette conséquence étrange que l'autorité légale du notaire rédacteur serait plus ou moins étendue, suivant que l'acte serait signé par un notaire en second ou par des té-

---

(3) Ces statuts furent enregistrés au parlement de Paris, le 15 mai.

moins. Or il n'en est pas, il n'en peut pas être ainsi. De deux choses l'une : ou l'attestation du notaire instrumentaire présente une garantie suffisante, ou elle a besoin d'être complétée par la présence d'un assesseur quelconque. Au premier cas, l'absence des témoins ne préjudicie pas plus à la validité de l'acte que l'absence du notaire second : au second cas, la présence du notaire second est aussi impérieusement nécessaire que celle des témoins.

Pour compléter cet exposé, il faut dire que les annales judiciaires ne signalent aucun inconvénient grave qui soit sorti de cet usage.

Ainsi, et en résumé, l'usage d'apeler des témoins à la confection des actes s'était établi à l'enfance du notariat et dans des temps de barbarie. Nécessaire alors, cette formalité cessa de l'être avec le temps, et devint une gêne dès qu'elle cessa d'être une nécessité. Mais, par une sorte de transaction entre les anciennes habitudes et les nouveaux besoins, on lui enleva ce qu'elle avait d'impraticable, *la présence réelle*, et l'on maintint ce qui pouvait être conservé, *la signature*.

Ajoutons que ces transmutations n'ont pas été introduites par les notaires et dans leur intérêt personnel. Elles l'ont été par le public et pour lui.

Or, on peut le croire, le public n'abandonne pas facilement ce qui est pour lui un élément sérieux de sécurité. Si donc, la formalité de la présence réelle du second notaire et des témoins lui est devenue antipathique, c'est qu'en effet cette présence, sans portée par elle-même, recélait de plus des causes de répulsion sous lesquelles elle a dû tomber.

Tel était l'état des choses, quand éclata la révolution de 1789, et sous cet état de choses, le notariat avait grandi. Il formait une sorte de magistrature domestique, dépositaire utile des secrets et des titres de famille, honorée, respectée et digne de l'être.

L'assemblée constituante, qui procéda si hardiment à la réorganisation sociale et dont les théories se laissaient si peu influencer par l'autorité des précédents, ne crut pas que le notariat appelât d'urgentes réformes. L'article 4 de la loi du 6 octobre 1791, maintint le *statu quo* sur la forme des actes. « Provisoirement (y est-il dit) et jusqu'à la confection du Code civil, les actes des notaires publics seront reçus dans chaque lieu, *suivant les anciennes formes*. »

Il est vrai que le même article maintint la nécessité d'appeler à la réception des actes un second notaire ou deux témoins, mais sans aucune indication dérogatoire à l'application que cette règle avait constamment reçue.

C'était là le prélude d'une organisation définitive, qui fut réglée par la loi du 25 ventôse an XI (16 mars 1803) qu'on peut appeler la charte du notariat, et qui n'est que la codification des lois antérieures.

L'art. 9, sur lequel repose toute la question qui nous occupe, dispose ainsi :

« Les actes seront reçus par deux notaires ou par un notaire assisté de deux témoins. »

Cette prescription fut considérée comme le maintien de ce qui existait. L'orateur du Gouvernement le proclamait lui-même, comme on le verra bientôt.

L'usage continua donc comme par le passé; et ce ne fut pas un usage local, momentané, clandestin, mais un usage avoué, observé partout et toujours, un usage qui s'est maintenu au grand jour, sous les yeux des chambres de disipline, des parquets, des magistrats, des ministres, du public tout entier, sans qu'il en sortît

147

plus d'abus qu'auparavant. S'il y eut illégalité dans cette pratique, les notaires eurent, il faut le reconnaître, la société entière pour complice.

En 1824, pour la première fois (24 ans après la promulgation de la loi!), un acte fut attaqué par le motif que le notaire second qui l'avait signé n'était pas présent, au moment où il avait été reçu. Mais cette tentative causa d'autant moins d'émotion qu'elle fut étouffée sous l'autorité de deux arrêts. La Cour royale de Rennes décida « que l'on a toujours jugé suffisamment régulier de faire signer l'acte ultérieurement par un second notaire (1). » Et la cour de cassation, saisie d'un pourvoi formé contre cet arrêt, répondit que « la Cour de Rennes s'était conformée à une jurisprudence reçue dans tous les tribunaux du royaume, longtemps avant les lois nouvelles sur le notariat, jurisprudence qui, depuis la publication de ces lois, s'est constamment maintenue avec le même caractère de généralité et de publicité (2). »

Cette imposante sanction de l'usage lui donna une puissance nouvelle, et la sécurité des notaires s'en accrut.

Cependant, quelques jurisconsultes critiquèrent la jurisprudence, prétendirent que la loi du 25 ventôse an XI prescrivait impérieusement la présence réelle et simultanée des deux notaires, ou d'un notaire et de deux témoins, et que la désuétude était impuissante pour opérer l'abrogation des lois.

Quelques Cours suivirent cette doctrine nouvelle.

Mais la jurisprudence de la Cour de cassation, qui s'était fortifiée par de nouvelles décisions, resserrait toutes les appréhensions et contenait les mauvais vouloirs.

Les choses changèrent en 1841.

La Cour de cassation abandonna sa jurisprudence, et décida que la présence des témoins est exigée au moment de la réception et de la signature des actes à peine de nullité.

Un arrêt du 1er juin 1842 a été bien plus loin encore. Il a jugé qu'il ne suffit pas que les témoins soit présents à la lecture ou à la signature des actes, mais qu'ils doivent assister aux explications et discussions préliminaires, comme étant la vraie manifestation de la volonté des parties.

En présence de deux décisions émanées de la Cour appelée à diriger la jurisprudence du royaume, on comprend combien d'alarmes ont dû naître; combien de mauvaises espérances ont dû germer. Déjà beaucoup de procès ont éclaté, beaucoup d'autres sont près d'éclore, et les incitations ne manqueront pas pour les multiplier.

Le gouvernement n'a pas pu voir avec indifférence un tel ébranlement; il a cru devoir arrêter le mal avant de plus grands développements.

Le conseil d'état a été consulté.

Une loi vous a été présentée.

Voilà les antécédents.

Reprenons maintenant les questions indiquées au commencement de ce rapport.

1° La loi est-elle nécessaire?

Qui donc oserait le nier? qui pourrait même essayer à produire un doute, en présence des faits que nous venons de signaler?

_____________

(1) Arrêt du 28 juin 1824.
(2) Arrêt du 14 juillet 1825.

Il ne s'agit pas ici d'une loi spéciale, régissant quelques accidents de la vie civile et réglementant les rapports des citoyens sur quelques points isolés.

Il s'agit d'une loi qui embrasse, dans le cercle étendu de ses dispositions, toutes les transactions sociales, toutes les transmissions de propriété, tous les règlements d'intérêts, tous ces rapports si compliqués qui sortent d'une civilisation avancée. Dans sa généralité d'application, elle touche, pour ainsi dire, par tous les points, aux intérêts de famille, à leur constitution, à leur fortune.

On ne peut donc laisser indécis le sens d'une loi si importante. On ne peut abandonner son interprétation aux hasards d'une jurisprudence incertaine et contradictoire. Trop d'intérêts seraient compromis et menacés.

Ainsi l'imagination s'effraie, quand on pense que presque tous les actes notariés, passés depuis la loi du 25 ventôse an XI, pourraient être atteints par les réprobations de la jurisprudence nouvelle, que sur vingt de ces actes, il y en a dix-neuf qui seraient en contravention à la loi, telle qu'on s'est pris à l'entendre, et que pourtant ils sont conformes à un usage plus que séculaire, et qu'ils ont été formés, sur la foi de l'autorité même, qui par un retour de doctrine voudrait les briser.

Sans doute on peut dire que beaucoup d'entre eux ont été suivis d'une irrévocable exécution ou consolidés par la prescription ; qu'ils sont dans le domaine des faits accomplis sans retour. Mais combien sont encore à l'état d'expectative ou en en cours d'exécution : Le nombre en est immense.

On peut objecter aussi que l'art. 1318 du Code civil limite le mal, en faisant vivre comme actes sous seings privés, les actes signés des parties qui, comme actes authentiques, seraient nuls pour défaut de forme.

Mais combien sont dépourvus de cette signature ? Et parmi les autres, combien pour lesquels l'authenticité est une condition d'existence ? Tels sont les donations, les partages anticipés faits par les père et mère, les contrats de mariage, les reconnaissances d'enfants, etc., etc.

Il faut y ajouter surtout l'hypothèque conventionnelle, qui ne peut être consentie que par acte authentique.

Or, l'hypothèque s'étend à tout. Elle ne forme point une classe de contrat isolé ; elle se lie à tous les autres ; elle prend place dans toutes les transactions et fait, le plus souvent, leur véritable efficacité, leur seule garantie.

La destruction de l'authenticité des actes et par suite l'anéantissement des stipulations hypothécaires qui en dépend, serait donc, à elle seule, une énorme perturbation. Nul ne peut calculer la masse d'intérêts qui pourraient être engloutis dans ce naufrage.

D'un autre côté, quel notaire serait à l'abri des actions récursoires et de la ruine qui pourrait en être la suite ? Et n'est-ce rien que de voir toute une classe honorable de citoyens, de fonctionnaires, menacés dans leur existence et dans celle de leurs familles ?

Enfin ajoutons à ces maux le fléau de procès affligeants et ruineux, prêts à couvrir le sol de la France, sous les inspirations de la mauvaise foi ou les provocations des gens d'affaires. Or, les procès sont les plus lourds des impôts, non-seulement pour celui qui perd, mais même pour celui qui gagne. C'est aussi l'impôt qui profite dans la moindre proportion à l'État. De plus, il traîne à sa suite les inquiétudes, les discordes, et qui pis est, la démoralisation.

Cela est vrai surtout pour les procès qu'il s'agit de prévenir.

Qu'on parcoure, en effet, dans les recueils de jurisprudence, les arrêts dont nous avons parlé et l'on sera frappé d'une observation qui leur est commune.

Dans aucun, les doléances portées devant la justice n'ont pour base une malversation née de l'absence du notaire second ou des témoins. L'absence seule est le grief allégué. C'est le prétexte que la mauvaise foi saisit pour se soustraire à ses engagements ou dont un héritier s'empare pour briser la volonté de ses auteurs. Mais vous n'y rencontrez point de sentiment honnête, de cause légitime, de motif respectable.

En un mot, l'honnête homme exécute sans contestation l'obligation qu'il a souscrite devant un seul notaire ; l'homme sans conscience veut s'en délier sous le vain prétexte d'une contravention qui ne lui fait aucun préjudice et dont, par le fait, il a été complice.

L'interprétation nouvelle qu'on a voulu imprimer à l'art. 9 de la loi du 25 ventôse an XI, n'a donc été nécessitée par aucun abus que la pratique ait révélé. Elle ne serait autre chose qu'une prime accordée à la fraude et une large porte ouverte aux collisions judiciaires.

La loi qui doit prévenir ces tristes conséquences est une loi utile, une loi nécessaire.

Et lorsqu'elle a été présentée aux chambres, il faut reconnaître que, si elle n'était point accueillie par un vote favorable, son rejet, donnant un nouvel appui et un plus grand essor aux mauvais calculs, accroîtrait le mal qu'elle avait pour objet de prévenir.

Mais est-elle dans le domaine du pouvoir législatif ?

Quelques personnes ont soutenu la négative. C'est, ont-elles dit, un jugement qui est prononcé par l'art. 1er sur des actes accomplis, et il n'appartient qu'aux tribunaux de rendre de semblables décisions. — La Cour de cassation a d'ailleurs reçu de son institution et de la loi du 2 avril 1857, la mission de fixer l'interprétation des lois. Dans tous les cas, l'interprétation législative doit être nécessitée par un conflit de juridiction entre la Cour de cassation et les Cours royales, et lorsqu'il est bien constaté que l'interprétation doctrinale ne suffit plus aux besoins de la justice.

Ces objections n'ont rien de sérieux.

Non, l'art. 1er du projet de loi ne prononce pas un jugement.

Le caractère essentiel des jugements est de ne statuer que sur des faits spéciaux et déterminés, sur un intérêt défini entre certaines personnes nommément engagées dans le débat. Au-delà du fait qui est soumis au magistrat, en dehors des personnes qu'il avait à juger, sa décision est sans autorité. Elle ne lie ni les autres citoyens, ni les autres tribunaux, ni lui-même : elle peut servir d'exemple, mais ne fait pas règle pour les contestations identiques.

Le caractère essentiel de la loi est, au contraire, la généralité, quant aux choses et quant aux personnes. Elle ne descend point aux spécialités ; elle ne prononce point sur tel fait, sur tel contrat, mais sur tous les faits d'un certain ordre, sur tous les contrats d'une certaine nature. Elle ne juge pas telle personne, mais elle commande à tous, et les magistrats lui doivent obéissance dans leurs jugements, comme les citoyens dans leurs actes

150

Or, l'art. 1er du projet de loi est empreint de ce caractère de généralité. Sans doute il porte sur des faits passés, sur des actes accomplis, et nous verrons bientôt que c'est le propre des lois interprétatives. Mais il ne statue point sur un acte particulier ; il est fait sans acception de personnes ou d'espèces. Il pose une règle ; il la pose pour ou contre tous, laissant aux tribunaux le soin de faire, dans un ordre secondaire, les applications individuelles. Il n'y a rien là de judiciaire, tout est législatif.

La Cour de cassation peut-elle donc y voir un empiétement sur son domaine ? Évidemment non. Chacun reste dans ses attributions.

En effet, il y a deux espèces d'interprétation des lois : l'interprétation par *voie de doctrine* et l'interprétation par *voie d'autorité*.

L'interprétation par *voie de doctrine* consiste à découvrir et à expliquer, par les procédés de la logique, le véritable sens des textes obscurs ou ambigus. Elle appartient à tous, au juge comme au jurisconsulte, et n'a d'autre puissance que l'assentiment qu'elle peut obtenir.

L'interprétation par *voie d'autorité* consiste à résoudre les doutes et à fixer le sens d'une loi, non en théorie et en spéculation, mais par forme de disposition générale, obligatoire pour tous les citoyens et pour tous les tribunaux.

Celle-ci est évidemment du domaine du législateur. Elle procède du pouvoir de donner des lois qui commandent à tous la soumission et l'obéissance. Elle est de même nature, elle sort du même principe (1).

Or, ce pouvoir ne peut appartenir aux tribunaux, et pas plus à la Cour de cassation qu'aux autres cours. La loi leur défend expressément de prononcer par voie de disposition générale et réglementaire. ( Art. 5 du Code civil. )

Il est vrai que la loi du 2 avril 1837 porte qu'après deux arrêts de cassation successifs dans la même affaire, « la Cour royale ou le tribunal auquel l'affaire est renvoyée, se conformera à la décision de la Cour de cassation sur le point de droit jugé par la Cour. »

Mais qu'on le remarque bien, cette autorité accordée aux décisions de la Cour de cassation n'existe que pour l'affaire même dans laquelle cette Cour a statué. Elle est basée sur la nécessité de mettre un terme aux procès (2). Pour toutes les autres affaires, les Cours royales conservent leur indépendance et peuvent recommencer la lutte.

Ainsi la Cour de cassation est restée ce qu'elle doit être, juge des affaires qui lui sont soumises, et interprète de la loi par application à ces affaires.

Mais l'interprétation par voie de disposition générale et d'autorité, est demeurée au pouvoir législatif et n'appartient qu'à lui.

Et pour que cette interprétation puisse être provoquée, il n'est point nécessaire qu'il se soit manifesté un conflit persistant, entre une Cour royale et la Cour régulatrice, par la cassation de deux arrêts dans la même affaire. Ce conflit était exigé par la loi du 30 juillet 1828, pour que l'interprétation *dût* être provoquée par le Gouvernement ; mais si l'interprétation législative était une nécessité dans ce cas,

---

(1) De là cette maxime : *Ejus est interpretari cujus est condere.*

(2) Elle avait pour but aussi d'empêcher les référés législatifs trop nombreux, que nécessitait la loi du 30 juillet 1828.

elle ne cessait point d'être une faculté dans tous. D'ailleurs la loi du 50 juillet 1828 a été abrogée par celle du 2 avril 1857.

5° Le projet de loi est-il empreint de rétroactivité ?

Certes le principe de la non-rétroactivité des lois est un de ces principes sacrés, sur lesquels repose la sécurité des sociétés humaines : c'est un principe que la raison et l'équité proclameraient, alors même qu'il ne serait pas écrit dans nos Codes.

Mais qu'est-ce qu'une loi rétroactive ?

C'est la loi qui, posant un principe nouveau, voudrait le faire remonter dans le passé et lui soumettre des faits ou des actes accomplis, sous l'empire d'un principe différent.

Or, les lois interprétatives ne sont point dans ce cas ; elles ne créent pas : elles expliquent. Elles n'établissent point une règle nouvelle ; elles fixent le sens de la règle préexistante. Loin d'ôter à la loi ancienne son empire sur le passé, elles le maintiennent même sur l'avenir. Elles dégagent ses prescriptions des nuages qui l'obscurcissent ou des altérations que la main des hommes y a apportées ; elles assurent son effet en lui rendant sa vérité.

Aussi le chancelier Bacon, dont le génie a jeté de si vives lumières sur les principes des lois et qui a formulé en termes si énergiques, la règle de non-rétroactivité, appelle-t-il les lois d'interprétation, tantôt des lois *déclaratives*, tantôt des lois *confirmatives*. Et il explique parfaitement que l'interprétation a sa source, non pas dans la loi qui la donne, mais dans la loi qui la reçoit. Ces lois s'incorporent, elles s'identifient, elles ne font qu'un, et comme elles se placent dans le même berceau, elles vivent de la même vie. La loi interprétative n'est autre chose que la loi ancienne clairement expliquée.

Ces principes sont ceux de tous nos publicistes et de nos jurisconsultes les plus éminents, Domat, Merlin, etc.

Ils ont été proclamés dans cette chambre, lors de la discussion des lois des 15 juin 1855, 25 avril 1856 et 5 avril 1857.

Bacon ajoute une observation, qui semble faite pour le projet qui vous est soumis. « Parmi les lois qui étendent justement leur empire sur le passé, il faut, dit-il, placer celles qui ont pour objet de corroborer et de maintenir l'essence des actes et des contrats contre les vices des formules et l'absence des solennités. Car, ce qui constitue principalement le vice des lois rétroactives, c'est d'être une cause de perturbation. Les lois confirmatives, au contraire, portent la paix en affermissant les transactions. Seulement il faut se garder de porter atteinte à la chose jugée. »

On oppose l'opinion émise par M. Persil, alors garde-des-sceaux, dans l'exposé des motifs de la loi du 5 avril 1857.

Le ministre se demandait si, dans un gouvernement comme le nôtre, avec un pouvoir législatif multiple, on peut reconnaître d'autres interprétations que celles qui, sous le nom d'interprétations doctrinales, sont confiées à l'autorité judiciaire. Il s'étonnait qu'on pût demander aux membres des deux chambres « quel est le sens d'une loi qu'ils n'ont pas faite, d'une loi déjà ancienne, d'une loi appropriée à d'autres temps, à d'autres mœurs, à d'autres nécessités. » Enfin il se résumait à penser que la puissance législative conservait le droit de faire des lois, mais pour l'avenir seulement.

Cette dernière partie de l'opinion du ministre sembla partagée, quoique moins explicitement, par le rapporteur de la loi à la chambre des pairs, M. le comte Roy.

Mais, quelque graves que soient ces deux autorités, elles sont isolées : elles ne sauraient étouffer la voix unanime des publicistes et des jurisconsultes, ni surtout prévaloir sur l'autorité de la raison. La nécessité d'interpréter le sens douteux des lois ne tient pas à la forme des gouvernements. Le droit d'interprétation n'est pas un droit viager et l'auteur d'une disposition législative n'a pas le monopole de son interprétation ; il n'est pas le seul qui puisse en dire l'esprit et en fixer le sens. Enfin, nous avons expliqué comment et pourquoi la loi interprétative, qui ne crée rien de nouveau, se lie à la loi interprétée de manière à ne faire qu'une seule et même loi.

D'ailleurs, sur quoi repose principalement le principe de non-rétroactivité des lois? Sur le respect pour les droits acquis. Or, sous une loi dont le sens incertain flotte au milieu des oscillations d'une jurisprudence contradictoire, il ne peut y avoir de droits acquis que pour celui dont les prétentions ont été consacrées par jugement, ou réglées par transaction. Jusque-là, il n'y a que des espérances et des incertitudes.

Ainsi, nul doute que la loi nouvelle soit sans effet sur les espèces jugées dans un sens contraire ou conforme à l'interprétation qu'elle donne ; mais elle doit exercer son empire sur toutes les questions encore vierges et sur toutes les contestations à naître. Il n'y a à là aucune rétroactivité, aucune violation de droits acquis.

4º Il faut examiner maintenant, si l'interprétation donnée à l'art. 9 de la loi du 25 ventôse an XI est exacte.

Nous ne viendrons pas ici établir, avec les jurisconsultes et les arrêts, une guerre de mots, et rechercher si les termes de la loi à interpréter impliquent grammaticalement ou n'impliquent point la nécessité de la présence réelle du notaire second et des témoins. Le débat pris à ce point de vue ne serait pas digne d'une chambre législative.

Nous conviendrons même que l'art. 9 de la loi du 25 ventôse, isolé de tous ses précédents et de tous les incidents de la discussion, semblerait commander la présence effective de deux notaires ou d'un notaire et de deux témoins, à la passation des actes.

Mais c'est une des règles les plus élevées, en matière d'interprétation des lois, qu'il faut plutôt rechercher leur esprit que de s'attacher au sens littéral et judaïque des mots.

C'est donc la pensée de l'auteur de la loi du 25 ventôse an XI qu'il faut pénétrer. Or, cette pensée a laissé de traces non équivoques, et se manifeste par des documents qui doivent satisfaire les esprits les plus difficiles.

D'abord il faut bien se rappeler ici quel était l'état de la législation et de la jurisprudence anciennes. L'exigence des textes était la même que celle de la loi de ventôse. Mais l'usage en avait modifié la portée et la signification. L'acte était censé avoir été reçu par deux notaires ou par un notaire et deux témoins, bien que les témoins et le notaire second ne fussent pas présents à sa confection et ne l'eussent signé qu'après coup.

Cet usage séculaire, cette interprétation universellement reçue ne pouvaient être ignorés des savants législateurs de 1791 et de 1803.

Si donc ils avaient voulu les anéantir, ils auraient manifesté leur volonté par un texte nouveau, impératif, destiné à rendre aux anciens textes plus de ressort et d'étendue, et à briser les habitudes qui les avaient modifiés.

Mais loin de là, le législateur de 1791 ordonne que « les actes des notaires publics seront reçus dans chaque lieu *suivant les anciennes formes.* »

L'orateur du gouvernement chargé d'exposer au corps législatif les motifs de la loi du 25 ventôse an XI, M. le conseiller d'état Réal, disait : « La section 2 traite des *actes des notaires, de leur forme*, des minutes, grosses, expéditions, répertoire; cette partie du titre Ier *ne contient pas de dispositions nouvelles.* »

Est-il possible de s'en référer plus complètement au passé ? Et n'est-ce point le cas de dire avec un grand jurisconsulte : « Si les difficultés qui peuvent arriver dans l'interprétation d'une loi ou d'une coutume se trouvent expliquées par un ancien usage qui en ait fixé le sens, et qui se trouve confirmé par une suite de jugements uniformes, il faut s'en tenir au sens déclaré par l'usage, qui est le meilleur interprète des lois. » (1)

Mais voici un fait législatif qui semble ne laisser place à aucune difficulté ultérieure.

Lors de l'examen, dans le sein du tribunat, de la loi projetée du 25 ventôse, la section de législation eut d'abord la pensée d'exiger la présence réelle du notaire second. En conséquence, elle proposa de modifier la rédaction de manière à lever toute équivoque, et présenta à l'appui de son amendement l'observation suivante :

« La loi veut sans doute que toutes les fois qu'un acte est reçu par deux notaires, l'un et l'autre y concourent, et que le second ne se permette pas de signer, dans une étude, un acte fait hors de sa présence, qu'il n'a même pas entendu lire aux parties intéressées. La section pense que l'intention de la loi serait plus fortement et plus clairement exprimée par l'addition du mot conjointement; en conséquence, l'art. 9 commencerait ainsi : Les actes seront reçus par deux notaires, conjointement, etc. »

Si cette addition eût été accueillie, elle eût tracé en effet une ligne de démarcation profonde entre le passé et l'avenir, en substituant aux lois existantes le caractère absolu et inflexible d'une règle impérieuse et catégorique.

Mais la proposition fut écartée, et un témoin éclairé et impartial, M. Locré, alors secrétaire général du conseil d'Etat, nous a transmis les motifs de ce retrait. Les voici :

« L'amendement proposé par le tribunat sur l'art. 9 de la loi du 25 ventôse an XI, n'a pas même été présenté au conseil d'Etat; il est du nombre de ceux que la section du tribunat n'a pas hésité à abandonner, dans la conférence qui s'est engagée entre elle et la section du conseil; on a reconnu, de part et d'autre, que la présence actuelle des deux notaires était chose impraticable, pour cette multitude d'actes qui se font journellement, surtout à Paris, et deviendrait très-dispendieuse pour les parties; il aurait fallu, par exemple, que, pour la procuration la moins importante, un notaire se déplaçât, et ce même déplacement se serait répété plusieurs fois dans la journée; par ces considérations, on a réservé la néces-

______

(1) Domat.

sité de la présence actuelle pour le seul cas des testaments, parce qu'alors, et au moment de l'ouverture, le testateur n'est plus là pour reconnaître si l'on n'a point changé quelques-unes de ses dispositions, ce qui n'est pas sans exemple, et ce qui nécessitait une garantie de plus. »

La loi proposée ne fait que résumer ces observations.

Elle est donc l'expression exacte de la pensée du législateur de l'an XI, et l'interprétation vraie de l'art. 9 de la loi du 25 ventôse.

Ainsi l'ont pensé les notaires, le public, les parquets, la chancellerie, la presque universalité des Cours et tribunaux, pendant quarante années.

5° Reste à parler des dispositions destinées à régler l'avenir.

Pour les actes ordinaires de la vie civile, la loi maintient la règle et l'usage actuels, c'est-à-dire l'art. 9 de la loi du 25 ventôse  an XI, avec l'interprétation que nous venons de lui donner.

Peut-être eût-il été plus net et plus logique d'entrer dans un système complet de réforme, de supprimer une formalité à peu près illusoire, d'effacer des actes une pure fiction et des protocoles menteurs, d'accorder enfin au notaire rédacteur, sous sa responsabité personnelle, la faculté d'authentiquer ses actes, comme on l'accorde à des officiers publics moins considérables (1).

Mais on a considéré, d'une part, que la formalité de la signature après coup du second notaire ou des témoins était sans inconvénients pour les parties, et d'un accomplissement facile pour les notaires.

D'un autre côté, et bien que ce ne soit pas une garantie puissante, cet usage a cependant quelques avantages. Ainsi le notaire second, sans pénétrer indiscrètement dans le secret des actes, vérifie si les formes extérieures sont observées, si le protocole est régulier, si les renvois et l'énoncé des mots nuls sont exactement paraphés, si l'acte ne contient pas des blancs ou des interlignes dont on puisse abuser. L'obligation d'imiter la signature du notaire ou des témoins rendrait les faux plus difficiles, si quelque main criminelle était tentée d'en commettre, on mettrait plus vite sur la trace du crime. Enfin c'est un obstacle aux retranchements, ou aux intercallations de renvois qu'on voudrait faire par la suite au détriment des parties et du fisc. On n'a pas voulu enlever sans motif ces garanties, quelque faibles qu'elles puissent paraître.

Toutefois il est une classe d'actes, que les auteurs de la loi ont cru devoir soumettre à des formes plus rigoureuses et pour lesquels on vous propose d'exiger le concours effectif, la présence réelle du notaire second et des témoins. Ce sont les donations de toute nature, les révocations de donation ou de testament, ainsi que les contrats de mariage qui renferment presque toujours des stipulations de cette espèce.

Quelques esprits se sont étonnés de cette distinction. Ils ont demandé si une vente ou un échange de 500,000 fr. n'était pas plus importante qu'une donation de 100 fr.

Mais on n'a pas fait attention que la différence proposée était fondée sur la nature des actes et non sur l'importance des intérêts.

---

(1) Les actes des huissiers, les procès-verbaux des gardes champêtres font foi, sans qu'il y ait assistance de témoins. Qui pense à réclamer contre cette règle?

En effet, les actes ordinaires donnent presque toujours lieu à des faits d'exécution immédiate, ou du moins à des faits qui s'accomplissent du vivant des parties contractantes. Cette exécution sert de contrôle, de certification, et, en cas de débat, les intéressés sont là pour expliquer leurs propres conventions et combattre les fraudes de toute nature. Les donations, au contraire, presque toujours accompagnées d'une réserve d'usufruit, ne viennent à exécution qu'après la mort de ceux qui les ont faites. Elles sommeillent jusque-là, et, lorsque le jour de l'exécution arrive, le donateur ne peut plus élever la voix pour protester contre les surprises et pour déjouer les fraudes.

Autre différence plus importante : les donations sont trop souvent arrachées à la faiblesse ou à la maladie, par des influences diverses et par des manœuvres captatoires. Il n'en est pas de même des autres actes. On a donc pensé que la liberté des donateurs devait être plus spécialement protégée par la présence de deux notaires, ou d'un notaire et de deux témoins. Cette précaution est prise bien moins contre le notaire que contre l'entourage du donateur.

Mais la commission a donné mission expresse à son rapporteur d'expliquer que, par ces mots, les actes *seront reçus* conjointement par deux notaires, ou par un notaire en présence de deux témoins, on ne doit pas entendre que le second notaire et les témoins seront présents à toutes les discussions des parties ni aux conférences préliminaires des actes de donation. Il suffit qu'ils soient présents au moment de la formation définitive du contrat, c'est-à-dire au moment où les conventions sont échangées et fixées irrévocablement ; en d'autres termes, au moment où les conventions sont lues, vérifiées, acceptées et certifiées par les signatures de tous ceux qui doivent concourir à l'acte.

Les dispositions relatives aux donations ont été étendues aux reconnaissances des enfants naturels, qui confèrent des droits contre celui dont elles émanent, et qui étendent leur effet jusque sur leur succession.

On les a étendues enfin aux procurations données pour consentir les diverses espèces d'actes mentionnés dans l'art. 2. La raison de décider était la même.

Quant aux testaments, on leur a laissé toutes les solennités de forme par lesquelles le Code civil a voulu protéger la liberté des testateurs, la sincérité de leurs dispositions et les intérêts des familles.

Telle est l'économie de la loi proposée.

Nous aurions fini, s'il ne s'était élevé, au sein de la commission, une question qui a partagé les opinions et dont nous devons un compte sommaire à la chambre.

Il a paru à quelques membres qu'il serait convenable et nécessaire de placer dans l'exception de l'art. 2, c'est-à-dire dans la catégorie des actes pour lesquels la présence réelle du second notaire et des témoins sera impérieusement prescrite, tous les actes où figurent les parties ne sachant pas signer. Ils ont vu de sérieux périls à laisser des personnes illettrées et ignorantes des affaires, sans protection, sans contrôle possible et en quelque sorte à la merci d'un seul notaire. Suivant eux, ce serait rendre impossible la constatation des faux, des suppositions de personnes ou des altérations de conventions. Ils ont pensé enfin que, dans les campagnes surtout, cette position pouvait avoir de grands inconvénients.

La majorité de la commission n'a point partagé ces craintes.

Elle a considéré d'abord que les abus, dont la société et le notariat avaient eus gémir, n'avaient point pris leur source dans l'absence du notaire second ou des témoins, et que ce n'était point dans l'exigence de la présence réelle qu'on pouvait trouver une garantie efficace contre le retour de ces abus.

D'ailleurs les mêmes causes ramèneront infailliblement les mêmes effets. On ne vaincra pas (dans les campagnes moins qu'ailleurs) l'invincible répugnance des parties à initier des tiers à leurs affaires. C'est là surtout que règnent la défiance et certaines habitudes de dissimulation. Celui qui prête veut dissimuler ses économies; celui qui emprunte cacher sa gêne; celui qui vend, tenir cachée, pendant un temps du moins, la dure nécessité qui l'y oblige; le père de famille cacher certaines dispositions, dans un esprit de concorde et de bonne harmonie. On ne voudra pas plus que par le passé, livrer, par l'intervention des témoins, à la curiosité, aux indiscrétions, à la malignité, le secret des positions, aisance, pauvreté, querelles, accusations, récriminations; scandale, spéculations. Alors on rentre dans tous les inconvénients du passé qu'on voudrait éteindre. La loi n'est pas obéie; au lieu de contracter des habitudes de respect pour son autorité, on s'accoutume au relâchement et à la violation du devoir; et en résultat, il y aurait plus d'actes compromis par l'inobservation d'un précepte inexécutable qu'il n'y aura d'abus par l'absence de cette règle.

Ajoutez que les actes où figurent les personnes illettrées sont des actes d'une importance trop minime, pour stimuler les convoitises d'une mauvaise conscience ou pour permettre les séductions.

Dans beaucoup de campagnes, l'accomplissement de la formalité sera, sinon impossible, du moins fort difficile.

Elle ajouterait aux frais un surcroît d'autant plus pesant, qu'il frapperait sur des personnes moins aisées et sur des intérêts souvent très-minimes.

Ces témoins, inattentifs comme au temps de Henri III, ignorants des affaires comme on l'est à la campagne, pris dans le voisinage du notaire, placés dans sa dépendance; surtout si on les rétribue, sachant signer, mais la plupart du temps ne sachant pas lire, ne présentent aucune garantie sérieuse.

D'ailleurs, comment la mettre en œuvre et la faire descendre en pratique, cette prétendue garantie? Bouleversera-t-on le système de nos lois en matière de preuves? A une législation qui fait éclater partout la défiance contre la preuve testimoniale et proclame la prédominance de la preuve écrite, substituera-t-on une législation contraire? Entendra-t-on les témoins contre et outre le contenu des actes, malgré les prohibitions du Code civil? Oteront-ils à ces actes, par leur déclaration, l'authenticité qu'ils leur ont donnée par leur présence? Le sort des conventions sera-t-il livré à la mémoire ou à la conscience des témoins, dont les affirmations et déclarations ultérieures peuvent être faussées par l'inintelligence, oblitérées par l'oubli, travaillées par l'intrigue, achetées par la corruption? Accordera-t-on à des témoins du plus bas étage la confiance qu'on refuse au notaire?

Enfin le notariat de France n'a point paru à votre commission mériter ces défiances. Si des faits fâcheux sont venus l'affliger et ont ému la société, pour qui veut y regarder de près, ces faits sont peu nombreux en considération du nombre de personnes qui remplissent cet honorable office. Ils n'ont même causé tant d'émotion que parce qu'ils contrastent avec les traditions et les habitudes du notariat. Et puis ces tristes exceptions ne se sont guère produites que dans les grands centres de population, au milieu du luxe et des excitations des villes; mais non dans le modeste séjour des campagnes; elle ont éclaté en présence et au préjudice d'intérêts faits pour enflammer la cupidité, mais non à l'occasion des modiques intérêts qui se traitent entre gens illettrés. Le corps des notaires est le plus intéressé à réprimer de tels écarts et à en prévenir le retour. Déjà les sages dispositions d'une ordonnance royale leur en facilitent les moyens. Ces mesures pourront être complétées plus tard suivant les indications de l'expérience; la prudence dans les admissions, l'active surveillance des magistrats et la sévérité de la discipline feront le reste.

La commission propose l'admission du projet de loi avec les amendements indiqués.

**Nous avons publié (A. 22), avec l'exposé des motifs, le projet de loi présenté par M. le garde-des-sceaux sur la forme des actes notariés. La commission a fait subir au projet de loi les modifications suivantes :**

*Amendements proposés par la commission.*

**Art. 1ᵉʳ. Les actes notariés passés depuis la promulgation (1) de la**

---

(1) Discussion à la chambre des députés. — Ordonnance du 4 janvier 1843. — Loi. — Son caractère. — Interprétation. — Étendue — Instances pendantes. — Droits acquis. — Réception. — Donations. — Révocations. — Contrats de mariage. — Procuration. — Mention. — Effet du défaut de la présence réelle. — Contractants illettrés. — Faculté laissée aux parties. — Testaments. — Partages et Licitations. — Actes respectueux.

Nous avons exprimé notre opinion sur la légalité de l'ordonnance 4 janvier 1843. (A. 44). MM. *Isambert* et *Lherbette* ont à la chambre, développé avec vigueur les reproches que nous avons cru devoir adresser à cette ordonnance. Je ne combats pas, a dit M. Lherbette, l'intention qui a dicté l'ordonnance : cette intention est bonne, excellente. De grands scandales avaient eu lieu, il fallait les faire cesser. Les mesures mêmes de l'ordonnance me paraissent bonnes en général ; mais, plusieurs, ne pouvant être prises que par une loi, sont du domaine du pouvoir législatif, et non de celui du pouvoir réglementaire. S'il ne s'agissait que de questions de discipline, « le ministère serait parfaitement dans son droit. La discipline des diverses professions « n'appartient pas au pouvoir législatif; elle appartient au pouvoir réglementaire. « — Mais, qu'est-ce qu'une discipline? C'est une mesure qui ne s'occupe que de « l'exercice de la profession, qui n'a trait qu'à l'homme professionnel, celle qui « va au-delà, qui veut régir ou prohiber des actes qui ne sont pas de la profession, « n'a pas trait à l'homme professionnel, mais au citoyen. Telles sont, par exemple, « dans l'ordonnance, les dispositions qui interdisent aux notaires toute espèce de « spéculation. »

M. Lherbette blâme, en outre, la disposition qui remet au gouvernement le droit de conférer l'honorariat. « Ne viendra-t-on pas à penser que des ministres en « font ce que des ministres ont fait quelquefois de titres, de décorations, de placés, une marchandise, prix de complaisances politiques? Et la récompense,

158

« passant par leurs mains, serait-elle regardée comme plus pure, comme plus
« noble, comme plus digne d'envie. »

M. le garde-des-sceaux a répondu que l'ordonnance n'est que la réalisation de
la promesse faite par la loi du 25 ventôse an XI ; qu'elle ne contient aucune peine ;
mais quand même elle en contiendrait, elle serait encore à l'abri de tout reproche ;
car l'arrêté de nivôse an XII, qui n'est autre chose qu'une ordonnance, conférait
aux chambres de discipline la faculté de prononcer des peines contre les notaires
qui auraient manqué à la dignité de leur profession. M. le ministre ajoute que la
la loi du 25 ventôse an XI a déféré aux tribunaux le pouvoir d'apprécier les faits
imputés aux notaires, sans spécifier aucun de ces faits, et de prononcer à leur
gré telles peines disciplinaires qu'ils jugeraient convenables. L'ordonnance n'a fait
qu'indiquer plus spécialement à l'action disciplinaire certains faits que les tribunaux pouvaient déjà, en vertu de la loi de ventôse, frapper des peines établies par
cette loi.

Nous ne pouvons admettre cette justification, du moment que l'ordonnance établit que tel fait constitue une contravention et que cette contravention est passible
de peines, c'est évidemment comme si elle décrétait ces peines. L'arrêté de nivôse
an XII investit les chambres de discipline du droit de prononcer l'application des
peines de discipline contre tout notaire qui aura transgressé les devoirs que la morale et les lois lui imposent. Est-il nécessaire d'ajouter que l'ordonnance du 4 janvier *indiquant spécialement certains faits punissables*, et en transformant la faculté
laissée aux chambres de discipline de les prohiber par voie de règlement, en une
obligation de les punir toujours, et dans tous les cas, a empiété sur le pouvoir
législatif ?

Quant à la loi sur la forme des actes notariés, plusieurs reproches lui ont été
adressés ; on a soutenu notamment que cette loi est prématurée. Le gouvernement, a-t-on dit, ne devait pas se hâter de saisir la chambre d'une loi interprétative, avant que la Cour de cassation, toutes les chambres réunies, eût été appelée
à donner son avis définitif sur la question à résoudre. Dans le système de la législation de 1828, où les lois interprétatives étaient admises, la loi disposait qu'il
n'y aurait lieu à interprétation que lorsque la Cour de cassation serait en dissentiment déclaré avec les autres tribunaux supérieurs. La loi de 1837 est allée plus
loin ; elle a donné à la Cour de cassation l'interprétation doctrinale et il semble
qu'il fut alors assez généralement reconnu, dans l'une et l'autre chambre,
qu'il ne devait pas y avoir de lois interprétatives. ( *Discours de MM. Isambert et
Viger.* )

Ce reproche ne nous paraît pas fondé. La loi de 1828 ne disait point qu'il ne
pourrait être rendu de lois interprétatives qu'en cas de conflit ; elle disposait uniquement qu'en cas de conflit entre une Cour royale et la Cour de cassation, par
la cassation de deux arrêts dans la même affaire, le gouvernement devait provoquer l'interprétation. En d'autres termes : l'interprétation était obligatoire dans ce
cas, sans cesser d'être facultative dans d'autres. La loi de 1837, qui a abrogé
celle de 1828, a simplement déclaré que lorsque la Cour de cassation aurait jugé

loi du 25 ventôse an XI (1), *ne peuvent* être *annulés* (2) par le motif
que le notaire en second ou les deux témoins instrumentaires n'auraient pas été présents au moment (3) *de la lecture desdits actes par le*

---

deux fois la même question dans le même sens, la Cour royale, qui aurait à prononcer sur l'affaire serait obligée de se conformer à la décision de la Cour de cassation, sans que le recours au pouvoir législatif fût désormais obligatoire. Le
gouvernement a donc conservé la faculté de recourir au pouvoir législatif, quand
la nécessité lui paraît l'exiger.

(1) Il est certain que la loi nouvelle devra s'appliquer à tous les actes passés depuis la loi de l'an XI, même à ceux dont la validité a été attaquée antérieurement
à la promulgation de la loi nouvelle, pourvu que la contestation ne soit pas encore définitivement jugée. « Dans ce moment, a dit M. le garde-des-sceaux, il
« y a un certain nombre de procès relativement à la validité ou à l'invalidité des
« actes passés sous l'empire de la loi de ventôse an XI ; j'entends nécessairement
« que la loi, que nous allons voter, doit s'appliquer à toutes les contestations qui
« ne sont pas encore définitivement jugées. Ainsi, la loi ira saisir les contesta-
« tions pendantes, soit devant les tribunaux de première instance, soit devant
« des Cours royales, et ces contestations devront être jugées suivant ces dispositions. »

(2) A la demande de M. Lherbette, il a été expliqué que non-seulement les
actes, dont il s'agit, ne pourront pas être annulés, mais encore ils ne pourront
pas être réduits à ne valoir que comme actes sous seings-privés ; ces actes vau-
dront toujours comme actes notariés.

(3) Le projet de loi disait : « Les actes… ne pourront être annulés par le
« motif que le notaire en second ou les deux témoins instrumentaires n'auraient
« pas été présents au moment de la *réception* desdits actes. » La réception des
actes, ainsi que l'a dit M. Dupin, c'est l'instant où le contrat se forme par la
lecture et la signature de l'acte. Cette expression, toutefois, ayant été étendue
même aux discussions préliminaires, aux débats plus ou moins longs qui existent
entre les parties, la commission a cru devoir en fixer le sens d'une manière précise, afin de prévenir toute espèce de difficulté.( Arrêt de la Cour de cassation, du
1er juin 1842 ).

M. Hébert a proposé de revenir au projet du gouvernement, en supprimant de
la rédaction qu'il a proposée les mots : *au moment*, qui lui semblent avoir l'inconvénient de particulariser un peu trop le fait de la réception. — « L'article, ainsi
« rédigé, ajoute l'honorable député, voudrait dire que les témoins n'auraient be-
« soin d'être présents à aucune des parties de la réception, à aucun des moments
« de la réception de l'acte. Ainsi qu'ils n'aient pas été présents à la rédaction, à
« la lecture ni à la signature, il n'en pourra résulter aucune cause de nullité. »
L'amendement proposé par M. Hébert a été adopté.

*notaire et de la signature par les parties* (1).

Art. 2 (2). A l'avenir, les actes notariés contenant donation entre-vifs (3), donation entre époux pendant le mariage, révocation de donation ou de testament (4), reconnaissance d'enfants naturels, ainsi

---

(1) Un amendement avait été proposé ayant pour objet de déclarer, par une disposition expresse, que la loi nouvelle ne préjudicierait en rien aux droits acquis en vertu de transactions, jugements ou arrêts passés en force de chose jugée. « C'est là, a dit M. le rapporteur, un principe élémentaire en droit que les lois, « même les lois interprétatives ne peuvent faire préjudice à des arrêts, à des cho- « ses jugées, et cela est tellement reconnu que la commission n'a pas cru néces- « saire d'en faire l'objet d'une disposition » L'amendement a été rejetté.

(2) Nous avons dit (art. 22), que, dans son ensemble, le projet de loi présenté par le gouvernement pouvait être considéré comme donnant satisfaction à tous les besoins : nous avions hésité à entrer dans des critiques de détail, dans la crainte de retarder le vote d'une loi instamment réclamée par des intérêts justement alarmés : nous croyons devoir dire, aujourd'hui, que la distinction établie entre tels et tels actes est dangereuse : Il fallait ou soumettre tous les actes à la nécessité de la présence réelle, ou les en affranchir tous sans exception. C'est ce qui résultera des observations que nous allons présenter sur quelques-uns des actes énumérés dans le projet de la commission.

(3) Annuler une donation entre-vifs pour défaut de la présence réelle du notaire en second ou des témoins à la réception de cet acte, c'est, ainsi que l'a fait remarquer M. Guyot des Fontaines, porter la plus grave atteinte à la stabilité de la propriété. — Un acquéreur, bien qu'il ait pris toutes les précautions que la prudence lui suggérait, bien qu'il se soit fait représenter tous les titres des propriétaires anté-rieurs pendant trente années, pourra être évincé, parce que, parmi ces titres, il se trouvait une donation, qui avait été reçue hors la présence du notaire en second et qui néanmoins constatait le contraire ! — On a voulu placer sur la même ligne les donations entre vifs et les testaments : C'est-à-tort, selon nous. Le testateur donne le bien de ses héritiers légitimes ; la loi devait le prémunir contre une générosité trop facile ; le donateur, au contraire, donne son *propre bien*, son intérêt est là pour garantir la sagesse de ses actes. Ajoutons, avec M. Moreau (de la Seine), qu'une donation peut contenir démission de biens situés dans des lieux différents : plu-sieurs parties peuvent être intéressés à la donation ; une partie peut signer dans un lieu, et un autre partie dans une autre lieu. Comment exiger que le notaire en second suive le notaire en premier dans tous les lieux où il faudra faire signer les parties ? — La chambre a néanmoins persisté à placer les actes de donation entre vifs et les actes de donation entre époux pendant le mariage, dans la catégorie des actes qui devront être reçus conjointement par deux notaires, ou par un notaire en présence de deux témoins.

(4) Après avoir adopté des précautions particulières pour les actes de donation entre vifs, la chambre a été amenée à admettre les mêmes précautions pour les actes de révocation.

que les contrats de mariage (1) et les procurations (2) pour consentir ces divers actes, seront à peine de nullité, reçus (3) conjointement par deux notaires, ou par un notaire, en présence de deux témoins (4). Les

---

(1) Les motifs qui ont porté la chambre des députés à soumettre à la présence du second notaire ou de deux témoins assistant le notaire, les donations entre-vifs, les donations entre époux et les actes portant révocation de libéralités, n'existent plus pour les contrats de mariage. La clandestinité, les suggestions, les captations ne sont pas possibles. D'ailleurs, ainsi que l'a fait remarquer M. Hébert, jusqu'à la célébration du mariage, le contrat n'est qu'un projet. En vue d'un simple projet qui peut ne pas se réaliser, on ne doit pas forcer les familles à divulguer le secret de leurs affaires, en présence de témoins étrangers. Aussi, la chambre n'a pas admis dans l'énumération de l'art. 2 les contrats de mariage ; ces contrats sont placés sous l'application de l'art. 1er alors même qu'ils contiennent des donations. « Ce n'est pas parce que la donation s'appelle *donation*, a dit M. Hébert, que « nous avons voulu la présence du notaire en second, ou de deux témoins, c'est « parce que l'acte a une importance particulière, qu'on l'entoure de précautions, « pour prévenir les inconvénients, les dangers auxquels il est sujet par sa nature ; « — Ces inconvénients se rencontrent-ils dans les contrats de mariage? qu'ils « comprennent ou non des donations, leur nature, leurs conséquences, « leur solennité nécessaire et virtuelle subissent-elles quelques changements?»

(2) Ces procurations n'étaient point comprises dans le projet du gouvernement, et cela avec raison : Ces sortes de procurations sont fréquentes ; il n'est pas de procuration générale qui ne contienne presque toujours les pouvoirs d'accepter toutes donations et toutes successions. Voilà donc des actes qui se trouvent soumis à une accumulation d'honoraires déplorable. Néanmoins la chambre a adopté le texte proposé par la commission.

(3) MM. A. Dubois et Ressigeac ont proposé un amendement tendant à expliquer le mot *reçu*. Cet amendement était ainsi conçu : — « La présence du notaire en « second ou des deux témoins n'est requise qu'au moment de la lecture de l'acte « par le notaire et de *la signature* par les parties. » Cet amendement a été adopté ; — Il est évident que si les parties ne savent pas signer, la présence du notaire en second et des témoins doit être exigée au moment de la déclaration de l'impossibilité de signer, cette déclaration étant la signature même dans le sens de la loi. C'est ce qui a été formellement expliqué à la demande de M. Mermillod, par M. le président de la chambre.

(4) Une addition a été proposée et adoptée par la chambre, elle a pour objet d'exiger que la présence du notaire en second et des témoins soit mentionnée à peine de nullité. A notre avis, cette addition est d'une complète inutilité.

La loi de ventôse an XI qui exige qu'il soit fait mention de la signature des parties et des témoins, à peine de nullité (art. 14 et 68), donne toutes les garanties désirables. Il faut remarquer toutefois que la mention de la présence effective n'est soumise à aucune formule sacramentelle.

M. Guyot des Fontaines a demandé si un acquéreur, ayant trouvé dans ses titres un acte de donation, libellé dans la forme authentique et conforme à la nou-

Les autres actes (1) continueront à être régis par l'art. 9 de la loi du 25 ventôse an XI, tel qu'il est expliqué dans l'art. 1<sup>er</sup> de la présente loi.

Art. 3. Il n'est rien innové aux dispositions du Code civil sur la forme des testaments (2).

---

velle loi, sera exposé à l'éviction, parce que cet acte pourra être attaqué, sur le motif que le fait de la présence, qui était constatée comme réelle, ne l'était pas. M. Teste a répondu que si l'acte est annulé, le titre de l'acquéreur périt nécessairement.

M. Viger avait proposé de soumettre à la nécessité de la présence effective les actes que les parties seraient dans l'impossibilité de signer. « Ces actes, a dit M. le « rapporteur, sont passés dans les campagnes; ils portent sur les plus minimes « intérêts, et on ne peut pas supposer que, pour ces minimes intérêts, on se « livre à des faux et à des altérations. Mais enfin, c'est pour les actes passés dans « les campagnes qu'on demande la garantie, non pas d'un notaire en second, il « n'y en a pas dans les campagnes, mais de deux témoins. Eh bien, savez-vous ce « que sont les témoins dans les campagnes? ce sont de simples artisans, les voisins « du notaire, des hommes placés sous sa dépendance, qui ne présentent aucune « garantie..... Je crois que l'amendement nuirait aux campagnes; ce serait créer « là un danger au lieu d'une protection, et livrer aux agents d'affaires les moyens « de pousser dans les procès les gens défiants et difficultueux qui acceptent trop « volontiers ce genre de combat. » L'amendement de M. Viger a été repoussé.

(1) Ce paragraphe qui se réfère à une autre sorte d'actes formera un article à part, sous le n° 3.

Il a été bien entendu que les parties conservent toujours le droit d'appeler un second notaire ou des témoins. « Il n'est nullement question, a dit M. le président, « d'interdire soit aux parties, soit au notaire en premier, l'appel d'un second « notaire. »

(2) « L'art. 977 du Code de procédure civile, a dit M. Dufaure, permet au « notaire, en cas de partage et licitation, de procéder seul, sans l'assistance d'un « autre notaire ou de témoins; je pense que cet article spécial, quoique nous fas- « sions une loi générale et postérieure, ne sera pas abrogé; mais comme on n'a « pas fait pour lui la réserve formelle que fait l'art. 5 pour les testaments, je désire « que le gouvernement et la commission s'en expliquent.

M. le garde des sceaux. « Il est bien entendu que nous faisons une loi toute spéciale. »

M. le rapporteur. « La loi actuelle est une loi toute spéciale sur la loi de ventôse; nous n'avons entendu toucher en rien, soit au Code civil, soit au Code de procédure. »

M. le président. « Il est bien entendu que les matières spéciales régies par le « Code civil et par le Code de procédure civile continueront à être gouvernées par « les deux Codes, et notamment pour ce qui est relatif aux testaments et aux « actes respectueux réglés par l'art. 54 du Code civil. »

En présence de ces déclarations, l'exception formelle en ce qui touche les testaments que contient l'art. 5 devrait être conçue en termes plus généraux et s'appliquer à tous les actes que le Code civil et le Code de procédure soumettent à des règles particulières.

*Projet de loi adopté par la chambre des députés.*

Art. 1er. Les actes notariés passés depuis la promulgation de la loi du 25 ventôse an XI, ne peuvent être annulés, par le motif que le notaire en second ou les deux témoins instrumentaires n'auraient pas été présents à la lecture desdits actes par le notaire et de la signature par les parties.

Art. 2. A l'avenir, les actes notariés contenant donation entre-vifs, donation entre époux pendant le mariage, révocation de donation ou de testament, reconnaissance d'enfants naturels et les procurations pour consentir ces divers actes, seront, à peine de nullité, reçus conjointement par deux notaires, ou par un notaire en présence de deux témoins. — La présence du notaire en second, ou des deux témoins, n'est requise qu'au moment de la lecture de l'acte par le notaire et de la signature par les parties. Elle sera mentionnée dans l'acte à peine de nullité.

Art. 3. Les autres actes continueront à être régis par l'art. 9 de la loi du 25 ventôse an XI, tel qu'il est expliqué dans l'art. 1er de la présente loi.

Art. 4. Il n'est rien innové aux dispositions du Code civil, sur la forme des testaments.

*(Ce projet de loi sera prochainement porté à la chambre des pairs: nous donnerons, dans l'un de nos prochains numéros, l'analyse de la discussion qui y aura lieu.)*

## ART. 71.

OFFICES. — GREFFIER. — COMMUNAUTÉ. — LOI DU 28 AVRIL 1816.

*Le prix d'un office tombe dans la communauté même réduite aux acquêts, lorsque le titulaire en était pourvu lors de son mariage, antérieur à la loi du 28 avril 1816.*

Arrêt de la Cour de cassation, chambre des requêtes, du 8 mars 1843.

Le 18 mars 1805, le sieur Knœpffler, greffier du tribunal de Saverne, se maria avec la demoiselle Monnet. Par leur contrat de mariage, les époux se réservèrent comme biens propres, tous ceux qu'ils apportaient en mariage et tous ceux qui pourraient leur échoir à titre gratuit : ils ne stipulèrent qu'une communauté d'acquêts.

En 1828, le sieur Knœpffler céda sa charge moyennant 28,000 fr.; à la mort de la dame Knœpffler, ses héritiers ont prétendu que le prix de la charge devait faire partie de la communauté. Le sieur Knœpffler soutint, de son côté, que ce prix devait être considéré comme bien propre et réservé.

9 août 1838, jugement du tribunal de Saverne, ainsi conçu :

Attendu que ce n'est qu'en exécution de la loi du 27 ventôse an VIII, sur la nouvelle organisation judiciaire, que le sieur Knœpffler a obtenu sa nomination de greffier du tribunal de Saverne, du chef du gouvernement qui, aux termes de l'art. 91 de la même loi, pouvait aussi la révoquer à volonté; que si, déjà, en 1796, le sieur Knœpffler était greffier, ce n'était point du tribunal civil, qui n'était pas établi à Saverne, mais du tribunal correctionnel, qui se trouvait composé du directeur du jury d'accusation, du juge de paix et de l'un de ses assesseurs, et c'est à ce tribunal que cette nomination, ainsi que la révocation, étaient dévolues en vertu de l'art. 170 du Code des délits et des peines du 4 brumaire an IV; qu'il suit de là qu'à l'époque du mariage du sieur Knœpffler, qui a eu lieu au mois de mars 1805, la place de greffier qui lui avait été déférée par le gouvernement était purement précaire; qu'elle n'était point à vie ni dans le commerce, et ne pouvait, par conséquent, faire, comme, en effet, elle n'a fait, l'objet d'aucune stipulation ou réserve dans son contrat de mariage; que la faculté de présenter un successeur à l'agrément du roi n'a été introduite dans la loi des finances du 28 avril 1816, que pour indemniser les titulaires d'office du supplément de cautionnement, auquel ils étaient assujétis par cette même loi, et dont le défaut de versement entraînait la révocation de l'officier nommé; que ce droit n'ayant été accordé que postérieurement au mariage du sieur Knœpffler, et la somme nécessaire pour le paiement de ce supplément ayant été tirée de la communauté, le droit de présenter un successeur est réputé avoir été acquis par elle; que le sieur Knœpffler, s'étant démis de sa fonction durant la communauté, et ayant présenté un successeur qui a été agréé par le roi, le prix qu'il a obtenu de l'exercice de ce droit, doit, comme acquêt, entrer dans l'actif de la communauté; et ce, aux termes mêmes de l'art. 2 de son contrat de mariage, qui porte qu'il y aura entre les époux communauté réduite aux acquêts, en sorte que tous les immeubles, biens meubles, effets, et toutes autres valeurs réputées meubles par la loi, qu'ils acquerront durant le mariage, seront, lors de la dissolution, partagés par moitié entre le survivant et les héritiers du précédé;

Attendu, d'ailleurs, que l'ancienne jurisprudence qui considérait les offices vénaux comme immeubles fictifs, ne peut pas être invoquée par les titulaires des charges, au moment de la publication de la loi du 28 avril 1816, parce que ces derniers n'ayant obtenu, par cette loi, d'autre droit que celui de pouvoir présenter un successeur moyennant une somme d'argent, qui forme le prix de la cession de l'office; que c'est donc une créance mobilière qui a été acquise par le mariage, et que, quelle que soit son importance, elle entre dans la communauté; qu'il suit de là que la communauté ne doit aucune récompense au sieur Knœpffler pour le prix de 78,000 f. qu'il a retiré de la cession de l'office dont il était pourvu.

Par arrêt du 15 février 1839, la Cour royale de Colmar, après un arrêt déclaratif de partage, confirma ce jugement dont elle adopta les motifs purement et simplement.

Pourvoi de la part du sieur Knœpffler pour violation de l'art. 1498 du Code civil et fausse application de la loi du 28 avril 1816, en ce que l'arrêt a décidé que le prix de la vente de l'office du demandeur en cassation était un acquêt de communauté, quoique cet office lui appartint au moment de son mariage, et que la communauté stipulée entre lui et sa femme fût réduite aux acquêts.

ARRÊT.

La Cour ; — Attendu que la charge de greffier, dont le sieur Knœpffler était pourvu au moment de son mariage, n'était point alors dans le commerce, que le droit de transmettre, créé par la loi du 28 avril 1816, est né pendant la communauté ; que, dans ces circonstances, l'arrêt attaqué a pu décider, sans violer aucune loi, que le prix de l'office du demandeur en cassation devait profiter aux deux époux comme acquêt de communauté ; — Rejette.

## OBSERVATIONS.

Il est constant que les offices ministériels constituent des droits purement mobiliers ; rapport de M. Sapey à la chambre des députés, séance du 18 septembre 1830 (*Monit.* du 20 septembre 1830) ; Toullier, t. XII, n° 112 ; Duranton, t. XIV, n° 130. En conséquence, si le titulaire de l'une de ces charges se marie en communauté, sans faire de stipulation relative à sa charge, la valeur de cette charge tombe dans sa communauté, sans aucune récompense. Nous croyons toutefois que, la loi du 28 avril 1816 n'ayant eu pour objet que de confirmer un usage général menacé par la jurisprudence, c'est aller trop loin que de dire, en termes absolus, que ce n'est qu'à partir de cette loi que les officiers ministériels *ont acquis* le droit de céder leurs offices.

La Cour de Douai a décidé, par arrêt du 15 novembre 1833 (S., 34, 2, 189 ; D. P., 34, 2, 128), que la collation même gratuite d'un office faite en faveur du mari par le gouvernement, pendant le mariage, doit être considérée comme un bénéfice au profit de la communauté, et non comme une donation, que, par suite, l'office ou sa valeur tombe dans la communauté, encore bien que les époux aient déclaré en exclure ce que leur adviendrait par *dons* ou successions. *Contrà,* Metz, du 24 décembre 1835 ; S., 36, 2, 255 ; D. P., 36, 2, 132.

Il a été jugé, en outre, qu'un office conféré gratuitement au mari pendant le mariage tombe dans la communauté d'acquêts, surtout lorsque le cautionnement a été payé de deniers de cette communauté, Agen, du 2 décembre 1836 (S., 37, 2, 309; D. P., 37, 2, 141, L., 37, 2, 450); *contrà*, Bordeaux, du 2 juillet 1840 (S., 40, 2, 298; L., 40, 2, 445).

## ART. 72.

### EXPERTISE NOUVELLE. — SERMENT NOUVEAU.

*Lorsqu'après avoir procédé à un rapport, des experts sont chargés de faire un supplément à ce rapport pour donner des éclaircissements qu'ils avaient omis, ils peuvent faire ce supplément de rapport sans nouvelle prestation de serment.*

Arrêt de la Cour de cassation, chambre des requêtes, du 4 janvier 1843.

Des contestations s'étant élevées entre le sieur Lebaillellé et le sieur Souhait, une expertise fut ordonnée par le tribunal de Verdun. Le sieur Souhait prétendit que le rapport des experts renfermait diverses omissions; il requit, en conséquence, une seconde vérification des lieux. Le tribunal désigna les experts chargés de la première expertise et leur confia la mission réclamée par le sieur Souhait, en les dispensant de prêter de nouveau serment.

Appel de la part du sieur Souhait, et, le 2 août 1841, arrêt de la Cour royale de Nancy.

Attendu qu'il ne s'agit pas aujourd'hui d'une nouvelle expertise, mais seulement de compléter la première, sur quelques points qui n'ont point été indiqués aux experts par les parties, ou que la rigueur de la saison n'a pas permis de vérifier; qu'il y a lieu aussi de constater les dégradations nouvelles qui pourraient être survenues depuis le 10 janvier 1840 jusqu'au 25 décembre suivant; que, dans ces circonstances, il n'y a pas nécessité de nommer de nouveaux experts, puisqu'il ne s'agit pas de combattre ou de confirmer les résultats de la première opération, mais simplement de la compléter sur des points qui n'ont point fait ou qui n'ont pu faire l'objet de l'expertise faite en janvier 1840.

Pourvoi du sieur Souhait : 1º violation de l'art. 322 du Code de procédure en ce que, nonobstant les termes clairs et précis de cet article, le tribunal, dont le jugement a été confirmé, a désigné pour faire une seconde vérification des lieux, les mêmes experts qui avaient procédé à cette première opération;

2º Violation de l'art. 305 du Code de procédure, en ce que les experts ont été dispensés de prêter un nouveau serment, alors que la seconde expertise ne portait pas sur les mêmes faits que la première.

### ARRÊT.

La Cour ; — Sur le premier moyen : — Considérant que l'arrêt attaqué n'a pas entendu ordonner une nouvelle expertise ayant pour but de critiquer l'ancienne ; qu'il a seulement voulu avoir l'avis des experts sur des faits qu'ils avaient omis de constater ou qu'ils n'avaient pu vérifier ; que, dans ces circonstances, la Cour royale a pu charger les mêmes experts de ce supplément d'instruction ;

Sur le deuxième moyen : — Considérant que, s'agissant d'une simple addition à leur précédent rapport et d'une vérification de faits qui n'étaient que la continuation des faits antérieurement soumis à leur examen, la Cour a pu ordonner qu'il n'y avait pas lieu de faire prêter aux experts un nouveau serment ; par ces motifs ; — Rejette.

## OBSERVATIONS.

Ces deux points ne peuvent faire l'objet d'une difficulté sérieuse. Il a même été décidé que les experts peuvent procéder à ce supplément de rapport sans en prévenir les parties, Cour de cassation, du 27 février 1828 (S., 29, 1, 85 ; D. P., 27, 1, 381). Il en serait autrement si le supplément d'expertise ne portait pas sur les mêmes faits et sur les mêmes points que la première expertise ; 15 janvier 1839, Cour de cassation (S., 39, 1, 97 ; D. P., 39, 1, 119 ; L., 39, 1, 169).

## ART. 73.

**EXPLOIT D'APPEL. — NULLITÉ. — HUISSIER. — RESPONSABILITÉ.**

1° *Il doit être remis à personne ou domicile une copie de l'exploit d'appel à chacun des intimés ayant des intérêts distincts et séparés, et ce, à peine de nullité ;*

2° *L'exploit d'appel doit indiquer, à peine de nullité, le nom de la personne à qui la copie est laissée ;*

3° *L'huissier instrumentaire, responsable de ces nullités, est justiciable, pour ce fait, de la Cour saisie de l'appel ;*

4o *L'huissier n'est passible d'aucuns dommages-intérêts, s'il est démontré que l'appel était mal fondé. Il y a lieu seulement de le condamner aux frais de l'exploit d'appel annulé et de l'action en garantie dirigée contre lui.*

Arrêt de la Cour royale de Caen, du 8 février 1843.

Considérant, sur la première question relative à la nullité de l'exploit du 25 août 1842, que, par cet exploit, Delamarre a bien déclaré se rendre appelant du jugement du 14 juin 1842, mais qu'il n'en a fait signifier qu'une seule copie ; que, cependant, les intimés, au nombre de deux, avaient des intérêts distincts et séparés, et qu'il devait, suivant une jurisprudence certaine, être remis, à personne ou domicile, une copie à chacun d'eux, à peine de nullité ;

**168**

Considérant, d'un autre côté, que de la combinaison des art. 456 et 61 du Code de procédure, il résulte que l'exploit d'appel doit, à peine de nullité, indiquer le nom de la personne à qui la copie est laissée, ce qui ne se rencontre pas dans l'acte du 25 août 1842, d'où suit que cet acte est encore nul sous ce rapport, et que l'appel n'ayant pas été régulièrement émis dans les trois mois du jugement de première instance, il est devenu non-recevable ;

Considérant, sur la deuxième question, relative à la demande en dommages-intérêts formée contre D...., à raison du préjudice qu'éprouve Delamarre par la nullité de son acte d'appel ; qu'il s'agit ici d'un acte sur la validité ou l'irrégularité duquel la Cour seule pouvait statuer, dont elle seule pouvait apprécier le mérite et déterminer les conséquences, et que l'huissier instrumentaire qui en est l'auteur est devenu, par exception aux règles générales, justiciable de la Cour pour cet acte ; que renvoyer les parties devant les premiers juges serait véritablement une mesure illusoire, puisque, enchaînés par un premier jugement, ils ne pourraient penser que la nullité de l'acte d'appel eût causé préjudice à l'appelant ; que, dès-lors, la demande en dommages-intérêts formée contre D.... est recevable ;

Considérant, sur la troisième question, relative à ces dommages-intérêts, que si, par un accord intervenu entre les parties, le 24 février 1841, il a été convenu que les moutons saisis resteraient entre les mains des époux Delamarre et de leur fils, et qu'il ne serait procédé à la vente desdits moutons qu'autant que quelque autre créancier viendrait à la provoquer ; cet accord était tout entier dans l'intérêt de Delamarre père, qui restait ainsi maître de son troupeau, et obtenait en même temps un délai de paiement, et que ce n'est que vis-à-vis de lui que Delamarre fils serait fondé à réclamer le paiement de la nourriture qu'il dit avoir fournie aux moutons, d'où suit qu'au fond, le jugement attaqué aurait dû être confirmé, et qu'ainsi la nullité n'a point porté préjudice à l'appelant ; qu'il y a lieu seulement de condamner l'huissier aux frais de l'exploit d'appel annulé et de l'action en garantie dirigée contre lui ;

Considérant, relativement aux dépens, que Delamarre doit être condamné aux dépens faits par M. Robichon et la dame Dubourg ;

Par ces motifs, la Cour déclare irrégulier et nul l'acte d'appel du jugement rendu par le tribunal civil d'Angers, le 14 juin 1842 ; dit en conséquence que Delamarre est déchu de son appel ; rejette la fin de non-recevoir proposée par l'huissier D.... contre la demande en paiement du préjudice éprouvé par Delamarre à raison de la nullité de l'acte d'appel ; au principal, condamne D.... aux dépens de l'exploit annulé, ainsi qu'à ceux de la demande en garantie, pour tous dommages-intérêts ; et condamne Delamarre à l'amende et aux dépens envers Robichon et la dame Dubourg, excepté ceux qui doivent être supportés par D....

## OBSERVATIONS.

1° Il a été décidé que l'appel dirigé contre des co-héritiers doit, à peine de nullité, être signifié par copie séparée, encore que les co-héritiers aient signifié collectivement le jugement et aient élu le même domicile et alors même que la succession n'est pas encore partagée : (C. de cass., du 7 mai 1818 ; S., 19, 1, 123 ; D. P., 16, 1, 577 ;

D. A., 11, 841 L., 54, 407, et Orléans, du 25 mars 1831 ; (S., 31, 2, 279 ; D. P., 31, 2, 163). *Contra*, Caen, 8 janvier 1827 (S., 28, 2, 21 ; D. P., 25, 2, 164 ) ; Bruxelles, du 30 août 1810 (S., 14, 2, 378 ; L., 30, 223 ).

2° et 3° Ces deux points sont incontestables ; Poitiers, du 18 juin 1830 (S., 30, 2, 217, D. P., 28, 2, 239 ; L., 88, 475 ) ; Nancy, du 24 mai 1833 (S., 34, 2, 623 ; D. P., 34, 2, 170).

## ART. 74.

### RECEVEURS DE L'ENREGISTREMENT. — RECHERCHES. — GREFFIERS. — NOTAIRES. — HUISSIERS.

*L'art. 54 de la loi du 22 frimaire an VII ne va pas jusqu'à autoriser les préposés de l'enregistrement à prendre communication des pièces d'une procédure criminelle, pour y rechercher la preuve d'une mutation secrète.*

**Jugement du tribunal de Nancy, du 21 janvier 1843.**

« Attendu, en fait, qu'il a été délivré, le 24 novembre 1841 , par le receveur de l'enregistrement des actes judiciaires, contre Joseph et Salmon Lévylier, deux contraintes s'élevant ensemble à la somme de 37,052 fr., savoir : 18,516 fr. pour droits simples, qui auraient dû être perçus à l'occasion de différentes mutations dans lesquelles lesdits frères Lévylier figuraient soit comme acquéreurs, soit comme échangistes, et pareille somme de 18,516 francs, pour doubles droits à raison des mêmes mutations ;

« Que le juge de paix a ordonné, le même jour 24 novembre, l'exécution desdites contraintes, qui ont été signifiées le lendemain 25 par le ministère de l'huissier Haroux ;

« Attendu que, le 5 décembre 1841, les frères Lévylier ont formé opposition aux contraintes dont s'agit ; avec assignation devant le tribunal ;

« Attendu que, par des conclusions signifiées le 17 décembre 1842 ; la Régie a déclaré restreindre sa demande à la somme de 56,500 fr ;

« En la forme :

« Attendu que les contraintes sont régulières, et que la signification a pu en être faite valablement par un huissier attaché au tribunal de Nancy, bien que ce ne fût pas celui de la justice de paix ;

« Attendu que l'opposition auxdites contraintes est également régulière en la forme ;

« Au fond :

« Attendu que les documents produits par la Régie sont de deux sortes, et consistent, savoir :

« 1° Dans des copies, certifiées par le receveur de l'enregistrement, d'une partie des interrogatoires subis par les frères Lévylier devant le juge d'instruction de Vic, et de fragments de dépositions de témoins entendus par le même magistrat dans la procédure dirigée contre lesdits Lévylier et leur frère Simon pour banqueroute frauduleuse, laquelle procédure a été terminée relativement à Joseph et Salmon Lévylier par un arrêt de non-lieu rendu par la chambre des mises en accusation de la Cour royale de Nancy , et à l'égard de Simon Lévylier par son renvoi devant le tribunal de police correctionnelle de la même ville, comme prévenu de banqueroute simple ;

« 2° Dans des copies, également certifiées par le même receveur, d'un interrogatoire sur faits et articles, prêté devant l'un des juges du tribunal de Nancy dans le procès civil d'entre lesdits frères Salmon et Joseph Lévylier , et un sieur Vaultrin, ainsi que d'une transaction, en date du 11 septembre 1840, homologuée par jugement du tribunal de commerce de la même ville du 16 même mois ;

« Attendu qu'avant d'examiner le mérite des indices et preuves à tirer de ces documents, il convient de rechercher préalablement s'ils pouvaient être livrés par la Régie à l'appréciation du tribunal pour servir à la constatation des mutations dont cette administration allègue l'existence ;

« Attendu que, dans tous les temps, on a considéré les procédures criminelles comme étant essentiellement secrètes. Ce fait est attesté par les anciennes ordonnances, qui interdisaient à toute personne, et même à l'accusé, tout droit d'examen de la procédure criminelle qui le concernait ; sans parler de la législation antérieure à l'ordonnance de 1670 , qui allait jusqu'à priver l'accusé des conseils et des lumières d'un défenseur , l'art. 15 du titre 6 de cette ordonnance défend aux greffiers de communiquer les observations, et autres pièces secrètes du procès, à peine d'interdiction contre le greffier et de 100 livres d'amende ;

« Attendu que l'interprétation donnée à cette disposition par les anciens jurisconsultes ne peut laisser aucun doute sur la rigueur avec laquelle elle devait être exécutée, « Jousse s'exprime ainsi : « Il est défendu aux greffiers de communiquer « directement ni indirectement aux accusés, et autres parties civiles et autres, soit « les minutes, soit les grosses, soit des expéditions, soit des copies collationnées ou « informes et non signées, ou autrement. — Les anciennes ordonnances, ajoute « le commentateur, défendaient seulement aux greffiers de communiquer les informations aux accusés ; mais celle-ci défend indistinctement cette communication « à toutes personnes ; »

« Que la procédure ne pouvait être communiquée aux accusés que dans un seul cas, celui d'une demande en révision , et seulement encore sur l'autorisation donnée par le chancelier ;

« Que ces principes ne recevaient aucune atteinte de la part des anciennes lois fiscales. L'ordonnance de 1669 n'accorde le droit d'investigation aux proposés des fermiers-généraux qu'à l'égard des actes des notaires, tabellions et greffiers ; mais seulement en ce qui concerne ceux de ces actes dont ils doivent tenir répertoire et inventaires sommaires.

« Que le paragraphe 6 de la déclaration du 20 mars 1708 est plus explicite encore ; il rappelle le droit de communication des actes répertoriés, savoir : contrats, sentences, jugements et autres actes sujets au contrôle ; d'où il faut induire que les actes non sujets à contrôle ne pouvaient donner lieu à communication.

« Que la législation intermédiaire n'offre aucun indice d'un droit de recherche et d'investigation plus étendu ;

« Que le Code d'instruction criminelle, tout en introduisant les adoucissements commandés par une législation plus avancée et moins rigoureuse, a cependant maintenu, comme un principe d'ordre public, le secret des informations criminelles ; elle n'y a dérogé qu'en faveur du prévenu ; même dans ce cas, les pièces ne deviennent publiques pour l'accusé, qu'à une certaine époque de la procédure (Instruction criminelle, 302 et 305) ; mais, sauf cette exception, elle continue à rester secrète pour toute autre personne ; la jurisprudence et les instructions ministérielles ne peuvent laisser à cet égard aucune espèce de doute ;

« Que, dans l'espèce, les inculpés eux-mêmes n'étaient pas fondés à demander communication de la procédure En effet, il était intervenu à leur égard un arrêt de non-lieu, et dès-lors la condition de l'art. 302 n'étant pas accomplie, ils n'étaient plus recevables à se prévaloir de son bénéfice ;

« Qu'ainsi l'esprit de la loi criminelle repousse toute communication des procédures criminelles, même aux inculpés renvoyés par un arrêt de non-lieu. Les déclarations des témoins sont ensevelies dans un silence dont les magistrats criminels ont seuls le droit de les tirer, et aucun texte ne fait exception à cette prohibition en faveur de l'administration de l'enregistrement ;

« Que la Régie fait cependant résulter cette exception à son profit de l'art. 54 de la loi du 22 frimaire an VII , qui est inapplicable aux procédures criminelles, dont il ne fait aucune mention particulière ;

« Qu'on peut même se convaincre que le droit de pénétrer le secret des procédures criminelles est repoussé par l'ensemble des dispositions légales, au milieu desquelles se trouve placé cet article ;

« Qu'en effet, les obligations imposées par les articles précédents ont uniquement pour objet la tenue du répertoire destiné à faciliter les recherches, et le contrôle des agents de l'administration ; et la loi nouvelle, comme les anciennes, n'a pu avoir en vue que les actes publics, c'est-à-dire ceux soumis à la formalité du répertoire, et les actes d'informations criminelles ne sont jamais de ce nombre ;

« Que, d'ailleurs, si on veut mesurer le droit à l'intérêt, le droit de recherche ne peut évidemment exister qu'à l'égard des actes qui auraient pu échapper en tout ou en partie à la perception d'un droit, parce qu'alors l'intérêt est manifeste et résulte de la nature même des choses, mais, en ce qui concerne des actes affranchis de tout droit de timbre et d'enregistrement, on ne peut comprendre l'utilité d'un droit de visite quelconque ;

« Qu'il n'est pas encore impossible d'admettre que, lorsque la loi a établi elle-même des limites au droit d'examen de la Régie, à l'égard d'actes sujets au répertoire, tels que les testaments et autres actes de libéralité, qui sont cependant sujets au répertoire, elle ait permis de pénétrer le secret dans lequel sont enveloppés des actes concernant non-seulement l'intérêt privé des inculpés et des témoins, mais encore l'intérêt général et la sécurité de la société tout entière ;

« Attendu que, de l'examen de la législation ancienne et moderne, générale et spéciale, il ressort incontestablement que les procédures criminelles sont essentiellement secrètes, et qu'aucune disposition n'autorise les agents de l'enregistrement à violer ce secret dans l'intérêt du trésor ;

« Que, dès-lors, les copies que le receveur d'enregistrement a pu se procurer, sans titre comme sans droit, ne peuvent avoir aucune valeur dans la cause; que, par conséquent, le tribunal ne peut être tenu de les apprécier; qu'il doit au contraire les rejeter du procès, comme documents insignifiants et sans mérite pour établir les mutations dont elles révéleraient la réalité;

« En ce qui touche la valeur des documents tirés de pièces publiques, soumises à la formalité de l'inscription au répertoire;

« Attendu que ces documents sont extraits de pièces dont l'art. 54 autorise la communication aux employés de la Régie;

« Qu'il convient d'examiner si chacun de ces documents porte avec lui la preuve d'une mutation secrète;

« 1o A l'égard de la transaction du 11 septembre 1840, homologuée par jugement du tribunal de commerce de Nancy, du 16 du même mois;

« Attendu qu'il résulte des transactions et jugement dont s'agit, que les frères Lévylier ont reçu de la famille de Jean-Pierre Delle une procuration à l'effet de vendre ou échanger une ferme dite *la Bourache*; qu'ils étaient, jusqu'au moment de la vente ou de l'échange, chargés de l'administration de cette ferme, à laquelle ils avaient associé leur frère Simon; que la transaction homologuée par le tribunal constate que, pour conserver à eux seuls la gestion de la ferme dont s'agit, ils ont payé aux syndics de la faillite de leur frère une somme de 400 fr.;

« Attendu qu'il ne résulte pas invinciblement des faits constatés par ces actes, que la procuration donnée aux frères Lévylier dissimule une mutation faite à leur profit;

« Qu'en effet, si le mandat est en général gratuit, il peut aussi être salarié; que rien ne s'opposait à ce que les frères Lévylier retirassent un profit quelconque, tant pour l'administration dont ils étaient chargés que pour les soins et démarches qu'ils auraient pu faire, afin de préparer et faciliter la vente ou l'échange de la ferme dont s'agit, au nom et dans l'intérêt des propriétaires;

« Que, par conséquent, les pièces produites ne constatent pas que la procuration donnée aux frères Lévylier déguisait nécessairement une mutation de propriété à leur profit;

« Que, dès-lors, la demande de la Régie doit être repoussée sur ce chef;

« 2o A l'égard de l'interrogatoire sur faits et articles subi par les frères Lévylier dans le procès civil d'entre eux et Vaultrain;

« Attendu que la preuve de la mutation secrète de la ferme dite *la Haute-Recourt* ressort évidemment des aveux contenus audit interrogatoire;

« Qu'en effet, les réponses de Salmon révèlent l'existence de cette mutation occulte de la manière la plus explicite; il ne déclare pas avoir agi comme mandataire; il reconnaît avoir été débiteur d'une somme de 14,000 francs, et l'avoir payée; il est dès-lors impossible de concilier le fait de la reconnaissance de la dette et du paiement de cette mieux-value avec la circonstance qu'une autre personne aurait conservé la propriété de la ferme donnée en échange, laquelle personne eût alors été débitrice, et non pas les frères Lévylier;

« Que la preuve d'une mutation secrète résulte de l'aveu d'une seule des parties ayant concouru à cette mutation;

« Qu'ainsi les droits réclamés à raison de cette mutation par la Régie de l'enregistrement, et qui sont fixés par la contrainte, sont dus par les frères Lévylier;

« Que ces droits s'élèvent à la somme de. . . . . . . . . . . . . . . . .     2,860 fr.
« Les doubles droits se montent à la même somme. . . . . . . . . . .     2,860
« Total. . . . . . . . . .     5,720
« Dont le décime est de. . . . . . . . . . . . . . . . . . . . . . . . . . . . . . . . . .      572
« Total des droits et doubles droits dus à raison de cette mutation.     6,292 fr.

« Par ces motifs ;

« Le tribunal reçoit les frères Lévylier opposants en la forme aux contraintes signifiées par l'administration de l'enregistrement, à la date du 25 novembre 1841 ;

« Déclare lesdits frères Lévylier non-recevables dans le chef de leur demande tendant à la nullité desdites contraintes, lesquelles sont déclarées valables, régulières et duement signifiées ;

« Donne acte à l'administration de l'enregistrement de son désistement de la contrainte décernée pour droits s'élevant à 752 francs 5 centimes ;

« Statuant au fond sur l'opposition à la contrainte, constatant des droits, doubles droits et décime, pour une somme totale de 56,500 f. ;

« Déclare ladite opposition bien fondée en ce qui concerne les droits réclamés à raison des mutations des fermes de la Bourache et de Dieuze ;

« Déclare les opposants mal fondés dans leur opposition au paiement des droits doubles droits et décime, dus à raison de la mutation de la ferme de la Haute-Recourt, et les en déboute ;

Réduit, en conséquence, l'effet de ladite contrainte à la somme de 6,292 fr. ; ordonne qu'ainsi réduite elle sera exécutée selon sa forme et teneur, et par toutes les voies de droit ;

Et attendu que les parties succombent respectivement ;

« Compense les dépens. »

## OBSERVATIONS.

Le développement des moyens sur lesquels s'est fondé le tribunal de Nancy, nous dispense d'insister sur la solution qu'il adopte et que nous approuvons. Nous croyons nécessaire de rappeler à MM. les notaires, huissiers et greffiers, quelques-unes des règles qui doivent les diriger dans leurs rapports avec les receveurs de l'enregistrement.

*Notaires.* — Lorsqu'un paquet est remis cacheté en dépôt à un notaire, et que son intérieur doit rester inconnu pendant un certain temps, ce notaire n'est point obligé de l'ouvrir et de le communiquer aux préposés de l'enregistrement qui l'en requièrent. En cette circonstance, le notaire ne peut être considéré comme un dépositaire public ; il est seulement un dépositaire particulier et purement confidentiel (arrêt de la Cour de cassation, du 4 août 1811 ; D. A., 7, 352 ; D. P., 13, 1, 465.)

On ne peut pas réclamer les droits de timbre ni l'amende, pour une reconnaissance sous seing privé, écrite sur papier libre, et trouvée dans l'étude d'un notaire décédé, par un vérificateur présent à l'inventaire, cette découverte n'est point dans les attributions de cet employé ; déc. du ministre des finances, du 12 janvier 1818.

L'employé de l'administration qui veut vérifier les actes d'une étude en l'absence constatée du notaire, doit adresser sa réquisition de communication au notaire chargé de suppléer son confrère absent, et non au clerc de celui-ci, qui est sans caractère légal pour faire cette communication. Jugement du 18 novembre 1834, du tribunal de Saverne; D. P., 33, 3, 34.

*Greffiers.* Nous recommandons à MM. les greffiers, le jugement que nous rapportons plus haut. Nous croyons qu'il est de leur devoir de se refuser péremptoirement à communiquer les pièces de procédure criminelle déposées dans leurs greffes : les intérêts de la morale et le repos des familles sont préférables à l'intérêt du fisc.

*Huissiers.* MM. les huissiers sont également soumis à l'obligation de donner communication aux préposés de l'enregistrement, des actes dont ils sont dépositaires (art. 54 de la loi de frimaire an VII); mais cette obligation ne s'applique qu'aux actes qui sont déposés chez les huissiers en cette qualité, et non point aux actes qu'ils peuvent détenir à d'autres titres. Ainsi les préposés n'ont pas le droit de vérifier les papiers d'une faillite sujets au timbre, qu'un huissier aurait en dépôt comme agent de cette faillite. Décision du ministre des finances, du 11 août 1820.

## ART. 75.

### MANDAT. — NOTAIRE. — REDDITION DE COMPTE.

*Le notaire qui s'est volontairement chargé de vendre des immeubles appartenant à ses clients, et d'en acheter pour leur compte et qui a, en conséquence de ces opérations, payé ou reçu pour eux, diverses sommes, a pu être déclaré s'être constitué, par cette gestion, leur mandataire, et être soumis à leur rendre compte de son mandat.*

Arrêt de la Cour de cassation, chambre des requêtes, du 22 août 1842.

Mᵉ Bordier, notaire à Lunay, avait été chargé de vendre des immeubles pour le compte des époux Moulin. Le prix avait été employé à l'acquisition d'autres immeubles, faite également par l'entremise du notaire. Pour parfaire le prix de cette acquisition, les époux Moulin contractèrent par l'intermédiaire de l'un des clercs de Mᵉ Bordier, un emprunt de 4,000 fr. Des difficultés étant survenues, à raison de ces opérations, entre Mᵉ Bordier et les époux Moulin, ceux-ci citèrent Mᵉ Bordier devant le tribunal de Vendôme, pour leur rendre compte en qualité de mandataire, ou au moins de *negotiorum gestor.*

Le tribunal débouta les époux Moulin de leur demande en ces termes :

Considérant que le sieur Bordier, à l'époque où il exerçait ses fonctions de notaire, a été chargé, en sa qualité d'officier public, de vendre des immmeubles appartenant aux demandeurs ; qu'un notaire qui prête son ministère à un client, n'est pas un mandataire auquel ce dernier puisse demander compte de son mandat ; que les sieur et dame Moulin ne justifient point que le sieur Bordier ait reçu d'eux un mandat, ni que le défendeur ait accepté la charge d'un mandat qu'ils lui auraient confié ; qu'ils ne sont donc pas fondés à lui demander compte d'un mandat dont rien n'atteste l'existence ; — Considérant qu'il est avoué par le sieur Bordier qu'il a touché pour les demandeurs 882 fr. sur le prix des biens par eux vendus ; qu'eût-il touché cette somme en qualité de *nogotiorum gestor*, les demandeurs ne seraient pas plus fondés à lui demander compte de sa gestion, puisque le sieur Bordier a précédemment rendu un compte aux sieur et dame Moulin, ainsi qu'il résulte d'une quittance émanée de ces derniers, de ladite somme qu'il avait touchée pour eux ; — Considérant que ce n'est pas par l'entremise du sieur Bordier, mais par celle d'un sieur Lecesne, porteur de leur procuration, que les époux Moulin ont fait un emprunt de 4,000 fr. des sieurs et dame Lamoureux ; que Bordier n'ayant point été le mandataire des demandeurs dans cette circonstance, ne leur doit point compte de son mandat ; — Que, d'ailleurs, cette somme prêtée par les sieurs et dame Lamoureux a servi, deux jours après le prêt, à acquitter les emprunteurs d'une somme de 4,000 fr. envers le sieur Bordier, ainsi qu'il résulte de la quittance donnée par ce dernier aux demandeurs ; qu'il suit de ce que dessus que la demande en reddition de compte du sieur Moulin n'est, sous aucun rapport, fondée.

Appel par les époux Moulin, et le 25 août 1841, arrêt de la Cour d'Orléans qui ordonne la reddition de compte devant le tribunal civil de Vendôme, sous peine de 1,200 fr. de dommages-intérêts :

Attendu, porte l'arrêt, que de 1824 à février 1829, Me Bordier, alors notaire, a procédé à la vente par parcelles des immeubles des mariés Moulin, et que de 1824 à janvier 1840, il a fait successivement acquérir aux appelants diverses portions de la Champsonnière ; — Attendu que, pour payer les biens par eux acquis, les époux Moulin ont remis à cet officier public des fonds tirés de leur propre caisse, et aussi ont eu recours à des emprunts effectués en leur nom par Lecesne, clerc de Me Bordier, en vertu d'une procuration passée en l'étude de ce dernier ; — Attendu que les acquéreurs des biens des appelants se sont acquittés partie entre les mains du notaire, ce qui constitue ce dernier mandataire ; — Attendu que les quittances données ne l'ont été qu'à valoir ; — Attendu que si le paiement de la somme de 57 fr. a eu lieu sans protestation, l'exploit d'offres réelles du 8 janvier dernier constate que les mariés Moulin n'ont entendu payer les époux Lamoureux que sous toutes réserves de fait et de droit, soit contre Lecesne, mandataire, soit contre Me Bordier, lui-même, pour raison de compte qu'ils se proposaient de demander de l'emploi du capital emprunté en leur nom, et reçu par Me Bordier ; qu'ainsi, sous tous les rapports, ce dernier doit compte aux appelants....

Pourvoi du sieur Bordier pour fausse application de l'art. 1993 du Code civil et violation des art. 1108 et 1984, § 2, ainsi que de l'article 527 du Code de procédure, en ce que M<sup>e</sup> Bordier n'a concouru aux achats et aux ventes opérés par les époux Moulin, qu'en sa qualité d'officier public. Les sommes qu'il a reçues pour payer les biens acquis, ont été reçues pour le compte des vendeurs et non point au nom de M<sup>e</sup> Bordier personnellement. Quant à l'emprunt fait par l'intermédiaire de l'un des clercs de M<sup>e</sup> Bordier, il est étranger à la cause, car en supposant que M<sup>e</sup> Bordier ait reçu cette somme, il ne l'aurait reçue qu'à titre de paiement des acquisitions des époux Moulin et il ne pourrait en résulter contre lui aucune obligation de rendre compte.

ARRÊT.

LA COUR ; —Attendu que la Cour royale d'Orléans, appréciant souverainement les faits de la cause, a reconnu que Bordier, qui s'en était volontairement chargé, aurait vendu des immeubles appartenant aux époux Moulin et opéré des acquisitions, pour eux, de plusieurs portions du domaine de la Champsonnière ; qu'en conséquence, diverses sommes auraient été payées ou reçues par lui sur quittance à valoir, pour le compte desdits époux Moulin ; et qu'en déclarant, en droit, que par cette gestion volontaire, ledit sieur Bordier s'était constitué leur mandataire et devait compte de son mandat, la Cour royale d'Orléans n'a point violé les articles invoqués, et a fait des principes de la matière, et notamment de l'art. 1372 du Code civil, une juste application ; — Par ces motifs ; — REJETTE.

## OBESRVATIONS.

Il a été jugé que le notaire qui se charge de recevoir pour le compte de son client, des capitaux, avec indication d'emploi, est un véritable *mandataire* ; Paris, du 18 janvier 1834 (S., 34, 2, 92 ; D. P., 34, 2, 100). Il en est de même du notaire entre les mains duquel a été remis le prix d'une vente passée devant lui et qui paie ce prix à des créanciers du vendeur ; Nancy, du 22 juin 1836 (S., 36, 1, 852 ; D P., 35, 1, 399) ; du notaire qui a négocié lui-même un prêt dans l'intérêt de l'un de ses clients ; Rennes, du 9 juillet 1834 (S., 35, 2, 105.)

ART. 76.

1° APPEL. — GARANTIE. — MISE EN CAUSE. — INDIVISIBILITÉ.<br>
2° NOTAIRE. — TESTAMENT. — NULLITÉ. — APPEL. — RÉFORMATION. —<br>
HÉRITIERS.

1° *L'appel interjeté par le garant, profite aux garantis non-appelants, par cela seul qu'ils ont été mis en cause.*

2° *En conséquence, lorsque, sur l'appel interjeté contre toutes les parties par un notaire rendu responsable de l'annulation d'un testament, le jugement qui annule ce testament, est réformé, ce testament peut être en même temps déclaré valable à l'égard des héritiers légitimes et légataires, même non-appelants.*

Arrêt de la Cour de cassation, chambre des requêtes, du 16 janvier 1843.

Un jugement du tribunal de Beaupréau annule le testament authentique du sieur Terrien, et déclare Me Préau, notaire rédacteur, garant de cette nullité. Appel de Me Préau, qui met en cause toutes les parties intéressées à l'existence du testament; 17 juin 1841, arrêt de la Cour d'Angers, qui infirme le jugement du tribunal de Beaupréau, valide le testament et en ordonne l'exécution à l'égard de toutes les parties.

Pourvoi des héritiers du sang, pour violation de l'art. 1351, en ce que l'arrêt attaqué a ordonné l'exécution du testament, même en faveur de ceux qui n'avaient point interjeté appel du jugement qui l'annulait.

ARRÊT.

LA COUR; — Attendu en fait (ainsi qu'il est constaté par l'arrêt attaqué) que, par jugement du 25 août 1840, le tribunal civil de Beaupréau a annulé pour vice de forme le testament d'André Terrien, reçu par Me Préau, notaire, en déclarant celui-ci implicitement responsable de l'annulation du testament et en le condamnant aux dépens envers toutes les parties; — Qu'un tel état de choses constituait à la fois lien judiciaire entre le garant et tous les garantis et grief d'appel pour ledit garant; d'où suit que l'arrêt attaqué, en réformant ledit jugement du 25 août 1840, sur l'appel dudit Me Préau, comme ayant qualité et intérêt à l'interjeter envers toutes les parties, n'a aucunement violé l'art. 1351 du Code civil et s'est au contraire conformé aux lois sur la matière; — REJETTE.

## OBSERVATIONS.

En principe, l'appel ne profite qu'à la partie qui l'a interjeté. — Toutefois l'appel, relevé en temps utile par le garant, profite au garanti; Agen, du 5 janvier 1832 (S., 34, 2, 237; D. P., 34, 2, 237; Toulouse, du 6 novembre 1825 (S., 26, 2, 277).

## ART. 77.

DONATION PAR CONTRAT DE MARIAGE. — RAPPORT.

*La clause d'un contrat de mariage par laquelle l'oncle du futur lui donne divers immeubles et lui permet de prendre, en cas de partage de ses biens, une part égale à celle des autres neveux du donateur, a pu être considérée comme constituant seulement une dispense de rapport des biens donnés et non comme une institution contractuelle, et par suite, le donateur a pu donner valablement le surplus de ses biens à ses autres neveux.*

Arrêt de la Cour de cassation, chambre des requêtes, du 3 janvier 1843.

Par le contrat de mariage d'Anthelune Chausson, l'oncle de celui-ci, le sieur Chausson, lui fit donation de divers immeubles, en ajoutant que le futur, indépendamment de ces immeubles, prendrait, le cas de partage arrivant, une part dans sa succession égale à celle de ses frères et sœurs. Plus tard, le sieur Chausson décéda laissant un testament qui attribuait la totalité de ses biens à ses deux autres neveux, frères du sieur Anthelune Chausson. Le fils de ce dernier, pensant que la clause du contrat de mariage de son père constituait à son profit une institution contractuelle irrévocable, réclama dans la succession du donateur une part égale à celles des autres co-héritiers. Cette réclamation d'abord admise par le tribunal de Bellay, a été repoussée par un arrêt de la Cour royale de Lyon, du 8 décembre 1841, ainsi conçu :

Attendu que la clause du contrat de mariage ne renferme qu'une donation entre-vifs de cinq parcelles de fond, avec l'expectative, pour le donataire, de les prendre avant partage de la succession du donateur, mais sans dessaisissement actuel du surplus de ses biens qui ait mis le donateur dans l'impossibilité d'en disposer ultérieurement, ainsi qu'il l'a fait depuis en faveur de ses autres neveux.

Pourvoi du sieur Chausson pour excès de pouvoir, violation des art. 1082 et 1083 du Code civil, et fausse application de l'art. 1157 du même Code, en ce que l'arrêt attaqué a refusé de voir une institution contractuelle dans la clause du contrat de mariage dont il s'agit.

ARRÊT.

La Cour ; — Attendu que le contrat de mariage, qui a donné lieu au procès, contient deux dispositions : la première est une donation entre-vifs, claire, formelle, et qui n'a point été attaquée ; la seconde est celle où l'on a prétendu voir une institution d'héritier ;

Attendu que cette clause pouvait être considérée, en effet, comme contenant une institution, mais aussi comme ne présentant qu'une manière plus positive d'expliquer que, le cas de partage arrivant, le donateur entendait bien que la donation, objet de la première disposition, ne fût sujette à aucun rapport ;

Attendu que, dès qu'il y avait du doute sur le sens et le caractère de la disposition, la Cour a pu l'interpréter dans le sens qui lui a paru le plus conforme aux intentions des parties, sans violer aucune loi ; — Rejette.

ART. 78.

FRAIS EN MATIÈRE CRIMINELLE. — GREFFIERS. — HUISSIERS.

1° *Les expéditions délivrées par les greffiers qui sont payées proportion-*

nellement au nombre des rôles, ne doivent être requises que dans les cas prévus par la loi, par les institutions et les réglements.

2°. La signification sur minute des jugements dont il n'a pas été levé d'expédition, doit être généralement employée ;

3" Les copies dues aux accusés ne doivent reproduire que les pièces énumérées par l'art. 305 du Code d'instruction criminelle ;

4° Les extraits d'arrêts ou de jugements ne doivent être demandés que dans les cas où la délivrance en est prescrite par les instructions ministérielles ;

5° Les magistrats doivent exiger que les mémoires des huissiers soient accompagnés des réquisitions en vertu desquelles les actes qui y sont compris ont été faits ;

6° Forme dans laquelle ils doivent être rédigés ;

7° Le détail de frais de chaque acte doit être indiqué en marge de l'original ;

8° On ne doit passer en taxe que les actes dont la signification est nécessaire ;

9° Il ne faut pas multiplier les exploits sans nécessité ;

10° Les droits de capture ne sont dus qu'au cas d'exécution forcée de l'acte en vertu duquel ils sont réclamés ;

11° Le salaire pour l'extraction des prisonniers ne doit être alloué qu'une fois pour chaque prévenu ou accusé, pour chacune des audiences employées aux débats du procès.

## Circulaire de M. le garde-des-sceaux, du 16 août 1842.

M. le Procureur général, les frais de justice criminelle se sont considérablement accrus depuis quelques années. Cette dépense, qui n'était que de 5,434,385 fr. en 1831, s'est élevée, en 1840, à 4,571,525 fr. Elle n'est jamais couverte par les prévisions du budget, et son augmentation, toujours croissante, impose la nécessité de demander chaque année des crédits supplémentaires. Un pareil état de choses a vivement excité la sollicitude du gouvernement. Je viens vous recommander d'employer, pour atténuer une charge si pesante, tous les moyens qui peuvent se concilier avec la marche ferme, rapide et régulière de la justice criminelle. Je vous rappellerai quelques règles dont la stricte observation, en faisant disparaître tous les frais inutiles, amènera, je l'espère, le résultat qui doit être l'objet de nos efforts (1).

*Droits alloués aux greffiers.*

7° Je ne m'occuperai ici que des droits qui occasionnent la plus forte dépense, c'est-à-dire de ceux qui sont dus pour la délivrance des expéditions qui sont payées proportionnellement au nombre des rôles. Il importe que ces expéditions ne soient jamais délivrées que dans les cas expressément prévus par la loi, les réglements et

---

(1) Nous omettons ici six paragraphes relatifs à des matières étrangères à notre spécialité.

les instructions émanées de mon ministère. Il faut aussi tenir strictement la main à ce qu'elles contiennent toujours le nombre de lignes à la page et de syllabes à la ligne déterminé par l'art. 48 du décret du 18 juin 1811. Ce n'est qu'après une vérification qui aura constaté que cet article a été observé, qu'on peut valablement apposer le visa prescrit par l'art. 57 du même décret. Ce visa doit indiquer le nombre de rôles qui a été admis. En prenant note avec exactitude de ce nombre sur le registre qui sera tenu à cet effet, au parquet, les procureurs du roi se trouveront toujours en mesure de contrôler les mémoires des greffiers et de les faire réduire, s'il y a lieu, avant qu'ils soient revêtus de l'exécutoire du juge.

Quelques magistrats du ministère public négligent, je le sais, de tenir dans leurs parquets le registre dont je viens de parler. Je vous prie de rappeler à l'exécution de l'art. 57 du règlement du 18 juin 1811 ceux de vos substituts qui commettent cette négligence.

8° L'art. 70 du même règlement autorise la signification sur minute des jugements dont il n'a pas été levé d'expédition. Ce mode de procéder, très-économique, doit être employé toutes les fois qu'on peut la faire sans inconvénients. Quelques greffiers manifestent de la répugnance à confier momentanément leurs minutes aux huissiers ; ils craignent de compromettre leur responsabilité, qui est cependant toujours couverte par le récépissé qu'ils sont en droit d'exiger. On peut les rassurer en adoptant un usage qui s'est établi dans beaucoup de tribunaux. Cet usage est d'admettre les huissiers au greffe pour y faire la copie des jugements sans déplacement des minutes. Il en résulte un double avantage : celui de mieux assurer la conservation de ces minutes, et celui d'étendre la faculté de signifier les jugements, sans lever expédition, au cas même où la partie à laquelle la signification doit être faite résiderait très-loin du chef-lieu judiciaire. Je recommande l'adoption générale de cet usage, et je compte sur la fermeté des magistrats pour vaincre les résistances mal fondées qu'elle pourrait éprouver.

9° Les copies dues aux accusés, en vertu de l'art. 305 du Code d'instruction criminelle, sont délivrées gratuitement ; elles occasionnent au trésor une forte dépense qui n'est pas recouvrable. J'engage les magistrats du ministère public à s'assurer soigneusement que ces copies ne reproduisent que les pièces dont parle l'article précité, c'est-à-dire les procès-verbaux constatant le délit et les déclarations écrites des témoins. Il faut, en outre, qu'ils veillent toujours à ce qu'il ne soit délivré qu'une seule copie pour chaque affaire, quel que soit le nombre des accusés présents.

10° Les extraits d'arrêts ou de jugements ne donnent lieu qu'à un droit fixe qui est peu considérable. Mais leur multiplicité porte à une somme totale assez élevée la dépense annuelle que leur délivrance nécessite. Il faut donc ne demander et ne passer en taxe que les extraits dont la délivrance est prescrite ou autorisée par les instructions émanées de mon ministère et en restreindre le nombre pour chaque affaire dans les limites des besoins du service.

### Salaire des huissiers.

11° Le paiement de ce salaire est l'une des plus fortes dépenses imputables sur les fonds généraux des frais de justice criminelle. Elle a été en 1840 de 1,249,050 f. — Les huissiers sont employés dans toutes les phases des procédures ; leurs actes sont très-nombreux, de graves abus ne tarderaient pas à s'introduire dans le règlement des frais qu'ils occasionnent, si les magistrats, par une vigilance qui ne doit jamais se ralentir, ne s'efforçaient pas de les prévenir.

12º Les magistrats, avant de viser ou de taxer les mémoires des huissiers, doivent exiger qu'on leur fournisse à l'appui les réquisitions en vertu desquelles les actes qui y sont compris ont été faits.

13º Ces mémoires doivent être rédigés par ordre de dates, et indiquer les affaires auxquelles chaque article est relatif, en désignant successivement la nature et les circonstances des crimes, délits et contraventions qui ont motivé les diligences. La même indication devant se trouver sur le registre qui est tenu au parquet, conformément à l'art. 85 du décret du 18 juin 1811, il suffit de faire avec soin la comparaison de chaque article de dépense, pour être certain, qu'il est réellement dû, que le montant n'en est pas exagéré et que, par conséquent, il doit être alloué.

14º Les huissiers sont astreints par l'art. 48 du décret du 18 juin 1811 à indiquer en marge de l'original de chaque acte, le détail de tous les frais formant le coût total de cet acte. Cette règle est générale; elle doit donc être observée aussi exactement en matière criminelle qu'en matière civile, et, afin que le compte puisse faciliter la taxe régulière des frais, il doit toujours indiquer séparément, et de la manière la plus claire, les divers articles de dépense tels que le timbre et l'enregistrement, le prix de l'original, le nombre et le coût des copies, le nombre des myriamètres parcourus, quand il y a eu transport, le nombre de rôles des copies de pièces. Ces copies de pièces ne doivent, du reste, être allouées que quand la délivrance en est expressément exigée. Il n'est pas inutile de rappeler qu'aux termes de l'art. 71, § 10, du décret du 18 juin 1811, le premier rôle ne devant jamais être porté en taxe, quand les copies ne comportent qu'un seul rôle, elles ne doivent donner lieu à aucune rétribution.

15º Il y a beaucoup d'actes judiciaires dont la signification n'est pas nécessaire : Ils sont indiqués dans l'instruction générale du 30 septembre 1826, § 57. Si donc les huissiers les avaient signifiés, il faudrait retrancher de leur mémoires, les salaires qu'ils réclameraient à ce sujet, et cette suppression s'étendrait naturellement aux indemnités de transport pour les voyages, que les significations frustratoires auraient pu occasionner.

16º Il faut aussi empêcher que les originaux d'exploits ne soient multipliés sans nécessité. Ainsi, il suffit ordinairement d'un seul original pour citer les témoins qui résident dans la même commune et qui doivent être entendus dans la même affaire, quand ce serait à des jours différents. La même règle doit être suivie pour les prévenus.

17º Les droits de capture sont plus ou moins élevés, suivant l'importance de l'acte ou de la condamnation dont l'exécution a été opérée. Ils ne sont dus qu'en cas d'exécution forcée de l'acte en vertu duquel ils sont réclamés. Ainsi ils doivent être refusés, quand la personne incarcérée se trouvait déjà sous la main de la justice, ou quand elle s'est présentée volontairement, soit pour obéir au mandat décerné contre elle, soit pour subir la peine à laquelle elle a été condamnée ; — L'exécution même forcée des mandats d'amener et de dépôt ne donne jamais lieu aux droits de capture. Ils sont dus pour celle du mandat d'arrêt. C'est un motif pour que les magistrats ne décernent ce dernier mandat, au début d'une procédure, que lorsqu'il paraît indispensable.

18° L'art. 74, § 6, du décret du 18 juin 1811, attribue aux huissiers un salaire variable suivant les localités, pour l'extraction de chaque prisonnier, sa conduite devant le juge et sa réintégration dans la prison. — Toute autre extraction, notamment celle opérée pour conduire le prisonnier dans une autre prison, ne donne pas droit à ce salaire. Il ne faut pas non plus l'allouer quand le prévenu ou l'accusé est amené hors du prétoire, soit pendant que la séance est suspendue et doit être reprise le même jour, soit pendant qu'on interroge ses co-prévenus ou ses co-accusés et qu'on entend les témoins qu'on juge nécessaire de faire déposer hors de sa présence. Dans tous ces cas, le prévenu ou l'accusé est ordinairement conduit dans une salle à ce destinée du palais de justice ; et, quand bien-même il serait momentanément déposé dans la prison, on ne pourrait pas considérer ce dépôt comme la réintégration dont parle là disposition précitée. Le salaire pour l'extraction ne doit donc être alloué qu'une fois pour chaque prévenu ou accusé, pour chacune des audiences employées aux débats du procès.

## ART. 79.

1° LOUAGE. — CHEPTEL DONNÉ AU FERMIER D'AUTRUI. — NOTIFICATION. — FORMALITÉS.

2° COMMENCEMENT DE PREUVE PAR ÉCRIT. — DÉCLARATIONS AUTHENTIQUES.

1° *Lorsque la notification prescrite par l'art. 1813 du Code civil n'a pas été donnée au propriétaire, il suffit, pour que celui-ci ne puisse user du privilège établi par l'art. 2102 du même Code, qu'il soit prouvé qu'il ait eu connaissance de l'introduction, sur la ferme, d'un cheptel étranger, et qu'il y ait consenti.*

2° *Le commencement de preuve par écrit, nécessaire pour l'admission de la preuve testimoniale ou des présomptions, peut résulter des déclarations authentiques faites en justice par les parties.*

Arrêt de la Cour de cassation, chambre des requêtes, du 7 mars 1843

### ARRÊT.

LA COUR ; — Attendu que l'art 1813 du Code civil en exigeant, dans le cas où un cheptel est donné au fermier d'autrui qu'il soit notifié au propriétaire de qui ce fermier tient, pour que ce propriétaire n'ait pas le privilège résultant pour lui de l'art. 2102 du Code civil, ne trace aucune règle à suivre pour cette notification ; que, par conséquent, elle rentre dans les règles du droit commun ; — Qu'il suffit donc, quand il n'y a pas de la part du fermier au propriétaire notification de l'introduction, sur la ferme, d'un cheptel étranger, qu'il soit prouvé que le propriétaire ait eu connaissance de cette introduction et y ait consenti ;

Attendu, d'autre part, que, d'après les art. 1344 et 1353 du Code civil, quand il existe un commencement de preuve par écrit, cette preuve peut être complétée par des présomptions graves, précises et concordantes ;

Attendu que c'est avec fondement que l'arrêt attaqué a décidé qu'il existait dans l'affaire un commencement de preuve par écrit, puisqu'il y a eu des déclarations authentiques faites en justice par les parties appelées à donner des explications, et que la Cour de Limoges a pu également trouver, dans les circonstances de la cause, des présomptions graves, précises et concordantes, appréciation qui rentrait dans ses attributions ; — Que, dès-lors, y ayant pour elle preuve complète que les bestiaux revendiqués avaient été donnés à cheptel au fermier du demandeur en cassation, au su et du consentement de celui-ci, elle a pu, sans violer l'art. 1815 du Code civil, prononcer que cette connaissance et ce consentement tenaient lieu de la notification prescrite par cet article ;

Attendu que la clause du bail, portant que le preneur ne pourrait introduire des bestiaux étrangers sur la ferme qu'autant qu'il en aurait l'autorisation écrite du propriétaire, n'empêchait point que l'arrêt n'ait pu regarder comme équivalent le consentement que ce propriétaire a donné d'une autre façon, puisque ce consentement a été aussi parfait que s'il eût été donné par écrit ; — REJETTE.

## OBSERVATIONS.

1° La Cour de cassation assimile avec raison, à la notification prescrite par l'art. 1813 du Code civil, la connaissance qu'a eue le propriétaire, de l'introduction du cheptel sur la ferme et le consentement qu'il a donné à ce fait. Le but de la notification se trouve alors complètement rempli. Mais, ainsi que cela est décidé à l'égard de la notification, Cour de cassation du 9 août 1815 (S., 20, 1, 469; D. P., 13, 1, 400), la connaissance que le propriétaire peut avoir eue de l'introduction du cheptel doit être antérieure à cette introduction. (Persil, *Rég. hyp.*, A. 2102, § 1, n° 2; *Quest.* t. 1, chap. 3.)

2° Nous avons dit, art. 53, que des aveux constatés dans les qualités d'un jugement, peuvent être considérés comme un commencement de preuve par écrit.

## ART. 80.

VENTES JUDICIAIRES D'IMMEUBLES. — AVOUÉS PRÈS LA COUR ROYALE. — AVOUÉS PRÈS LE TRIBUNAL. — ATTRIBUTIONS.

*Les avoués près le tribunal de première instance, seuls, à l'exclusion des avoués à la Cour royale, ont le droit de poursuivre l'exécution d'un arrêt infirmatif en tant qu'il décide qu'une vente par licitation ordonnée par les premiers juges, aura lieu par-devant notaire, au lieu de se faire à l'audience des criées. En conséquence, ils ont seuls qualité pour remplir les formalités préalables à la vente.*

**Jugement du tribunal de la Seine, 1re chambre, du 15 mars 1843.**

**La Cour de Paris avait décidé, par infirmation d'un jugement du**

tribunal de première instance, que la vente par licitation ordonnée par les premiers juges, aurait lieu par-devant notaire au lieu de se faire en l'audience des criées.

L'avoué qui avait occupé sur l'appel, prétendit avoir le droit de poursuivre l'exécution de cet arrêt. La compagnie des avoués de première instance s'opposa à cette prétention et invoqua les dispositions du Code de procédure civile, art. 458, 459, 460 et 827.

JUGEMENT.

LE TRIBUNAL ; — Attendu que l'arrêt du 15 octobre dernier n'a infirmé le jugement du 26 août précédent, qu'en ce que la Cour a renvoyé dans l'étude d'un notaire la vente qui, d'après la décision des premiers juges, devait avoir lieu en l'audience des criés ; que, dès-lors, la question à juger n'est relative qu'à l'exercice, au profit de tels ou tels officiers ministériels, du droit de poursuivre une vente immobilière ordonnée par justice ;

Attendu que si l'art. 472 du Code de procédure civile confère à la Cour l'exécution des arrêts infirmatifs qu'elle a rendus, il faut, pour qu'il y ait lieu à l'application de ce principe, que la loi n'ait pas attribué juridiction à un tribunal d'un autre ordre ;

Attendu qu'il existe, pour les ventes, des règles de compétence renfermées dans plusieurs dispositions du Code de proc. civ., notamment dans les art. 458, 459, 460 et 827 ; que les différents titres du Code de procédure civile qui s'appliquaient à ces matières, sont aujourd'hui remplacés par la loi spéciale du 2 juin 1841 ; — Que toutes les dispositions de cette loi, notamment les art. 954, 955, 957, 958, 963, 964, 970, 972, 987, soumettent les ventes judiciaires de toute nature à la juridiction exclusive des tribunaux de première instance ;

Attendu que l'art. 975, en prévoyant le cas où la rédaction du cahier des charges pourrait donner lieu à des difficultés et en exigeant que ces difficultés soient soumises au tribunal de première instance, a encore confirmé ces règles générales ;

Attendu, d'ailleurs, que l'art. 472 du Code de procédure civile classe en termes formels la saisie immobilière, parmi les matières dont elle a réservé la connaissance aux tribunaux de première instance ; que les art. 838, 964 et 988 de la loi du 2 juin 1841, en renvoyant au titre de la saisie immobilière, pour l'accomplissement des formalités prescrites, en matière de surenchère de vente de biens immeubles ou de licitation, a déclaré communes aux ventes de toute nature, les règles prescrites pour l'expropriation forcée ; que, dès-lors, et par voie de conséquence, elle leur a appliqué l'exception écrite, en faveur de l'expropriation forcée, dans l'art. 472 du Code de procédure civile.

Attendu que de l'ensemble de ces dispositions, il résulte que toutes les ventes judiciaires, quels qu'en soient le principe et la cause, sont considérées comme forcées et qu'elles doivent dès-lors subir le régime et les règles de compétence imposés par la loi à l'expropriation forcée ;

Attendu que, vainement, on voudrait exciper de ce que la vente est renvoyée devant notaire ;

Attendu que l'attribution spéciale faite, ainsi qu'il a été ci-dessus, en matière de vente, ramenant en cette partie l'exécution aux tribunaux de première instance, c'est aux avoués postulants devant ces tribunaux qu'il appartient de mettre ces ventes à fin ; que le ministère de l'avoué de première instance s'exerce indistinctement dans tous les cas ; — Qu'ainsi, aux termes de l'art. 975, il doit faire connaître aux parties co-licitantes le cahier des charges déposé au greffe, ou dressé par le notaire, et qu'il est spécialement investi du droit de porter à l'audience toutes les difficultés auxquelles la rédaction de cet acte peut, dans les deux cas, donner lieu ; — Qu'en outre une disposition expresse de l'art. 14 du tarif du 10 octobre 1841, le charge, au cas spécial du renvoi de la vente à un notaire, de l'accomplissement de toutes les formalités qui doivent y conduire et lui attribue une partie des émoluments attachés à la vente ;

Attendu que la compétence attribuée aux tribunaux de première instance pour la vente des biens immeubles ordonnée par justice, entraîne à sa suite, comme conséquence forcée, l'emploi exclusif du ministère des avoués attachés à ces tribunaux, et investis par la loi du droit de postuler seule devant eux ; que dès-lors M<sup>es</sup> Duchesne et Jacques étaient sans droit ni qualité pour remplir les formalités préalables à une vente judiciaire et pour poursuivre cette vente ;

Par ces motifs ; — Reçoit Duchesne et Jacques, opposants.....

# ART. 81.

**OFFICE. — CESSION. — CONTRE-LETTRE. — ASSOCIATION. — FAILLITE DU CÉDANT. — RÉDUCTION DU PRIX.**

1º *La stipulation d'un supplément de prix en dehors de celui porté au traité de transmission d'un office, est nulle comme contraire à l'ordre public.*

2º *Il y a lieu à réduire le prix fixé par le traité de transmission d'un office, lorsque, la faillite de l'officier ministériel démissionnaire a jeté du discrédit sur l'office ; cela est vrai, même dans le cas où la faillite est postérieure à la cession de l'office, si d'ailleurs cette catastrophe est résultée d'un état de choses antérieur à cette époque.*

Arrêt de la Cour de Grenoble du 20 mars 1843.

M<sup>e</sup> Boissat, notaire à Vienne, vendit, en 1839, son étude à M<sup>e</sup> L....., notaire à Gap. Le traité présenté à M. le garde-des-sceaux portait le prix de la cession à 70,000 fr. Il fut agréé par la chancellerie. Par une contre-lettre, les parties avaient modifié ce traité, et elles avaient établi une association pour l'exploitation de l'office pendant dix années, avec partages de bénéfices. M<sup>e</sup> Boissat se réservait de reprendre l'étude à l'expiration de ce délai, et il était convenu que si M<sup>e</sup> L..... la conservait, il paierait 70,000 fr.

M<sup>e</sup> Boissat avait longtemps exercé tout à la fois la profession de banquier et celle de notaire. Peu de temps après la vente, il quitta

Vienne, laissant un déficit considérable. M⁰ L..... se trouva ainsi privé du concours de son prédécesseur : la faillite de ce dernier jeta en outre sur l'étude une grande défaveur, la clientelle diminua notablement.

En conséquence, M⁰ L..... forma devant le tribunal de Vienne une demande en réduction du prix porté dans le traité public et offrit 50,000 fr. Le tribunal fixa le prix de l'office à 58,000 fr.

Appel.

### ARRÊT.

Attendu que Boissat a cédé à L.... un office de notaire, par acte ostensible du 4 décembre 1858, au prix de 70,000 fr. ;

Attendu qu'aucune aggravation des charges de la cession, stipulée par une contre lettre ignorée du gouvernement qui fait la nomination, ne peut produire d'effet même entre les parties contractantes ; que ce n'est pas seulement dans l'intérêt du cessionnaire, mais bien plus encore dans celui des justiciables que le pouvoir suprême est appelé à veiller à ce que le prix soit modéré et en rapport avec les produits légitimes de l'étude ; que l'ordre public est gravement intéressé à ce que toute contre-lettre, que l'autorité a ignorée, soit frappée d'une nullité radicale et absolue ;

Attendu que la cession d'un office emporte implicitement avec elle la cession de la clientelle, et que quand l'objet cédé est infecté d'un vice caché qui en diminue la valeur, il y a lieu à indemnité en faveur du cessionnaire ;

Attendu que Lauza avait juste sujet de croire, à l'époque du traité, qu'il recevait un notariat entouré d'une considération générale et d'une nombreuse clientelle que lui valait la grande influence de son cédant, tandis que moins d'une année après, la faillite de Boissat jetait le discrédit sur cet office, exaspérait la population contre l'ancien et le nouveau titulaire, et faisait refluer la clientelle dans les autres études ;

Attendu que cette catastrophe est résultée du mauvais état des affaires de Boissat, qui remonte à un temps beaucoup antérieur au traité ; d'où il suit que L....., qui l'ignorait, doit obtenir une réduction jusqu'à concurrence de la différence entre la valeur réelle de l'étude, après la faillite de Boissat, et par suite de cette faillite et les 70,000 fr. stipulés au traité, si réellement il existe une différence ;

Attendu que les éléments d'appréciation manquent à la Cour et qu'il importe, avant de statuer, d'obtenir l'avis du tribunal, la Chambre des notaires préalablement consultée ;

Attendu que la dépréciation qui aurait pu résulter de la circonstance que Boissat est resté en réalité l'associé de L..... pour l'exploitation de l'étude, contrairement à toutes les règles en cette matière, ne doit point être prise en considération par le tribunal pour diminuer le prix, puisque cette contravention constitue une faute grave commise par L.... lui-même et dont il ne peut conséquemment demander à personne la réparation, si elle lui a été préjudiciable ;

Attendu que l'estimation doit donc être faite d'après la valeur qu'aurait eue pour L.... ou pour tout autre candidat placé dans les conditions ordinaires, le notariat de Boissat, depuis la faillite de celui-ci, si le cessionnaire eût exploité ouvertement pour son compte personnel, depuis sa nomination et sans association avec qui que ce soit;

Par ces motifs; — La Cour ordonne que l'estimation de l'office serait faite par le tribunal de première instance de Vienne, en Chambre du conseil, après avoir pris l'avis préalable de la chambre des notaires de l'arrondissement....

## OBSERVATIONS.

1° Nous avons déjà dit, art. 60, que la jurisprudence qui annule les traités secrets relatifs à la cession des offices, nous semble ajouter à la loi et placer les officiers ministériels en dehors du droit commun. En vain, dit-on qu'il importe à la société que le prix de ces transmission soit modéré. On ne peut à l'aide de cette argumentation créer une nullité que la loi n'a point édictée et que la loi, disons plus, réprouve formellement, en validant les contre-lettres dont elle règle les effets : Art. 1321 du Code civil.

2° En général, tout fait qui a pour résultat de modifier au préjudice du cessionnaire l'office transmis, peut donner lieu à une diminution du prix convenu. Ainsi, lorsque le titulaire cédant a causé par sa disparition et le mauvais état de ses affaires, une perte notable dans la clientelle de l'office; Caen, du 30 août 1835 (S., 36, 2, 478) et du 22 juillet 1837 (S., 38, 2, 223; D. P., 38, 2, 218; L., 38, 2, 325); lorsqu'il a caché au cessionnaire l'existence de conventions passées avec des tiers pour l'envoi d'affaires, moyennant le prélèvement d'un certain droit; Aix, du 26 juillet 1838 (S., 39, 2, 486; D. P., 40, 2, 1; L., 40, 1, 319), celui-ci est fondé à demander une diminution de prix.

## ART. 82.

### HUISSIER. — EXPLOIT. — VISA. — CONTRAVENTION.

*La loi du 2 juin 1841 (art. 673 du Code de procédure civile rectifié) qui n'exige plus que l'huissier laisse au maire ou à l'adjoint qui donne le visa, une seconde copie de l'exploit, tendant à saisie immobilière, dégage l'huissier de l'obligation de présenter lui-même, en personne, l'original au visa.*

Arrêt de la Cour de Lyon, du 23 février 1843.

Nous avons rapporté, art. 24, l'arrêt de la Cour de cassation dans cette affaire : la Cour de Lyon, saisie du renvoi, a rendu l'arrêt suivant :

### ARRÊT.

Vu l'art. 45 du décret du 14 juin 1813 portant règlement sur l'organisation et le service des huissiers, lequel article est conçu en ces termes : « Tout huissier qui ne remettra pas *lui-même*, à personne ou domicile, l'exploit et les copies qu'il aura été chargé de signifier, sera condamné par voie de police correctionnelle à une suspension de trois mois, à une amende qui ne pourra être moindre de 200 fr., ni excéder 2,000 fr., et aux dommages-intérêts des parties; » si néanmoins il résulte de l'instruction qu'il a agi frauduleusement, il sera poursuivi criminellement et puni d'après l'art. 416 du Code pénal;

Attendu, en droit, que toute disposition pénale quelle qu'elle soit n'est jamais applicable qu'au cas spécial et déterminé qui s'y réfère, et qu'ici, la peine de suspension et d'amende prononcée par l'article qui vient d'être cité ne s'appliquerait très-évidemment qu'au cas où un huissier étant chargé de signifier un exploit et des copies relatives à icelui, ne les aurait pas remises lui-même à personne ou domicile;

Attendu, en fait, que les deux huissiers Greliche et Didier, tous deux intimés, ont été poursuivis comme prévenus de contravention à l'article précité, l'un qui est l'huissier qui fut chargé, le 9 octobre 1841, de signifier aux époux Chalro-Grand-Saigne, un commandement tendant à saisie immobilière, pour n'avoir requis et fait apposer *lui-même* le visa du maire de la localité sur l'original dudit commandement, lequel original fut présenté au maire, non par l'huissier Greliche, mais par un tiers individu nommé Pouget dit Marchi, habitant de Thiers; le second, qui est l'huissier Didier, et qui, le 15 novembre suivant, fut chargé de dresser contre les mêmes individus un procès-verbal de saisie immobilière pour s'être abstenu également d'aller *lui-même* requérir et faire apposer le visa du maire ou de son adjoint, sur l'original de ce procès-verbal, lequel original fut présenté à l'adjoint, non par l'huissier Didier en personne, mais par ledit Pouget dit Marchi;

Attendu qu'avant les divers changements que la loi du 2 juin a introduits dans les titres 12 et 15 du Code de procédure, relatifs à la saisie immobilière, tout huissier qui était chargé, soit de signifier un commandement en fait d'expropriation, soit de dresser et signifier le procès-verbal de saisie; qui en était la suite, devait, en conformité des art. 675 et 676 du Code de procédure, non pas seulement faire viser l'original de ces sortes de significations par le maire ou l'adjoint de la localité où elles étaient faites, mais aussi en *laisser* ou *remettre copie* au fonctionnaire public, qui y avait apposé son visa; d'où il suit bien qu'alors l'huissier exploitant ne pouvait se dispenser d'aller *en personne* auprès de ce fonctionnaire pour lui *remettre copie* de l'exploit dont il devait *viser l'original*, sans tomber ainsi en contravention à l'art. 45 du décret du 14 juin 1813 précité, et sans encourir dès-lors la peine portée par icelui, mais qu'ici la date du commandement et du procès-verbal de saisie dont il s'agit fut postérieure et non antérieure aux changements introduits, comme est ci-dessus, par la loi du 2 juin 1841, dans diverses dispositions des titres 12 et 15 du Code de procédure, relatifs à la saisie immobilière;

Attendu qu'un de ces changements a consisté, depuis la loi du 2 juin 1841, et suivant les art. 705 et 676 du Code de procédure civile, tels qu'ils sont maintenant rectifiés, en ce que l'huissier, qui signifie un commandement à fin d'expropriation ou qui dresse ensuite le procès-verbal de saisie, n'est plus tenu d'en *remettre une copie* au maire du lieu ou à son adjoint, mais qu'il l'est seulement de leur faire viser l'original de ces sortes d'exploits;

Attendu, dès-lors, qu'à la réquisition de ce visa, n'est nullement applicable la disposition pénale portée en l'art. 45 du décret de 1815 précité; car cette disposition ne se réfère qu'aux significations qu'un huissier est chargé de faire et desquelles il doit *remettre copie* aux personnes à qui il l'a fait, copie dont la remise réelle a, en effet, besoin d'être garantie par la présence de l'huissier exploitant, puisqu'elle est souvent d'une telle importance, que, si elle n'a pas lieu, et la partie qui devait la recevoir, ignorant ainsi la signification qu'elle est censée avoir reçue, il peut en résulter, à son préjudice, des déchéances propres à causer, à entraîner sa ruine;

Attendu, toutefois, qu'on ne doit pas se dissimuler qu'il est peut être du devoir de tout huissier, chargé d'agir pour des actes de son ministère, tels que ceux dont il s'agit, d'aller *lui-même et en personne* requérir le *visa* du maire de la localité, sur *l'original* d'iceux; mais que c'est là un devoir à l'accomplissement duquel aucune sanction pénale ne se trouve attachée et qu'en matière de pénalité, tout est de rigueur, c'est-à-dire, qu'il n'y a jamais de peine à appliquer, comme il a été dit ci-dessus, si ce n'est pour les cas spéciaux et déterminés que la loi a expressément prévus; qu'autrement ce serait là un excès de pouvoir que ne peut se permettre aucune autorité judiciaire, et qu'ainsi, il y a lieu, en dernier résultat, de confirmer pleinement la décision des premiers juges.

## OBSERVATIONS.

Nous avons émis, art. 24, une opinion conforme à la doctrine de la Cour de cassation et contraire à celle adoptée par l'arrêt que nous rapportons aujourd'hui. Nous croyons devoir y persister : du rapport présenté à la chambre des pairs par M. Persil, il résulte expressément, selon nous, que la loi du 2 juin 1841 n'a eu pour objet que de dispenser l'huissier, dans un intérêt d'économie et de célérité, de laisser copie du commandement à fin d'expropriation ou du procès-verbal de saisie au fonctionnaire public dont le visa est requis; cette loi n'a pas voulu aller plus loin : l'huissier reste soumis aux autres obligations que lui imposait le Code de procédure, et notamment à aller lui-même et en personne sur les lieux requérir le visa. Qu'importe d'ailleurs que l'art. 45 du décret de 1813 ne se réfère littéralement *qu'à la remise des copies*, si la loi du 2 juin 1841 a voulu maintenir les huissiers dans la position que leur avait faite le Code de procédure? Nous convenons volontiers que, sur ce point, il aurait été à désirer que la loi s'exprimât en termes plus clairs, mais à notre avis, nous le répétons, la lecture du rapport de M. Persil ne peut laisser le moindre doute sur la portée des termes de l'art. 673 du Code de procédure civile rectifié.

## ART. 83.

1° ENREGISTREMENT. — MINE. — VENTE DU DROIT D'EXPLOITATION.
2° ENREGISTREMENT. — CESSION D'INTÉRÊTS. — SOCIÉTÉ EN NOM COLLECTIF.
— CAPITAL NON DIVISÉ EN ACTIONS.

1° *La vente du droit d'exploiter une mine et de disposer de la matière qui la compose, après son extraction, constitue une vente mobilière passible du droit proportionnel de 2 pour cent.*

*2° La cession d'intérêts dans une société en nom collectif, non divisée en actions transmissibles par voie de négociation, est passible du droit proportionnel de 2 fr. par 100 fr.*

Arrêt de la Cour de cassation, chambre civile, du 11 février 1843.

Une société en nom collectif sous la raison Durand, Berthon et Dyèvre, s'était formée pour l'exploitation des mines de Monthieux. Par acte sous seing-privé des 14 et 17 mars 1838, les associés cédèrent l'exploitation au sieur Boggio. Le receveur de l'enregistrement perçut sur ces actes un droit de 50 cent. pour 100 fr. comme cession d'action. Plus tard, la Régie a prétendu que ces actes constituaient soit une vente mobilière, soit même pour partie une vente immobilière. Jugement du tribunal de Saint-Etienne qui repousse les prétentions de la Régie.

Pourvoi pour violation de l'art. 69, § 7, n°s 1 et 2, de la loi du 22 frimaire an VII, en ce que le tribunal a soumis le contrat au droit de 2 fr. pour 100 fr., tandis qu'il y avait lieu à la perception d'un droit supérieur, ce contrat renfermant une vente immobilière ou au moins un bail immobilier, et pour violation du § 5, n° 1, du même article, en ce que cet article ne peut s'appliquer qu'aux cessions d'actions dans les compagnies dont le capital est divisé par actions.

ARRÊT.

Sur la violation de l'art. 69, § 7, n° 1, de la loi du 22 frimaire an VII :

Attendu que la vente qui a pour objet, non la propriété du fond même dans lequel se trouvent des mines, mais le droit seulement d'exploiter ces mines et de disposer de la matière qui les compose après qu'elle a été extraite, doit être considérée comme étant mobilière ;

Attendu qu'il est constant dans l'espèce que c'est uniquement la faculté d'extraire les mines de houille de Monthieux, pour en devenir ensuite propriétaire, qui a été cédée d'abord par de Varennes à Durand, Berthon et Dyèvre, ensuite par ceux-ci à Boggio, et que, dès-lors, en décidant que les cessions faites à ce dernier ne devaient pas être soumises au droit proportionnel établi pour les transmissions de la propriété des immeubles à titre onéreux, le jugement attaqué n'a fait qu'une juste application de la loi invoquée ;

Sur la violation du § 7, n° 2, même art. 69 de la loi du 22 frimaire an VII :

Attendu que les cessions faites à Boggio, lui conférant un droit de propriété sur toutes les matières que peuvent renfermer les mines dans le périmètre qui lui a été désigné, jusqu'à leur épuisement, une pareille transmission ne peut évidemment se confondre avec celle qui ne ferait que lui attribuer la simple jouissance d'un immeuble, sous la condition de le conserver et de le rendre ; qu'on ne pourrait, en conséquence, l'assimiler à un bail et l'assujétir au droit proportionnel exigé pour cette espèce de contrat ; — Rejette.

Mais sur la violation de l'art. 69, § 5, nº 1, de la loi du 22 frimaire an VII ;

Attendu qu'il est établi par les documents du procès et par le jugement attaqué, que les trois cédants de Boggio avaient formé entre eux, pour l'exploitation des mines de houille de Monthieux, une société en nom collectif, désignée dans son exercice sous la raison sociale Durand, Berthon et Dyèvre ; qu'il est également constant que les actes des 14 et 17 mars 1858 qui ont donné lieu à la contestation, transmettent à Boggio le tiers qui appartient à chacun des associés dans l'exploitation pour laquelle ils s'étaient réunis ;

Attendu que l'art. 69, § 5, nº 4, de la loi du 22 frimaire an VII, a assujéti d'une manière générale au droit de 2 fr. pour cent les cessions translatives de la propriété des meubles à titre onéreux ; .

Attendu que si le même article, dans le § 2, nº 6, n'a exigé pour les cessions d'actions et les coupons d'actions mobilières de compagnies et sociétés d'actionnaires qu'un droit de 50 c. pour 100 fr., la disposition qu'il renferme sur ce point, établie dans le but de favoriser les associations qu'elle désigne, et par là, évidemment restrictive, ne peut être appliquée à celles qui ne présenteraient pas le même caractère ; d'où il suit que les cessions mobilières faites à Boggio, ne lui ayant conféré que la propriété d'intérêts dans une société en nom collectif, non divisée en actions transmissibles par voie de négociation, étaient nécessairement passibles du droit proportionnel de 2 fr. par 100 fr. ;

Attendu qu'en décidant qu'elles ne devaient être soumises quà celui de 50 c. par 100 fr., aux termes des dispositions du § 2, nº 6 de l'art. 69 de la loi du 22 frimaire an VII, le jugement attaqué a fait une fausse application de ces dispositions et en outre violé celles du § 5, nº 1, même article ; — Casse.

## OBSERVATIONS.

1º La Cour de cassation a également décidé que la vente du droit d'exploiter une carrière est réputée mobilière et par suite n'est passible que du droit proportionnel de 2 pour cent; 13 août 1833 (S., 33, 1, 784); 31 juillet 1839 (S., 39, 1, 675; D. P., 39, 1, 306; L., 39, 2, 163.). Cette jurisprudence est adoptée par MM. Championnière et Rigaud, *Traité d'enreg.*, nº 3159.

2º La Cour de cassation a rendu sur la seconde question plusieurs arrêts identiques; 27 janvier 1841 (S., 41, 1, 170; D, P., 41, 1, 94); 12 juillet 1842; (S., 42, 2, 595) 14 décembre 1842 (D. P., 43, 1, 86).

## ART. 84.

### ACTE NOTARIÉ. — PORTE-FORT. — NOMS.

*Les actes notariés doivent contenir les noms, prénoms, qualités et demeures, non-seulement des personnes représentées par un mandataire,*

192

*mais encore des personnes qui n'ont pas donné de procuration et pour lesquelles l'une des parties se porte fort.*

Arrêt de la Cour de Douai, du 13 décembre 1842.

La Cour; — Attendu qu'aux termes de l'art. 15 de la loi du 25 vent. an XI; les actes des notaires doivent, à peine d'une amende de 100 fr., réduite à 20 fr. par la loi du 16 juin 1824, contenir les noms, prénoms, qualités et demeures des parties; — Qu'on doit réputer parties dans l'acte de vente d'immeuble indivis, non-seulement ceux des co-propriétaires qui y sont représentés par un mandataire muni de leur procuration, mais encore ceux qui n'ont pas donné pouvoir de vendre, et dont on se porte fort; que ces derniers sont, comme les premiers, parties intéressées à l'acte qui contient aliénation de leur propriété, et seraient en droit d'en demander communication et même d'en réclamer l'exécution; que, de son côté, l'acquéreur n'a pas moins d'intérêt à les connaître; que, par suite, les prescriptions de l'article précité doivent être observées même à leur égard; que, si, dans des cas exceptionnels, leurs noms et qualités étaient inconnus de celui qui veut vendre leur bien en promettant leur ratification, le notaire devrait exprimer dans l'acte le motif qui l'empêche de les y mentionner, ou même, selon les circonstances, refuser son ministère, nonobstant la disposition de l'art. 5 de la loi du 25 ventôse, parce que s'il est tenu de le prêter lorsqu'il en est requis, ce n'est qu'autant que l'acte qu'on lui demande ne le constituerait point lui même en contravention à la loi;

Attendu qu'il est constaté par un procès-verbal régulier que, le 9 juin 1840, B....., notaire, a reçu, en sa qualité, un acte de vente de 9 ares 55 centiares, consenti au profit de Joseph Liénard, cabaretier au Rosult, par J.-B. Evrard, cultivateur au même lieu, tant en son nom que comme mandataire et se portant fort de quelques-uns des co-propriétaires qui sont clairement dénommés et qualifiés audit acte, et se portant fort en outre *des enfants* (sans autre dénomination ni qualification) de 1° J.-B. Desespringalle, décédé à Tournay; et 2° de Marie-A. Evrard, veuve Massart, aussi décédé audit lieu, en quoi ce notaire a contrevenu à l'art. 15 précité; qu'à la vérité, pour échapper à l'amende requise contre lui, à raison de ces omissions, il se prévaut de ce qu'il aurait été précédemment poursuivi et condamné pour avoir annexé à la minute du même acte de vente une procuration, sans avoir fait remplir le nom du mandataire, qui y avait été laissé en [blanc; mais que, s'il est vrai qu'il n'est dû qu'une seule amende pour toutes les contraventions de même nature qu'un notaire peut avoir commises et dans le même acte, il ne peut en être ainsi quand ces contraventions existent, comme dans l'espèce, dans des actes distincts et qui diffèrent entre eux par leur nature comme par leur objet.

Par ces motifs, etc.

## OBSERVATIONS.

La Cour de Rennes a rendu, le 31 août 1841 (S., 42, 2, 71), une décision identique.

# ART. 85.

1" AVOUÉS. — ACTION EN DÉSAVEU. — EXÉCUTION DU JUGEMENT. — FIN DE NON-RECEVOIR.

2" JUGEMENT. — EXÉCUTION. — RÉSERVES. — ACQUIESCEMENT PARTIEL.

1° *L'article* 362 *du Code de procédure civile, qui déclare irrecevable l'action en désaveu, formée après la huitaine de l'exécution du jugement, est inapplicable au cas où la signification de ce jugement n'a eu lieu qu'avec réserve expresse de faire statuer sur la demande additionnelle, à raison de laquelle l'action en désaveu est formée.*

2° *Lorsqu'un jugement ou arrêt a plusieurs chefs distincts, on peut acquiescer en partie à un chef et se réserver d'en attaquer un autre.*

Arrêt de la Cour de cassation, chambre civile, du 22 mars 1843.

Le sieur Delincé a formé contre les héritiers Fleurenceau une demande, tendant *à les faire condamner solidairement à restituer au demandeur, avec intérêts, depuis le 20 décembre 1827, jusqu'à parfait paiement, la somme de 22,007 fr. 20 cent.,* et en même temps *à faire déclarer bonne et valable la saisie-arrêt mise par le vendeur entre les mains du trésor.* Le tribunal de Nantes a rejeté cette demande. Sur l'appel, l'avoué du sieur Delincé a omis dans ses conclusions le premier chef, et n'a conclu qu'à la validité de la saisie-arrêt. La Cour de Rennes, statuant uniquement sur ce chef, a reformé sur ce point le jugement du tribunal de Nantes. Le sieur Delincé a signifié l'arrêt, en se réservant expressément de faire statuer la Cour sur le chef des conclusions omis par erreur dans les conclusions déposées et en se réservant même un second appel, si besoin était.

Peu de temps après, le sieur Delincé a saisi la Cour du chef omis dans ses premières conclusions. Il a échoué : la Cour a décidé que ces conclusions avaient irrévocablement fixé l'état de la cause. Le sieur Delincé a formé, devant le tribunal de Nantes, et ensuite par appel devant la Cour royale de Rennes, une nouvelle instance pour obtenir la condamnation solidaire des héritiers Fleurenceau à la somme de 22,007 fr. 20 c., avec les intérêts. Il a été repoussé par l'exception de la chose jugée.

En cet état, le sieur Delincé a intenté contre son avoué une action en désaveu. La Cour de Rennes l'a débouté de sa demande, par ce motif qu'aux termes de l'art. 362 du Code de procédure civile, l'action en désaveu aurait dû être formée dans la huitaine de l'exécution du jugement, et que les réserves du sieur Delincé devaient être considérées comme non avenues, l'exécution du jugement étant indivisible, surtout par rapport à l'action en désaveu. — Pourvoi.



T. I.

13

### ARRÊT.

La Cour ; — Vu l'art. 562 du Code de procédure ;

Attendu que l'action en désaveu, formée par le sieur Delincé, le 8 mai 1859, a été repoussée uniquement par fin de non-recevoir, sans aucune appréciation de la demande au fond ;

Attendu que la fin de non-recevoir est prise de la signification faite à la requête desdits Delincé, le 19 juin 1854, de l'arrêt du 14 mai précédent ;

Attendu que cette signification n'était pas pure et simple, qu'elle était accompagnée d'une réserve en ces termes : « Sous la réserve expresse de faire statuer « par la Cour sur le chef des conclusions omises par erreur dans les conclusions « déposées, et réservant encore un second appel, si besoin est ; »

Attendu qu'il en résulte que le sieur Delincé n'avait entendu ni exécuter ledit arrêt, ni y acquiescer à cet égard ; qu'il s'est pourvu immédiatement, tant devant la Cour royale de Rennes que par action principale devant le tribunal de Nantes, pour obtenir la réparation du préjudice qu'il prétendait résulter pour lui de l'omission, dans les conclusions déposées, d'un chef de demande, consigné dans son acte d'appel ; qu'en supposant de sa part une exécution et un acquiescement que repoussent en ce point les réserves et les poursuites ultérieures, l'arrêt attaqué a créé une fin de non-recevoir qui n'est appuyée sur aucune loi, et ne saurait être justifiée par le prétendu principe que, quand un arrêt a plusieurs chefs distincts, on ne peut acquiescer en partie à un chef et se réserver d'en attaquer un autre, parce que l'exécution est indivisible, ce qui n'est prononcé par aucune loi, n'y ayant d'indivisibilité que dans les cas expressément prévus par la loi ; que, vainement encore, l'arrêt attaqué invoque l'art. 562 du Code de procédure ; cet article prévoit un cas qui n'est pas celui de l'espèce, quand il dit que le désaveu ne pourra être reçu après la huitaine, à dater du jour où le jugement devra être réputé exécuté contre l'individu condamné, aux termes de l'art. 159 du même Code ; que, dans l'espèce, ledit Delincé, après avoir obtenu contre son adversaire les condamnations prononcées, en demandait une additionnelle, la restitution du cinquième, touché le 25 novembre 1827, ce que l'omission existante dans les conclusions déposées avait empêché de lui accorder ; — Que la fin de non-recevoir résultant de l'art. 562 ne recevait donc aucune application dans la cause, et qu'en jugeant le contraire, l'arrêt attaqué a non-seulement appliqué faussement ledit article, mais qu'il l'a formellement violé ; — Casse, etc....

## OBSERVATIONS.

L'action en désaveu peut être formée, tant que la partie au nom de laquelle l'acte à désavouer a été fait, ne l'a pas approuvé soit expressément, soit tacitement ; or, la signification d'un jugement ne peut d'une part être considérée comme l'exécution de ce jugement, dans les termes de l'art. 362 du Code de procédure civile. En outre cette signification n'emporterait acquiescement qu'autant qu'elle aurait eu lieu sans réserve. Cour de cassation, du 12 août 1817 (S., 17, 1, 359 ; D. A., 1, 107); du 27 juin 1820. (S., 21, 1, 4 ; D. P., 18, 1, 497 ; D. A., 1, 111 ; L., 58, 148.)

## ART. 86.

1° PRÉLIMINAIRE DE CONCILIATION. — DÉFENDEURS. — INTÉRÊT DISTINCT.
2° OFFICES. — ORDONNANCE DE NOMINATION. — CESSION ANTÉRIEURE.

*1° Toute demande dirigée contre trois défendeurs est dispensée du préliminaire de conciliation, alors même que les défendeurs ont chacun un intérêt distinct.*

*2° Jusqu'à ce que l'ordonnance royale de nomination soit rendue, la somme stipulée pour la transmission d'un office ne peut faire l'objet d'un transport valable.*

**Jugement du tribunal de la Seine du 5 avril 1843.**

Mᵉ Féau céda son étude à Mᵉ Dromery. Le traité contenait au profit des sieurs Goudard et Geniès des transports du prix de la charge, jusqu'à concurrence de la somme de 22,000 fr. Quelques mois après ce traité, Mᵉ Dromery fut nommé par ordonnance royale, en remplacement de Mᵉ Féau. Le premier terme du paiement de l'office fut versé entre les mains des cessionnaires. En cet état, l'un des créanciers de Mᵉ Féau, le sieur Beloy, a intenté, tant contre ces derniers que contre Mᵉ Féau, une demande en nullité des transports effectués par le traité de cession de l'office et les a assignés en restitution de la somme de 22,000 fr., qu'ils avaient touchée par privilège. Le sieur Beloy se fondait sur ce que tant que l'ordonnance royale n'avait pas été rendue, le traité de cession n'avait pas eu d'existence légale et ne constituait qu'un simple projet.

Les défendeurs ont opposé une fin de non recevoir tirée de ce que la demande du sieur Beloy aurait dû être soumise au préliminaire de conciliation. Ce n'était pas le cas, selon eux, d'appliquer le n° 6 de l'art 49 du Code de procédure civile, les trois défendeurs assignés ayant un intérêt distinct.

JUGEMENT.

*Le Tribunal ; — En ce qui touche la fin de non-recevoir, tirée du défaut de préliminaire de conciliation :* attendu qu'il existe trois défendeurs dans la cause ; que, dès-lors, aux termes du n° 6 de l'art. 49 du Code de procédure civile, la demande était dispensée du préliminaire de conciliation ; que, vainement, on objecte que ces défendeurs ont chacun un intérêt distinct, cette circonstance n'était qu'une raison de plus, d'après l'esprit et les termes mêmes de la disposition précitée, pour rendre inutile la tentative de conciliation ;

*Au fond :* attendu que le droit consacré au profit des officiers ministériels sur leurs charges, par la loi du 28 avril 1816, est un droit d'une nature toute spéciale, soumis à des règles exceptionnelles et en dehors des principes du droit commun ; que si l'officier public a la faculté de présenter un successeur à l'agrément du roi, et doit préalablement déterminer avec lui les conditions de la démission qu'il donne en sa faveur, ce traité reste sans valeur tant qu'il n'a pas reçu la sanction de l'autorité royale; que l'ordonnance de nomination constitue le véritable titre de la transmission, dont le traité n'est qu'un simple accessoire, qui se confond avec ladite ordonnance et n'a d'existence légale que par elle et à sa date ; que, dès-lors, et jusqu'à ce qu'elle soit rendue, la somme stipulée comme la condition de la démission ne saurait être considérée comme étant dans le commerce et pouvant être l'objet d'une convention valable ;

Attendu que, dans l'espèce, Féau avait bien traité avec Dromery, le 14 juillet 1840, mais que Dromery n'a été nommé en son lieu et place que le 16 novembre suivant, que, dès-lors, la cession faite dans l'intervalle à Goudard et Geniès, le 27 juillet 1840, ne saurait produire aucun effet au préjudice des créanciers de Féau, et notamment de l'opposition formée par Beloy, le 29 août 1840 ; que c'est donc à bon droit que Beloy demande à Goudard et Geniès, le rapport des sommes par eux touchées, en vertu de l'ordonnance du référé du 20 février 1841, qui avait ordonné provisoirement à leur profit l'exécution tant de la sentence arbitrale du 28 janvier 1841, que de leurs transports non encore attaqués ;

Par ces motifs, le tribunal sans s'arrêter ni avoir égard à la fin de non-recevoir proposée par Goudard et Geniès, dont ils sont déboutés, déclare bonne et valable l'opposition de Beloy , du 29 août 1840, ordonne que, lors de la contribution qui s'ouvrira pour la distribution des sommes à payer par Dromery, en vertu de son traité modifié par la sentence arbitrale précitée, à laquelle contribution Beloy figurera pour le reliquat actif du compte à établir entre lui et Féau, ils seront tenus de rapporter fictivement les sommes en principal et accessoires par eux touchées en exécution de l'ordonnance de référé précitée et à faire raison à Beloy de la somme dont sa part contributive se trouvera accrue, par le résultat de ce rapport fictif....

## OBSERVATIONS.

1° Peu importe, ainsi que le décide l'arrêt que nous rapportons, que les défendeurs n'aient pas tous un intérêt indentique dans le procès. Il pourrait peut-être s'élever quelque difficulté dans le cas où l'exploit contenant plusieurs demandes distinctes , chacune de ces demandes ne serait pas dirigée contre plus de deux parties. Les Cours de Besançon, 22 mai 1827 (S. , 27, 2, 140); d'Agen, 19 février 1824 (S., 25, 2, 168; D. A., 12, 751; L., 72, 338) et de Riom, 27 mars 1817 (S., 18, 2, 240; D. A., 3, 711) ont décidé que, dans ce cas, la demande était soumise au préliminaire de conciliation. Nous pensons, quant à nous, que, pour rendre applicable le n° 6 de l'art. 49, il suffit que la demande soit formée *contre plus de deux parties*, et que, ainsi que le reconnaît la Cour de cassation dans un arrêt du 20 février 1810 (S., 10, 1, 188; D. P., 8, 1, 91; D. A, 3, 713), c'est le nombre des parties assignées, et non leur position au procès que l'on doit prendre en considération.

2° Sur la deuxième question, nous ne pouvons admettre la solution donnée par le jugement que nous rapportons. Nous pensons que les traités portant cession d'un office sont faits sous une condition suspensive, en telle sorte que si le cessionnaire n'est pas nommé, la convention cesse d'être obligatoire pour lui, Nancy, du 12 juillet 1834 (S., 36, 2, 21) et Douai, du 26 janvier 1839 (S., 40, 2, 458, D. P., 40, 2, 4); et que si le cessionnaire est nommé, l'effet de l'accomplissement de la condition rétroagit à la date même du traité et par conséquent investit à partir de ce jour le cédant d'un droit irrévocable au prix de l'office et valide tous les traités, toutes les conventions qui ont pu intervenir à l'occasion de ce prix. La Cour d'Aix a décidé la question dans ce sens. Arrêt du 8 juin 1841 (S., 41, 2, 399): Le pourvoi contre cet arrêt a été rejeté le 8 novembre 1842 (S., 42, 1, 929). Nous ne connaissons en sens contraire qu'un arrêt de la Cour d'Angers, du 12 août 1840 (S., 40, 2, 394).

## ART. 87.

NOTAIRES. — CHAMBRES DE DISCIPLINE. — DISCIPLINE INTÉRIEURE. — COMPÉTENCE. — DÉCISIONS DES CHAMBRES. — ASSEMBLÉE GÉNÉRALE. — BOURSE COMMUNE. — HONORARIAT. — ASPIRANTS AU NOTARIAT. — REGISTRE DE STAGE.

*Circulaire de M. le garde-des-sceaux à MM. les procureurs-généraux, contenant des instructions sur l'ordonnance du 4 janvier 1843 que nous avons déjà publiée. (art. 44).* 12 *janvier* 1843,

M. le procureur-général, je vous transmets une ordonnance du roi, en date du 4 de ce mois, relative à l'organisation des chambres de notaires et à la discipline du notariat. Le rapport que j'ai adressé à Sa Majesté en fait suffisamment connaître les motifs. Il me reste à vous donner quelques instructions sur son exécution.

Les tribunaux sont chargés de surveiller les notaires aussi bien que les autres officiers de leurs ressort. L'ordonnance, art. 1 et 2, maintient auprès d'eux les chambres de discipline, dont elle rappelle les principales attributions.

Ces chambres sont établies pour aider la surveillance de l'autorité judiciaire ; *mais les tribunaux ne sont pas obligés de prendre leur avis, car ils tiennent des lois des 25 ventôse an XI, 50 mars 1809 et 20 avril 1810, le droit de prononcer contre les notaires les peines que les chambres pourraient elles-mêmes infliger.*

L'ordonnance exige, art. 5, que les décisions et délibérations de ces chambres soient, sans exception, inscrites sur un registre côté et paraphé par le président, et que ce registre soient communiqué au ministère public toutes les fois qu'il jugera convenable d'en prendre connaissance. Ce n'est pas là un droit nouveau : ce droit résulte des dispositions des lois précitées.

Le ministère public n'en usera, comme par le passé, qu'avec beaucoup de réserve; mais les chambres feront connaître à vos substituts toutes les décisions prises par elles en matière disciplinaire. Ces magistrats vous en informeront, et vous voudrez bien, à votre tour, m'en rendre compte.

Les articles suivants reproduisent, en modifiant seulement leur rédaction, les art. 5 et suivants de l'arrêté du 2 nivôse an XII. Ils continueront à être exécutés comme ils l'ont été jusqu'à ce jour. Je vous rappellerai cependant que tous les notaires doivent assister aux assemblées générales, et que s'ils s'en abstenaient, sans cause légitime, ils manqueraient à leurs devoirs et seraient passibles de peines disciplinaires.

Les rapports des magistrats avec les chambres sont très-fréquents et rendent nécessaires les dispositions des art. 8 et 25, aux termes desquels un ou plusieurs officiers de ces chambres seront toujours choisis parmi les notaires résidant au chef-lieu du tribunal.

L'art. 9 autorise le gouvernement à augmenter ou à réduire le nombre des membres de la chambre, et, en cas de réduction, à permettre la rééligibilité des membres sortants. Vous voudrez bien, M. le procureur général, après avoir demandé des renseignements à vos substituts, m'indiquer les arrondissements de votre ressort dans lesquels le nombre des notaires vous paraîtrait nécessiter l'application de ces mesures.

J'appellerai votre attention et celle de vos substituts sur les dispositions des art. 12 et 15. L'énumération de certaines prohibitions n'est et ne pouvait être qu'énonciative. Les droits que les magistrats tiennent de la loi du 25 ventôse an XI et de celle du 20 avril 1810 restent les mêmes. Il a seulement paru nécessaire de leur signaler, ainsi qu'aux justiciables et aux notaires eux-mêmes, certains actes auxquels ces fonctionnaires ne sauraient se livrer sans s'exposer à compromettre leur position et les intérêts de leurs clients.

Les tribunaux pourront toujours, d'ailleurs, proportionner les peines à la gravité des faits qui leur seront dénoncés.

C'est surtout au ministère public qu'il appartient de surveiller les notaires; il peut, suivant les circonstances, charger le syndic de déférer à la chambre les faits dont il a connaissance ou exercer immédiatement des poursuites. Toutes les fois que vos substituts croiront convenable de saisir les tribunaux, ils devront vous rendre compte des faits et attendre vos instructions. Vous voudrez bien m'informer des poursuites que vous aurez ordonnées.

L'arrêté du 2 nivôse an XII autorisait les chambres à provoquer la suspension; elles pourront, à l'avenir, demander aux tribunaux la destitution. C'est là un droit qu'il était juste et utile de leur accorder.

Certains détails ne pouvaient être prévus par l'ordonnance; aux termes de l'art. 23, ils seront l'objet de réglements qui ne devront, en général, s'occuper que des rapports des notaires entre eux, de la police intérieure et de la bourse commune. Les réglements existants seront revus. Les uns et les autres seront soumis à mon approbation. Ils me seront transmis avec les observations de vos substituts et avec votre avis.

Vous remarquerez que l'art. 25 laisse, pour les élections des membres de la chambre, une plus grande latitude que l'art. 18 de l'arrêté du 2 nivôse an XII. La moitié des membres devra, à l'avenir, être choisie parmi les plus anciens en exercice, formant les deux tiers, au lieu d'un tiers seulement de tous les notaires de l'arrondissement.

L'honorariat pourra, d'après l'art. 29, être accordé par ordonnance royale, aux notaires qui se retireront après vingt années d'exercice. Les propositions qui seront faites, à cet égard, par les chambres, me seront transmises, comme les délibérations, avec les observations de vos substituts et avec votre avis.

L'ordonnance ne dispose que pour l'avenir. Les notaires qui ont obtenu le titre de notaire honoraire le conservent, et n'ont point à solliciter l'institution royale.

Les art. 54 à 58 sont relatifs aux aspirants au notariat, qui seront soumis à la surveillance des chambres, et dont le stage ne pourra plus désormais être constaté autrement que par leur inscription sur un registre à ce destiné.

D'après l'art. 59, il continuera à y avoir une bourse commune pour les dépenses reconnues nécessaires par l'assemblée générale ; la délibération qui l'établira sera soumise à mon approbation. Le rôle sera rendu exécutoire par M. le premier président, sur votre avis.

Enfin, l'arrêté du 2 nivôse an XII est abrogé, mais les chambres ne seront organisées en conformité des dispositions de l'ordonnance du 4 de ce mois, que lors des élections qui auront lieu le mois de mai prochain.

Telles sont, M. le procureur-général, les principales dispositions de l'ordonnance. Elle offrent des garanties aux justiciables, et seront accueillies avec reconnaissance par le notariat, puisqu'elles doivent maintenir la pureté de cette institution et lui assurer la considération dont elle a toujours été entourée. Je vous prie de veiller par vous-même et par vos substituts à leur exécution.

Vous voudrez bien m'accuser réception de ces instructions dont je vous adresse un exemplaire pour chacun des procureurs du roi de votre ressort.

Je vous envoie également des exemplaires du rapport au roi et de l'ordonnance, pour être distribués à vos substituts et aux chambres de notaires.

Recevez, M. le procureur-général, l'assurance de ma considération très-distinguée.

Le Garde-des-sceaux, Ministre secrétaire d'État
au département de la Justice et des Cultes,

N. MARTIN ( du Nord ).

## OBSERVATIONS.

En rapportant l'ordonnance du 4 janvier 1843 que la circulaire ne fait que reproduire, nous nous sommes expliqués, art. 44, sur ses principales dispositions : il nous suffira donc de relever aujourd'hui certaines assertions erronées que nous ne pouvons laisser passer sans les combattre. M. le garde-des-sceaux déclare que les tribunaux ont le droit de prononcer contre les notaires les peines de discipline que les chambres pourraient elles-mêmes infliger, et que ce droit leur est attribué par les lois des 25 ventôse an XI, 30 mars 1808 et 20 avril 1810. Le décret du 30 mars 1808 est inapplicable aux notaires : il ne concerne que les officiers ministériels proprement dits, les avoués, les greffiers et les huissiers. C'est ce que la jurisprudence a plusieurs fois décidé. Rennes, du 9 juillet 1834 (S., 35, 2, 105); Cassation, du 12 août 1835 (S., 35, 1, 395; D. P., 35, 1, 415).

D'ailleurs, est-il bien exact de dire que les lois du 25 ventôse an XI et 20 avril 1810 donnent aux tribunaux le droit de prononcer contre les notaires les peines de simple discipline? La jurisprudence, ainsi que nous l'avons constaté, art. 34, le décide généralement dans ce sens. Mais nous croyons que cette jurisprudence repose sur des principes erronés. La loi du 25 ventôse an XI, art. 53, et le décret du 2 nivôse an XII, art. 1, 2, 11, et 12, ont déterminé d'une manière expresse les attributions respectives des tribunaux et des chambres de discipline. Aux tribunaux, la loi de ventôse confère le droit exclusif de prononcer la suspension, la destitution, la condamnation à l'amende et aux dommages-intérêts. Aux chambres de discipline, le décret de nivôse attribue le droit de prononcer l'application de toutes censures et autres dispositions de discipline. Il est essentiel que l'un et l'autre de ces deux pouvoirs sa maintienne dans les limites qui lui ont été fixées par la loi: si, d'une part, en effet, on ne saurait tolérer que les chambres de discipline s'arrogent le droit de priver un notaire de son office, et de le frapper, par une délibération prise à huis-clos, dans sa fortune et dans son honneur, il est également dangereux d'abandonner aux tribunaux la connaissance de ces fautes légères, que des confrères peuvent seuls apprécier et pour lesquelles la publicité de l'audience serait déjà une peine beaucoup trop sévère.

M. le garde-des-sceaux va plus loin encore : il pense que les tribunaux ne sont même pas obligés de prendre l'avis des chambres de discipline. La jurisprudence, empressons-nous de le dire, n'a jamais admis cette doctrine, qui aurait pour résultat nécessaire d'annihiler l'action des chambres de discipline et de les dépouiller complètement des attributions que la loi leur a confiées.

## ART. 88.

### PÉREMPTION. — DÉLAI ADDITIONNEL.

*Le délai ordinaire de la péremption d'une instance doit être augmenté de six mois, dans le cas où il y a lieu à reprise d'instance, alors même que l'événement qui nécessite cette reprise, est arrivé après l'expiration du délai de trois ans, mais avant la demande en péremption.*

**Jugement du tribunal de Lyon, du 8 mars 1843.**

Attendu que la contestation qui s'agite entre les parties, a pour objet la demande en péremption formée par le sieur J.-J. Serpinet ; que cette demande est fondée sur l'interruption de la procédure pendant plus de trois ans, mais qu'à l'époque où elle a été signifiée, il ne s'était pas encore écoulé six mois depuis la nomination de Me Sève en remplacement de Me Treillard, avoué de consorts Serpinet ; que plus tard l'instance a été régulièrement reprise ; que, par conséquent, la difficulté de la cause consiste à savoir si le délai de trois ans, introduit par l'art. 597 du Code de procédure civile, ne peut recevoir qu'une prorogation de six mois, prorogation qui s'adapterait à l'expiration des trois années, ou si, au contraire, l'interruption de l'instance survenue plus tard, donne ouverture au bénéfice du délai de six mois, en la faisant courir seulement du jour où cette interruption a eu lieu;

Attendu que l'examen atttentif de l'art. 597 précité, démontre que le législateur a entendu établir un double délai en matière de péremption, le premier de trois ans, s'appliquant à la discontinuation des poursuites, le second de six mois, dans tous les cas où il y a lieu à reprise d'instance ou constitution de nouvel avoué, mais qu'il ne résulte en aucune manière de l'économie de cet article, que ces deux délais doivent nécessairement se succéder et marcher à la suite l'un de l'autre ; que, dès lors, il est rationnel de les appliquer, suivant les motifs qui leur ont donné naissance;

Attendu que le délai de trois ans forme l'intervalle, après lequel le demandeur est réputé avoir commis une négligence donnant ouverture à la péremption ; que, cependant, la péremption n'étant point acquise de plein droit, l'instance continue de rester en vigueur, d'où il suit que s'il y a lieu de former une demande en reprise, cet évènement survient au moment où les choses étaient encore entières ; que, par conséquent, la prorogation du délai qu'il entraîne doit seulement alors avoir son point de départ, l'effet ne pouvant pas exister avant la cause qui le produit ;

Attendu que cette doctrine est enseignée par les auteurs, notamment par M. Thomine, t. 1, n° 444; par M. Pigeau, qui d'abord avait professé une opinion contraire, t. 1, p. 685 de son *Commentaire*; par M. Carré, n° 1425, et par MM. Bioche et Goujet, v° *Péremption*, n° 40 ;

Attendu qu'elle est également sanctionnée par la jurisprudence, ainsi qu'il résulte d'un dernier arrêt rendu par la Cour royale de Paris, le 28 mars 1858 (S., 58,2,455), arrêt rappelant l'annotation de plusieurs décisions semblables ;

Par ces motifs, etc...

## OBSERVATIONS.

Nous partageons l'opinion du tribunal de Lyon ; toutefois la doctrine contraire est enseignée par Merlin, *Rép.*, v° *Péremption*, sect. 1re, § 2, n° 2, et Favard, t. 4, p. 193, n° 5.

## ART. 89.

### NOTAIRES. — DISCIPLINE.

Chambre des pairs, séance du 22 avril 1843.

M. A. Passy, chargé du rapport d'une pétition adressée par la chambre des notaires de l'arrondissement de Moulins, s'est exprimé en ces termes :

La chambre des notaires de l'arrondissement de Moulins (Allier), demande qu'une loi vienne fixer la situation de ce corps, menacé depuis plusieurs années dans son existence, par les projets qu'on a successivement prêtés au gouvernement. La chambre de Moulins signale les changements à apporter soit dans l'organisation et les attributions des conseils de discipline, soit dans les conditions à exiger des aspirants au notariat, pour prévenir le retour des abus de confiance commis depuis quelques années par plusieurs notaires, qui ont porté atteinte à la juste considération dont ce corps avait joui jusque-là; elle veut que des mesures soient prises pour que, désormais, les notaires ne puissent plus se livrer à aucune spéculation de bourse, ou vendre des propriétés pour leur compte ; elle réclame, en dernier lieu, une loi qui fixe les incertitudes soulevées au sujet de l'importante question de la présence du notaire en second. Ce qui fait l'objet de cette pétition ayant été réglé par l'ordonnance royale rendue le 9 janvier dernier et par la loi qui vient d'être adoptée tout récemment par la chambre des députés et présentée à la chambre des pairs, votre commission, pensant que le but des pétitionnaires est atteint, vous propose de passer à l'ordre du jour. »

La chambre a passé à l'ordre du jour, sans discussion.

## OBSERVATIONS.

Nous regrettons que la chambre des pairs n'ait pas saisi l'occasion que lui offrait la pétition de MM. les notaires de Moulins, d'examiner la légalité de l'ordonnance du 9 janvier 1843. Nous nous sommes expliqués sur cette grave difficulté à deux reprises différentes (1), et nous persistons, quant à nous, dans l'opinion que nous avons émise que cette ordonnance, au moins en partie, est entachée d'illégalité, en tant qu'elle s'applique à des matières que la loi seule peut réglementer.

## ART. 90.

### DÉPENS. — APPEL. — DÉSISTEMENT. — DISTRACTION.

*Lorsque l'appelant se désiste de son appel, l'avoué de l'intimé peut, si les frais occasionés par l'appel ne sont pas payés, poursuivre et obtenir, malgré le désistement, un arrêt qui prononce la distraction à son profit.*

Arrêt de la Cour de Caen, du 31 août 1842.

La Cour ; — Considérant que Rogue s'est désisté, le 15 février 1842, d'un appel par lui interjeté le 20 septembre 1859, d'un jugement rendu par le tribunal civil de Vire, le 25 mai précédent ;

Considérant que Me Desmarès a déclaré à Me Leroy, avoué dudit Rogue, le 19 juillet dernier, qu'il avait avancé les dépens d'appel, et que c'était à lui qu'ils devaient être payés; qu'autrement il se présenterait devant la Cour pour demander acte du désistement, et distraction à son profit de ces mêmes dépens;

_______________

(1) *Repert.*, art. 44.

Considérant que, depuis cette époque, Rogue n'a pas payé ces dépens ;

Considérant que Me Desmares, dans ses conclusions, affirme avoir fait les avances des dépens d'appel ; qu'il est juste, en accordant acte à Thouroude du désistement de Rogue, de prononcer distraction des dépens au profit de Me Desmares;

Accorde acte à Jean Touroude père, du désistement signifié par Rogue , le 15 février 1842, de l'appel par lui interjeté le 20 septembre 1859, d'un jugement rendu par le tribunal civil de Vire, le 25 mai précédent, condamne ce dernier aux dépens d'appel, dont distraction est accordée à Me Desmares, qui a affirmé , dans les conclusions qu'il a prises, en avoir fait l'avance.

## OBSERVATIONS.

Dans le même sens, Caen, des 22 juillet et 10 août 1840 (S., 41, 2, 12). — Limoges, du 10 janvier 1835 (S., 35, 2, 101).

## ART. 91.

### NOTAIRES. — BLANCS. — PROCURATION EN MINUTE. — CONTRA-VENTIONS.

*L'usage qui permet aux notaires de laisser subsister des blancs dans les procurations en brevet, ne peut être étendu aux procurations qui restent en minute.*

**Arrêt de la Cour royale de Douai, du 12 décembre 1842.**

### ARRÊT.

LA COUR ; — En ce qui touche la fin de non-recevoir proposée contre l'appel du ministère public ; — Attendu que la citation, en vertu de laquelle Me N.... a comparu devant le tribunal civil de Saint-Omer, lui a été donnée à la requête du ministère public seul, qui seul aussi a conclu contre ce notaire; qu'il importe peu que, se méprenant sur le véritable auteur des poursuites, ce tribunal ait supposé que l'administration de l'enregistrement et des domaines était en cause, et ait condamné cette administration à une partie des dépens; que l'erreur des premiers juges, à cet égard, ne peut préjudicier au droit qu'a le ministère public de demander, par la voie d'appel, la réformation du jugement qui, contrairement à ses réquisitions, a décidé que le notaire n'avait pas commis l'une des contraventions qui lui étaient imputées, et qui l'a sublevé d'une partie des dépens pour les mettre à la charge d'une administration publique qui n'était point en cause; — Qu'il suit de là que l'appel du ministère public est recevable;

Au fond ; — Attendu qu'aux termes de l'art. 15 de la loi du 25 ventôse an XI, les actes des notaires doivent être écrits sans blanc ni lacune, à peine d'une amende de 200 fr., que l'art. 10 de la loi du 16 juin 1824 a réduite à 20 fr.; — Qu'à la vérité, un usage qui est très-ancien en France et qui pourvoit à un besoin de la vie civile, sans entraîner dans la pratique de sérieux inconvénients, excepte de la règle générale les procurations délivrées en brevet, et dans lesquelles le nom du mandataire est laissé en blanc; mais que cette exception, qui satisfait pleinement aux exigences qui l'ont motivée, ne doit pas être étendue aux procurations qui restent en minute, et dans lesquelles on ne ne pourrait laisser en blanc le nom du mandataire, avec faculté pour le notaire d'en délivrer des expéditions, sans s'exposer aux graves inconvénients que la loi de ventôse a eus pour but de prévenir;

Attendu que la contravention imputée, dans l'espèce, au notaire étant établie à sa charge, le ministère public est fondé à requérir la condamnation de ce notaire à tous les frais de poursuites; —Par ces motifs, et vu les art. 13 de la loi du 25 ventôse an XI et 10 de la loi du 16 juin 1824, sans s'arrêter à la fin de non-recevoir proposée, met le jugement dont est appel au néant; déclare que ladite contravention est constante; condamne le notaire à l'amende de 20 fr., etc.

## OBSERVATIONS.

La distinction qu'établit l'arrêt que nous rapportons entre la procuration en brevet et la procuration en minute, déjà précédemment admise par la Cour de Nancy, arrêt du 20 janvier 1842 (S., 42, 2, 146), est contraire à l'usage suivi dans tous les temps : V. Dénisart, v° *Acte notarié*, § 7, n° 12; Lacombe, *Jurisp. civ.*, v° *Procureur*, sect. 1re, n° 4; Boërius Autumnus, *contrà*, l. II, *de procur.*; Despeisses, p. 154, n° 9; Ferrière, *Dict. de droit*, v° *Procuration en blanc*; Toullier, t. VIII, n° 108; Gagneraux, *sur la loi du 25 ventôse an XI*, t. Ier, p. 258; Augan, *Cours de not.*, p. 57.

## ART. 92.

### DÉPENS. — DOMICILE ÉLU. — SIGNIFICATION.

*Lorsque, par un exploit d'appel, des parties ont fait élection de domicile, pour toutes significations, commandements et sommations, par une seule et même copie, qui ferait courir à l'égard de tous, tous délais et déchéances, l'adversaire est tenu de signifier au domicile élu; les significations faites par lui au domicile réel, ne doivent pas entrer en taxe, alors même que l'une des parties serait décédée et que les significations auraient été faites au domicile des héritiers.*

Arrêt de la Cour de Rouen, du 19 mai 1842.

LA COUR; — Attendu que, par leurs exploits d'appel des 23, 24 et 26 juillet 1841, les héritiers Pigny ont fait élection de domicile en l'étude de Me Lemasson, leur avoué, pour toutes significations, commandements et sommations, par une seule et unique copie, qui ferait courir, à l'égard de tous et de chacun d'eux, tous délais et déchéances; que cette élection coexistant avec l'appel devait être suivie par les héritiers Rabaux;

Attendu qu'en faisant ces déclarations les héritiers Pigny ont usé d'un droit que leur conférait la loi; que les officiers ministériels, et, dans l'espèce, notamment l'huissier qui a délivré l'exploit d'appel, ont qualité pour faire les dites déclarations, au nom de leurs clients; que l'éventualité d'un désaveu ne pouvait autoriser les significations faites aux domiciles réels;

Attendu que l'élection de domicile dont il s'agit ayant été faite dans un intérêt commun, il importe peu qu'un des appelants, décédé depuis l'arrêt, soit représenté par ses héritiers; qu'on ne saurait induire de cette circonstance une distinction, pour valider au moins les significations faites à ces derniers, qui ne figuraient pas au procès; dit à bon droit l'opposition des héritiers Pigny à l'exécutoire signifié des dépens d'appel; en conséquence, rejette de la taxe les diverses significations faites aux domiciles réels desdits héritiers Pigny; ordonne le maintien seulement de la signification qui eût dû être faite au domicile élu.

## OBSERVATIONS.

Décision identique de la même Cour, le 11 février 1839 (S., 39, 2, 196 ; D. P., 39, 2, 37).

## ART. 93.

### OFFICE. — COMMUNAUTÉ. — HÉRITIERS.

*Les héritiers de la femme d'un officier public, n'ont, après la dissolution de la communauté, qu'un droit de créance sur le prix de l'office, et ce droit demeure fixé d'après la valeur de cet office à l'époque même de la dissolution de la communauté.*

**Arrêt de la Cour de Paris, du 6 avril 1843.**

Attendu qu'une charge d'officier ministériel est une propriété d'une nature particulière; qu'il est certain que les héritiers de la femme n'en peuvent provoquer la vente et forcer le titulaire à s'en dessaisir ; que les principes de droit commun, applicables aux objets mobiliers dépendant d'une succession, ne sont point applicables à la propriété d'un office; que, dès lors, par une conséquence forcée, il faut reconnaître qu'à la dissolution de la communauté les héritiers de la femme qui n'ont aucune action sur l'office, n'ont plus qu'un droit de créance qui demeure fixé, d'après la valeur de cet office à l'époque même de la dissolution, et que les chances bonnes ou mauvaises qui augmenteraient la valeur de la charge, ou qui viendraient l'anéantir, doivent leur demeurer complètement étrangères ;

Attendu que, conformément à ces principes, la chambre des avoués de la Cour royale a fixé la valeur de l'office de X.... père, au jour de la dissolution de la communauté, prenant en considération la valeur des offices à cet époque, et faisant profiter X.... père de l'accroissement qui résultait pour les charges d'avoués à la Cour, de l'ordonnance du 16 juillet 1825, intervenue postérieurement au décès de la dame X....., ordonnance qui arrêterait les effets de la réduction, précédemment ordonnée, du nombre des avoués de la Cour ;

Attendu que X..... fils conteste cette fixation, prétendant qu'il doit lui être fait compte du prix moyennant lequel son père a vendu son office en janvier 1825, et se fondant, pour appuyer cette prétention, sur ce que la chambre des avoués de la Cour a constaté que la clientèle n'avait pas augmenté, depuis le jour du décès de la dame X..... jusqu'au jour de la vente;

Mais attendu que si la charge a été vendue 172,000 fr., et si le prix n'en a été fixé au jour de la dissolution de la communauté qu'à 110,000 fr., cette différence s'explique par ces deux circonstances : 1° la plus-value que le titre avait nécessairement acquise par le bénéfice du temps ; 2° celle qu'il a acquise par l'effet de l'ordonnance du 16 juillet 1825, circonstances qui profitent exclusivement à X.... père, d'après les principes ci-dessus posés ;

Par ces motifs déboute X..... fils de sa demande, etc.

## OBSERVATIONS.

Sous l'ancien droit, on se demandait en quoi devait consister la récompense que l'officier public devait à la communauté, pour l'office acheté des deniers de la communauté et qu'il avait la faculté de retenir. Pothier, *de la com.*, n° 667, déclarait que le mari ne devait à la communauté que le prix d'achat de l'office. Dumoulin, au contraire, sur l'art. 3 de l'ancienne coutume de Paris, décidait contre l'avis de Chartier, célèbre jurisconsulte de son temps, que le mari devait le prix que l'office valait, lors de la dissolution de la communauté. L'opinion de Dumoulin nous paraît plus équitable : elle a été sanctionnée par la jurisprudence; Bordeaux, du 29 août 1840 (S., 41, 2, 142).

Mais nous pensons que la prétention des héritiers de la femme d'un officier public, à profiter de la plus-value que l'office a pu acquérir, depuis la dissolution de la communauté, est en tout point insoutenable. Elle a toujours été repoussée (Agen, du 2 décembre 1836; S., 37, 2, 309; D. P., 37, 2; 141; L., 37, 2, 450, Douai, du 15 nov. 1833; S., 34, 2, 189; D, P., 34, 2, 128). Ajoutons, toutefois, que la Cour de Paris (A. du 22 mars 1834, S., 34, 2, 190; D. P., 34, 2, 129; et du 11 mai 1837 (S., 37, 2, 305; D. P., 37, 2, 163; L., 37, 1, 491), a décidé que la reprise de la femme, en ce qui touche les fonds de commerce, doit être de la valeur pour laquelle le fond a été vendu, et non pas de la valeur qu'il avait, au jour de la dissolution de la communauté.

## ART. 94.

**JUGEMENT. — DERNIER RESSORT. — 1° CRÉANCES DISTINCTES. — 2° DOMMAGES-INTÉRÊTS. — 3° VICES DE FORME.**

1° *Lorsqu'une demande est formée dans le même exploit, par plusieurs personnes, en vertu de droits ou de titres différents, c'est par la valeur du litige, à l'égard de chacune de ces personnes, que se détermine le premier ressort;*

2° *Les dommages-intérêts réclamés par le demandeur ne peuvent être joints à la demande principale pour fixer le dernier ressort;*

3° *Une Cour ne peut statuer sur les vices de forme d'un jugement, qu'autant qu'elle est régulièrement saisie de l'appel et, spécialement qu'autant que le jugement a été rendu en premier ressort.*

Arrêt de la Cour de Rouen, du 3 mars 1843.

### ARRÊT.

Attendu que la demande de 2,200 fr., de principal et de 800 fr. de dommages-intérêts, qui a saisi le tribunal d'Evreux, quoique formée par le même exploit, se compose cependant de deux créances séparées et distinctes, l'une de 750 fr. de principal et de 5,000 fr. de dommages-intérêts réclamés par Roussel ; l'autre de 1,450 fr. de principal et de 3,000 fr. de dommages-intérêts réclamés par Massiel; que cette séparation de créance qui résulte de la nature des droits de chacun des demandeurs est de plus indiquée, en termes exprès, dans l'exploit introductif d'instance ;

Attendu qu'il est de principe que, lorsqu'une demande est formée par plusieurs personnes, en vertu de droits ou de titres différents, cette demande se divise, par la force des choses et par la volonté de la loi, en autant de demandes qu'il y a de parties demanderesses; car ce n'est que la valeur réelle du litige, à l'égard de chacune de ces parties qui doit servir de règle pour fixer les limites du premier ou du dernier ressort, puisque le préjudice que le jugement pourra causer à l'un des défendeurs ne sera pas aggravé par le dommage que pourront aussi éprouver les autres demandeurs ; qu'ainsi la demande collective de Roussel et de Massiel a dû être jugée par le tribunal d'Evreux, avec la même étendue de pouvoir et de ressort, que si chacun d'eux avait formé une demande isolée et individuelle ;

Attendu que, par sa demande, Massiel réclamait 1,450 fr., prix de la vente de deux chevaux, et 500 fr., pour réparation du dommage que l'inexécution de ce marché lui avait causé ;

Attendu qu'antérieurement à la loi du 11 avril 1838 , il avait été décidé par la doctrine et la jurisprudence, que les dommages-intérêts résultant de l'inexécution d'une convention dont on demande l'accomplissement ou de tout autre cause antérieure à la demande, devaient être comptés pour fixer les limites du ressort, car ces dommages-intérêts se réunissent à la somme principale pour composer un même tout et former une seule demande, dont la valeur entière constitue le litige; que la loi de 1838 n'a fait que consacrer ses principes; qu'en effet la pensée de cette loi a été manifestée de la manière la plus claire, par la discussion devant les chambres; et que son texte, d'ailleurs, indique suffisamment qu'une demande en dommages-intérêts ne cesse d'exercer quelque influence sur la compétence, que lorsque, présentée incidemment par le défendeur, elle est exclusivement fondée sur la demande principale elle-même; — Qu'ainsi, les jugements qui ont statué sur la demande de Massiel, n'ont été rendus qu'en premier ressort; qu'il en est autrement des jugements intervenus sur la demande de Roussel, laquelle, avec les dommages-intérêts, ne s'élevit qu'à 1,050 fr.; mais que Leloutre prétend néanmoins avoir le droit d'appeler de ces décisions, en ce qui concerne Roussel, parce qu'il en demande la réformation pour incompétence ;

Attendu que, si la règle générale, qui ne permet pas d'appeler d'un jugement rendu en dernier ressort, est soumise à une exception, quand il s'agit d'incompétence, il faut que cette exception unique, fondée sur la plus grave de toutes les nullités, doit être rigoureusement restreinte dans les limites tracées par la loi;

Attendu que les vices que l'appelant reproche aux jugements attaqués sont notamment, que l'un des juges n'aurait pas assisté à toutes les audiences, que le partage aurait été illégalement déclaré, et vidé ensuite par un juge appelé, contrairement aux prescriptions de l'art. 118 du Code de procédure civile ;

Attendu cependant que ces violations, quelque graves et quelque nombreuses qu'elles soient, ne constituent que des vices de forme qui affectent sans doute la composition du tribunal, et, par suite, la légalité des jugements qui en sont émanés, mais que tous ces vices ne sauraient produire que des nullités, qui ne pourpourraient être prononcées par la Cour, que si elle était valablement saisie de l'appel de ces jugements, ce qui ne peut être, si ces jugements ont été rendus en dernier resort; que des vices de cette nature ne peuvent évidemment pas exercer d'influence sur la compétence proprement dite, qui n'est autre chose que le pouvoir donné à un tribunal de juger certaines affaires et certaines personnes, et il ne peut être contesté que le tribunal civil d'Evreux était compétent *ratione materiæ et ratione personnæ* pour juger le procès sur lequel il a statué; — Qu'il n'a donc pas excédé les limites de sa compétence, et que, dès lors, le jugément étant rendu en dernier ressort; on ne peut en appeler, en convertissant des vices de forme, en violation des régles de la compétence ;

LA COUR; — Déclare l'appel recevable en ce qui concerne Massiel, le rejette quant à Roussel.

## OBSERVATIONS.

1° Jurisprudence constante, 27 février 1836; Toulouse, S., 37, 2, 272; D. P., 38, 2, 162; 28 mars 1838; Besançon, S., 39, 2, 253; D. P., 39, 2, 8; L., 39, 1, 319; 17 décembre 1838; Aix, S., 39, 2, 253; L., 39, 1, 320;

2° L'arrêt vient à l'appui de ce que nous disons, art. 69.

## ART. 95.

VENTES DE MEUBLES. — TARIF. — COMMISSAIRES-PRISEURS.

### PROJET DE LOI.

CHAMBRE DES DÉPUTÉS.

*Rapport. — Amendements de la commission. — Discussion. — Projet adopté.*

Nous avons publié (art. 41) l'exposé des motifs et le projet de loi présenté par le gouvernement, nous rapportons aujourd'hui le rapport et la discussion de ce projet à la chambre des députés.

*Rapport sur le projet de loi relatif au tarif des commissaires-priseurs, présenté par M. Dugabé, à la chambre des députés (séance du 17 avril 1843).*

Messieurs, la loi dont vous nous avez confié l'examen a pour objet de fixer, d'une manière générale et équitable à la fois, les émoluments perçus par les commissaires-priseurs. L'institution de ces officiers ministériels remonte à plus de trois siècles ; on la rencontre dans les actes législatifs sous le nom de jurés-priseurs et d'huissiers-priseurs. Elle fut supprimée par les décrets des 21 juillet 1790 et 17 septembre 1791, et les attributions qui lui appartenaient furent dévolues exclusivement aux notaires, aux greffiers, aux huissiers. L'on s'aperçut bientôt que l'importance et la multiplicité des ventes, dans un centre de population comme Paris, nécessitaient le rétablissement d'une classe spéciale d'officiers ministériels ; les intérêts bien compris du trésor et des particuliers le voulaient ainsi. La loi du 27 ventôse an XI établit à Paris quatre-vingts commissaires-priseurs, et leur attribua à titre d'émoluments :

1º Pour frais de prisée, 6 livres par chaque vacation de trois heures ;

2º Pour frais de vente : 8 p. 100 sur le produit, lorsqu'il s'élève de 1.000 à 4,000 fr.; et 5 p. 100 tant qu'il excède cette somme.

Ce tarif est encore en vigueur, et nulle plainte ne s'est élevée.

Le changement opéré à Paris ne s'étendit pas aux départements ; les notaires, les greffiers, les huissiers, demeurèrent en possession exclusive du droit de procéder aux ventes publiques de meubles. La loi du 28 avril 1816 vint opérer un changement considérable. L'art 89 autorisa le Gouvernement à établir des commissaires-priseurs dans les lieux où il le jugerait convenable. «En attendant, porte le paragraphe 5 de cet article, qu'il ait été statué par une loi générale sur les vacations et frais desdits officiers, ils ne pourront percevoir autres et plus forts droits que ceux qu'à fixés la loi du 17 septembre 1793. »

Il faut constater que les dispositions de cette loi, combinées avec celles de la loi du 21 juillet 1790, à laquelle elle renvoie, n'accordaient aux commissaires-priseurs de nouvelle création, pour droit de prisée et de vente, que 1 liv. 10 sols par vacation de trois heures.

Il n'est pas nécessaire de prouver la parcimonie et l'insuffisance de ce tarif.

Cependant, le Gouvernement, dans des vues fiscales, peut-être, usa bientôt des droits qui lui avaient été concédés par la loi. Une ordonnance du 26 juin 1816 établit des commissaires-priseurs dans les villes chefs-lieux d'arrondissement ou qui sont le siège d'un tribunal de première instance, et dans celles qui, n'ayant pas de tribunal, renferment une population de 5,000 ames et au-dessus.

On pourvut, sans délai, à la nomination de quatre cent cinquante-huit titulaire, répartis dans trois cent quinze villes ; sur ce nombre, cent dix-huit refusèrent le titre ; d'autres abandonnèrent leur emploi, après avoir été installés, et le nombre est réduit aujourd'hui à trois cent trente-sept offices.

En donnant au Gouvernement le droit de créer ces offices, la loi de 1816 avait promis qu'une disposition législative règlerait le tarif des commissaire-priseurs. L'insuffisance de celui qui leur était provisoirement imposé était évidente. L'abus prit la place du droit, et les tribunaux furent entraînés eux-mêmes à tolérer, à consacrer des perceptions illégales. Bientôt chaque province, chaque département, chaque ville eut son tarif. On ne songea plus aux prescriptions de la loi, mais seulement aux nécessités locales, et l'usage devint la règle.

Le Gouvernement sentit le mal; il voulut y remédier. Dès 1817, il présenta à chambre des députés un projet de loi sur les commissaires-priseurs. L'art. 5 de ce projet allouait à ceux des villes de Rennes, Bordeaux, Marseille et Lyon, les mêmes droits que ceux alloués par la loi du 27 ventôse an XI aux commissaires-priseurs de Paris. Pour les autres, les droits étaient réduits d'un quart. Profondément modifiée par la commission de la chambre, la loi fut rejetée.

Dans la session suivante, une proposition fut faite ; elle ne s'appliquait qu'aux villes les plus importantes ; elle n'eut aucune suite.

Les choses demeurèrent en cet état jusqu'en 1840. Un projet de loi qui statuait sur tout ce qui touche aux ventes publiques des biens meubles, fut présenté par M. le ministre de la justice à la chambre des députés. Ses dispositions réglaient à la fois les attributions et les émoluments des commissaires-priseurs, et les questions que la jurisprudence laisse encore incertaines, y étaient franchement abordées, nettement résolues. Ce mode était le plus rationnel ; il évitait de grands embarras, en écartant les difficultés inséparables de la fixation d'un tarif à appliquer à des officiers ministériels, dont tous les droits ne sont pas clairement, généralement reconnus. Un rapport fort remarquable fit connaître le travail de la commission de la chambre ; mais la loi fut retirée le 24 février 1841, sans avoir subi l'épreuve de la discussion.

Le seul tarif légalement en vigueur pour les commissaires-priseurs des départements est donc toujours celui qui leur fut appliqué par la loi de 1816. Insuffisant alors, il l'est bien davantage aujourd'hui, et les abus déjà signalés ont dû s'accroître dans une proportion qu'il importe d'arrêter au plus tôt. La loi a été violée ; les magistrats chargés de son exécution ont dû demeurer inactifs, en se trouvant dans cette alternative, ou de refuser aux commissaires-priseurs des moyens d'existence, ou de tolérer des usages contraires au droit. Ce désordre ne peut être supporté plus longtemps. La loi que vous devez discuter est urgente, et votre commission applaudit à la pensée qui l'a dictée.

La loi a déjà subi la double épreuve d'un examen à la chambre des pairs et à la chambre des députés. Le gouvernement s'est approprié, dans ces discussions, ce qui lui a paru le plus conforme aux intérêts de tous, et le nouveau projet se présente avec les avantages d'une longue méditation et d'une étude approfondie.

Le tarif proposé repose sur le système introduit par la loi du 27 ventôse an XI. Il admet un double mode de rémunération : l'un par *vacation*, pour les prisées de meubles et pour quelques actes accessoires, l'autre reposant sur le *produit des ventes*.

Ce système a pour résultat d'associer l'intérêt du commissaire-priseur aux intérêts du vendeur, et de profiter ainsi à ce dernier. Cette combinaison offre trop de sécurité, trop d'avantages, pour que l'on puisse hésiter à l'adopter.

Les chiffres du tarif sont déterminés apar l'art. 1er de la loi.

Le projet reproduit pour les commissaires-priseurs de Paris les dispositions de la loi du 27 ventôse pour les vacations. Le droit proportionnel existant subit une modification importante à laquelle votre commission donne son assentiment le plus complet. Le droit proportionnel est aujourd'hui de 8, de 7 ou de 5 pour cent, selon l'importance des ventes. Ce mode grève le pauvre, qui paie d'autant plus que sa propriété mobilière a moins de valeur. Il convenait de faire cesser ces droits gradués et d'introduire un droit invariable. Les calculs les plus minutieux, la comparaison des produits des ventes diverses, pendant les dernières années, nous ont conduit à accepter le chiffre moyen de 6 pour cent. Ce droit n'a rien d'exagéré, et les intérêts des officiers ministériels n'ont pas à en souffrir.

Les émoluments fixés pour les vacations des commissaires-priseurs de Paris seront également perçus par ceux de Lyon, de Bordeaux, de Rouen, de Toulouse, de Marseille. L'importance de ces villes n'est contestée par personne; les divers tarifs aujourd'hui en vigueur ont introduit cette assimilation qui nous a paru suffisamment justifié.

Les commissaires-priseurs des autres localités toucheront 1 fr. de moins que ceux de Paris et des autres villes placées sur la même ligne, c'est-à-dire 5 fr. au lieu de 6 pour les vacations. Mais le projet leur accorde les mêmes frais de vente, à savoir: 6 pour cent, sans distinction de résidence.

Cette disposition, introduite par le Gouvernement, acceptée par la chambre des pairs, n'avait pas eu l'assentiment de la commission de la chambre des députés en 1842. Nous n'avons pas hésité à l'adopter.

Lorsqu'il s'agit de rétribuer l'emploi du temps, il convient d'avoir égard à la valeur que lui donnent la multiplicité des affaires, le mouvement des grandes villes. Il est incontestable que trois heures employées à Paris, Lyon, Marseille, sont d'un prix supérieur à celui du même espace de temps absorbé partout ailleurs. Mais tant qu'il s'agit des soins donnés à une vente, pourquoi la différence? Le mobilier du pauvre mérite d'être traité avec plus de sollicitude encore que celui du riche. Il faut que le commissaire-priseur s'attache à lui donner la plus grande valeur possible; et ce serait en augmentant son travail, en faisant un appel à toute sa sollicitude, que l'on diminuerait le salaire! On ajouterait à la proportion descendante produite par la nature des choses, la modicité du chiffre des tarifs. La loi de ventôse avait fait le contraire; l'émolument du commissaire-priseur augmentait à mesure que le produit de la vente diminuait : c'était là plus qu'une injustice ; nous avons voulu la faire disparaître. Mais il ne faut pas se jeter dans un excès contraire. L'état actuel des choses est grave, par les abus qui ont acquis une sorte d'autorité; nous les faisons disparaître. Le nouveau tarif sera évidemment onéreux aux commissaires-priseurs, si on le compare à ce qu'ils reçoivent aujourd'hui. Nous le jugeons suffisant, et nous demanderons qu'il soit exécuté avec sévérité. Sans doute, l'on trouve, dans certains documents, la preuve qu'il est des localités où l'officier public ne perçoit que 5 pour cent sur le produit de la vente. Dans d'autres, le tarif fixé pour les notaires a seul été mis en vigueur. Mais il faut ajouter que des perceptions exorbitantes, illégales, viennent, sous le titre modeste de droits accessoires, grossir outre mesure des émoluments d'une apparence trompeuse. Les abus ne peuvent servir de règle, et ce serait s'égarer que de les prendre pour base de la loi destinée à les faire disparaître. Le législateur est sûr de ne pas se tromper, en s'arrêtant au chiffre moyen que l'usage le plus général a consacré. Il ne faut pas se dissimuler que, dans certaines localités, les émoluments des commissaires-priseurs leur fourniront à peine des moyens d'existence. Cet inconvénient tient à l'extension exagérée du droit de créer ces sortes de charges : le nombre en sera diminué par la force des choses, et l'expérience sanctionnera des mesures qui ménagent tous les intérêts.

Votre commission vous propose de fixer à 6 pour cent le droit proportionnel dans toutes les résidences. En réglant les chiffres du tarif, il faut accepter les faits tels qu'ils existent. Nous ne faisons pas une loi d'attribution, et la solution des questions importantes soulevées dans un autre rapport, ne nous appartient point. La jurisprudence a fait, quant à présent, la part des divers officiers ministériels ; l'usage constate que le mode des ventes qui leur sont confiées, varie à l'infini ; que des conditions de crédit, de délai, de terme, de responsabilité, de collecte des deniers, leur sont souvent imposées. Il était de notre devoir, non de réglementer ces usages, aussi nombreux que les localités où l'on procède aux ventes, mais de rétribuer convenablement l'officier public, en mettant les citoyens à l'abri des prétentions exagérées. Nous avons dû, pour cela, trouver le terme moyen de ce qui se fait aujourd'hui, et nous n'hésitons pas à dire que le chiffre de 6 pour cent uniformément établi, répond à tous les besoins, garantit tous les intérêts. C'est sans raison que quelques esprits redoutent que le tarif uniforme n'entraîne à de graves inconvénients, dans les pays où les ventes volontaires sont faites à long terme. Ils représentent qu'il faut concilier à la fois la liberté du propriétaire et la responsabilité de l'officier public ; qu'il convient de laisser à celui-là le droit incontesté de vendre sa chose comme il le veut, sans imposer à celui-ci les conséquences désastreuses d'une spéculation exagérée sur les délais. Il serait mieux, peut-être, de laisser à ceux qui possèdent la capacité légale, le soin de discuter et de fixer à leur gré leurs conventions.

Ce qu'il y a de séduisant dans cette opinion dissimule mal tous les abus qui naissent de cet état de choses. Dès 1793, la faculté laissée à chacun de traiter avec les officiers publics avait été retirée. Rétablie par l'usage, elle a produit les inconvénients graves que la loi doit faire disparaître. La capacité légale ne donne pas à celui qui la possède l'intelligence et surtout la liberté. L'expérience constate que c'est dans les traités, les abonnements, les conventions entre parties capables de transiger, que les abus se sont montrés. Comment les faire cesser, si ce n'est en établissant une règle uniforme que nul n'aura le droit de franchir. On ne peut se plaindre si le chiffre adopté est celui que l'usage consacre. Et si, dans quelques lieux, les exactions ont pris un scandaleux développement, qui blâmera le législateur de poser des limites à ce besoin du lucre qui dépasse toutes les bornes ? Vainement allègue-t-on qu'interdire le droit d'abonnement, c'est rendre impossibles les ventes à terme, comme on les pratique, surtout dans les provinces qui appartiennent à la Normandie, à la Lorraine. L'intérêt bien compris des officiers publics chargés des ventes, doit rassurer contre de semblables alarmes. Dans les pays où tel est l'usage, le crédit, le délai, le terme seront toujours accordés, parce qu'ils ajoutent au prix de la chose vendue et profitent ainsi au propriétaire et à celui qui lui prête son ministère. Tant qu'il faut se résigner à vendre au taux d'émolument fixé par la loi, sous peine de ne pas vendre du tout, c'est-à-dire de résigner ses fonctions, le choix n'est pas douteux.

Chacun appréciera avec plus de réserve peut-être la solvabilité des acheteurs, et dégagera les ventes des hasards toujours dangereux d'une spéculation trop hardie. Mais le propriétaire et l'officier public sauront toujours s'entendre lorsque le résultat de leur accord sera d'accroître leurs bénéfices. Si, contre nos prévisions, quelques hommes cupides voulaient, par une résistance d'inertie, faire violence à la loi, le remède serait simple et certainement efficace : il suffirait de décréter la concurrence entre les officiers ministériels d'un même arrondissement. Mais, que l'on se rassure, rien de semblable n'est à craindre ; le taux de 6 pour cent est celui généralement adopté ; c'est la pratique la plus constante qui nous l'a fourni, et il n'exclut ni les termes, ni la responsabilité des officiers publics chargés de vendre, tels qu'on les a compris jusqu'à ce jour.

Ce chiffre ne contient point les déboursés faits pour parvenir à la vente. Il est bien entendu, et, sur ce point, nulle équivoque ne peut être permise, qu'il ne s'agit que de déboursés réels, justifiés, comme l'insertion dans les journaux, le prix du transport des objets à vendre. Aucun autre sens ne peut être donné à ces mots : « les déboursés faits pour y parvenir ; » et votre commission a voulu, par des précisions, ne laisser aucun refuge aux interprétations qui se traduisent toujours en augmentation de frais.

Nous accordons le droit pour la rédaction des placards, mais l'application appartient à d'autres officiers ministériels lorsqu'elle doit avoir lieu. Le mot *application* doit être retranché.

Tous les soins qu'impose la vente sont rémunérés par le droit proportionnel ou fixe que nous venons d'indiquer. Toutefois, il a paru juste de rétribuer séparément certains actes qui peuvent causer aux commissaires-priseurs une perte de temps considérable ; tels sont :

L'assistance aux référés ;

La consignation, s'il y a lieu, des deniers de la vente ;

L'assistance à l'essai ou au poinçonnage des matières d'or et d'argent :

Le paiement des contributions conformément aux dispositions des lois des 5-18 août 1791 et 12 novembre 1808 :

La loi du 27 ventôse an IX se taisait sur ces actes et n'accordait aucun émolument. Ce silence devait produire des abus : les commissaires-priseurs demandèrent au tarif général de 1807, ce que ne leur donnait point la loi qui les avait constitués. Il est juste de leur concéder les droits que leur donne le projet de loi. Adoptant un modification proposée par votre précédente commission, le gouvernement a fixé à 4 et 3 fr. la vacation pour le paiement des contributions. Cet acte prend peu de temps, et il est juste de ne pas aggraver les charges des malheureux qui ont tant de peine à parvenir au paiement de l'impôt.

La préparation et l'arrangement des objets mis en vente peut avoir une grande importance. Quel que soit l'intérêt du commissaire-priseur à prendre tous les moyens pour augmenter le produit, il faut reconnaître qu'il est des cas où cette préparation peut absorber un temps considérable ; il sera rétribué, mais seulement lorsque le produit de la vente s'élèvera à 5,000 fr. et lorsque les parties auront expressément demandé, par réquisition insérée au procès-verbal, que les objets soient arrangés et préparés.

Enfin il est alloué 1 fr. 50 c. pour expédition ou extrait des procès-verbaux, mais seulement pour le cas où les parties les auront requis.

La taxe demandée par les parties ou par le commissaire-priseur sera faite par le président du tribunal ou par le juge délégué. Votre commission a cru devoir imposer, pour tous les cas, et sans frais, la délivrance de la note des vacations, droits et remises. Chacun pourra ainsi connaître sa position et recevoir des conseils qui lui épargneront les lenteurs et les embarras de la taxe. D'un autre côté, la constatation des frais toujours faite prémunira l'officier public lui-même contre l'entraînement des exagérations et des abus.

Il ne suffit pas de déterminer avec justice le chiffre des émoluments qui seront perçus, il faut que la loi se garde elle-même contre les infractions que l'on pourrait se permettre. Les interdictions et les peines prononcées par les art. 3 et 4 du projet de loi, sont une garantie suffisante de l'accomplissement des devoirs et de la conservation des droits de tous; votre commission en recommande la sévère exécution à la sollicitude de M. le ministre de la justice. Toutes les perceptions non écrites dans la loi sont proscrites : les abonnements, les traités particuliers, les dispositions prétendues réglementaires, celles empruntées aux divers tarifs pour rémunérer des transports, des collectes de deniers, des comptes de liquidation, des décharges à donner ou à recevoir, tout doit disparaître pour faire place à la loi. Hors de ces termes, il y aura exaction et concussion; la tolérance, qui, jusqu'à ce jour, fut une nécessité, serait désormais une faiblesse coupable, passible elle-même de répression.

Les art. 5, 6, 7, 8, sont relatifs à la bourse commune établie entre les commissaires-priseurs d'une même résidence. Cette institution est bonne et ne peut qu'être approuvée. L'expérience en a démontré toute l'efficacité. Les commissaires-priseurs sont tenus d'y verser la moitié des droits proportionnels qu'ils reçoivent, et la répartition est faite tous les deux mois par portions égales. Ce fonds commun est une garantie du paiement des deniers provenant des ventes, il rétablit, autant qu'il est possible, l'équilibre, entre des situations souvent trop dissemblables.

Cependant une exception devait être faite pour les commissaires-priseurs attachés aux monts-de-piété et au domaine; leur position particulière, la responsabilité plus grande qui les menace, les frais extraordinaires qu'ils doivent supporter, commandaient de créer pour eux une règle à part. Le versement qu'ils devront faire à la bourse commune, sera réglé par des traités particuliers homologués par les tribunaux de première instance, sur les conclusions du ministère public.

La chambre de discipline des commissaires-priseurs de Paris continuera d'obéir aux dispositions de l'arrêté du 29 germinal an IX.

Si des chambres de discipline sont instituées dans d'autres localités, une ordonnance royale, rendue dans la forme des règlements d'administration publique, pourra leur rendre commune ces mêmes dispositions.

L'art. 10 du projet de loi a été introduit par la chambre des pairs, et successivement accepté par le gouvernement et par une précédente commission de la chambre des députés. Au premier aspect, l'innovation qu'il consacre a paru exorbitante; un examen réfléchi a fait disparaître toutes les préventions, et c'est à la presqu'unanimité que votre commission vous demande de l'adopter.

Par cet article, le tarif fixé pour les commissaires-priseurs des départements est déclaré commun aux notaires, greffiers, huissiers, qui sont autorisés à faire la vente des meubles dans les lieux où il n'y a point de commissaires-priseurs.

La minorité de votre commission signale dans cette innovation un grave surcroît de charges imposées aux justiciables. Si le chiffre élevé des tarifs des commissaires-priseurs se justifie par la nécessité où se trouvent ces officiers publics de demander à leur travail des moyens d'existence, il n'en saurait être ainsi pour ceux qui cumulent ce salaire accessoire avec les bénéfices principaux de leurs charges. Ceux-ci résident dans des localités où les besoins, où l'aisance de la vie demandent moins de sacrifices, de sorte qu'on semble leur accorder davantage selon qu'ils ont moins à dépenser.

D'un autre côté, l'on s'est récrié avec raison contre l'extension irréfléchie donnée en 1816 à l'institution des commissaires-priseurs. L'on a blâmé cette mesure, parce que, jetant des officiers publics dans des situations précaires, elle conduisait fatalement à l'élévation des tarifs ou aux exactions; et voilà que maintenant l'on propose d'étendre, d'exagérer la faute commise, puisque la loi transforme en commissaires-priseurs les notaires, les greffiers, les huissiers. Cette résolution serait funeste aux populations les plus pauvres, et l'on ne peut comprendre la pensée qui l'a dictée, car les officiers ministériels qu'elle intéresse n'ont jamais élevé de plaintes.

Les faits constatés, les documents remis à votre commission, ont donné à la majorité une opinion contraire. Elle la justifie par des idées d'un autre ordre; et, dans sa pensée, l'exécution de l'art. 10 sera favorable aux intérêts de ceux qui ont le plus à souffrir de l'élévation des tarifs.

La loi a dû instituer des officiers publics pour procéder aux ventes forcées ou volontaires, sous les noms divers de jurés-priseurs, d'huissiers-priseurs, de commissaires-priseurs, ils ont toujours existé; et, lorsqu'on a voulu les faire disparaître, les notaires, les greffiers, les huissiers, les ont remplacés. Toujours ces officiers publics en ont rempli les fonctions, lorsque la loi, après les avoir rétablis, en a cependant restreint l'existence à de certaines localités. La loi actuelle ne change rien, elle règlemente ce qui existe; elle passe un niveau uniforme sur des prétentions diverses. Les commissaires-priseurs ont réclamé avec instance la loi que nous vous proposons d'adopter; elle satisfait pour eux à un besoin impérieux, en posant des règles certaines, des chiffres dont nul ne pourra s'écarter. La même nécessité ne se fait-elle pas sentir pour ceux qui sont les suppléants obligés des commissaires-priseurs? Existe-t-il pour eux des règles plus certaines, des tarifs que tout le monde accepte? Non, sans doute, les lois combinées de 1790 et de 1795, ont créé pour eux une position que tout le monde reconnaît insuffisante. Ils lui ont échappé en empruntant à la loi de germinal, à l'arrêté de ventôse, au tarif de 1807, des dispositions éparses, qui ne semblaient réunies que pour composer un total d'émoluments que chacun grossissait à son gré; et comme ce n'était pas assez, des règlements, des délibérations, et puis l'usage, sont venus en aide aux officiers ministériels qui ne trouvait nulle part un appui certain. De là les désordres signalés, de là aussi la nécessité de placer sous le même empire ceux qui exercent des fonctions semblables.

Mais, du moins, l'on pourrait renfermer les notaires, les greffiers, les huissiers dans les limites des tarifs qui règlent ordinairement leurs honoraires. Cela ne saurait être que pour les actes semblables ou communs dans les deux professions. Cela ne peut être lorsque les périls ne sont pas les mêmes, lorsque la responsabilité peut être plus grande. Si les tarifs qui règlent les notaires, les greffiers, les huissiers, sont acceptés, avec défense de rien ajouter pour des actes qui n'y sont pas prévus, l'injustice sera flagrante; si on permet de faire un composé de ces éléments divers, nous retombons dans les abus que nous avons à cœur de faire disparaître. Nous concédons les mêmes avantages aux officiers publics accidentellement commissaires-priseurs, parce que nous voulons qu'ils demeurent soumis à la même responsabilité, à des obligations égales. Le chiffre ne nous en a point paru trop élevé, parce qu'il est la moyenne exacte des perceptions actuelles, et que la différence est au profit bien constaté du justiciable.

Enfin, et cette dernière considération ne doit pas être négligée, les commissaires-priseurs n'ont un droit exclusif que dans le lieu de leur résidence, partout ailleurs, ils concourent avec les autres officiers ministériels. Pour que cette concurrence soit réelle, il faut que les droits soient égaux. L'établir au rabais, c'est supprimer l'intervention de ceux dont les droits élevés ne pourraient pas lutter avec des concurrents qui n'auraient droit qu'à un émolument inférieur. Il est évident que le tarif des commissaires-priseurs devraie descendre au taux de celui des officiers ministériels, auxquels demeurerait tout l'avantage: mieux vaudrait supprimer l'institution.

Les notaires s'élèvent contre une assimilation qui semble leur enlever le caractère qui leur est propre. La loi de leur institution doit toujours les régir, et l'art. 51 de la loi du 25 ventôse suffit à tous les cas.

Rien ne justifie une semblable prétention. Lorsque le notaire procède à une vente dévolue par la loi aux commissaires-priseurs, il prend, pour un instant, le rôle et la place de ces officiers ministériels. Ses procès-verbaux n'ont pas une valeur plus grande, et l'authenticité qu'il donne aux actes, il ne l'imprime aux procès-verbaux de vente qu'au même titre que le commissaire-priseur. Des actes semblables méritent le même salaire. L'art. 10 maintient un équilibre indispensable; votre commission vous propose de l'adopter.

Les améliorations introduites dans la loi par les discussions précédentes, et que le gouvernement s'est appropriées, ont éloigné la pensée de modifications importantes. Dans l'état actuel des choses, il est impossible de méconnaître l'urgence, la nécessité des dispositions législatives qui vous sont proposées : elles sont réclamées à la fois par des officiers ministériels, que tant d'incertitude importune ; par les juticiables, qui ne peuvent trouver nulle part la règle certaine des charges qui les grèvent, lorsqu'ils veulent demander aux ventes publiques des ressources ou des bénéfices.

Votre commission vous propose l'adoption de la loi avec les trois modifications qu'elle y introduit.

*Projet de loi amendé par la commission* (1).

Art. 1er. Il sera alloué aux commissaires-priseurs : 1° pour droits de prisée, pour chaque vacation de trois heures, à Paris, Lyon, Bor-

---

(1) Discussion. — Suppression des commissaires-priseurs. — Tarif des notaires, greffiers et huissiers. — (Chambre des députés séances des 26 et 27 avril 1845.)

L'art. 10 du projet du gouvernement maintenu par la commission qui déclarait communs aux notaires, greffiers de justice de paix et huissiers, les art. 1, 2, 3 et 4 du projet ayant été rejeté par la chambre, ce projet n'est plus pour nos abonnés que d'un intérêt secondaire; néanmoins, il leur importe de connaître les dispositions nouvelles auxquelles les commissaires-priseurs ont été soumis et les motifs du rejet de l'art. 10. N'est-il pas possible, d'ailleurs, que la chambre des pairs qui déjà, en 1840, a cru devoir introduire cette disposition dans le projet de loi dont il s'agit, persiste à l'y maintenir ?

L'institution des commissaires-priseurs pour les départements est à notre avis déplorable. L'ordonnance du 26 juin 1816 qui établit des commissaires-priseurs dans les villes chefs-lieux d'arrondissement ou qui sont le siège d'un tribunal de première instance ne se justifie que par les embarras financiers du moment. Les attributions de ces officiers publics restreintes aux prisées et estimations des biens

deaux, Rouen, Toulouse et Marseille, 6 fr. — Partout ailleurs, 5 fr.
— 2° Pour assistance aux référés et pour chaque vacation, à Paris,
Lyon, Bordeaux, Rouen, Toulouse et Marseille, 5 fr. — Partout ailleurs, 4 fr. — 3° Pour tous droits de vente, non compris les déboursés
pour y parvenir et en acquitter les droits, non plus que la rédaction des
placards, 6 pour cent, sur le produit des ventes, sans distinction de résidence. Il pourra, en outre, être alloué une ou plusieurs vacations, sur
la réquisition des parties, constatée par procès-verbal du commissaire-
priseur, à l'effet de préparer les objets mis en vente. Ces vacations
extraordinaires ne seront passées en taxe qu'autant que le produit de
la vente s'élèvera à 3,000 fr. Chacune de ces vacations de trois heures
donnera droit aux émoluments fixés par le n° 1er du présent article ; —
4° Pour expédition ou extrait de procès-verbaux de vente, s'ils sont
requis, outre le timbre, et pour chaque rôle de vingt-cinq lignes à la
page et de quinze syllabes à la ligne, 1 fr. 50 c. Pour consignation à
la caisse, s'il y a lieu, à Paris, Lyon, Bordeaux, Rouen, Toulouse et
Marseille, 6 fr. — Partout ailleurs, 5 fr. — Pour assistance à l'essai
ou au poinçonnage des matières d'or et d'argent, à Paris, Lyon, Bordeaux, Rouen, Toulouse et Marseille, 6 fr. — Partout ailleurs, 5 fr.
— Pour paiement des contributions, conformément aux dispositions des
lois des 5 et 18 août 1791, et 12 novembre 1808, à Paris, Lyon, Bordeaux, Rouen, Toulouse et Marseille, 4 fr. — Partout ailleurs, 3 fr.
Art. 2. L'état des vacations, droits et remises alloués aux commissaires-priseurs, sera délivré sans frais aux parties, si la taxe est requise,
elle sera faite par le président du tribunal de première instance, ou par
un juge délégué.
Art. 3. Toutes perceptions directes ou indirectes, autres que celles
autorisées par la présente loi, à quelque titre et sous quelque dénomination qu'elles aient lieu, sont formellement interdites. En cas de contravention, l'officier public pourra être suspendu ou destitué, sans préjudice de l'action en répétition de la partie lésée, et des peines prononcées par la loi contre la concussion.
Art. 4. Il est également interdit aux commissaires-priseurs de faire

---

meubles et effets mobiliers, et aux ventes publiques et aux enchères de ces biens
sont trop minimes, pour qu'il soit possible que les officiers, qui en sont investis,
jouissent d'une position honorable, s'ils n'exigent que les droits que leur confère
le tarif. Aussi un avis du conseil d'État du 18 août 1818 déclare qu'il serait utile
de proposer une loi portant suppression des commissaires-priseurs. Nous partageons
complétement l'opinion du Conseil d'État et nous pensons, avec l'honorable
M. Perrier (de l'Ain), que cette suppression est urgente; cela coûterait de l'argent,
mais on rendrait un grand service au pays.

aucun abonnement ou modification à raison des droits ci-dessus fixés, si ce n'est avec l'État et les établissements publics. Toute contravention sera punie d'une suspension de quinze jours à six mois. En cas de récidive, la destitution pourra être prononcée.

Art. 10. Les art. 1, 2, 3 et 4 sont déclarés communs aux officiers publics qui, dans les localités où il n'existe pas de commissaires-priseurs, sont autorisés à faire les prisées et les ventes de meubles (1).

(1) Cet article a soulevé de justes réclamations à la chambre des députés. — Les notaires, conformément à l'art. 51 de la loi du 24 ventôse an XI, sont soumis pour le réglement de leurs émoluments, en cas de contestation, à la décision du tribunal civil de leur résidence, qui prononce après avoir pris l'avis de la chambre. Ainsi il existe à leur égard une triple garantie : 1° La fixation amiable des parties, plus aptes que qui que ce soit à apprécier les prétentions du notaire ; 2° L'avis des chambres de discipline; 3° La taxe du juge, lorsqu'elle est requise. Que peut-on désirer de plus dans l'intérêt des parties contractantes ? — Les huissiers sont soumis au tarif du 16 février 1807. — Les greffiers des justices de paix seuls se trouvent comme commissaires-priseurs, en dehors de toute espèce de tarifs : mais ainsi que l'a dit avec raison M. *Cousture*, parce qu'il y aurait quelques officiers minisfériels qui se trouveraient, comme commissaires-priseurs, dans un cas d'éxception, est-ce une raison pour, subitement, par l'extension aux autres officiers publics d'une disposition créée dans l'intérêt des seuls commissaires-priseurs, surcharger les contribuables de droits plus onéreux que ceux qui sont exigés aujourd'hui. « Des difficultés, a dit M. le garde-des-sceaux, qui, d'abord, ne se présentaient pas à l'esprit, ont surgi de toutes parts; des réclamations sont parvenues précisément de la part de ceux qui auraient pu avoir à souffrir de ce tarif, introduit dans la loi par voie d'amendement. Les propriétaires, des hommes qui ont besoin, qui ne peuvent se dispenser de recourir aux officiers ministériels, ont soutenu que l'état des choses allait être aggravé, que le salaire qui serait attribué aux officiers ministériels était bien plus élevé que celui qu'ils percevaient en ce moment. J'avouerai que ces réclamations me paraissent graves. Supposons en effet, l'art. 10 voté : qu'arrivera-t-il? c'est que lorsqu'on sera obligé de recourir à un officier ministériel désigné par cet article, il faudra que le propriétaire paie 6 pour cent et l'officier ministériel ne pourra pas se dispenser de les recevoir. — Eh bien, au contraire, supposez que la loi se borne à statuer à l'égard des commissaires-priseurs, je suis très-persuadé que les abus ne seront plus possibles. Vous aurez un tarif pour les commissaires-priseurs, qui leur défendra de recevoir plus de 6 pour cent du produit de la vente. Concevez-vous qu'il y ait un notaire, un greffier ou un huissier qui vienne demander une somme plus considérable ? Non, sans doute, à côté de lui, se trouvera un officier ministériel reconnu par la loi, dont les droits auront été fixés et qui ne pourrait recevoir plus de 6 pour cent. D'ailleurs la partie pourra toujours recourir au magistrat chargé de faire la taxe. »

En conséquence, l'art. 10 que les notaires repoussaient et que les greffiers et les huissiers n'avaient pas réclamé, a été rejeté par la chambre des députés comme inutile et dangereux tout à la fois.

*Projet de loi adopté par la chambre des députés.*

Le projet de la commission que l'on vient de lire ayant été adopté sans modifications, à l'exception de l'art. 10 qui a été rejeté, nous n'avons pas à le reproduire.

## ART. 96.

### APPEL. — DÉCÈS. — DÉLAI.

*En supposant que la signification d'un jugement, obtenu contre une partie décédée pendant l'instance, soit valablement faite au domicile de celle-ci, les héritiers sont recevables à appeler de ce jugement, tant que les formalités prescrites par l'art. 447 n'ont pas été remplies.*

Arrêt de la Cour de Bastia, du 9 janvier 1843.

Le 18 août 1821, les frères Leca forment contre le sieur Félix Leca, leur oncle, une instance en partage des biens de leur auteur commun. Le sieur Félix Leca, pendant l'instance, part pour l'Amérique : le procès se continue avec l'avoué qu'il avait constitué. Le 16 avril 1839, un jugement du tribunal de Calvi (Corse), ordonne le partage de la succession. Ce jugement est signifié, le 1er mai 1839, à l'avoué et en même temps au domicile de Félix Leca. Après l'expiration du délai de l'appel, les frères procèdent au partage. En cet état, par acte du 24 décembre, la dame Giudicelli, fille de Félix Leca, interjette appel du jugement en qualité d'héritière de Félix Leca, décédé en Amérique, le 30 mai 1835, ainsi que cela résultait d'un acte de décès régulier.

Les frères Leca opposent la tardiveté de l'appel. Ils se fondent sur l'art. 344 du Code de procédure, d'après lequel toutes les procédures faites avant la notification de la mort de l'une des parties sont valables; Il faut, disaient-ils, que l'art. 447 soit combiné avec l'art. 344.

### ARRÊT (*après délibéré en chambre du conseil*).

La Cour ; — Attendu qu'aux termes de l'art. 447 du Code de procédure, les délais de l'appel sont suspendus par la mort de le partie condamnée; qu'il est justifié que François-Félix Leca, défendeur originaire; est décédé en Amérique, le 30 mai 1835, plus de quatre ans avant la prononciation du jugement attaqué et de la notification dudit jugement faite au domicile dudit Leca, sans que les formalités prescrites par l'article sus-énoncé aient été remplies; qu'il suit de là que l'appel est intervenu en temps utile, rejette la fin de non-recevoir.

## OBSERVATIONS.

Les délais d'appel sont suspendus par la mort de la partie qui a succombé. Ils ne peuvent reprendre leur cours qu'après la signification faite à son domicile, à ses héritiers et après les délais d'inventaire et de délibéré. — Berriat, *du délai d'appel*, chap. 3, § 4 ; Carré, sur l'article 447.

## ART. 97.

### DOT. — INSTITUTION CONTRACTUELLE.

*L'immeuble dotal ne peut faire l'objet d'une institution contractuelle.*

### Arrêt de la Cour de Caen, du 16 août 1842.

LA COUR ; — Considérant que la dame Vangon s'est mariée en 1802 sous l'empire du statut normand ; que, dès-lors, ses biens, tant mobiliers qu'immobiliers, ont été frappés d'inaliénabilité pendant le mariage à défaut de remplacement ;

Considérant que la donation ou institution contractuelle faite par ladite dame Vangon, le 21 mars 1850, en faveur de Berry, dans le contrat de mariage de ce dernier, des biens mobiliers qu'elle laisserait au jour de son décès, est une donation irrévocable, en ce sens qu'aux termes de l'art. 1083 du Code civil, elle interdirait à la donation la faculté de disposer dorénavant à titre gratuit, des objets donnés, si ce n'est pour sommes modiques ;

Considérant qu'une telle donation emporte par conséquent une aliénation au moins partielle du droit du donateur sur la chose donnée, qu'elle ne peut donc avoir lieu sur les biens dotaux, puisqu'elle enlèverait à la femme le pouvoir de les consacrer dans la suite à l'établissement de ses enfants, ce qui est cependant la principale destination de la dot, et qu'elle la priverait aussi de la faculté de les donner par testament ;

Considérant que l'on objecte que toute la conséquence à tirer de l'inaliénabilité de la dot serait que ce bien ne se prêterait à l'institution contractuelle, que selon sa nature, c'est-à-dire qu'à la charge de n'y demeurer soumis qu'autant que la femme serait morte, sans avoir manifesté d'intention dérogatoire à l'institution contractuelle ; mais que cette objection ne saurait être admise, car l'institution contractuelle réduite à ces termes, ne serait qu'un véritable testament, qui ne pourrait être valable que par l'observation des formalités prescrites pour ces sortes d'actes.

## OBSERVATIONS.

« Il résulte bien de l'art. 1554 du Code civil, dit M. Grenier, *des Donations*, t. II, n° 431, que la femme, sous ce régime, ne peut aliéner ses biens dotaux, en aucune manière, si ce n'est dans les cas déterminés par l'art. 1558. Il se tire bien encore, des art. 1555 et 1556, la conséquence qu'elle ne peut point, en général, donner ses biens dotaux ; elle n'a cette faculté que pour l'établissement des enfants qu'elle aurait eus d'un mariage antérieur et pour l'établissement des enfants qu'elle a eus du mari sous l'autorité duquel elle se trouve, sauf les modifications portées par ces articles. Mais il ne s'agit dans tout cela que d'une donation entre-vifs proprement dite, et il y a loin de là à une donation de tout ou partie de la succession. Dans ce dernier cas, il n'y a point de dessaisissement, la femme demeure libre d'hypothéquer et de vendre, si jamais elle en recouvre la faculté, et les droits appartenant au mari ne reçoivent aucune atteinte. — La femme s'interdit, à la vérité, la liberté de disposer gratuitement; mais cette interdiction volontaire approche-t-elle des effets de la donation entre-vifs. » Cette doctrine, enseignée également sous l'ancien droit, par Chabrol, *Coutume d'Auvergne*, t. II, p. 200 et suiv., et p. 387, *in fine*; Roussilhe, *de la Dot*, t. 1er, n° 394, et *Jurisp. des donations*, t. 1er, p. 67, 300 et suiv., et l. II, p. 65; par Duranton, t. IX, n° 724; Teissier, t. Ier, note 507, et Delvincourt, t. II, p. 639, et sanctionnée par la Cour de cassation (A. du 1er décembre 1824, S., 25, 1, 135; D. A., 10, 315; L., 71, 350), nous paraît préférable à celle adoptée par la Cour de Caen et par la Cour de Nîmes, A. du 18 fév. 1834 (S., 34, 2, 276).

## ART. 98.

### NOTAIRE. — COMMERÇANT. — FAILLITE.

*Le notaire qui s'est appliqué les capitaux versés à son étude par ses clients et et qui, au lieu d'en faire le placement, les a affectés à des établissements de commerce où il était intéressé, de telle sorte que l'on puisse dire que le notariat n'a été pour lui qu'un moyen de se procurer des capitaux pour alimenter ses opérations commerciales, ce notaire peut, s'il est en état de cessation de paiements, être déclaré en faillite.*

Arrêt de la Cour royale de Paris, du 17 décembre 1842.

Le jugement du tribunal de commerce l'a décidé par les motifs suivants :

Attendu qu'aux termes de l'art. 1er du Code de commerce, sont commerçants, ceux qui exercent des actes de commerce et en font leur profession habituelle;

Attendu que la rédaction primitive du Code de commerce portait : « sont commerçants ceux qui exercent *notoirement* des actes de commerce et en font leur profession *principale*»; que la qualification notoirement a été supprimée par le conseil d'État; que la qualification *principale* a été également abandonnée et remplacée par celle *habituelle*, à la suite de la discussion du projet devant l'un des pouvoirs de l'État qui concourait à la confection des lois;

Attendu qu'en supprimant ces deux qualifications, le législateur a voulu laisser aux juges la liberté d'appréciation des actes habituels de commerce, attribués à toute personne exerçant ostensiblement une profession, par elle-même exclusive du négoce, et empêcher que l'exercice de cette profession ne fût regardé comme un obstacle absolu à la reconnaissance de la qualité de commerçant; d'où il résulte que l'exercice d'une profession déterminée, autre que celle de négociant, n'établit pas une présomption légale contre l'habitude d'actes de commerce et que cette habitude constatée, impose, dans toutes les positions sociales, la qualité de commerçant;

Attendu que, dans l'espèce, il appert de tous les documents produits que, depuis l'année 1854 jusqu'au jour de son arrestation, le notaire Lehon s'est appliqué une grande partie des capitaux apportés à son étude; et qu'au lieu d'en faire le placement par contrats hypothécaires, au nom de ses clients, ainsi qu'ils l'entendaient eux-mêmes, il en a fait emploi dans des établissements de commerce sous le nom de Reynders et autres.....

Attendu qu'on est forcé de reconnaître par toutes les circonstances de la cause que Lehon a été amené à s'intéresser dans des opérations commerciales, par l'espoir d'obtenir des bénéfices, et de couvrir par ces bénéfices les pertes qu'il avait éprouvées antérieurement, pertes dont les intérêts, qu'il servait à 5 pour cent l'an, absorbaient et au-delà les revenus légaux de son étude; que, depuis 1854, sa profession de notaire n'était plus qu'un moyen de se procurer des capitaux, pour alimenter les opérations de commerce, dans lesquelles il s'intéressait, et que sa qualité ostensible de notaire s'est effacée devant la témérité de ses spéculations;

Attendu que les capitaux ainsi engagés dans le commerce et dans l'industrie par Lehon, à ses risques et périls; s'élèvent à un chiffre énorme, et qu'il a eu à supporter par suite de ces malheureuses opérations une perte de plusieurs millions;

Attendu que celui qui, comme Lehon, lève des capitaux à 5 pour cent l'an, pour les placer dans des entreprises de commerce à 6 pour cent, pendant une période de sept années, fait évidemment des actes de commerce habituels, surtout lorsque, indépendamment des intérêts, il se réserve une part dans les bénéfices;

Attendu que le mystère dont Lehon s'est entouré pour cacher au public les actes de commerce qu'il exerçait, ne saurait être un motif pour ne pas lui attribuer la qualité de commerçant; qu'un notaire, soumis à la surveillance de sa chambre, surveillance qui est sans doute exercée avec une grande sévérité, dans l'intérêt des familles et de la profession elle-même, déploie toute son habileté, pour cacher les infractions qu'il commet aux règlements de son ordre; d'où il suit que la notoriété des actes de commerce, de la part des officiers publics, ne peut exister avant la déconfiture que dans des cas exceptionnels, et ne se manifeste ordinairement qu'au moment où cette déclaration éclate;

Attendu que, si Lehon prétend que la demande en déclaration de faillite n'est pas recevable, par le motif que tous ses créanciers indistinctement n'ont contre lui que des titres civils, cette objection est sans valeur; qu'en effet la qualité de commerçant s'acquiert par la nature commerciale de l'emploi des capitaux, et non pas seulement par le caractère de l'emprunt;

Attendu que, d'après tous les faits de la cause, les pièces et documents produits, il est constant que Lehon s'est livré, depuis 1854, jusqu'au moment de sa déconfiture à une continuité d'actes de commerce qui constitue une profession habituelle;

Attendu que Lehon est en état de cessation de paiements;

Par ces motifs, le tribunal déclare Lehon en état de faillite.

## Appel.

### ARRÊT.

La Cour; — Adoptant les motifs des premiers juges; — Confirme.

## OBSERVATIONS.

La Cour de cassation a décidé, 28 mai 1828 (S., 28, 1, 269; D. P., 26, 1, 302; L., 81, 310), que le notaire qui s'adonne habituellement à des opérations de banque et de courtage peut être déclaré commerçant et mis en faillite. Conf., Renouard, t. I<sup>er</sup>, p. 234. Toutefois, il faut, pour constituer la qualité de commerçant, la pratique *habituelle* des actes de commerce; Bordeaux, 30 avril 1840 (S., 40, 2, 429).

## ART. 99.

DÉPENS. — LICITATION. — VACATION. — MÉMOIRES DE FRAIS.

1° *Le droit fixe de 25 fr. établi par l'art. 10 du tarif du 10 octobre 1841 est alloué à l'avoué co-licitant comme à l'avoué poursuivant ;*
2° *Les droits alloués par l'art. 11 ne sont dus qu'à l'avoué poursuivant, à l'exception de la remise proportionnelle à laquelle le tarif les admet à participer.*
3° *Le tarif du 10 octobre 1841 n'alloue aucun droit d'articles pour dictée des mémoires de frais.*

Jugement du tribunal de Caen, du 5 décembre 1842.

LE TRIBUNAL ; — Attendu que la licitation dont il s'agit a été intentée sous l'empire de la loi du 2 juin 1841 ; — Attendu que M<sup>e</sup> Foucher était avoué co-licitant ; — Attendu que l'art. 10 porte formellement que le droit fixe est alloué *aux avoués*, sans distinction de résidence, ce qui paraît indiquer qu'il est dû à tous les avoués dans la cause, puisque, s'il se fût agi du seul poursuivant, le tarif l'aurait indiqué;

Attendu que ce droit est alloué pour l'indemnité des peines et soins de l'avoué, à raison de la fixation de la mise à prix ou de la composition des lots ; que cette fixation et la composition de lots peuvent nécessiter des colicitants les mêmes soins et démarches que de la part de l'avoué poursuivant puisqu'ils doivent, dans l'intérêt de leurs parties, s'assurer de la juste composition des lots ainsi que de l'exactitude de la mise à prix ; qu'il est, dès-lors, conforme au texte et à l'esprit du tarif de leur allouer ce droit ;

Attendu que la vacation à l'adjudication est allouée par l'art. 11; que le paragraphe qui la comporte fait partie d'une série de droits qui ne sont évidemment alloués qu'au seul avoué poursuivant, parce qu'ils sont la rémunération des démarches faites pour l'accomplissement des formalités que lui seul fait et doit remplir; que rien, dans la rédaction de l'article, n'indique que les avoués co-licitants aient droit à des vacations à l'adjudication; que c'est seulement, dans la répétition de la remise proportionnelle, que le tarif s'occupe d'eux et les admet à y participer; que l'on doit conclure du silence qu'il garde à leur égard sur les autres émoluments, que l'intention du législateur n'est pas de les leur attribuer et qu'il entend borner la rémunération de leur concours, au partage de la moitié de la remise;

Attendu, d'ailleurs, que toutes les difficultés doivent être vidées lors de l'adjudica-

et qu'il n'y a, dès-lors, aucune nécessité, d'allouer aux co-licitants aucun droit de présence à un acte qui n'exige de leur part ni soins ni démarches;

Attendu que le tarif du 10 octobre 1841 est spécial ; qu'il ne contient aucune allocation de droit d'articles au profit des avoués pour dictée des mémoires des frais de pouruites de vente ; que, dès-lors, il ne leur est rien dû pour ces objets. — Reçoit Me Foucher opposant à la taxe dont il s'agit; ayant égard à son opposition, lui alloue le droit fixe de 25 fr. en sa qualité de co-licitant; fixe, en conséquence, le montant de son mémoire à 69 fr. 07 c.; rejette le surplus de sa demande, etc.

## OBSERVATIONS.

1º La doctrine du tribunal de Caen est conforme à l'esprit et au texte de l'art. 10 du tarif. Nous devons rappeler néanmoins que M. le garde-des-sceaux a émis une opinion contraire, dans la circulaire du 20 août 1841 (S., 42, 2, 509). « En se pénétrant de l'esprit dans lequel a été conçue l'ordonnance, dit cette circulaire, on reconnaît facilement que le droit de 25 fr., alloué par les art. 9 et 10, n'est dû qu'à l'avoué poursuivant, les autres avoués en cause ne sont pas appelés à faire, pour la fixation de la mise à prix, s'il s'agit d'une vente, ou pour l'estimation et la composition des lots, s'il s'agit d'un partage, les mêmes démarches que l'avoué chargé de provoquer la vente ou le partage. Ils ne sont pas tenus aux mêmes travaux et aux mêmes soins : ils ont seulement le droit de critiquer les bases soumises au tribunal. Lorsque la vente a lieu, les avoués co-licitants sont rémunérés des démarches qu'ils ont pu faire par la portion qui leur est attribuée dans la remise proportionnelle; et, lorsqu'il n'est pas procédé à la vente, on ne saurait, sans méconnaître l'esprit de la loi qui a voulu simplifier les formalités et réduire les dépens, leur accorder l'indemnité de 25 fr. ; »

2º Sur ce point, le tribunal de Caen est d'accord avec la circulaire précitée. « J'ai pensé, dit M. le garde-des-sceaux, qu'en cas de renvoi d'une vente d'immeubles devant notaire, l'avoué aurait droit à l'émolument alloué pour vacation à l'adjudication ; mais il est entendu que ce droit n'appartient qu'à l'avoué poursuivant. La rédaction de l'article 11 ne laisse pas de doute à cet égard, et, d'ailleurs, les actes de procédure étant indivisibles, le poursuivant a seul caractère pour les faire. »

3º Le tarif additionnel du 16 février 1807, nous semble s'appliquer à toutes les matières et régir la liquidation des dépens, quel que soit d'ailleurs le tarif qui les alloue.

# ART. 100.

ACTES NOTARIÉS. — NOTAIRE EN SECOND. — TÉMOINS INTRUMENTAIRES.
— PRESENCE REELLE.

## PROJET DE LOI.

### CHAMBRE DES PAIRS.

Nous avons publié (art. 22 et 70) l'exposé des motifs présenté par M. le garde-des-sceaux à la chambre des députés le rapport et la discussion à la même chambre du projet de loi sur la forme des actes notariés; nous donnons aujourd'hui l'exposé des motifs présenté à la chambre des pairs (séance du 30 mars), par M. le garde-des-sceaux.

*Exposé des motifs et projet de loi sur la forme des actes notariés, par M. le garde-des-sceaux, ministre de la justice et des cultes.*

Messieurs, nous avons l'honneur de vous présenter un projet de loi sur la forme des actes notariés.

Il contient deux dispositions principales :

L'une intep[r]ète les art. 9 et 58 de la loi du 25 ventôse an XI ;

L'autre, modifiant ces articles, impose à certains actes des formes plus solennelles que celles prescrites par la loi.

L'art. 9 est ainsi conçu : Les actes seront reçus par deux notaires, ou par un notaire assisté de deux témoins. » L'art. 68 veut que cette disposition soit observée, à peine de nullité.

L'usage constant du notariat a toujours entendu ces dispositions en ce sens que le notaire en second et les témoins instrumentaires ne devaient pas assister à la réception de l'acte, et qu'il suffisait qu'il fût signé par eux.

Pendant plusieurs années, la jurisprudence de la cour de cassation avait consacré cet usage.

Cette jurisprudence a changé, et la Cour régulatrice décide maintenant que l'acte passé hors de la présence du second notaire ou des témoins doit être annulé.

Si ce changement de jurisprudence n'avait eu pour résultat immédiat de jeter la perturbation dans le notariat et d'inquiéter les intérêts les plus graves, le gouvernement aurait laissé à l'interprétation doctrinale le soin de fixer définitivement le sens de la loi.

Mais, en présence d'arrêts qui rendent douteuse la validité de presque toutes les transactions passées depuis longues années, le gouvernement a dû examiner si l'art. 9 avait été bien interprété par la jurisprudence.

Après l'examen le plus sérieux, il est resté convaincu que cet article n'avait pas été inérprété conformément à l'intention de son auteur.

Nous vous proposons d'en déclarer le véritable sens.

Le législateur a eu, dans tous les temps, le droit de fixer et de proclamer le sens d'une loi douteuse, et de faire disparaître l'obscurité qui la couvre. Aucune disposition ne lui enlève cette faculté. La loi du 1<sup>er</sup> avril 1857 ne la donne point à la Cour de cassation, elle veut qu'après deux arrêts de cassation, la Cour royale, saisie du fait, statue conformément à la doctrine adoptée par ces arrêts, mais seulement sur la cause qui lui est soumise.

La Cour royale a la liberté de juger autrement la même question, quand elle se présente dans une autre affaire; la Cour de cassation, elle-même, n'est point renfermée dans sa jurisprudence et peut toujours la changer.

La loi de 1857 a abrogé celle du 50 juillet 1828, aux termes de laquelle les Cours royales terminaient les procès en fait et en droit. Cette dernière loi disposait que, quand un de leurs arrêts, qui ne pouvait plus être attaqué devant la Cour de cassation, avait décidé la question de droit contre l'opinion de cette cour, une loi interprétative serait présentée aux chambres. Doit-on conclure de l'abrogation de cette disposition par la loi de 1857, qu'elle a enlevé au législateur le droit d'interpréter? Evidemment non; elle a voulu seulement qu'il ne fût pas forcé de l'exercer dans des cas déterminés, et que les hésitations de la jurisprudence ne missent pas continuellement en jeu le pouvoir législatif.

Tel est le motif de cette abrogation. Dailleurs, une loi spéciale n'aurait pu enlever au législateur un droit qu'il puise à la même source que celui de faire la loi.

Il lui appartient d'expliquer ce qu'il a édicté; en vain dirait-on que l'auteur de la loi de l'an XI n'existe plus; le législateur ne meurt pas; par une fiction nécessaire, il est toujours présent, et son œuvre se continue sans cesse.

Il convient, nous le reconnaissons, de laisser, dans la plupart des cas, à l'interprétation doctrinale le soin de déterminer le sens de la loi.

Cependant, on ne peut hésiter, lorsque l'incertitude de la jurisprudence, l'obscurité de la loi, causent de graves perturbations dans la société.

Est-il un cas où l'hésitation pourrait être moins permise? La variété de la jurisprudence laisse en suspens les droits les plus importants. Les transactions de la vie ordinaire, celles qui ont constitué la famille, assis le crédit, assuré les bienfaits de l'affection, sont en péril; et le législateur n'irait pas demander à la loi si véritablement elle a une signification, longtemps méconnue, qui, constatée par la jurisprudence, rétroagit sur le passé et le trouble.

On a dit qu'il fallait attendre que la Cour de cassation eût statué, toutes les chambres réunies. Mais la continuation des incertitudes des tribunaux éveillerait la mauvaise foi, et multiplierait les procès; les droits seraient créés, et il faudrait les respecter, encore qu'une loi interprétative vînt déclarer plus tard qu'ils reposaient sur une erreur.

Enfin, après avoir nié l'opportunité de la loi, on lui a opposé une espèce de fin de non-recevoir législative. On ne peut interpréter, a-t-on dit, que ce qui est obscur. Or, les termes de l'art. 9 sont clairs; ils ne peuvent être soumis à une interprétation. Cela équivaut à soutenir que le sens adopté par la jurisprudence est le véritable; c'est repousser la loi, non parce qu'elle peut être portée, mais parce qu'elle explique mal les dispositions du législateur de l'an XI.

Il y a en outre là une erreur : c'est de croire que, pour qu'une loi soit obscure, il faut absolument que le texte paraisse l'être. C'est l'esprit de la loi surtout qu'il faut rechercher , et, si la lettre sert à le faire comprendre, les précédents, l'usage constant qui l'a commentée, sont des moyens sûrs d'interprétation.

Pour connaître le sens précis de la loi du 25 ventôse an XI, il faut interroger le passé.

Avant 1789, la présence du notaire en second n'était pas nécessaire, lors de la passation de l'acte; il en était de même pour les témoins instrumentaires.

Il est certain que, dans l'origine du Notariat, les actes étaient reçus par deux notaires ou en présence des témoins. Alors, ces officiers publics, simples certificateurs des volontés des parties, offraient assez peu de garanties pour qu'on exigeât une double responsabilité. L'institution grandit, les notaires devinrent de véritables fonctionnaires publics, la confiance augmenta, les parties ne voulurent plus que le secret de leurs affaires fût confié à un autre notaire que celui qui toujours avait été leur conseil.

En 1679, le Châtelet homologua les statuts des notaires de Paris, qui consacraient l'usage que le notaire en second ne fût pas présent aux actes qu'il se bornait à signer.

Deux édits de Louis XIV, l'un d'octobre 1691, l'autre de septembre 1706, autorisèrent cette pratique à Paris et à Lyon.

L'usage s'étendit aux témoins instrumentaires, il devint général. Les arrêts de la justice ne le réprouvèrent pas; il était conforme à la tradition, aux édits de nos rois. Les choses étaient en cet état, quand l'assemblée constituante s'occupa de régler le Notariat. Cette assemblée était novatrice, et les traditions du passé la préoccupaient peu : changea-t-elle cependant ce qui existait? blâma-t-elle l'usage général? Non, elle le consacra. L'art 4 de la loi du 6 octobre 1791 décida, que, jusqu'à la confection du Code civil, les actes des notaires publics seraient reçus dans chaque lieu, suivant les anciennes formes.

En 1803, un gouvernement qui cherchait avant tout à consolider la société, et qui comprenait qu'un des moyens d'arriver à ce but était de la rattacher au passé, reconstitua le Notariat. Le législateur était en présence d'un usage qu'avait maintenu la loi de 1791 : va-t-il l'abolir?

S'il veut l'abolir, le texte de la loi contiendra une innovation évidente et condamnera en termes formels une habitude qu'il faut détruire. L'art. 972 du Code civil était déjà rédigé, et il en résultait clairement que, pour les testaments, la présence des deux notaires, des témoins à la réception de l'acte, était nécessaire; une rédaction ayant une même signification aurait dû être adoptée.

Le tribunat hésita sur la question; il voulut d'abord proscrire l'usage, et il fit l'observation suivante :

« La loi veut sans doute que, toutes les fois qu'un acte est reçu par deux notaires, l'un et l'autre y concourent, et que le second ne se permette pas de signer dans une étude un acte fait hors sa présence, qu'il n'a pas même entendu lire aux parties intéressées.

« La section pense que l'intention de la loi serait plus fortement et plus clairement exprimée par l'addition du mot *conjointement*. En conséquence, l'art. 9 commencerait ainsi : Les actes seront reçus par deux notaires conjointement. »

Cette expression *conjointement*, introduite dans la loi, aurait, en effet, tranché la question; elle aurait changé l'usage.

Qu'arrivera-t-il? Par suite de la discussion qui intervint dans une conférence entre les sections du tribunat et du conseil d'État, l'expression *conjointement* disparut de la rédaction.

M. Locré, alors secrétaire général du conseil, a fait connaître les motifs qui ont déterminé le retrait de l'amendement :

« L'amendement proposé par le tribunat, sur l'art. 9 de la loi du 25 ventôse an XI, n'a pas même été présenté au conseil d'État; il est du nombre de ceux que la section n'a pas hésité à abandonner, dans la conférence qui s'est engagée entre elle et la section du conseil; on a reconnu, de part et d'autre, que la présence actuelle de deux notaires était chose impraticable, pour cette multitude d'actes qui se font journellement, surtout à Paris, et deviendrait très-dispendieuse pour les parties; il aurait fallu, par exemple, que, pour la procuration la moins importante, un notaire se déplaçât; et ce même déplacement se serait répété plusieurs fois dans la journée »

Ces explications de M. Locré se trouvent confirmées par les termes mêmes dont s'est servi M. Réal, conseiller d'État, lorsqu'il exposait au corps législatif les motifs de la loi :

« La section 2, disait-il, traite des actes des notaires, de leur forme, des minutes, grosses, expéditions, répertoires; cette partie du titre 1er ne contient pas de *dispositions nouvelles*.

Ainsi, un usage constant avait régi le Notariat.

Il n'y est rien innové par la loi de l'an XI.

Elle adopte et confirme le passé.

Pendant les vingt années qui l'ont suivie, elle a été constamment entendue dans le même sens. On a toujours compris que cette expression : *les actes seront reçus par deux notaires*, etc., ne définissant pas avec précision la manière dont ils devraient être passés, avait laissé subsister l'usage, qui entendait la loi dans ce sens, qu'un acte était *reçu* par deux notaires, quand l'un d'eux l'avait préparé, rédigé, lu aux parties, et qu'il était signé par l'autre.

La loi interprétative que nous vous proposons proclamera le sens de l'art. 9, comme il a été entendu par l'usage, qui, d'après tous les jurisconsultes, est le meilleur commentateur, le plus sage interprète des lois. Elle couvrira le passé, elle assurera la validité des actes reçus depuis trente ans. Les familles lui devront leur sécurité, et les officiers publics seront soustraits aux dangers d'une responsabilité immense.

Ici se présente le reproche de rétroactivité.

On accuse le projet d'être entaché d'un vice qui doit le faire repousser. L'empire du législateur ne peut s'étendre sur le passé, l'avenir seul lui appartient. Il ne lui est pas permis de rétroagir.

Les jurisconsultes de tous les temps ont reconnu que la loi interprétative s'incorporait avec la loi interprétée, qu'elle s'unissait avec elle, qu'elle datait de la même époque. En effet, elle ne pose aucun principe nouveau, elle ne commande aucune obligation nouvelle; elle déclare seulement ce qu'à voulu dire le législateur.

Les dispositions rétroactives sont celles qui, posant des règles pour le présent, veulent que ces règles soient respectées dans le passé, et qui, ne s'identifiant avec aucune disposition antérieure, régissent des transactions accomplies sous une autre législation.

La loi interprétative n'est que l'ancienne loi expliquée. C'est pourquoi, souvent, on l'a appelée *déclarative* et *confirmative*. Son but est de rassurer le passé et d'affermir les contrats. Seulement elle ne porte pas atteinte à la chose jugée, et respecte les droits nés de la fausse interprétation de la loi qu'elle explique.

L'art. 1er du projet de loi est ainsi conçu :

« Les actes notariés, passés depuis la promulgation de la loi du 25 ventôse an XI, ne peuvent être annulés par le motif que le notaire en second ou les deux témoins instrumentaires n'auraient pas été présents à la réception desdits actes. »

Nous venons de justifier les dispositions que contient ce premier article.

Mais le projet ne s'arrête pas là. Il modifie les dispositions de l'art. 9 qu'il a interprété.

Devait-il innover et changer le système adopté par la loi de l'an XI ?

De bons esprits ont pensé que des signatures données après la passation de l'acte n'offraient pas une sérieuse garantie, et qu'il valait mieux, adoptant une opinion tranchée, ou exiger la présence réelle de tous ceux qui concourent à l'acte, ou suivre la foi d'un seul notaire.

Le gouvernement n'a pas partagé cet avis.

D'abord, l'expérience démontre que la présence réelle du notaire en second, ou des témoins instrumentaires, à la réception des actes, répugnent aux parties qui veulent conserver le secret de leur transaction, et que, dans la pratique, il est impossible de l'exiger. Ce premier parti ne peut donc être adopté.

Mais fallait-il décider que les actes notariés seraient reçus par un seul notaire !

Cette disposition nouvelle ne serait pas vue avec faveur. Aucune des garanties portées par la loi de l'an XI ne peut être diminuée, sans éveiller des inquiétudes.

On ne doit pas croire que la signature du notaire en second ou des témoins soit une formalité inutile. La faculté de contrôle leur appartient; sans doute, dans la pratique ordinaire, les signatures sont données de confiance; mais, si un officier public n'a plus l'estime de ses confrères, si l'acte lui même paraît suspect, la signature est refusée.

Cette signature est d'ailleure utile, parce qu'elle permet la révision matérielle de l'acte et rend plus difficiles les faux qui peuvent être commis.

Enfin, l'usage a consacré, aussi bien que la loi, cet état de choses. Il est entré dans les mœurs, et, quand il s'agit de régler la forme des transactions, il ne faut pas changer ce qui toujours a été pratiqué, ce qui a toujours été considéré comme une garantie réelle.

Cependant le gouvernement a cru que certains contrats devaient, à cause de leur nature, être entourés de plus de solennité. Il a pensé qu'il serait convenable d'exiger la présence réelle de deux notaires, d'un notaire et de deux témoins, à la réception : 1° des actes contenant donation entre-vifs, donation entre époux pendant le mariage, révocation de donations ou de testaments, reconnaissance d'enfants naturels; 2° des procurations pour consentir ces divers actes. C'est la disposition principale de l'art. 2 du projet de loi.

Ces contrats n'ont, sans doute, pas plus d'importance que les autres actes notariés quant aux résultats; mais c'est leur nature qui semble commander de les entourer de plus de garanties.

Quand il s'agit d'une donation entre-vifs, d'une donation entre époux, il est bon que la volonté du donateur soit constatée aussi bien que possible , qu'elle se manifeste, non-seulement devant le notaire qui a été le confident de son vœu, souvent de ses hésitations, mais qu'elle soit exposée devant un autre officier public, devant des témoins dont la présence rappellera au donateur la gravité de la stipulation.

En outre , la plupart des donations entre-vifs sont faites sous réserve d'usufruit; les dispositions qu'elles contiennent ne se révèlent qu'à la mort du donateur, alors qu'il ne peut plus en contrôler la sincérité.

La révocation de la donation sera faite dans la même forme que la donation elle-même.

Quant aux révocations de testaments , on a longtemps soutenu que, participant de la nature des actes de dernière volonté, elles devaient être entourées des mêmes formes, et que la présence réelle des deux notaires et des témoins était nécessaire à leur validité.

Il y a, en réalité, le même motif de décider pour les révocations de testaments que pour les testaments eux-mêmes, et cette disposition satisfera un vœu émis par les jurisconsultes.

La reconnaissance des enfants naturels est un acte très-sérieux qui peut être surpris à la faiblesse, qui confère des droits à la succession de celui qui le consent, et lui crée à lui-même de graves obligations.

Ce qui a été déterminé pour les actes ci-dessus , il fallait évidemment l'appliquer aux procurations données à l'effet d'arriver à leur confection.

L'art. 2 comprend encore deux autres dispositions importantes.

La première définit ce qu'on entend par la présence des deux notaires, ou du notaire et des témoins.

La loi n'exige pas qu'ils assistent à la rédaction de l'acte, aux discussions qui le précèdent et le préparent ; ils doivent seulement être présents au moment de la lecture , avant la signature des parties, lorsque enfin l'acte se formule. Là, leur intervention est utile, nécessaire : si l'on allait plus loin, elle gênerait la volonté des contractants, elle leur imposerait des conseils dont ils pourraient ne pas vouloir et leur causerait une gêne inutile.

La seconde disposition veut que la présence des deux notaires , ou du notaire et des témoins, soit mentionnée à peine de nullité. Cette sanction était nécessaire pour protéger l'exécution de la loi.

Les autres actes continueront à être régis par l'art. 9 de la loi du 25 ventôse an XI , tel qu'il est expliqué par le projet de loi. Ce sont les termes de l'art. 5.

Enfin l'art. 4 décide qu'il n'est rien innové aux dispositions du Code civil sur la forme des testaments. Cet article doit être entendu dans ce sens, que tous les actes dont la forme n'est pas réglée par la loi du 25 ventôse an XI, continueront à être reçus comme ils le sont aujourd'hui, en vertu des lois qui les régissent.

En nous résumant, telle est l'économie de la loi importante que nous venons vous soumettre.

Elle interprète l'art. 9 de la loi du 25 ventôse an XI , dans le sens d'un usage constamment adopté : elle protége les transactions intervenues depuis la promulgation de cette loi.

Voilà pour le passé.

Pour l'avenir, elle veut que certains actes soient reçus conjointement par deux notaires, ou par un notaire et deux témoins.

Quant aux autres actes, ils seront régis, conformément à la loi du 25 ventôse an XI.

Ce projet de loi, qui touche aux intérêts les plus précieux de la société , mérite toute l'attention de la chambre des pairs. Le gouvernement ne doute pas que, partageant sa sollicitude, elle ne calme, en l'adoptant, des inquiétudes très-vives, qui, se répandant davantage, nuiraient a la sécurité du pays.

Suit le projet de loi tel qu'il a été adopté par la chambre des députés (*Répert.*, art. 70, p. 163 ).

## ART. 101.

OFFICE. — CESSION. — SUPPLÉMENT DE PRIX. — IMPUTATION.

*La stipulation d'un supplément de prix, en dehors de celui porté au contrat de vente d'un office, constitue une obligation naturelle dont l'exécution ne peut donner lieu à restitution. — Il n'y a même pas lieu d'imputer le paiement du supplément de prix sur le prix porté au traité public.*

Arrêt de la Cour de cassation, chambre des requêtes, du 23 août 1842.

Le sieur Peaucellier à cédé au sieur Gellée son office de commissaire-priseur à Beauvais. Le traité ostensible portait le prix de 27,000 fr. — Mais un supplément de prix de 18,000 fr. fut convenu entre les parties, et un billet de cette somme fut remis par le sieur Gellée, entre les mains du sieur Peaucellier, et acquitté intégralement. Le sieur Gellée paya en outre une somme de 2,000 fr., à-compte du prix porté au traité public.

Après le décès du sieur Gellée, le sieur Paucellier poursuivit le paiement des 25,000 fr. dont il était encore créancier. La dame Gellée opposa la nullité de la convention secrète, et soutint que les 18,000 fr. payés devaient être imputés sur les 25,000 fr. qui restaient dus.

4 février 1840, jugement du tribunal de Beauvais, qui admet les conclusions de la dame Gellée.

Appel ; et le 12 juin 1840, arrêt infirmatif de la Cour royale d'Amiens, qui déclare que la convention secrète ayant été volontairement exécutée, elle ne peut donner lieu à répétition.

Pourvoi par la dame Gellée, pour violation des art. 1131 et 1133 du Code civil, et fausse application de l'art. 1285, § 2, du même Code, en ce que la Cour royale ne pouvait valider une convention contraire à l'ordre public, sous prétexte qu'elle avait été volontairement exécutée.

### ARRÊT.

La Cour ; — Attendu que l'arrêt attaqué déclare, en fait, que le titre par lequel les auteurs des demandeurs en cassation, avaient librement consenti d'ajouter 18,000 francs au prix du traité ostensible, avait été volontairement exécuté et retiré après paiement, de telle sorte que l'imputation faite par les parties, et leurs volontés pour l'extinction de ce titre particulier, ne peuvent être douteuses; d'où suit que l'arrêt attaqué a fait à la cause une juste application des lois de la matière et n'a violé aucune loi.

## OBSERVATIONS.

Aux autorités que nous avons citées sur cette question (art. 61 et 81), il faut ajouter un arrêt de la Cour de cassation, du 7 juillet 1841 (S., 41, 1, 694), qui décide que la caution qui s'est obligée au paiement du prix d'un office, tel qu'il est fixé dans le traité ostensible, ne peut critiquer le paiement d'un supplément de prix porté dans une convention secrète qu'il a connue et approuvée, et un arrêt de la Cour de Toulouse, du 22 février 1840 (S., 40, 2, 126) qui décide que la somme payée à valoir sur le prix secret, ne peut être imputée sur le prix officiel.

## ART. 102.

1° DONATION ENTRE ÉPOUX. — MINEUR. — CAPACITÉ.
2° NOTAIRE. — RESPONSABILITÉ.

1° *Est nulle la donation, même à cause de mort, faite pendant le mariage, par un époux mineur à son conjoint.*
2° *Le notaire qui a reçu une semblable donation est responsable des suites de l'annulation de cet acte.*

Arrêt de la Cour de cassation, chambre des requêtes, du 12 avril 1843.

La Cour ; — *Sur la première branche du premier moyen* : Attendu, en droit, que l'art. 904 du Code civil, en déclarant, en termes précis, que le mineur, parvenu à l'âge de seize ans, ne pourra disposer que par testament, est exclusif, pour le cas qu'il prévoit, de tout autre mode de disposer; — Que s'il était vrai que les donations faites entre époux pendant le mariage forment une classe particulière et participent, sous quelques rapports, de la nature des donations testamentaires, principalement par le caractère de révocabilité qui est commun aux uns et aux autres, on ne saurait cependant les ramener à une assimilation parfaite; qu'il existe entre ces deux modes de disposer, non-seulement quant à leur forme et leurs conditions d'existence, mais encore quant aux conséquences légales qui s'y

233

rattachent, des différences assez significatives et assez profondes, pour qu'il ne soit permis ni de les confondre, ni de les substituer indifféremment les uns aux autres; — Que le testament, œuvre d'une volonté unique et indépendante, dont tous les effets sont ajournés à l'époque du décès de son auteur, ne peut être régulièrement assimilé à la donation faite pendant le mariage entre époux, laquelle, tout en perdant un des caractères essentiels des donations, l'irrévocabilité, n'en conserve pas moins sa nature de contrat soumis, quant à sa validité, au concours et à l'expression de la volonté du conjoint donataire, et produisent, bien que *sub conditione*, l'effet actuel du dessaisissement de la part du donateur au profit du donataire; — Que, par suite, ce dernier reste dispensé de toute demande en délivrance, et n'est exposé à l'atteinte de l'action en réduction qu'après que d'abord celle-ci s'est exercée sur les dispositions purement testamentaires ; d'où il suit, sous ce premier rapport, qu'en décidant que le mineur âgé de plus de seize ans, est habile à disposer au profit de son conjoint sous la forme d'une donation entre-vifs, l'arrêt attaqué a fait une juste application de la loi.

*Sur la deuxième branche du premier moyen :* Attendu que l'art. 904, inscrit dans le chapitre du Code civil, qui a pour objet de régler la capacité de disposer ou de recevoir par donation entre-vifs ou par testament, échappe, par la généralité de sa prescription, à la supposition qu'il ne s'appliquerait pas aux dispositions que peuvent se faire les époux au profit l'un de l'autre; que si l'art. 903, après avoir refusé au mineur de seize ans, toute faculté de disposer, le relève de cette incapacité, par une exception de faveur portée au chap. 9 du même titre, cette exception se rattache uniquement aux donations que se peuvent faire les époux mineurs, par contrat de mariage et sous les conditions réglées par les dispositions de l'art. 1095; que cet article contient ainsi la seule dérogation qui ait été faite aux prescriptions générales de l'art. 905; que, ni les termes de l'art. 1094, ni ceux de l'art. 1096, sainement entendus, ne peuvent conduire à une autre conséquence, non plus que ceux de l'art. 1097 qui, en autorisant implicitement les dons mutuels entre époux, sous la condition qu'ils ne seront pas faits par un seul et même acte, n'a pu entendre, à l'occasion de ces dispositions, affranchir les époux des conditions générales de capacité qui leur sont imposées; qu'ainsi l'arrêt attaqué, en déclarant nulle, dans l'espèce, la donation faite entre-vifs pendant le mariage par une femme mineure au profit de son mari, n'a pu, sous ce nouveau rapport, contrevenir aux divers textes de loi invoqués par le demandeur;

*Sur le deuxième moyen :* Attendu que l'arrêt attaqué, en décidant en droit que les notaires sont tenus de connaître la forme dans laquelle doivent être rédigés les divers actes auxquels ils sont appelés à conférer le caractère de l'authenticité, et que leur responsabilité est engagée par suite de l'annulation de ces actes, a fait une juste interprétation de la loi; — Attendu qu'après avoir déclaré en fait qu'il y avait, dans l'espèce, faute et imprudence du notaire B...., le Cour royale n'a fait qu'user du pouvoir discrétionnaire et souverain qui lui est attribué, en appréciant et en déterminant la quotité des dommages-intérêts encourus par le notaire à titre de réparation du préjudice par lui causé ; — Rejette.

## OBSERVATIONS.

1° Rousseau de Lacombe, v° *Age*, n° 6, rapporte un arrêt du Parlement de Paris, du 26 février 1610, qui déclare valable une donation entre-vifs, faite à son conjoint par un époux mineur. Delvincourt, t. II, p. 407; et Vazeilles, sur l'art. 904, n° 2, embrassent ce système. — Toutefois, Duranton, t. VIII, n° 184, après quelques hésitations, incline de préférence à l'opinion consacrée par l'arrêt que nous rapportons aujourd'hui, et M. Grenier, *des Donations*, t. II, n° 461, déclare qu'il est au moins prudent de se tenir à la règle de l'art. 904 du Code civil; Toullier professe la même doctrine, t. V, n° 925; en ce sens un arrêt de la Cour de Paris, du 10 novembre 1820 (S., 24, 2, 351);

2° On peut, peut-être jusqu'à un certain point, déclarer un notaire responsable lorsqu'il omet de mentionner, quand il y a lieu, l'acceptation par le donataire; Cour de cassation, du 27 mars 1839 (S., 39, 1, 269; D. P., 39, 1, 112; L., 39, 1, 336); ou bien la lecture au testateur du testament plus tard annulé; Grenoble, du 13 juillet 1831 (S., 32, 2, 299; D. P., 32, 2, 32); mais, dans l'espèce, le notaire ne pouvait être tenu d'une nullité qui n'était pas absolument de son fait, et cela par plusieurs motifs : 1° nul n'est censé ignorer la loi, dès-lors, les parties devaient connaître la nullité de la donation dont il s'agit; elles ont donc participé à la faute commise par le notaire; en supposant qu'il y ait eu faute, elles étaient irrecevables à s'en plaindre; Bourges, du 28 août 1832 (S., 34, 2, 38; D. P., 34, 2, 74; C. cass., du 4 avril 1831 (S., 31, 1, 422. 2° Il s'agissait d'un point de droit sur lequel les meilleurs auteurs ne sont pas même d'accord, l'opinion du notaire ne pouvait donc pas lui être reprochée, c'est ce qui a été décidé par de nombreux arrêts, et récemment par les Cours d'Agen, 16 août 1836 (S., 37, 2, 278; D. P., 38, 2, 161); Lyon, 18 janvier 1832 (S., 32, 2, 263; D. P., 32, 2, 179); Metz, 30 avril 1833 (S., 33, 2, 549; D. P., 33, 2, 217). 3° La loi n'oblige les notaires qu'à prendre des précautions pour s'assurer de l'*individualité* des parties contractantes (L., du 25 ventôse an XI, art. 11). Leur ministère serait impossible, si on les astreignait à s'assurer de *la capacité* des parties; Alger, du 17 Avril 1833 (S., 33, 2, 620; D. P., 34, 2, 16).

## ART. 103.

ALGÉRIE. — IMPÔT. — TIMBRE.

Ordonnance du 2 mars 1843.

Le délai fixé par notre ordonnance du 10 janvier dernier (1) pour la mise à exécution, en Algérie, des lois, décrets et ordonnances qui régissent en France, l'impôt et les droits de timbre, est reporté au 1er juillet de l'année courante.

-----

(1) *Repert.*, art. 62.

# ART. 104.

### SAISIE-IMMOBILIÈRE. — DISTRACTION. — DÉLAI.

*La partie saisie qui s'oppose aux poursuites aux fins de les faire déclarer nulles et de nul effet, comme ayant été exercées contre elle, sans droit et sur des immeubles qui lui appartiennent en propre, doit former sa demande, sous peine de déchéance, trois jours, au plus tard, avant la publication du cahier des charges, ou tout au moins trois jours, au plus tard, avant l'adjudication.*

**Arrêt de la Cour de Bastia, du 18 janvier 1843.**

Le sieur Oneto a fait procéder à une saisie-immobilière sur la veuve Vincenti et sa fille, la demoiselle Caroline, en sa qualité d'héritière de son père. — Le jugement de condamnation avait été obtenu pendant la minorité de la demoiselle Caroline, devenue majeure à l'époque de la saisie.

La publication du cahier des charges eut lieu le 26 août 1842; le 22 octobre il fut procédé à l'adjudication d'un lot des biens saisis, et l'adjudication des autres immeubles avait été fixée au 17 décembre de la même année, lorsque, par acte du 14 décembre, la demoiselle Caroline Vincenti fit signifier une opposition à la saisie, comme ayant été exercée contre elle sans droit, et sur des biens à elle appartenant en propre. Le sieur Oneto a excipé de la tardiveté de la demande. Le tribunal a accueilli les conclusions de ce dernier. — Appel.

### ARRÊT.

La Cour ; — Attendu qu'aux termes de l'art. 725 de la loi du 2 juin 1841, la demande en distraction de tout ou partie des objets saisis est celle formée par des tiers, puisque la demande doit être dirigée à la fois contre le saisissant et contre la partie saisie;

Attendu que l'appelante figure comme partie saisie dans les poursuites en expropriation forcée dont il s'agit ; — Qu'en s'opposant aux dites poursuites aux fins de les faire déclarer nulles et de nul effet, comme ayant été exercées contre elle, sans droit et sur des immeubles qui lui appartiennent en propre, elle n'a fait que proposer des moyens de nullité du fond contre la procédure en expropriation ; que l'art. 728 de la susdite loi veut que lesdits moyens soient proposés, sous peine de déchéance, trois jours au plus tard avant la publication du cahier des charges, et s'il s'agit de nullités contre la procédure postérieure à ladite publication, trois jours au plus tard avant l'adjudication ;

Attendu que la publication du cahier des charges a eu lieu le 26 août 1842 ; que, sous la date du 22 octobre suivant, il a été procédé à l'adjudication d'un lot des biens saisis ; que l'adjudication des immeubles avait été fixée au 17 décembre de la même année ; que ce n'est que le 14 dudit mois de décembre que l'appelante a fait signifier son opposition à la saisie, et par conséquent postérieurement aux délais portés, sous·peine de déchéance, par les art. 728 et 729 de la loi du 2 juin 1841 ;

Attendu aussi que l'appelante était devenue majeure avant même la publication du cahier des charges, et qu'elle doit s'imputer de ne pas avoir fait valoir en temps utile ses prétendus droits et moyens ;

Adoptant au surplus les motifs des premiers juges ; — CONFIRME.

## ART. 105.

1° ENREGISTREMENT. — CRÉDIT (ACTE D'OUVERTURE DE). — RÉALISATION.
2° ENREGISTREMENT. — REFUS DU RECEVEUR.
3° ENREGISTREMENT. — REFUS. — SOMMATION. — ASSIGNATION A·BREF DÉLAI.

1" *L'acte d'ouverture du crédit qui porte qu'un compte-courant, existant déjà entre les parties, sera balancé et que le solde, s'il est à l'avantage du créditeur, sera porté à son avoir et imputé sur le montant du crédit soumet les parties à la déclaration de la somme formant ce solde et sur laquelle doit être perçu le droit proportionnel d'obligation.*

2° *A défaut de cette déclaration, le receveur doit percevoir le droit proportionnel sur le montant du crédit sans pouvoir néanmoins refuser d'enregistrer l'acte d'ouverture de crédit.*

3° *Si le receveur refuse d'enregistrer l'acte, le notaire peut, après une sommation demeurée infructueuse, assigner la Régie à bref délai, en vertu d'une ordonnance du président du tribunal.*

**Jugement du tribunal de Reims, du 25 novembre 1842.**

Par acte notarié, du 3 novembre 1842, le sieur Senart, négociant à Reims, a ouvert, au profit du sieur Chardron, un crédit de 15,000 fr. en marchandises, pour sûreté duquel une hypothèque spéciale fut consentie. Entre autres clauses, l'acte portait ce qui suit : « Attendu qu'il « existe déjà un compte-courant entre le sieur Senart et le sieur Char- « dron, ce compte sera balancé à ce jour, et le solde, s'il est à l'avan- « tage du sieur Senart, sera porté à son avoir, au compte qui doit être « ouvert en vertu des présentes, et s'imputera, par conséquent, à con- « currence des 15,000 fr., montant du crédit. »

Lors de l'enregistrement de cet acte, le receveur a demandé, en vertu de l'art. 16 de la loi du 22 frim. an VII, une déclaration des parties, de la somme formant le solde du compte-courant, antérieur à celui qui était ouvert par l'acte du 3 novembre 1842 ; ce solde constituant, d'après le receveur, une obligation actuelle, passible du droit proportionnel. Sur le refus du notaire, de fournir cette déclaration, le receveur a refusé d'enregistrer.

Le jour de l'expiration du délai, sommation a été faite au receveur, d'enregistrer, avec offre de payer le droit fixe de 1 franc, et sur le refus persistant de ce dernier, assignation contre la Régie, à bref délai, en vertu d'une ordonnance du président.

La Régie a opposé la nullité de l'assignation pour vices de forme et elle a demandé au fond le paiement tant du droit proportionnel présumé exigible que de l'amende pour défaut d'enregistrement.

### JUGEMENT.

Attendu, en la forme, que la loi du 22 frimaire an VII, n'indiquant aucun mode de procédure pour les actions à intenter contre un receveur qui refuse d'enregistrer un acte, M<sup>e</sup> Lucas a dû suivre les formes indiquées par le Code de procédure civile ;

Attendu, d'ailleurs, que l'affaire était urgente ;

Attendu, au fond, que l'acte du 5 novembre portant qu'il existait entre les parties un compte-courant qui serait balancé, et dont le solde, s'il était en faveur du sieur Senart, viendrait en déduction des 15,000 fr., dont celui-ci créditait les époux Chardron, le receveur Illaire a pu demander au notaire Lucas une déclaration des parties sur ce point, afin de connaître le droit qu'il aurait à percevoir pour le cas d'un solde en faveur du sieur Senart.

Mais attendu que, si les termes de l'acte du 5 novembre lui donnaient le droit de demander cette déclaration, il ne pouvait pas subordonner l'enregistrement de cet acte à la production préalable d'icelle; que, seulement, en l'absence de cette pièce, il devait percevoir le droit proportionnel sur la totalité de 15,000 fr. de crédit en marchandises que déclarait ouvrir le sieur Senart, comme si ce crédit eût été dès-lors réalisé et entièrement épuisé;

Attendu, cependant, que le 14 novembre., jour où cette erreur pouvait encore être réparée, puisque les dix jours n'étaient pas expirés, M<sup>e</sup> Lucas, tout en sommant le receveur d'enregistrer à l'instant la minute qu'il lui présentait de nouveau, n'a offert pour tout droit que 1 fr. 10 cent., offre dont l'insuffisance rendait l'enregistrement impossible.

Attendu, conséquemment, que c'est de M<sup>e</sup> Lucas qu'est, en définitive, émané le fait qui a rendu ou qui, du moins, devait rendre impossible l'enregistrement demandé;

Attendu, enfin, que, dans son assignation du 18 novembre, persistant dans son système, il conclut toujours à ce que le receveur soit condamné à enregistrer l'acte au droit fixe de 1 franc 10 c., en l'absence même de la déclaration demandée ;

Par ces motifs, le Tribunal déclare régulière la procédure suivie par M<sup>e</sup> Lucas, et au fond le déboute de sa demande; déclare n'y avoir rien à statuer sur son opposition à la contrainte du 22 novembre, cette opposition n'ayant été ni faite dans les formes voulues, ni suivie de l'assignation que prescrit la loi, et le condamne aux dépens.

## OBSERVATIONS.

1° L'acte de crédit, même avec stipulation d'une garantie actuelle et d'une hypothèque pour sûreté du crédit, ne constitue qu'une obligation conditionnelle et ne donne lieu au paiement du droit proportionnel d'enregistrement qu'au fur et à mesure que des sommes sont réellement fournies (Cass., du 9 mai 1832 S., 32, 1, 370 ; D. P., 32, 1, 348). Dans l'espèce, le receveur voulait percevoir le droit, non sur l'acte de crédit, mais sur le solde du crédit antérieur. Cette prétention aurait dû être repoussée, par le motif que les parties ne déclaraient pas d'une manière positive que de ce crédit il dût nécessairement résulter un solde, et qu'elles ne traitaient que pour le cas où le solde serait à l'avantage du sieur Senart. C'est donc là une condition dont l'accomplissement pouvait seul donner ouverture au droit proportionnel.

2° Nous ne pouvons admettre que le receveur dût percevoir, à défaut de la déclaration de la valeur présumée du solde, le droit proportionnel sur la totalité du crédit : au lieu de percevoir ce droit illégal, le receveur devait refuser l'enregistrement, sauf, bien entendu, le recours des parties contre l'Administration, pour le préjudice que ce refus pouvait leur occasioner.

3° La troisième question est neuve, nous la recommandons à l'attention de nos abonnés.

## ART. 106.

### ACQUIESCEMENT. — JUGEMENT VOLONTAIRE.

*La partie qui s'en rapporte à justice sur l'homologation d'un rapport d'experts et qui conclut, en outre, pour le cas où l'homologation serait prononcée, à l'exécution des conclusions du rapport, ne se rend pas irrecevable à appeler du jugement à intervenir.*

Arrêt de la Cour de cassation, chambre civile, du 19 décembre 1842.

Le tribunal d'Epinal, saisi d'une contestation entre la commune de Dogneville et les héritiers de Bagnourt, avait ordonné une expertise dont le résultat fut favorable à ces derniers. En conséquence, les héritiers de Bagnourt assignèrent la commune en homologation du rapport des experts.

Par ses conclusions, la commune déclara s'en rapporter à justice sur l'homologation du procès-verbal d'expertise, et pour le cas où l'homologation serait prononcé, elle requit qu'il fût déclaré, qu'il lui serait attribué, aux termes du rapport, en toute propriété, et pour la couvrir de ses droits d'usage, 48 hectares 96 arcs à prendre ainsi qu'il avait été fixé par les experts.

1er mars 1838, jugement du tribunal d'Epinal, qui donne acte à la commune de ce qu'elle s'en rapporte à justice, et prononce l'homologation du rapport *que les parties étaient d'accord pour demander.*

Appel de la part de la commune. — Les héritiers de Bagnourt ont opposé une fin de non-recevoir, prise de ce que la commune avait acquiescé d'avance au jugement, en s'en rapportant à justice sur l'homologation, et en concluant à l'exécution des conclusions du rapport.

14 février 1839, arrêt de la Cour de Nancy, qui déclare l'appel irrecevable.

Pourvoi pour fausse application des règles concernant le contrat judiciaire et violation de la loi du 1er mai 1790 sur les deux degrés de juridiction, en ce que la Cour royale a vu, dans la déclaration de la commune, qu'elle s'en rapportait à justice, un acquiescement anticipé au jugement à intervenir.

M. l'avocat-général Hello a soutenu que la seconde partie des conclusions de la commune par lesquelles, après s'en être rapportée à justice sur l'homologation, elle concluait à ce que les juges lui accordassent ce que lui allouait le rapport, ne pouvait être considéré comme un acquiescement ou une renonciation à l'appel, parce que ces conclusions additionnelles étaient la conséquence de l'homologation, et qu'après s'en être rapporté à justice sur cette homologation, c'était ne rien ajouter de plus que de conclure à l'application des résultats du procès-verbal supposé homologué. Si donc, ainsi que la jurisprudence le reconnaît, s'en rapporter à justice sur l'homologation, n'était pas acquiescer à la décision à intervenir, on ne peut attribuer plus d'effet aux conclusions qui n'étaient que la répétition de cette formule,

ARRÊT.

La Cour ; — Vu la loi du 1er mai 1790, portant qu'en matière civile, il y aura deux degrés de juridiction ; — Attendu que la partie qui déclare s'en rapporter à justice, ne fait en cela que se confier aux lumières de ses juges, sans abdiquer le droit de réclamer contre leur décision, et sans renoncer à recourir à la voie de l'appel pour la faire réformer ;

Attendu que, dans l'espèce, si la commune de Dogneville, après s'en être rapportée à justice sur l'homologation du procès-verbal du rapport des experts, a conclu à l'exécution de leur rapport, c'était uniquement pour le cas où le Tribunal en eût ordonné l'homologation; d'où il suit qu'on ne pourrait induire un acquiescement pur et simple, puisque la seconde partie des conclusions de la commune était entièrement subordonnée à la première, dans laquelle elle s'en rapportait à justice; que, cependant, l'arrêt attaqué y a vu un contrat judiciaire irrévocable et une fin de non-recevoir contre l'appel formé par la commune de Dogneville; en quoi il a fait une fausse application du contrat judiciaire et expressément violé la loi sur les deux degrés de juridiction; — Casse.

## OBSERVATIONS.

La jurisprudence est unanime pour décider, que s'en rapporter à justice, ce n'est pas acquiescer d'avance à la décision à intervenir

( Cass. du 25 janvier 1841 ; S., 41, 1, 105). L'arrêt ci-dessus va plus loin encore, et il statue sur une espèce qui ne s'était pas encore présentée.

## ART. 107.

1° NOTAIRE. — DÉTOURNEMENT. — RESTITUTION. — ABUS DE CONFIANCE.
2° NOTAIRE. — PROCURATION. — PLACEMENT. — ESCROQUERIE.

*Le notaire qui détourne et emploie à son usage personnel les sommes appartenant à son mandant, peut être condamné comme coupable d'abus de confiance, si, par son fait et par sa faute, il s'est trouvé dans l'impuissance de restituer ces sommes.*

*Le notaire qui, par de faux renseignements, provoque d'un client l'envoi d'une procuration, l'autorisant à toucher une somme d'argent, et qui se l'approprie, tombe sous l'application de l'art. 408 du Code pénal.*

Arrêt de la Cour de cassation, chambre criminelle, du 25 février 1843.

Par arrêt du 14 novembre 1842, la Cour de Metz condamna le notaire P... aux peines portées par les art. 408 et 405 du Code pénal, comme coupable d'avoir appliqué à ses besoins personnels des sommes qui lui avaient été confiées, pour en opérer le placement et d'avoir persuadé mensongèrement à son client qu'il avait trouvé un emprunteur, réunissant toutes les conditions désirables pour obtenir une procuration, à l'effet de toucher une somme qu'il avait appliquée à ses besoins.

Pourvoi en cassation pour : 1" fausse application de l'art. 408 du Code pénal. Cet article, a-t-on dit pour le demandeur, ne punit que le détournement effectif et frauduleux ; il n'atteint pas le mandataire qui a employé à son usage personnel, les sommes appartenant à son mandant. L'art. 1996 du Code civil le soumet à tenir compte de l'intérêt de cette somme à partir du jour de l'emploi, voilà tout. Il ne pourrait, dans tous les cas y avoir délit, que si le mandataire ne pouvait réaliser ultérieurement son mandat. Or, dans le fait, le notaire P... avait offert, avant le commencement des poursuites, de restituer les sommes par lui détournées, au moyen d'un crédit que lui avait ouvert sa famille ;

2° Fausse application de l'art. 405 du même Code, en ce que les faits imputés au prévenu ne constituaient que de simples mensonges, *postérieurs* à la remise de la procuration et des fonds.

ARRÊT (*après délibéré en chambre du conseil*).

LA COUR ; — Sur le premier moyen, pris de la fausse application de l'art. 408, du Code pénal ; — Attendu que la Cour royale de Metz a déclaré, sur chacun des quatre faits d'abus de confiance, le demandeur coupable du délit de détournement et de dissipation ;

Attendu qu'elle a spécifié que c'était par son fait et par sa faute qu'il avait été dans l'impuissance de restituer les sommes par lui détournées de leur destination ;

Sur le second moyen, tiré de la fausse application de l'art. 405 du même Code : Attendu qu'un notaire qui, chargé par un de ses clients de s'enquérir d'un placement d'argent, réunissant des conditions déterminées, lui annonce faussement que la personne qu'il indique présente ces conditions, provoque l'envoi d'une procuration qui l'autorise à toucher des mains d'un tiers la somme à placer, entretient et confirme l'erreur qu'il a ainsi accréditée, jusqu'à la délivrance de cette somme qu'il s'approprie, a pu légalement être reconnu coupable d'escroquerie ; que tous les éléments constitutifs de ce délit se rencontrent, en effet : 1º Dans la manœuvre frauduleuse tendant à persuader un succès chimérique ; 2º Dans le but de cette manœuvre, c'est-à-dire dans l'intention de s'approprier, au moyen de la procuration, les fonds auxquels il assigne un emploi mensonger ; 5º Dans la réalisation de cette intention ; — Qu'ainsi il a été fait de l'article précité une application conforme à la loi ; —Rejette, etc....

## OBSERVATIONS.

La Cour de cassation aurait dû, ce nous semble, s'arrêter à cette circonstance qu'avant les poursuites, le prévenu avait offert de restituer les sommes détournées ; il n'y avait, par suite de cette offre, à lui reprocher qu'un simple retard dans l'exécution du mandat.

## ART. 108.

**ENREGISTREMENT. — TIMBRE. — CHEMINS VICINAUX. — EXPROPRIATION.**

*L'exemption des droits de timbre et d'enregistrement, prononcée par l'article 58 de la loi du 3 mai 1841, sur l'expropriation pour cause d'utilité publique, n'est point applicable aux actes qui sont le résultat d'une procédure en expropriation concernant les chemins vicinaux : ces actes restent soumis au droit fixe de 1 fr., conformément à l'art. 20 de la loi du 21 mai 1836.*

Instruction de la Régie, du 2 février 1843 (nº 1684).

D'après l'art. 20 de la loi du 21 mai 1836, transcrit dans l'instruction, nº 1684, les plans, procès-verbaux, certificats, significations, jugements, contrats, marchés, adjudications de travaux, quittances et autres actes, ayant pour objet exclusif la construction, l'entretien et la réparation des chemins vicinaux, sont enregistrés moyennant le droit fixe de 1 franc.

Il a été reconnu, par une décision du ministre des finances, du 8 janvier 1841, transmise par l'instruction, n° 1627, que cette disposition s'applique aux acquisitions de terrains et aux actes faits par suite d'une procédure en expropriation, de même qu'à ceux qui sont la conséquence d'arrangements amiables avec les propriétaires des terrains nécessaires à l'ouverture ou au redressement des chemins vicinaux; que les premiers, pas plus que les seconds, ne doivent jouir de l'exemption des droits de timbre et d'enregistrement prononcée par l'art. 58 de la loi du 7 juillet 1833, sur l'expropriation, pour cause d'utilité publique, à l'égard des actes faits en vertu de cette loi.

Des réclamations ont été présentées contre cette décision, depuis que la loi du 3 mai 1841, insérée dans l'instruction, n° 1660, a remplacé, en la modifiant sur quelques points, celle du 7 juillet 1833.

L'art. 12 de la loi nouvelle porte que les dispositions des art. 8, 9 et 10, relatives à l'enquête qui doit précéder la déclaration d'utilité publique, ne sont point applicables aux travaux d'ouverture ou de redressement des chemins vicinaux; de cette restriction, qui n'était point exprimée dans la loi du 7 mai 1833, on a voulu conclure que toutes les autres dispositions de la loi du 3 mai 1841, et spécialement l'exemption des droits de timbre et d'enregistrement, reproduite à l'art 58, devaient régir les expropriations en matière de chemins vicinaux.

On a demandé dailleurs que les significations relatives à ces expropriations fussent, comme actes administratifs, déclarées exempts de l'enregistrement, en vertu des art. 78 et 80 de la loi du 15 mai 1818.

Ces réclamations ne pouvaient être accueillies.

L'art. 12 de la loi du 3 mai 1841 n'a point innové, en déclarant les travaux d'ouverture ou de redressement des chemins vicinaux dispensés des formalités d'enquête prescrites par les art. 8, 9 et 10; avant comme depuis cette loi, la déclaration d'utilité publique pour les chemins vicinaux a lieu par un simple arrêté du préfet, sans enquête préalable, en vertu de la loi du 21 mai 1836. La loi du 3 mai 1841 n'a fait à cet égard que constater une règle préexistante. Cette loi a d'ailleurs déterminé avec précision les dispositions de la loi générale sur l'expropriation pour cause d'utilité publique qui doivent être suivies à l'égard des chemins vicinaux; elle a statué spécialement dans les cas où elle ne se réfère pas à la loi générale. Aucune modification n'a été introduite sous ce rapport par la loi du 3 mai 1841. La disposition spéciale qui soumet au droit fixe de 1 fr. les actes ayant pour objet la construction, l'entretien et la réparation des chemins vicinaux doit donc continuer d'être exécutée.

Quant aux significations, concernant l'expropriation, ce ne sont point des actes administratifs; elles sont expressément désignées parmi les actes assujétis, par l'art. 20 de la loi du 21 mai 1837, au droit fixe de 1 fr. L'exemption demandée ne peut ainsi leur être accordée.

En conséquence, M. le ministre des finances a décidé, le 12 janvier 1843, que l'exemption des droits de timbre et d'enregistrement, prononcée par l'art. 58 de la loi du 3 mai 1841, sur l'expropriation pour cause d'utilité publique, n'est point applicable aux acquisitions, significations, et autres actes qui sont le résultat d'une procédure en expropriation concernant les chemins vicinaux ; que ces actes restent soumis au droit fixe de 1 fr., conformément à l'art. 20 de la loi du 21 mai 1836,

Les directeurs donneront connaissance de cette décision à MM. les préfets.

## ART. 109.

1° JUGEMENT PAR DÉFAUT. — OPPOSITION. — RÉITÉRATION. — DÉLAI. — DISTANCES. — EXÉCUTION.

2° CONSTITUTION D'AVOUÉ. — CHANGEMENT. — ACTES DISTINCTS.

3° FEMME. — SAISIE IMMOBILIÈRE. — APPEL. — MISE EN CAUSE.

4° FEMME. — SAISIE IMMOBILIÈRE. — AUTORISATION.

1° *Le délai de huitaine accordé par l'art. 162 du Code de procédure civile est susceptible d'une augmentation de délai, à raison des distances, et, en outre, ce délai de huitaine ne met pas obstacle à ce que le débiteur renouvelle son opposition, tant que le jugement par défaut n'est pas exécuté.*

2° *En cas de changement d'avoué, le nouvel avoué doit se constituer par acte exprès notifié à la partie adverse.*

3° *La femme dont les biens sont saisis doit être mise en cause en appel, bien qu'il ne s'agisse que de quelques incidens soulevés contre le mari.*

4° *Le créancier qui a notifié au mari et à la femme les actes de poursuite en saisie immobilière des biens de celle-ci, n'est responsable ni du défaut de comparution du mari, ni du défaut d'autorisation de la femme.*

Arrêt de la Cour royale de Douai, du 27 août 1842.

LA COUR; — En ce qui touche la fin de non-recevoir contre l'opposition à l'arrêt par défaut; — Attendu, en droit, qu'aux termes des art. 152 et 162 Code de procédure civile, l'opposition à un jugement par défaut, rendu contre une partie qui n'a pas d'avoué, est recevable jusqu'à l'exécution de ce jugement, à charge par le défaillant, de la réitérer par requête dans la huitaine, avec constitution d'avoué; que, d'une part, bien que ces expressions : *dans la huitaine*, démontrent que le jour de l'échéance ne doit pas faire partie du délai, et fassent ressortir, sous ce rapport, une exception à la première disposition de l'art. 1055 ; rien n'indique qu'il ait été dérogé à la règle générale tracée par la deuxième disposition du même article, qui accorde une augmentation d'un jour, à raison de trois myriamètres de distance; que, d'ailleurs, l'art. 162 serait inexécutable dans bien des cas, s'il avait limité d'une manière absolue à huit jours, sans tenir compte de l'éloignement du défaillant, l'obligation de renouveler l'opposition; — Que, d'autre part, celui-ci peut, même après la huitaine, et tant que la sentence n'a pas été exécutée, réitérer utilement son opposition, tout aussi bien qu'il pourrait en former une nouvelle; qu'en effet, cette exécution met seule fin au droit d'opposition qui appartient à toute partie n'ayant pas constitué avoué; que l'art. 162 doit être entendu en ce sens que celui qui a obtenu un jugement par défaut, peut l'exécuter aussitôt que la huitaine est expirée, sans que l'opposition ait été régularisée par la requête; mais que, en cas de négligence ou d'inaction de sa part, il ne peut faire rejeter un acte de cette nature que son adversaire a complété, et pourrait accomplir jusqu'au moment même de l'exécution.

Attendu, en fait, que Maximilien Sénépart et les mariés Guinot, ont renouvelé, par une requête signifiée le 17 septembre 1841, la déclaration qu'ils avaient faite, dans l'exploit du 8 du même mois, neuf jours avant, par conséquent, de s'opposer à l'arrêt par défaut du 8 juin précédent; — Que cette réitération a été faite à temps, puisque, entre les communes de Mézeralles et de Béalcourt, lieux de leurs domiciles, et la ville de Douai, siége de la Cour royale devant laquelle l'opposition devait être portée, il y a une distance de plus de trois myriamètres; — Que, d'un autre côté, au 17 septembre 1841, l'arrêt n'avait reçu aucune espèce d'exécution; d'où il suit que les opposants ont pu remplir valablement encore à cette époque, les formalités exigées par la loi pour la régularité de leur opposition.

Attendu que les autres héritiers bénéficiaires de Vasseur et la veuve de celui-ci, se sont conformés exactement aux règles et aux délais établis par les art. 158 et 162 du Code de procédure civile; que l'opposition de toutes les parties en cause à l'arrêt par défaut, est donc régulière et recevable.

Relativement à l'obtention de l'arrêt par défaut : Attendu que l'art. 61 du Code de procédure civile, exige, à peine de nullité, que l'ajournement contienne la constitution de l'avoué qui occupera pour le demandeur; que cette mention substantielle est indispensable au défendeur, pour qu'il puisse tout à la fois connaître le mandataire *ad lites* avec lequel il doit procéder, et surveiller les actes de procédure dirigés contre lui; qu'aussi l'art. 75 n'autorise le changement de l'avoué primitif du demandeur qu'à la condition qu'un autre sera constitué pour lui ; que le nouvel avoué ne peut donc tenir son existence et son pouvoir que d'une constitution faite par un acte distinct, qui doit être notifié à la partie adverse ; que ce n'est que dans le cas d'une demande à bref délai, que la loi permet au défendeur, et au défendeur seul, de se faire représenter à l'audience par un avoué, auquel il est donné acte de sa constitution, qui doit être réitérée dans le jour ; qu'il résulte de là, qu'alors que Me Guilmot-Martin avait été constitué par Joyer de Sennecour dans l'assignation, Me Régnier était sans droit comme sans qualité pour se présenter à la barre de la Cour, et obtenir, comme avoué du demandeur, l'arrêt par défaut du 8 juin 1841, faute par lui d'avoir notifié un nouvel acte de constitution :

245

Sur la prétention de la dame Vasseur de demeurer étrangère au litige : Attendu
que le débiteur saisi est nécessairement partie dans toute la procédure, qui tend
à l'expropriation de sa chose, et dans toutes les contestations qui s'y rattachent;
que cela est si vrai que les poursuites ne peuvent être commencées et menées à la
fin, que lui présent ou duement appelé, puisqu'il est le terme de l'action, et que
c'est à ce titre seul qu'il peut proposer des moyens de nullité, et interjeter appel de
tous les jugements qui interviennent dans le cours de la procédure ; que la dame
Vasseur, dont les immeubles ont été saisis par Goyez de Sennecourt, a d'ailleurs reconnu que celui-ci avait bien procédé contre elle, en l'intimant sur appel, puisque, devant la Cour royale d'Amiens, elle a déclaré s'en rapporter à justice; que,
devant la Cour de renvoi, il doit être nécessairement statué avec elle sur le bien
ou le mal jugé du jugement du tribunal de Doulens, qui, sur les conclusions de
Vasseur, son mari, a annulé la saisie immobilière pratiquée sur elle;

En ce qui concerne la régularité des poursuites en expropriation : Attendu,
qu'aux termes du deuxième alinéa de l'art. 2208 du Code civil, l'expropriation
des immeubles de la femme, qui ne sont point entrés en communauté, se poursuit contre le mari et la femme; que le créancier n'est donc tenu que de leur notifier, à tous deux, les actes de poursuite, et quand il s'est conformé à la loi sur
ce point, il ne peut être responsable ni du défaut de comparution du mari, ni du
défaut d'autorisation de la femme ;

Attendu que Goyer de Sennecourt a fait, tant au sieur qu'à la dame Vasseur,
qui était sa débitrice personnelle, en vertu d'un jugement passé en force de chose
jugée, toutes les significations relatives à la procédure et saisie d'immeubles propres
à cette dernière; qu'il a donc satisfait aux dispositions de l'article précité, en pré-
venant le mari de venir assister sa femme, et que celui-ci, répondant à cet appel,
a demandé et obtenu la nullité de la poursuite;—Par ces motifs, reçoit la veuve et
les héritiers bénéficaires du sieur Vasseur, opposant à l'arrêt par défaut du 8 juin
1841, déclare ledit arrêt nul et non avenu, et, statuant par arrêt nouveau, dit
qu'il a été bien procédé contre les sieur et dame Vasseur; met au néant le jugement
du tribunal de Doulens et ordonne la continuation des poursuites.

## OBSERVATIONS.

1° Le délai de huitaine pour réitérer une opposition extrajudiciaire
doit être augmenté à raison des distances; Carré, t. 1, n° 679; et Pigeau, t. 1, p. 546; Cour de cassation du 16 mars 1813 (S., 13, 1;
214, D. P., 11, 1; 261; D. A., 9, 731; L., 36, 324).

Mais nous ne pouvons partager la doctrine de la Cour sur le point
de savoir si l'opposition extrajudiciaire peut être renouvelée, après la
huitaine et tant que le jugement n'a pas été exécuté. La question est
fort controversée. La jurisprudence en général l'a décidé dans le sens
de l'arrêt que nous recueillons : (Metz, 12 février 1818; S., 19, 2,
137; D. A., 9, 728 ; Riom, 9 juin 1820; S., 25, 2, 273; D. A., 9,
716; Bourges du 15 février 1823; S., 25, 2, 76; Bourges, 1er février 1832; S., 32, 2, 478; D. P., 32, 2; 159); telle est aussi l'opi-

nion de Merlin, *Rep.* v° *opposition à jugement*, et de Carré sur l'art. 162,
560° quest.; l'opinion contraire est enseignée par Pigeau, t. I, p. 369;
Thomine Desmazures, t. I, p. 194, et Boncenne, t. III, p, 99;

2° Aucuns termes sacramentels ne sont exigés pour exprimer la constitution d'avoué. Des équipolents suffisent. Ainsi, la constitution dans un acte d'appel, résulte suffisamment de ce qu'il est fait élection de domicile chez un avoué; de ce que, en tête de l'exploit, il est donné copie de la quittance de l'amende d'appel consignée par l'avoué; Nancy, du 16 août 1825, (S., 25, 2, 371; D. P., 24, 2, 137); Cassation du 21 août 1832, (S., 32, 1, 789; D.P., 32, 1, 365; Thomine Desmazures, t. I, n° 86; *contrà*, Amiens, du 10 novembre 1828 (S., 22, 2, 246; D. P., 20, 2, 159); Grenoble, du 5 juillet 1821 (S., 29, 2, 8; D. P., 26, 2, 254); Lyon, du 25 août 1828 (S., 29, 2, 13; D. P., 26, 2, 208).

## ART. 110.

TESTAMENT. — SUCCESSION FUTURE. — NULLITÉ.

*La clause d'un testament, par laquelle un mari institue sa femme sa légataire universelle, à condition que tous les biens de celle-ci seront partagés entre les héritiers du testateur et les héritiers de la légataire, est nulle, comme ayant pour objet une succession future. Toutefois la nullité de cette clause n'entraîne pas la nullité du testament.*

**Arrêt de la Cour de Caen, du 12 janvier 1843.**

LA COUR; — Considérant que, par son testament du 8 avril 1811, Rubin a institué sa femme sa légataire universelle, à condition que tous les biens meubles et immeubles, qui composeront la succession de celle-ci, seront partagés en des portions égales entre les héritiers du testateur et ceux de la femme Rubin;

Considérant que la femme Rubin qui a survécu à son mari, est décédée le 4 avril 1837, après avoir accepté le legs fait par son mari et avoir joui des biens, conformément au testament;

Considérant que les héritiers Rubin sont intervenus dans la liquidation des biens de la succession de la femme Rubin, à laquelle les héritiers de cette femme voulaient procéder, et que pour examiner s'ils sont recevables et fondés, on ne doit pas prendre en considération le testament fait par la femme Rubin à son mari, le 8 avril 1811, puisque ce testament est nul et sans effet, le légataire étant décédé avant la testatrice;

Considérant que les droits des parties sont déterminés par le testament de Rubin, et les dispositions de la loi;

Considérant qu'en première instance, la demande des héritiers Rubin a été formée dans des termes assez généraux pour qu'on ne puisse pas rejeter leurs conclusions, prises subsidiairement devant la Cour comme tardives et non recevables;

Considérant que les dispositions du testament sont claires et positives; que, par la première, il a institué valablement sa femme, sa légataire universelle, et que cette disposition a reçu son exécution, en sorte que la femme est devenue propriétaire de tous les biens laissés par son mari ;

Considérant que la seconde partie du testament est une condition par laquelle le mari dispose des biens que sa femme laissera à son décès, et stipule sur une succession future, en donnant à sa femme d'autres héritiers que ceux appelés par la loi ou selon sa volonté exprimée dans les formes légales;

Considérant que cette disposition ne peut, dès lors, recevoir son exécution, puisqu'elle est prohibée par les art. 1021 et 1150 du code civil ;

Considérant que, suivant ce dernier art., les héritiers Rubin ne peuvent opposer à ceux de la femme Rubin l'acceptation qu'elle a faite du testament de son mari, sans faire en leur faveur aucune disposition légale, soit par acte entre-vifs, soit testamentaire;

Considérant que, d'après l'art. 910 du Code, la disposition, qui est contraire aux lois est réputée non écrite, d'où suit qu'on doit, en approuvant les motifs du premier juge, confirmer sa décision ; — Par ces motifs; — CONFIRME.. .

## OBSERVATIONS.

Les art. 794, 1130 et 1600 du Code civil, qui prohibent tout pacte sur succession future, ont donné lieu à plusieurs difficultés, sur lesquelles la jurisprudence a été appelée à statuer. Il a été décidé notamment que la prohibition ne s'applique ni à la succession d'un individu dont l'absence a été déclarée (Bordeaux, 21 juin 1838, S., 38, 2, 413; D. P., 39, 2, 12; L., 39, 1, 436.); ni à la vente que fait une femme, du vivant de son mari, des gains de survie stipulés dans son contrat de mariage, ni à la vente qu'un enfant institué contractuellement, ferait, pendant la vie de l'instituant, des biens compris dans l'institution (Duvergier, *vente* t. 1, n° 232; Troplong, *ibid*, t. 1, n° 250). 

Quant à l'étendue de la nullité, les cours de Montpellier, (4 août 1832, S., 32, 2, 481; D. P., 33, 2, 12), de Toulouse (27 août 1833, S., 34, 2, 97), et de Limoges (6 avril 1838, S., 38, 2, 501, D. P., 38, 2, 502), décident qu'elle est radicale et qu'elle entraîne la nullité de l'acte entier. —La Cour de cassation, au contraire, déclare que la nullité n'atteint pas les parties de l'acte qui sont indépendantes de la clause contenant le pacte sur succession future et qui ne peuvent être considérés comme une charge de cette clause (10 août 1840; S., 40, 1, 757; D. P., 40, 1, 302; L., 40, 2, 238).

## ART. 111.

1° ENREGISTREMENT. — ÉCHANGE SANS STIPULATION DE SOULTE.
2° MUTATION PAR DÉCÈS. — LEGS. — RENTES SUR L'ÉTAT.

1° *En matière d'échange sans stipulation de soulte, le montant de la plus value se détermine par la capitalisation des revenus, conformément à l'art. 15, n° 4 de la loi du 22 frimaire an VII.*

2° *L'art. 70, § 3, n 3 de la loi du 22 frimaire an VII, qui déclare les rentes sur l'État exemptes de tout droit d'enregistrement entre les mains de l'héritier ou du légataire, est inapplicable au legs particulier d'une somme qui n'existe pas en nature dans la succession, quoiqu'une rente sur l'État, non affectée au legs, soit dans la succession, alors d'ailleurs que la succession comprend d'autres valeurs plus que suffisantes à l'acquit du legs.*

**Arrêt de la Cour de cassation, chambre civile, du 22 février 1843.**

La Cour ; sur le premier moyen ; — Attendu que l'art 15, tit. 2, de la loi du 22 frimaire an VII établit différents modes d'évaluation des immeubles, pour la perception du droit d'enregistrement; que suivant le n° 4 de cet art., l'évaluation pour les échanges doit être faite en capital, d'après le revenu annuel multiplié par 20, sans distraction des charges ; et que, suivant le n° 6, même art., l'évaluation pour les ventes, adjudications, cessions, rétrocessions, licitations et autres actes portant aliénation de propriété et d'usufruit à titre onéreux, doit être faite par le prix exprimé en capital, ou par une estimation d'experts ; qu'il résulte de ces dispositions que le mode d'évaluation, pour les échanges, est essentiellement différent du mode d'évaluation pour les ventes, puisque, pour les échanger, le mode d'évaluation est la capitalisation du revenu, tandis que pour les ventes, l'évaluation s'établit par le prix exprimé au contrat ou par une estimation par experts ; — Qu'ainsi, ce serait confondre deux natures de contrats, que la loi a clairement distingués, que d'appliquer pour un échange, un mode d'évaluation qu'elle a établi pour la vente ;

Attendu que de ces expressions, *comme pour vente*, qu'on lit dans le n° 5, § 5 de l'art. 69, on ne saurait induire que la loi aurait assimilé l'échange à la vente, et que cette assimilation doit s'appliquer au mode d'évaluation du bien qui doit servir de base à la fixation des droits en matière d'échange; que pour saisir le sens, et faire une juste application de la disposition contenue dans le n° 5, § 5, de l'art. 69, il suffit de remarquer sous quels titres se trouvent placés les art. 15 et 69 de la loi ; que c'est au titre intitulé : *Des valeurs sur lesquelles le droit proportionnel est assis, et de l'expertise,* c'est-à-dire au titre qui fixe la base sur laquelle la perception doit être assise, que l'art. 15, n° 4, décide que la valeur de la propriété, quant à la liquidation et au paiement du droit proportionnel, est déterminée, pour les échanges, par la capitalisation du revenu; et que c'est au titre intitulé : *de la fixation des droits,* que se trouve placé le n° 5, § 5, de l'art. 69, qui porte que le droit sera payé, pour les échanges, sur la valeur d'une des parts, à raison de 2 pour cent, et s'il y a retour, *comme pour vente,* sur le retour ou la plus value; que de ce rapprochement il résulte que la loi n'a assimilé le contrat d'échange au contrat de vente, que pour la fixation de la quotité du droit dû, soit pour la soulte, soit pour la plus value, et qu'il n'a pas été dérogé par l'art, 69 à la disposition de l'art. 15 relative au mode d'évaluation des biens en matière d'échange ; — Qu'enfin pour constater la plus value des biens compris dans un acte d'échange, le seul mode est la capitalisation des revenus, faite en conformité de l'art. 15, n° 4 de la loi;—Attendu, dans l'espèce, que c'est d'après ce mode d'évaluation qu'ont été fixés les droits perçus sur les échanges faits par l'acte du 5 novembre 1856; qu'ainsi, en rejetant la réclamation du duc de Lorges, le jugement attaqué, loin de violer aucune des dispositions de la loi, a fait une juste application de la seule disposition applicable à l'espèce;

Sur le deuxième moyen; — Attendu que, dans l'état rectificatif qui a servi de base à la contrainte décernée par la Régie contre le duc de Lorges, la rente de 5,000 fr. sur l'État n'a été comprise que pour ordre, et qu'aucun droit n'a été assis sur cette rente; qu'ainsi l'art. 70, § 5, n° 3 de la loi du 22 frimaire an VII, n'a pas été violé;

Attendu, d'un autre côté, que suivant l'avis du conseil d'État du 10 décembre 1808, la délivrance des legs particuliers, n'opère pas de mutation des légataires aux héritiers, et ne donne pas lieu à des doubles droits de mutation; que, conséquemment, les droits payés par les légataires particuliers doivent s'imputer sur ceux dus par les héritiers et légataires universels; qu'il suit de cet avis que lorsque les droits dus par les légataires, ne sont pas plus forts que ceux dus par les héritiers, le paiement des droits fait par les héritiers libère entièrement les légataires; mais qu'il n'en saurait être ainsi, lorsque les droits dus par les légataires particuliers sont plus forts que ceux dus par les héritiers; que, dans ce cas, les légataires ne peuvent être libérés que jusqu'à due concurrence des droits par eux dus;

Attendu qu'on ne saurait induire d'aucune des dispositions de la loi du 22 frimaire an VII, ni de l'avis du conseil d'État du 10 décembre 1808 que, lorsqu'il existe, dans une succession, des rentes sur l'État exemptes de tous droits, et des valeurs imposables, les droits sur les dons et les legs doivent être imputés sur les rentes; qu'une imputation, si elle était admise, aurait pour résultat de priver le fisc d'une portion des droits auxquels les dons et legs donnent ouverture, toutes les fois que ces droits excèdent ceux dus par les héritiers, ce qui ne serait conforme ni à la lettre, ni à l'esprit de la loi;

Attendu que, dans l'espèce, les legs faits par le feu duc de Lorges pour la presque totalité au profit d'étrangers à la famille, et le douaire par lui constitué à la duchesse, aujourd'hui sa veuve, ont donné ouverture à des droits qui excèdent ceux dus par les enfants, en leur qualité d'héritiers de leur père;

Attendu que, par l'état rectificatif qui a servi de base à la contrainte décernée par la Régie, les droits dus par les legs particuliers et le douaire ont été liquidés, conformément aux diverses dispositions de la loi, à la somme totale de 5,417 fr., dont l'imputation a été faite sur les valeurs imposables de la succession, et sur cette somme, déduction a été faite de celle de 1,197 fr. payée par les héritiers sur les mêmes valeurs; qu'il suit de là qu'il n'a pas été perçu de double droit, et que, suivant les principes consacrés par l'avis du conseil d'État, les droits payés par les héritiers ont opéré, jusqu'à due concurrence, la libération de ceux dus sur les legs et le douaire; — Rejette.

## OBSERVATIONS.

1° Dans les cas d'échange avec soulte, on doit percevoir les droits d'enregistrement jusqu'à concurrence de la soulte, comme droits de vente et pour le surplus comme échange. Cassation, du 28 avril 1830 (D. P., 30, 1, 231), 13 décembre 1809 (S., 10, 1, 143) MM. Championnière et Rigaud, *Droits d'enregistrement*. t. IV, n° 3454, pensent que le droit doit être perçu sur la soulte, sauf à la régie à faire constater la plus value par expertise, sans que l'évaluation par la multiplication du revenu soit admissible.

2 La Cour de cassation a décidé que le droit de mutation ne serait pas dû si le legs excédait les valeurs de la succession autres que les rentes sur l'État (A. du 28 janvier 1824; S., 24, 1, 100; D. P., 22, 1, 33; D. A., 7, 95; L., 69, 145); ou s'il n'y a dans la succession que des rentes sur l'État (A. du 6 février 1827; S., 27, 1, 418; D. P., 25, 1, 132; L., 79, 91); ou si le legs de sommes est payable avec le produit des rentes sur l'État (A. du 14 janvier 1829; S., 23, 1, 73; D. P., 27, 1, 104).

## ART. 112.

**NOTAIRE. — POIDS ET MESURES. — EXPRESSION. — CONTRAVENTION.**

*Le notaire qui emploie dans un acte les énonciations de* deux hectolitres trois quarts, *de* quatre hectolitres trois huitièmes *contrevient aux dispositions de la loi du 4 juillet 1837, et encourt l'amende de 20 fr.*

**Jugement du tribunal de Lisieux, du 23 décembre 1842.**

Considérant que le système métrique actuel des poids et mesures, établi par la loi des 18 germinal an III et 4 juillet 1857, est essentiellement fondé sur le calcul décimal; qu'en établissant l'unité décimale, et en proscrivant l'ancien système, le législateur a nécessairement entendu qu'il ne se trouvait plus en rapport aujourd'hui avec l'unité reconnue par le nouveau système adopté; qu'admettre le mélange de l'unité décimale avec les anciennes fractions ordinaires, ce serait consacrer l'accouplement de deux systèmes qui reposent sur des bases essentiellement différentes, détruire toute l'économie de la loi, et manquer le but que le législateur s'est proposé; — Que si la fraction du *demi* ou de la *moitié*, établie par l'art. 8 de la loi du 18 germinal an III, a été maintenue par la loi du 4 juillet 1857, cen'a été qu'à titre d'exception; et que cette exception, qui ne peut s'étendre d'un cas à un autre, vient ici confirmer la règle générale, qui prescrit toute autre énonciation des anciennes fractions ordinaires ; — Qu'il suit de là, que M. Hélie, en employant, dans son procès-verbal de vente des 5, 7 et 12 juin dernier, les énonciations de deux hectolitres *trois quarts* et de quatre hectolitres *trois huitièmes*, a contrevenu aux dispositions de la loi du 4 juillet 1857, et a encouru l'amende de 20 fr. qu'elle prononce, — Par ces motifs,.....

## OBSERVATIONS.

Le jugement que nous recueillons exagère la portée de la loi du 25 ventôse an XI (art. 17) et de celle du 4 juillet 1837 : sans doute, au lieu de *deux hectolitres trois quarts*, on aurait pu dire *soixante-quinze litres* et au lieu de *quatres hectolitres trois huitièmes*, on aurait pu dire: *trente-sept litres cinq décilitres*. Mais il est des cas où, pour être exact, le notaire devra nécessairement employer une fraction non décimale; comment exprimer, par exemple, *un tiers* d'hectolitre d'après le calcul décimal? *trente-trois litres trois décilitres* n'équivalent pas exactement au tiers d'hectolitre; il faudra nécessairement ajouter, et *un tiers de décilitre*. Or, s'il est indispensable, en définitive, d'employer une fraction non décimale, il est préférable de la placer à l'hectolitre plutôt qu'au décilitre. La rédaction y gagnera en clarté et en précision. Nous pensons donc qu'il n'y aurait pas de contravention à dire : *un tiers d'hectolitre*, au lieu de *trente-trois litres trois décilitres et un tiers de décilitre.*

## ART. 113.

**ENREGISTREMENT. — DROIT DE TRANSCRIPTION. — SOCIÉTÉ. — APPORTS EN IMMEUBLES.**

*Les actes de société constatant des apports en immeubles sont, lors de l'enregistrement, sujets au droit de transcription à 1 et demi pour cent, conformément à l'art. 54 de la loi du 28 avril 1816.*

Décision de M. le ministre des finances, du 2 janvier 1843.

L'art. 54 de la loi du 28 avril 1816 dispose; « Dans tous les cas où les actes seront de nature à être transcrits au bureau des hypothèques, le droit sera augmenté de un et demi pour cent, et la transcription ne donnera plus lieu à aucun droit proportionnel. »

Une question grave s'est élevée relativement à l'application de cette disposition, savoir : si les actes constitutifs de société qui constatent des apports en immeuble sont de nature à être transcrits, et par conséquent sujets, lors de l'enregistrement, au droit de un et demi pour cent sur la valeur des immeubles.

Cette question a été examinée en thèse générale.

Suivant la doctrine des auteurs, consacrée par la jurisprudence, la société forme une personne civile, ayant une existence et des intérêts distincts de ceux des associés. « Ce serait faire un abus inutile de science « et de discussion, dit M. Pardessus, cité par M. Duvergier (*du contrat* « *de société*, nº 382), que de chercher à établir longuement qu'une so- « ciété est *une personne morale qui a son individualité et ne peut être con-* « *fondue* avec les individus dont la réunion sert à la former; *societas* « *vice personæ fungitur*, L., 22, ff *de fidej*. Le Code civil, qui ne pré-

« sente pas, il est vrai, une définition aussi textuelle, contient une mul-
« titude de dispositions qui la supposent, qu'on ne pourrait comprendre,
« qui seraient absurdes, si ce principe n'y était pas présupposé. » Cette
doctrine est enseignée par M. Pardessus lui-même, dans son *cours de
droit commercial*, n°ˢ 966, 975, 1089 et 1207; par M. Delvincourt,
t. III, p. 8; par M. Duranton, t. XVII, n°ˢ 334, 338 et 445; par M. Proudhon, *Traité des droits d'usufruit*, t. IV, n°ˢ 2064 et 2065; par M. Favard de Langlade, v° *société*; enfin, par M. Duvergier, qui, dans son
*Traité du contrat de société*, a recueilli toutes ces opinions. La jurisprudence n'est pas moins explicite. Des arrêts de la Cour royale de Grenoble, du 1ᵉʳ juin 1831, de la Cour de Paris, du 9 août 1831, de la
Cour de cassation des 3 mars 1829 et 14 août 1833 (*Instructions*, n°ˢ
1293, § 6 et 1446, § 6) admettent en principe que la société constitue
*un être moral en dehors des individus qui la composent*. Et, aux termes
d'un autre arrêt de la Cour de cassation, du 8 novembre 1836, ce principe s'applique *à la société civile comme à la société commerciale*.

Il est donc certain d'abord que le contrat de société a pour résultat
de créer une personne civile distincte de celle des associés. Il produit
un autre effet, c'est de transférer à cette personne civile, appelée *société*,
la propriété des biens meubles et immeubles apportés par les associés.
En effet, d'après l'art. 1845 du Code civil, chaque associé est débiteur
envers la société de tout ce qu'il a promis d'y apporter, et il est garant
envers la société *de la même manière qu'un vendeur l'est envers son acheteur*. « L'assimilation entre la société et la vente, sous ce rapport, *ne
« laisse aucun doute*, dit M. Duvergier (*du contrat de société*, n° 141),
« *sur l'identité de leurs effets en ce qui touche la transmission de la pro-
« priété*. » Dans l'arrêt de la Cour de cassation, du 3 mars 1829, déjà
cité, on lit : « D'après le caractère et l'objet du contrat de société, le
« fond social n'est, pendant la durée de la société, la propriété particu-
« lière d'aucun des associés ; *il appartient exclusivement à la collection
« des associés, qui forme un être moral, lequel, en sa qualité de proprié-
« taire du fond social*, est créancier ou débiteur, soit envers des tiers,
« soit même envers chaque associé; chacun de ceux-ci n'a et ne peut
« avoir sur le fond social qu'un droit éventuel et subordonné aux ré-
« sultats de la liquidation et du partage de la société (*Instruction
« n° 1293, § 6*). » Enfin, le double fait de l'individualité civile de la société et de la transmission à son profit des apports sociaux, est clairement indiqué par l'art. 529, du Code civil, qui déclare meubles par la
détermination la loi, à l'égard de chaque associé, et tant que dure la
société, les actions ou intérêts dans les compagnies de finance, de commerce ou d'industrie, *encore que des immeubles dépendant de ces entreprises appartiennent aux compagnies*.

La société est une personne morale qui exerce tous les droits de la propriété sur les objets composant le fond social, même sur les immeubles : tant qu'elle dure, les associés ne sont propriétaires d'aucune portion de ces biens ; ils ont seulement une chose mobilière qui en représente la valeur. Tel est le sens de cette disposition, ainsi qu'il a été expliqué dans le rapport fait au tribunat par M. Goupil-Préfeln, le 29 nivôse an XII et cité dans les *questions de droit* de M. Merlin, v⁰ *Action-Actionnaire*, § 2.

Mais si, par la vertu du contrat, les associés sont dessaisis au profit de la société de la propriété des objets mobiliers et immobiliers qu'ils ont apportés, si cette propriété demeure exclusivement entre les mains de la société tant qu'elle existe, il s'en suit qu'elle doit être considérée comme un tiers-détenteur ; qu'elle est obligée, aux termes de l'art. 2167 du Code civil, de faire transcrire l'acte qui la constitue, pour purger les immeubles dont il constate l'apport.

L'utilité de la transcription est d'ailleurs manifeste. L'immeuble, apporté à la société, est passible de l'action hypothécaire des créanciers de l'associé ; si ces créanciers sont inscrits, ils suivront l'immeuble dans les mains de la société, qui, pour les conserver, sans être tenue de payer les dettes hypothécaires, doit remplir les formalités établies à l'effet de purger la propriété. Quant aux créanciers non inscrits, leur droit de prendre inscription ne peut, suivant l'art. 834 du Code de procédure civile, être arrêté que par la transcription. Enfin cette formalité n'est pas moins indispensable en ce qui concerne les créanciers de la société : en traitant avec elle, ils ne doivent avoir à craindre aucun concours avec les créanciers de l'associé, et être certains que tout l'avoir de la société forme leur gage.

Il est donc démontré que l'acte constitutif de société qui constate des apports en immeubles est de nature à être transcrit ; il est par conséquent sujet à l'application de l'art. 54 de la loi du 28 avril 1816.

Cependant une objection s'est présentée. On a dit : les actes de société, lors même que les apports comprennent des immeubles, ne sont point soumis au droit d'enregistrement de mutation ; ce droit ne devient exigible que, lorsque, par l'effet du partage, qui suit la dissolution de la société, un associé reçoit dans son lot des immeubles qui avaient été apportés par un autre sociétaire. C'est ce que décident les arrêts de la Cour de cassation du 12 août 1839, 29 janvier et 17 juillet 1840, et 6 juin 1842 (*Instruction*, n⁵ 601, § 12 ; 1618, § 9 ; 1634, § 14 et 1685, § 8). Si l'acte de société n'est point considéré comme translatif de propriété pour la perception du droit d'enregistrement, ce caractère peut-il lui être attribué quand il s'agit du droit de transcription hypothécaire ?

Les arrêts de la Cour de cassation, loin de le méconnaître, ont admis qu'en droit civil, l'acte de société investit la personne sociale de la propriété des biens apportés par les associés. Dans le réquisitoire qui a précédé l'arrêt du 6 juin 1842, rendue par les chambres réunies, M. le procureur général a dit : « L'apport de chaque associé rend la « société *propriétaire* de l'objet meuble ou immeuble qui constitue « cet apport. La société en est *propriétaire*, car dès lors cet immeuble « est à ses risques; s'il périt, il périt pour elle; s'il obtient une augmen- « tation de valeur cette augmentation lui appartient ; en cas d'évic- « tion, l'associé qui a conféré l'immeuble en société en devient garant « (Code civil 1845). Ainsi, à la rigueur, le droit de mutation serait dû, « et s'il n'est pas payé à cet instant, c'est *faveur*, c'est rémittence. » La cour adoptant cette doctrine, a déclaré dans son arrêt :

« Que c'est par *une faveur spéciale* que la loi d'enregistrement, en cas de société, « comme en quelques autres cas exceptionnels, permet que, lorsqu'un associé ap- « porte dans la société, comme mise sociale, la propriété d'un immeuble, il ne soit « perçu qu'un droit fixe (*Instruction*, n° 1685, § 8). »

Si le droit proportionnel d'enregistrement n'est point perçu sur l'acte de société qui constate des apports en immeubles, c'est, d'une part, parce que la mutation qui a lieu réellement au profit de la société est dispensée de ce droit par une faveur spéciale de la loi ; et d'autre part, parce que la mise en société n'opère point de transmission actuelle et réelle entre les associés individuellement.

Mais la perception du droit de transcription hypothécaire est régie par d'autres règles que celles du droit d'enregistrement, surtout depuis la loi du 28 avril 1816. Lorsque l'art. 54 de cette loi prescrit de perce-voir le droit de transcription à l'enregistrement des actes qui sont de nature à être transcrits, il se réfère nécessairement à la loi civile pour l'appréciation des actes sujets à la transcription; cela résulte, d'ailleurs, de la nature même de ce droit qui est le prix d'une formalité purement civile. Ainsi, bien qu'un acte ne soit pas considéré par la loi sur l'en-registrement comme translatif de propriété, et ne soit par conséquent sujet qu'au droit fixe, il est passible du droit proportionnel de trans-cription, s'il est de nature à être transcrit. C'est ce qui a été décidé spécialement à l'égard des adjudications des immeubles d'une succes-sion faites à l'héritier bénéficiaire, par de nombreux arrêts de la Cour de cassation, dont les derniers, en date du 16 février 1842, ont été in-sérés dans l'instruction, n° 1675, § 1. Or, l'acte de société qui constate des apports en immeubles est certainement de nature à être transcrit, soit à raison de la transmission qu'il opère au profit de la société, soit à cause de l'intérêt évident de la société à purger l'immeuble des hypothèques dont il peut être grevé du chef de l'associé qui en a fait l'apport.

La question de savoir si les actes de l'espèce, sont, lors de l'enregistrement, sujets au droit proportionnel de transcription, a déjà été résolue affirmativement par le tribunal de la Seine, le 1er décembre 1841, et par celui d'Auxerre, le 27 août 1842.

« Attendu, porte ce dernier jugement, que l'apport des associés consiste en « argent et en immeuble; qu'il importe essentiellement à la société que cet acte « soit transcrit sur les registres du conservateur des hypothèques, soit pour « qu'elle puisse contraindre chacun des associés à justifier de la mainlevée des « inscriptions hypothécaires dont l'existence rendrait l'apport chimérique, soit » pour qu'elle n'ait pas à craindre d'être inquiétée par des créanciers hypothé-» caires non inscrits; que l'acte est donc de nature à être inscrit. »

D'après ces motifs, M. le ministre des finances a décidé, le 20 janvier 1842, que les actes de société, constatant des apports en immeubles sont, lors de l'enregistrement, sujets au droit de transcription à 1 et demi pour cent, conformément à l'art. 54 de la loi du 28 avril 1816.

Cette décision confirme les solutions par lesquelles l'administration avait autorisé la perception du droit de transcription sur les actes de cette nature. En conséquence, il sera donné suite aux demandes de suppléments des droits faites conformément à ces solutions; les droits non perçus, sur les actes qui ne sont point couverts par la prescription biennale, seront réclamés.

En cas de contestation sur l'exigibilité du droit de transcription à l'enregistrement des actes de société, les directeurs feront usage des moyens ci-dessus exposés pour la défense des intérêts du Trésor.

## ART. 114.

VENTE AUX-ENCHÈRES. — MEUBLES INCORPORELS. — DÉCLARATION
PRÉALABLE.

*L'art. 2 de la loi du 22 pluviôse an VII, qui exige une déclaration préalable au bureau de l'enregistrement, de la part de l'officier public chargé d'une vente de meubles, ne s'applique pas au cas de vente, aux enchères, de meubles incorporels (Deux jugements en sens contraire).*

PREMIÈRE ESPÈCE.

Jugement du tribunal de Melun, du 30 novembre 1842.

JUGEMENT.

Considérant que les expressions, *tous autres effets mobiliers*, de l'art. 1er de la loi du 22 pluviôse an VII, sont générales et absolues, et qu'elles s'appliquent aussi bien aux meubles incorporels qu'aux meubles corporels; que, sous l'empire de l'ancien droit, toutes les créances de sommes exigibles, notamment celles dues pour soulte et retour de partage, étaient assignées dans la classe des biens meubles, comme elles l'ont été depuis, aux termes des art. 529 et 535 du Code civil; qu'il en résulte que les créances dues à titre de soulte à la veuve Robinet, dont l'adjudication a eu lieu aux enchères publiques, le 22 février 1841, par le ministère de Me Boudier, notaire, ne pouvaient pas être dispensées de la déclaration préalable prescrite par l'art. 2 de la loi du 22 pluviôse an VII, sous la peine d'amende prévue par l'art. 7 de la même loi, modifiée par la disposition de l'art. 10 de celle du 16 juin 1824;

Le tribunal déclare bonne et valable la contrainte décernée contre le sieur Boudier, le déboute de l'opposition par lui formée, ordonne que les poursuites seront continuées et condamne ledit sieur Boudier aux dépens.

DEUXIÈME ESPÈCE.

## Jugement du tribunal de Rouen, du 22 avril 1843.

Attendu qu'en prescrivant aux officiers publics chargés de procéder à la vente aux enchères des objets mobiliers, l'obligation de faire une déclaration préalable au bureau de l'enregistrement, la loi du 22 pluviôse an VII a eu pour but de prévenir la fraude qui se commettait ou pouvait se commettre au préjudice du trésor public dans la vente d'objets dont la livraison, s'opérant de la main à la main, ne laissait aucune trace et pouvait facilement se soustraire à la perception des droits; mais qu'il n'en peut être de même pour les ventes aux enchères d'objets incorporels, lesquels, étant toujours rédigés par écrit, doivent nécessairement être soumises à la formalité de l'enregistrement;

Attendu que les expressions *objets mobiliers* n'ont point, dans l'art. 2 de la loi précitée, un sens aussi étendu que celui que prétend lui attribuer l'administration de l'enregistrement, en se fondant sur des dispositions de l'art. 535 du Code civil; qu'en effet, par un arrêt du 25 mars 1856; (art. 9207, J. N.), la Cour de cassation a décidé premièrement, que les lois antérieures au Code civil ne doivent pas nécessairement s'interpréter par les art. de ce Code, et en second lieu, que les expressions *effets mobiliers*, contenues dans la loi du 27 ventôse an IX, concernant les attributions des commissaires-priseurs, n'étaient relatives qu'aux meubles corporels, et ne donnaient pas à ces officiers le droit de procéder à la vente aux enchères des achalandages, rentes constituées et aux autres droits incorporels;

Attendu qu'en présence de cette décision, on ne saurait admettre que les mêmes expressions employées dans les deux lois concernant des matières analogues, à des dates aussi rapprochées, eussent dans chacune d'elles un sens différent;

Attendu qu'il suit de ce qui précède, que Me Meslay, notaire, chargé de procéder à la vente publique du capital d'une rente viagère, en omettant de faire une déclaration préalable au bureau de l'enregistrement, n'a point contrevenu aux dispositions de l'art. 2, sainement entendu, de la loi du 22 pluviôse an VII, et conséquemment n'a encouru aucune amende.

## OBSERVATIONS.

Voir ce que nous disons art. 31.

1er cahier.   Première année.   Janvier 1843.

# RÉPERTOIRE

## DE

# JURISPRUDENCE

### ET

## QUESTIONS DE DROIT,

À l'usage

DE MM. LES NOTAIRES, AVOUÉS, GREFFIERS ET HUISSIERS

RÉDIGÉ

## PAR M. G. BALMELLE

Avocat à la Cour royale de Paris

Et par une Société de Jurisconsultes, de Notaires et d'Avoués

SOUS LES AUSPICES

## DE M. F. BÉCHARD

de la Cour de Cassation et aux Conseils du roi, Membre de la Chambre des Députés

## TOME PREMIER

### ABONNEMENT

PRIX DE L'ABONNEMENT : 15 FR. PAR AN

Payable en un mandat sur le trésor, sur la poste, ou sur une maison de Paris, à l'ordre du directeur

Ce recueil paraît chaque mois, du 15 au 20, en un cahier grand in-8°, de 64 pages d'impression

## BUREAUX,

### A Paris, rue de la Sorbonne, 1.

## 1843

# EXPLICATION DES ABRÉVIATIONS.

S. — Signifie Sirey ou Recueil général des Lois et Arrêts fondé par M. Sirey.

D. P. — Dalloz (périodique) c'est-à-dire le Recueil général de Jurisprudence de M. Dalloz;

Le premier chiffre, après ces deux signes, indique le millésime de l'année de publication du volume; le deuxième, la première ou la seconde partie du volume; le troisième, la page.

D. A. — Signifie Dalloz (Alphabétique), c'est-à-dire le Dictionnaire alphabétique de Jurisprudence de M. Dalloz;

Le premier chiffre indique le volume; le deuxième la page.

L. — Désigne le Journal du Palais, rédigé par M. Ledru-Rollin;

Le premier chiffre indique le millésime de l'année de publication du volume; le deuxième chiffre, le premier ou second volume de l'année; le troisième, la page.

# A NOS ABONNÉS.

Le *Répertoire* rapporte les arrêts de la Cour de cassation, des Cours royales, des Tribunaux de tout le royaume, les Lois, Ordonnances royales, Instructions ministérielles et Circulaires en matière de droit Notarial, d'Enregistrement et de Procédure. — Il recueille avec exactitude toutes les décisions relatives aux fonctions des Notaires, des Avoués, des Greffiers et Huissiers, à leur nomination, à leur nombre, à leur placement, à leur cautionnement, aux conditions de leur admission, à leurs devoirs moraux et aux obligations que la loi leur impose, à leurs devoirs entre eux, aux prohibitions qui leur sont faites, à leurs émoluments, à leur responsabilité, aux chambres de discipline, etc., ainsi que les décisions qui concernent spécialement les Commis-Greffiers, les Clercs d'Avoués, de Notaires et d'Huissiers.

Chaque décision est accompagnée d'observations critiques et du résumé de la Jurisprudence et de la Doctrine, de telle sorte qu'à côté d'une décision, se trouvent toutes les décisions semblables et contraires, l'opinion des auteurs qui les approuvent, et l'opinion de ceux qui les combattent. — Afin de faciliter les recherches, nous indiquons, pour chaque arrêt cité dans les observations, les recueils généraux dans lesquels il est rapporté (Sirey, Dalloz et le Journal du Palais).

Ce plan dispense nos souscripteurs de l'achat d'une collection volumineuse et d'un Dictionnaire fort coûteux, que le système des autres recueils rend d'une nécessité indispensable.

Tout Abonné peut consulter gratuitement l'Administration sur toutes les questions qui rentrent dans la spécialité du *Répertoire de Jurisprudence*. Ces solutions, motivées et toujours *signées* par un Avocat, lui sont adressées dans le plus bref délai. Lorsque ces questions présentent un intérêt général, elles sont traitées dans une série d'articles sous le titre : *Questions de Droit*.

Le *Répertoire* paraît tous les mois du 15 au 20. — Chaque numéro contient au moins quatre feuilles grand in-8° (64 pages). — Les douze livraisons forment un très fort volume, terminé par une table alphabétique, analytique et chronologique.

Le prix de l'abonnement annuel est de 15 fr., payables en un bon sur le Trésor ou sur la Poste, ou bien en un mandat sur Paris.

On s'abonne à Paris, rue de la Sorbonne, 1.

Tout ce qui concerne la Rédaction et l'Administration doit être adressé, *franc de port*, au Directeur de l'Administration du *Répertoire de Jurisprudence et Questions de Droit*, rue de la Sorbonne, 1.

NOTA : Notre prochain numéro contiendra le texte et l'exposé des motifs des projets de loi sur les patentes et sur le tarif des commissaires-priseurs.

www.ingramcontent.com/pod-product-compliance
Ingram Content Group UK Ltd.
Pitfield, Milton Keynes, MK11 3LW, UK
UKHW021052150726
13693UKWH00007B/346